공연의
사회학

공연의 사회학

한국사회는 어떻게 자아성찰을 하는가

최종렬 지음

오월의봄

차례

민주주의

2019년 4월 29일 밤 국회 정치개혁특위 회의장 밖. 국회 선진화법 때문에 몸으로 패스트트랙 지정을 막을 수 없게 된 자유한국당 의원들이 복도에 드러누워 구호를 외치고 있다.

"독재 타도!"

"헌법 수호!"

"문재인 독재자!"

이들과 대치하고 있던 정의당과 더불어민주당 의원들은 어이가 없다는 듯 한동안 지켜만 보고 있다. 그러다 정의당 보좌관들이 묘책을 낸다. 자유한국당 의원들이 구호를 외칠 때 큰 소리로 목적어를 "일제", "독도", "박정희"로 바꿔 외친다. 연이어 들으면 "독재 타도"가 "일제 타도"로, "헌법 수호"가 "독도 수호"로, "문재인 독재자"가 "박정희 독재자"로 바뀌어 들린다. 마치 서로 노래 이어 부르기 게임을 하는 것 같다.

자유한국당 의원들 바로 앞에 자리 잡고 앉았던 정의당 이정미 대표가 웃음을 참아보려 안간힘을 쓰다 결국 손에 든 피켓으로 얼굴을 가리며 웃음을 터트린다. 옆에 앉은 정의당 의원도 안경을 벗어들고 실소로 터져나온 눈물을 연신 훔친다. 다른 의원들도 고개를 숙인 채 킥킥대며 어깨를 들썩거린다.

우여곡절 속에 결국 패스트트랙은 통과되었다. 그러자 자유한국당 나경원 원내대표는 민주당이 "정권을 잡은 뒤에 곳곳에서 대한민국의 헌법을 유린했고, 자유를 유린했고, 민주를 유린했고, 모든 권력을 그들의 손아귀 안에 됐다"며 분통을 터트렸다. "선거의 룰마저 바꾸고 급기야 대통령의 홍위병인, 대통령이 마음대로 하는 공수처를 설치하는 법을 패스트트랙에 태우고" 있다고 비난했다. 자유한국당 황교안 대표는 한발 더 나아가 민주주의를 수호하겠다며 국회를 박차고 나갔다. 그는 5월 4일 광화문에서 열린 '문재인 STOP! 국민이 심판합니다!' 3차 규탄대회에서 "죽기를 각오하고 좌파독재를 막아내기 위해 최일선에 서겠다"고 선언했다. 그는 "국민의 말을 듣지 않고 자기 멋대로 하니까 독재정권이라고 말하게 되는 것"이라며 독재의 의미를 밝혔다.

이와 상반되게 패스트트랙 지정 완료 후 열린 민주당 의원총회에서 이해찬 대표는 "역사적으로 참 의미 있는 날"이라면서 "공수처 관련 법, 선거제 관련 법은 우리나라 민주주의의 큰 제도를 굳건하게 세우는 아주 중요한 법"이라고 말했다. 민주당 홍영표 원내대표도 거들었다. "한국 정치의 개혁 과제를 한 걸음 진전시킬 수 있기 때문에 이번에 이것을 하는 게 중요하다는 생각에서 대처했다." 그러면서 장외투쟁에 나선 황교안 대표를 속된 행위자로 비난했다. "'민생투쟁 대장정'이라고 하는데 정확한 표현은 '대권투쟁'이다." "황교안 대표가 대권에 대한 욕심 때문에 국회를 볼모로 해서 국회를 파행시키고 있다고 생각한다"며 "그렇지 않으면 국회를 이렇게 장시간 파탄낼 수는 없다"고 목소리를 높였다.

국회라면 마땅히 심의를 거쳐 의사결정을 해야 하지만 불행히도 한국 국회는 스스로 그걸 행할 문화적 역량이 부족하다. 그동안 기를 쓰고 정파적 이해관계를 앞세워왔다. 그러다보니 몸싸움도 마다하지 않는 동물 국회를 반복해왔다. 이를 막자고 국회선진화법을 만들었는데 별 소용이 없었나 보다. 국회선진화법의 위력이 명확히 알려진 후에야 비로소 몸싸움이 잦아들었다. 대신 국민을 관객으로 한 공연이 전면에 펼쳐졌다. 자신들의 행위가 실시간으로 방영된다는 것을 알고 공연을 펼치기 시작한 것이다. 자신들의 정파적 행위가 보편적 가치를 실현하기 위한 성스러운 행위라는 점을 관객에게 보여주려고 한다. 반대로 상대 당의 정파적 행위는 특수한 이해관계를 실현하기 위한 전략적이고 도구적인 속된 행위로 폄하하려고 한다.

정치인들이 국민 관객을 두고 펼치는 공연은 민주주의 대 독재주의라는 이항 코드에 터하고 있다. 여당이든 야당이든 정치인은 누구나 관객 앞에서 민주주의를 찬양하고 독재주의를 비난한다. 바야흐로 민주주의가 한국 정치의 공식 담론이 된 것이다. 이제 한국사회에서 민주주의는 정치적 행위를 할 때 누구라도 최종적으로 의지할 수 있는 가장 일반화된 상징으로 확고히 올라섰다. 문제는 그 상징이 지닌 의미이다. 한국의 민주주의는 과연 어떤 의미를 지니고 있는가?

성장주의

2019년 2월 21일 〈펜앤드마이크 정규재TV〉는 소득 주도 성장 정책을 비판하는 방송을 내보냈다. 소득 주도 성장 정책이 최악의 경제 양극화를 가져왔다고 쏘아붙였다. 김민찬 기자는 준비한 자료를 통해 이를 설명한다.

"1분위 가구가 하위 20퍼센트 가구이지 않습니까? 근데 지난해 대비 마이너스 17.7퍼센트를 기록해서 123만 8,000원으로 하락했고, 근로소득 같은 경우에는 이것의 일부인데

36.8퍼센트 감소했기 때문에 아까 말씀드린 43만 500원밖에 되지 않습니다."

문재인 정부의 소득 주도 성장 정책 이후 하위 20퍼센트의 소득이 17.7퍼센트 감소했는데, 그중에서도 최저임금 상승으로 일자리를 잃어 근로소득이 더 줄었다는 말이다. 이어서 김민찬 기자는 상위 가구의 소득은 오히려 증가했다고 말한다.

"상위 20퍼센트 가구, 4분위 가구 같은 경우는 고소득자들인데 오히려 이런 계층의 소득은 증가했죠. 특히 5분위 가구 같은 경우에는 10.4퍼센트 증가하면서 소득 격차가 굉장히 극심해지고 있다는 것을 지금 그래프로 볼 수 있습니다."

2019년 4월 25일 〈김어준의 뉴스공장〉에 건국대 경제학과 최배근 교수가 출연했다. 새로 나온 경제통계를 지표로해서 평가해볼 때 소득 주도 성장 정책이 저임금노동자의 소득을 강화시켜 양극화를 개선하고 있는 게 분명하다고 말했다. 그러자 김어준이 바로 질문을 한다.

"그럼 양극화 문제는 그런 식으로 개선되어간다, 근데 성장은 어떻게 되는 겁니까?"

그러자 반도체 수출이 줄어들고 있는 구조적 조건에서 성장하는 길은 내수를 강화하는 수밖에 없다고 답한다.

"세계 경기를 우리가 컨트롤할 수는 없는 거거든요. 그러면 결국은 내수를 강화하는 게 우리가 살 길이라 이거죠. 그러면 그건 소득 주도 성장을 더욱 강화시켜야 한다는 얘기죠."

소득 주도 성장 반대론자와 찬성론자 모두 한국사회의 근본 문제가 성장의 정체에 있다고 본다. 한국 경제가 다시 성장하기만 한다면 현재 한국사회가 닥친 모든 문제가 일시에 해결될 것처럼 말한다. 심지어 탈원전 정책마저도 성장 담론과 연동해서 움직인다. 2019년 5월 15일 오거돈 부산광역시장은 국내 최초로 해체 예정 원전인 고리1호기 현장에서 열린 '원전해체연구소 설립 및 운영을 위한 업무협약'에 참석해 다음과 같이 말했다.

"원전 해체 산업은 막대한 부가가치를 생산하는 산업으로서, 대한민국 탈원전 시대를 이끌 미래 산업이기도 하다. 지역 기업들과 원전해체연구소가 유기적으로 협력해서 수백조 원 이상의 세계 원전 해체 시장을 빠르게 선점해나갈 수 있기를 기대하며 시는 원전 해체 기술 개발 확대와 전문 인력 양성을 적극 지원하고, 지역 기업들이 새로운 시장을 개척할 수 있도록 정부와 함께 노력하겠다."

2019년 4월 27일 광화문에서 열린 한 보수 집회에서 탈원전 정책에 반대하는 원자력공학과 대학생이 나와 다음과 같은 연설을 한다.

"우리나라에 원자로가 24기가 있습니다. 두 배로 늘려서 50기가 되면은 우리나라 전력생산량이 30에서 50퍼센트가 늘어납니다. 값싼 전기가 반 정도 늘어납니다. 우리나라 무역 상태가 어떻습니까? 다 가공무역입니다. 제철, 전기 엄청나게 쓰죠. 자동차, 비행기, 조선, 반도체. 전기 다들 엄청나게 먹는 산업입니다. 그런 산업이 부흥할 수 있습니다. 값싼 전기를 바탕으로 가격 경쟁력을 얻고 그리고 이제 그로부터 수출을 동력으로 여러분의 경제가 나아질 수 있습니다."

성장에 대한 한국인들의 믿음은 거의 절대적인 신앙에 가깝다. 시장 성장주의자 이명박 대통령을 이어 국가 성장주의자 박근혜 대통령이 나왔다. 촛불혁명으로 탄생했다는 문재인 정부마저도 국민 성장과 소득 주도 성장을 말한다. 도대체 왜 한국인은 이렇게나 성장하지 못해 안달인 것일까? 어느 누구도 왜 성장해야 하는지에 대해서는 '경제 논리' 말고는 제대로 정당화하지 못한다. 무한 성장할 수 있다는 자본주의가 문명사적으로 어떤 위치를 점하는지 근본적인 성찰이 부족하기 때문이다.

민족주의

2018년 6월 12일 청와대 국민청원 게시판에 "제주도 난민 수용 거부해주세요"라는 제목의 게시글이 올라왔다. 500명이 넘는 예멘인들이 제주도로 입국해서 난민 신청을 했다며 이를 반대하는 청원을 올린 것이다. 약 18만 명이 바로 호응했지만, 청와대 관계자는 6월 16일 이 청원을 삭제했다. "이슬람 사람들은 여자를 사람으로 보지 않고 애 낳는 도구로만 생각하는 사람들인데 성범죄는 불 보듯 뻔한 일입니다"라는 부적절한 내용이 포함되어 있었기 때문이다. 폭력적이거나 선정적인 내용, 허위 사실이 포함된 청원은 관리자가 삭제할 수 있다는 '국민청원 요건'에 따른 것이라고 밝혔다.

2018년 6월 13일에는 "제주도 불법 난민 신청 문제에 따른 난민법, 무사증 입국, 난민 신청 허가 폐지/개헌 청원합니다"라는 또 다른 청원이 올라왔다. 요지는 이랬다. "현재는 불법 체류자와 다른 문화 마찰로 인한 사회문제도 여전히 존재합니다. 그렇기 때문에 구태여 난민 신청을 받아서 그들의 생계를 지원해주는 것이 자국민의 안전과 제주도의 경제 활성화에 기여할 수 있는지 심히 우려와 의문이 드는 바입니다. …… 자국민의 치안과 안전, 불법 체류 외 다른 사회문제를 먼저 챙겨주시기 부탁드리고, 난민 입국 허가에 대한 재고와 심사 기준에 대한 전반적인 제도에 대해서 폐지 또는 개헌해주시길 부탁드립니다." 2018년 7월 13일 청원 마감일에는 총 71만 4,875명이 이 청원에 참여했다.

2018년 6월 30일 제주시청 앞에서는 예멘 난민 반대 집회가 열렸다. 양은옥 제주난민대책도민연대 대책위원장은 반대 이유를 다음과 같이 밝힌다.

"그 사람들 문화가 어떤 건지 알고 있으시죠. 종교도 알고 있으시죠. 여자를 뭐라고 생각합니까? 노예, 성노예 그리고 그들이 어렸을 때부터 배워온 것, 아버지에게 할아버지에게 배워온 것, 여자는 때려. 성노예를 시켜. 알라신을 위해 목숨을 바쳐. 이런 교육을 받고 있는 사람들입니다. …… 한국 여자와 결혼한 무슬림 남자들. 누구 있나 봐보세요. 10년은 착합니다. 너무 착합니다. 영주권 얻은 다음에 여자를 무조건 두드려 팹니다. …… 그런데 영주권을 얻은 다음, 두드려 팬 다음에는요, 이혼을 시켜요. 그런 다음 어떻게 할까요? 본국에서 다처제인 이 사람들은 여자들을 들여오게 됩니다. 자기네 풍습은 8살부터 결혼하여 10살 12살부터 40까지 아이를 낳으면 몇 명을 낳을까요? 어저께 우리 손자가 할머니에게 하는 말. '할머니, 부인이 36명에 185명의 자녀가 있어요.' 자 그렇다면 500명의 난민이, 여러분 계산해보세요. 제주 땅에 살면 10년, 20년 후에는 몇 명이 되겠어요?"

이어서 마이크를 잡은 유병균 제주난민대책도민연대 자문위원은 다음과 같이 말한다.

"가급적이면 제주도민 여러분들이 일부 언론이나 인권단체에서 제기하는 감성적인 논란에 휘말리지 않기 바랍니다. 그건 자기들이 그런 신념과 가치관이 있으면 자기들 시간 내가지고 국민 세금으로 말고 자기들 돈으로 도와주면 돼요."

국민청원 답변 기준인 20만 명을 훌쩍 넘어서자 박상기 법무부 장관은 다음과 같은 답변을 내놓았다.

"우리나라의 국제적 위상, 협약 탈퇴 시 국제사회 발언권 약화, 국제적 고립 등 국익에 미치는 문제점을 고려할 때, 난민협약 탈퇴나 난민법 폐지는 현실적으로 어려움이 있습니다. …… 우리나라도 국제사회의 일원으로서 난민 보호의 책무를 이행해야 할 위치에 있습니다. 우리 정부는 국제적 책무를 다하면서도 우리 국민들의 우려를 줄일 수 있는 방안을 마련하기 위해 고심하고 있습니다."

이 답변이 있은 후 논란은 어느 정도 잦아들었다. 이렇게 해프닝으로 끝난 것처럼 보이는 예맨 난민 반대 사건은 한국 민족주의가 남성 가부장의 혈족 재생산 프로젝트와 하나라는 점을 분명히 보여준다. 언뜻 보면 국민국가는 국민을 최우선으로 보호해야 하며, 난민을 보호하려면 개인의 힘으로 도와야 한다고 말하는 것 같다. 국민국가 틀 안에서 살아온 한국인들의 일상의 습속에서는 너무나 당연한 상식적인 주장처럼 보인다. 하지만 좀 더 자세히 들여다보면 무슬림 남성이 한국 여성을 더럽혀서 불순한 피의 한국인이 태어날까 봐 우려하고 있는 것이다. 한국 여성의 섹슈얼리티는 당연히 한국 남성 가부장의 자산인데 난민을 가장한 무슬림이 침입해와 이를 오염시켜놓을까 두려운 것이다. 이러한 혈족적 민족주의는 도대체 어디에서 나왔고 그 작동 원리는 무엇일까?

젠더주의

2018년 7월 7일 혜화역 2번 출구에서 '3차 불법촬영 편파 수사 규탄시위'가 열렸다. 삭발식을 하던 한 여성이 목소리를 높인다.

"머리를 자르기까지 8년 정도의 시간이 흘렀습니다. 예쁜 게 좋았습니다. 하지만 사회는 나를 사람이 아닌 인형 취급 했습니다. 저는 공주님이 아닙니다. 머리가 길지 않아도 괜찮 습니다. 못생겨도 괜찮습니다. 괜찮은 사람이 되기 위해서 저는 제 머리를 자르는 것을 전시하고자 이 자리에 왔습니다. 나와 내 자매들을 대상화하고 물화하지 말아주세요."

2018년 8월 4일 오후 4시 광화문광장에서 '4차 불법촬영 편파수사 규탄시위'가 또다시 열렸다. 이전 시위가 혜화역 부 근에서 열린 반면, 이번 집회는 뜨거운 호응 덕분에 더 큰 무 대로 옮길 수 있었던 것이다. 집회 주최 측인 '불편한 용기'는 이날도 집회 참가자를 '생물학적 여성'으로만 한정지었다. 붉은 옷을 입은 수만 명의 생물학적 여성들이 광화문광장을 가득 채웠다. 여성 참가자들은 손수 팻말을 만들어와 흔들어 댔다.

"나의 일상은 너의 포르노가 아니다."

"포주 국가 방치하는 대통령은 필요 없다."

"몰카 범죄 방관하는 사법부와 국회는 각성하라."

"여성인 나에게 조국은 없다."

"나는 노예가 될 바엔 반역자가 되겠다."

"우리는 너희의 성적 대상이 아닌 변화의 주체다."

참가자 5명의 여성이 삭발하는 퍼포먼스를 진행했다. 한 여성은 한국에 몰카가 많다고 관광객들에게 퍼뜨리는 게 나라 망신이라고 비난한 언론에 반기를 들었다.

"한국이 몰카국이라고 퍼뜨리는 게 나라 망신이 아니라, 한국이 몰카국인 것이 나라 망신인 겁니다!"

머리카락을 자르기로 결심한 이유에 대해 묻자 한 여성이 답한다.

"우리는 태어날 때부터 머리가 긴 장모형이 아닙니다. 머리를 왜 자르냐가 아니라 머리를 불편하게 왜 기르냐가 질문의 기본형이어야 합니다."

그러면서 구호를 외친다.

"꾸밈노동은 남자나 해라!"

또 다른 삭발 참가자는 불법촬영에 대해 울분을 토로했다.

"우리의 고통은 남성들을 위한 포르노가 아니란 말입니다. 어째서 피해자들이 계속 생기는데 몰카 범죄는 줄어들 기미를 보이질 않는단 말입니까! …… 자른 제 머리카락은 돌아오겠지만 먼 곳으로 떠나버린 피해자들은 돌아오지 않습니다."

집회 주최 측인 '불편한용기'는 2018년 12월 22일 마지막

성명서를 발표한다.

"남성 기득권 카르텔은 정부, 행정부, 입법부, 사법부를 넘어 정당, 수사기관, 그리고 이 사회에 존재하는 모든 집단의 기제에 첨예하게 녹아들어 있었다. …… 남성 기득권 카르텔 안에서 젠더 이념을 기반으로 이 사회를 좀먹으며 잘 먹고 잘살고 있는 한국 남성들아. 한강의 기적은 여성의 기계화였고 IMF 극복은 여체의 성애화였다. 여자 갈아넣고 여자 팔아먹어서 일궈낸 이 국부는 어떠한 정치적 진영과 일절 상관이 없다는 걸 여성들은 알고 있다."

여성이 고통 속에서 울부짖고 있다. 남성 기득권 카르텔이 여성을 남성의 성적 쾌락을 위한 대상이자 사물로 만들어 착취하는 동안 여성들이 죽어나가고 있다고. 고통이 얼마나 강했던지 피해자인 생물학적 여성으로만 집회 참여자를 제한했다. 젠더를 생물학으로 환원하는 상식을 반복하는 것처럼 보인다. 또한 배우와 관객을 한정함으로써 연대를 스스로 좁혀놓는 것처럼 보인다. 우선 당장 피해자 여성들만의 좁은 연대라도 필요했기 때문이다. 서로 모여 남성 기득권 카르텔에 대항하는 공연을 진행하는 과정 중에 여성이 아닌 인간으로 대우해달라는 '권리의 언어'를 사용한다. 국민국가 자체가 여성을 성애화해서 부를 축적한 포주라는 사실을 꿰뚫고 있으면서도 국민국가에 대한 희망을 아주 거두지는 않는다. 그 과정에서 생물학적 여성이 무엇인지 근본적으로 묻게 된다.

한국사회에서 여성이란 사실상 남성 성기 중심의 이성애적 섹슈얼리티에 한정된 에로티시즘이라는 것을 폭로한다.

사회의 자아

사람에게는 자아가 있다. 자아란 타자의 관점에서 자신을 대상화해서 바라볼 수 있는 능력이다. 이때 타자는 내 앞에 있는 가족이나 친구처럼 구체적인 타자일 수도 있고 신과 같이 고도로 일반화된 타자일 수도 있다. 일상생활에서 만나는 구체적인 타자는 대개 당시 처한 상황이 요구하는 일상의 필요를 충족시켜주기를 바란다. 나는 그러한 타자의 요구에 지향해서 나의 자아를 만들어간다. 집에서는 가족의 일상적 요구에 따라 아버지나 어머니가 되기도 하고 아들이나 딸이 되기도 한다. 학교에서는 선생이나 학생이 되고, 일터에서는 고용인이나 피고용인이 된다. 공공장소에서는 익명적인 타자가 되어 다른 사람의 프라이버시를 침해하지 않으려 노력한다. 일상생활에서 만나는 구체적인 타자는 이렇듯 일상을 살아가는 데 필요한 실제적인 요구를 하고, 나는 이에 응하며 일상의 자아를 갖게 된다.

반면 일상생활을 전복시킬 정도의 위기 순간에 처하게 되면 사람은 일반화된 타자의 요구에 지향해서 자신의 삶을 돌아본다. 고도로 일반화된 타자는 일상생활을 넘어 무엇이 정말 '좋은 삶'인지 묻는다. 나는 이러한 요구에 맞춰 나의 자아를 근본적으로 성찰한다. 예를 들어 물질적인 안정이나 성공을 위해 일상을 살아가다가 큰 병에 걸리게 되면 일상생활의 자아를 내려놓는다. 목숨을 잃는다면 그 모든 것이 다 소용없게 되기 때문이다. 갑자기 당연시되던 세계가 온통 의문으로 뒤덮인다. 이때 비로소 사람들은 신의 목소리에 귀를 기울인다.

"너는 정녕 가치 있는 삶을 살고 있는가?"

이러한 가치론적 질문을 지향하며 자신의 자아를 설정하기 시작한다. 일상을 살아갈 때는 무엇이 좋은 삶인지 매일매일 묻지 않았다. 일상의 하루는 해야 할 실용적인 일로 가득 들어차 있어 이러한 가치론적 질문을 할 틈이 없었다. 하지만 이제 평소에 하던 공리주의적 활동을 멈추고 비로소 가치론적 질문을 던지기 시작한다. 정말 하고 싶었으나 먹고사느라 바빠서 하지 못했던 일들을 해보기 시작한다. 일상을 벗어나 여행을 가본다. 가족, 친지, 이웃의 삶을 살핀다. 어린 시절 가졌던 꿈을 되살려 실행해본다. 현세를 넘어선 삶의 가치에 대해 생각해본다. 그 과정에서 내가 무엇을 위해 그렇게나 도구적이고 전략적인 행위를 했는지, 그것을 통해 왜 좁은 이익을 추구했는지 성찰한다.

사람에게 자아가 있듯이 사회에도 자아가 있다. 일상생활에서 사회의 자아는 먹고사는 경제 문제나 집합적으로 의사 결정하는 정치 문제에 지향되어 있다. 미디어는 하루도 빠짐 없이 경제계의 밥그릇 싸움이나 정치권의 권력투쟁을 다룬다. 도구적이고 전략적인 자아가 전면에 나서 일상생활을 지배한다. 하지만 사회를 근본적인 위기에 빠트리는 문제적 상황이 발생하게 되면 사회도 가치론적 질문을 지향하게 된다. 뿔뿔이 흩어져 먹고사느라 바빴던 사람들이 한곳에 모여 가치론적 질문을 던지기 시작한다.

"우리 사회가 존재하는 이유는 정녕 무엇인가?"

가치론적 질문을 지향하며 우리 사회가 실현하고 싶어 하는 집단적 자아가 무엇인지 근본적으로 성찰하기 시작한다. 이러한 성찰은 집합의례를 통해 구체화된다. 일상을 지배했던 도구적이고 전략적인 자아에서 실존적이고 문화적인 자아로 나아가기 시작한다. 당연하게 주어진 실정법적 세계에서 모든 것이 가능한 가정법적 세계로 재빠르게 넘어간다. 일상생활에서 사람들을 갈라놓았던 계급, 젠더, 나이, 지역, 교육, 직업, 지위, 종교, 몸, 섹슈얼리티와 같은 온갖 사회적 범주들이 제자리를 벗어나 일시적으로 미결정된 상태에 놓인다. 자신들이 원하는 사회적 실재를 구성하기 위해 새로운 의미를 창출하는 다양한 '의미화 실천'을 감행한다. 모든 사회적 경계가 일시적으로 흐트러져 있기 때문에 기존의 삶의 의미가 더 이상 작동하지 않기 때문이다. 이는 마치 사회 전체가 일종의 공연 상태에 접어든 것과 같다. 평소에는 하지 않던 의미화 실천이 봇물처럼 터져나온다. 묻어두었던 가치론적 질문이 폭발한다. 당연시되던 가치를 하나씩 따져보기 시작한다. 우리 사회의 자아가 어떤 좋은 삶을 지향하고 있는 것인지 근본적으로 성찰하기 시작한다.

바야흐로 사회적 삶이 갈수록 집합의례로 점철되고 있다. 우선 자신의 이해관계를 표상하고 이를 합리적 토론으로 해결한다는 정치의 영역만 봐도 그렇다. 정치적 정당성은 단지 심의와 다수결의 원리에서 오는 것이 아니다. 오히려 모든 정치행위는 관객을 상대로 한 공연과 같다. 모든 정치활동을 실시간으로 관객에게 전송하는 텔레커뮤니케이션 테크놀로지의 발달이 큰 역할을 했다. 광범한 관객을 상대로 펼치는 정치행위자들의 상징적 경합이 밀실에서 이루어지는 정치 엘리트들 사이의 합리적 토론보다 더 중요해지고 있다.

또한 주어진 목적을 최고의 합리적 수단으로 쟁취한다고 자부하는 테크노크라트와 그 화신인 제도만으로는 권위의 정당성과 연대를 성취할 수 없다. 폐쇄된 공간 안에서 관료의 전문 지식과 제도적 절차만으로 중요한 의사결정이 이루어질 수는 없다. 현대 민주주의 사회는 중앙 집중화된 관료 집단에 의해 획일적으로 지배되기에는 너무나 분화되어 있어 권위가 사방팔방에서 도전을 받고 있다. 행정적 효율성만을 기준으로 해서 이념적·물질적 자원을 배분해서는 폭넓은 정당성을 얻기 어렵다. 사회적 권력도 전체주의 사회와 달리 특정의 정치적 텍스트를 독점적으로 생산·분배·해석할 수는 없다. 사회적 삶이 고도로 분화되어 있어 이를 관료제적 제도를 통해 기계적으로 통제할 수 없다. 오히려 우발성이 지배적으로 나타난다. 정치적 의사결정이 사전에 온전히 통제될 수 없는 이유다. 갈수록 공연적 속성이 집합적 행위에서 중요해지고 있다.

너무나 복합적인 탈현대사회에서는 성공적인 공연을 통해서만 권위의 정당성과 연대를 만들어낼 수 있다. 정치적 의사결정이 권위를 지니려면 더 많은 사람들을 끌어안아 보편적 연대를 실현할 수 있어야 한다. 이는 사회적 권력에 의한 일방적인 선전이나 관료제에 의한 절차적 정당성만으로는 결코 이룰 수 없다. 사회적 공연을 통해 관객들이 그 의사결정에 대해 정서적으로 공감해야만 가능한 일이다. 이러한 정서적 공감이 한 사회를 가능하게 하는 성스러운 가치와 맞닿을 때 비로소 정당한 권위와 보편적 연대가 사회 전반으로 널리 퍼질 수 있다.

사회적 공연

이 책은 한국사회가 지난 10여 년 동안 경험한 집합의례를 '사회적 공연론'을 통해 분석한다. 많은 근대론자들은 현대사회가 상품화, 탈성화desacralization, 탈주술화disenchantment의 길로 줄달음질친다고 말한다. 이에 따르면 만물이 시장에서 서로 교환되기 위한 사물로 변하고, 그 과정에서 사람도 사물로 전락하고 당연히 사람들 간의 관계도 사물화된다. 모든 것들이 성스러움을 잃고 속된 것으로 일원화된다. 사회질서를 떠받쳐왔던 윤리적·종교적 가치가 합리성의 형식적 절차를 따르는 일반규칙에 의해 대체된다. 사회적 공연론은 현대사회가 아무리 상품화, 탈성화, 탈주술화된다 해도 의례와 상징이 사회적 삶에서 행하는 의의가 결코 줄어들지 않는다고 본다. 오히려 사회가 고도로 분화될수록 사회적 삶은 의례와 상징이 중요한 역할을 하는 사회적 공연으로 이어진다고 본다.

그렇다고 해서 전통사회와 탈현대사회에서 의례와 상징이 동일한 존재론적·기능적 지위를 갖는다고 주장하는 것은 아니다. 문화, 특히 종교가 사회구조와 융합되어 있는 전통사회에서는 의례와 상징이 당대 사회의 배치를 벗어나는 방식으로 사용되기 어렵다. 종교가 사회구조와 융합되어 있어 종교의 교의를 벗어나는 자율적인 사회 영역이 출현하기 어렵다. 그런 점에서 종교 의례와 상징은 '있는 그대로의' 사회를 종교적·우주론적으로 정당화하는 기능을 주로 담당한다.

하지만 문화와 사회구조가 분화된 탈현대사회에서는 의

례와 상징이 '마치 ~인 것 같은as if' 독자적인 드라마의 세계를 구성할 수 있다. 문화가 사회구조로부터 상대적 자율성을 지닌 세계를 구축할 수 있는 것이다. 그 이유는 물론 사회가 정치 영역, 경제 영역, 가족 영역, 종교 영역, 공동체 영역과 같은 여러 자율적인 영역들로 고도로 분화되었기 때문이다. 자율적인 각 영역이 만들어내는 재화와 서비스 덕분에 사회적 삶이 다양하고 풍요로울 수 있게 된다. 하지만 대가가 있다. 분화된 영역들을 포괄하는 보편적 연대를 만들기가 쉽지 않다.

고도로 분화된 탈현대사회에서는 실재가 자연적으로 주어지지 않는다. 각 영역별로 독자적인 사회적 실재를 만들어내기 때문이다. 따라서 모든 영역을 포괄하는 사회적 실재를 만들기 위해서는 더 보편적인 발화 행위가 필요하다. 발화 행위를 통해서 더 많은 상대방의 동의를 얻어낼 때에만 유의미한 공동의 사회적 실재가 구성될 수 있다. 발화는 불가피하게 특정 코드, 서사, 수사, 장르와 같은 문화구조를 통해 사회적 실재를 구성한다. 그렇다면 사회적인 것을 탐구하는 사회학자가 코드, 서사, 수사, 장르에 관심을 기울여야 하는 것은 당연한 일일 것이다. 실재가 사회적으로 구성된다는 사회학의 위대한 가르침은 계급, 젠더, 섹슈얼리티, 민족, 국가 등 온갖 실재가 사회적으로 구성되는 과정에 대한 탐구로 이끌었다. 하지만 대개 그러한 실재가 어떠한 장르를 지니고 있느지는 명확히 드러나지는 않았다. 이와 달리 이 책은 실재가 사회적 공연을 통해 일련의 장르적 실재들로 구성된다는 점을 명확히 보여줄 것이다.

사회적 공연에서 제일 중요한 것은 한 사회의 핵심적인 문화구조, 즉 성과 속의 이항 코드를 구체화한 집합표상의 체계이다. 어느 사회나 성과 속의 이항 대립이라는 배경상징을 지니고 있지만, 이것이 사회적 공연을 위한 대본이 바로 되는 것은 아니다. 대본은 사전에 치밀하게 짜일 수도 있고, 쪽대본처럼 공연 중에 미장센에 따라 임기응변식으로 만들어질 수도 있다. 그럼에도 어쨌든 모든 공연은 대본을 가지고 있다. 대본은 무無에서 창조되는 것이 아니라, 역사적으로 형성되어 존재하고 있는 배경상징에서 만들어진다. 그런 점에서 모든 대본은 배경상징을 나름의 방식으로 재구성한다.

배경상징은 대개 성과 속의 이항 코드 형태를 띠는 문화구조로서 누구에게나 가용한 공적 자원이다. 하지만 작가의 화용론적pragmatic 노력에 따라 다양하게 해석되어 특유의 대본으로 만들어질 수 있다. 동일한 배경상징을 공유하고서도 다양한 대본이 나올 수 있는 이유다. 대본은 문제적 상황을 해소하기 위한 실질적 목적을 달성하기 위해 배경상징을 새롭게 재구성하는 화용론적 노력에 의해 만들어진다. 문제적 상황은 그저 발생하는 것이 아니다. 오히려 대본에 의해 적극적으로 만들어진다. 대본은 밋밋한 일상생활을 성과 속의 치열한 도덕적 쟁투의 영역으로 전환시킨다. 배경상징과 대본은 성과 속을 구현한 구체적인 인물들(배우)에 의해 실행되며, 이는 성과 속의 갈등이 시간의 흐름에 따라 전개되는 서사 형태로 나타난다.

대본과 배우가 아무리 좋다 해도 관객이 있어야 하며, 또한 상징적 투사를 가능하게 만들어주는 일상의 물질적 재료가 있어야 한다. 배우는 자신이 표상하고자 시도하는 비가시적 동기와 도덕을 극화시켜 가시적으로 관객에게 보여주어야 한다. 아이콘적인 표상 역할을 하는 대상이 필요한 것이다. 이는 텔레비전, 영화, 신문, 라디오, 인터넷, 팟캐스트, 유튜브와 같은 상징적 생산수단에 의해 이루어진다. 상징적 생산수단을 통해 전달된 공연은 관객 자신의 화용론적 노력에 따라 다양하게 해독된다. 관객이 대본과 배우를 보고 이를 배경상징에 연결시킬 수 있도록 '문화적 확장'이 이루어지고 배우에게 정서적 에너지를 충당^{cathexis}하여 그와 '심리적 동일시'를 해야만 한다. 사회적 공연은 연극적 공연과 달리 우발성이 지배하는데, 이는 국면에 따라 공연의 시공간적 시퀀스를 만들어내는 미장센 역할을 중요한 것으로 만든다. 또한 사회적 공연에는 반드시 사회적 권력이 작동한다. 사회적 권력의 눈으로 볼 때 모든 공연이 합법적이지 않기 때문에 공연의 생산, 배포, 해석에 이르기까지 광범하게 개입하려 든다. 고도로 분화된 탈현대사회에서는 평상시 사회적 공연의 여섯 요소들이 분리되어 있다. 사회적 공연이 성공하려면 이 여섯 가지 요소가 잘 융합되어야 한다.

이 책은 사회적 공연론을 통해 한국사회가 집합의례를 통해 수행한 네 가지 자아성찰을 다룬다. 민주주의, 성장주의, 민족주의, 젠더주의가 바로 그것이다.

책의 짜임

1장은 2016년 촛불집회를 통해 민주주의에 대해 성찰한다. 극도로 세속화되고 고도로 분화된 한국사회를 가치 차원에서 결속시키는 성스러운 중심은 시민 영역이다. 시민 영역은 민주주의를 정당화하는 성과 속의 담론구조로서 보편적 연대를 가능하게 만든다. 2016년 촛불집회는 시민 영역의 성스러운 상징의 구체적인 아이콘인 대통령 박근혜를 중심으로 벌어진 사회적 공연이다. 이 공연은 보편적 연대를 가능하게 하는 민주주의 코드를 대본으로 해서 벌어졌는가? 2016년 촛불집회는 민주주의 담론뿐만 아니라 한국사회의 일상의 삶에 깊이 새겨져 있는 유교주의 담론까지 활용하여 벌어진 사회적 공연이다. 한국인들은 상황에 따라 어떨 때는 민주주의 담론을 또 다른 때는 유교주의 담론을 활용해 자신들의 행위를 정당화한다. 그러다가 두 담론이 충돌하게 되면 민주주의와 유교주의의 대동사회 이상이 모두 해를 입는다. 특히 군사주의로 왜곡된 유교주의 담론이 민주주의 담론을 무력화시키면 그 폐해가 막대하다. 반대로 민주주의 담론과 유교주의 담론이 서로를 강화하여 긍정적인 시너지 효과가 발생하기도 한다. 시민사회의 제도에 대한 불신이 극심한 한국사회에서 제도를 민주적으로 조절하는 힘은 두 담론의 시너지 효과에서 나온다. 민주주의 담론과 유교주의 담론은 각 담론이 지닌 이상적 가치와 부합하지 않는 현실을 교정하는 '초월적 윤리 언어'로 만난다. 한국인들이 이러한 초월적 윤리 언어를 사용하여 행위의 '동기'를 정당화할 경우 민주주의 '제도'에 대한 신뢰가 부족하다 해도 한국의 민주주의는 발전한다. 이 경우 민주주의 담론이 유교주의의 대동사회 이상을 더욱 민주적으로 만들고, 유교주의 담론이 한국 민주주의를 더욱 대동사회의 이상에 근접하도록 만든다.

2장은 2008년 쇠고기 촛불집회를 통해 성장주의에 대해 성찰한다. 한국인은 보수와 진보 할 것 없이 모두 성장을 열렬히 갈망한다. 촛불집회에서 사람들은 이명박 대통령이 성장 가치를 지녔기 때문에 분노한 것이 아니다. 오히려 성장을 추구하는 방식을 조절하는 규범을 위반했기 때문에 광장으로 뛰쳐나온 것이다. 이명박 대통령은 국민 전체를 위해 성장을 이끈다고 했지만, 대통령이 된 후 그가 성장을 추구하는 '방식'은 국민들이 보기에 자신들을 무시하는 오만한 것으로 보였다. 강력한 평등주의를 지닌 한국인들은 이명박 대통령마저도 굴곡 많은 한국사를 함께 통과해온 한 명의 동등한 동료로 본다. 그런 그가 한국사회의 온 열망인 성장을 가져온다고 했을 때 한국인들은 모두 열광하며 그를 대통령으로 뽑았다. 그런데 대통령이 된 후 이명박이 성장의 과실이 일부 소수자의 것인 양 오만하게 행동한다. 그러니 성장을 추구하는 방식에 대해 혼내주어야겠다. 이러한 강력한 공동체주의는 결과적으로 한국사회가 줄곧 숭배해왔던 성장 가치에 대해 근본적으로 성찰하지 못하게 만들었다. 오히려 규범을 둘러싼 싸움에 머물렀다. 그럼에도 이 싸움의 과정에서 도대체 한국사회가 성장하려는 진짜 이유가 무엇인지 스스로 의문을 품게 되었다. 성장 가치에 무조건 동조하던 한국인이 아이러니스트로 전환하는 작은 계기가 만들어졌다.

3장은 이주자가 한국사회에 통합되는 과정을 통해 민족주의를 성찰한다. 이주여성 이자스민은 에스닉 섹슈얼리티라는 저열한 사회적 형식을 뚫고 멜로드라마 장르의 사회적 공연을 통해 한국 시민사회에 진입했다. 시민사회의 제도 중 하나인 미디어에 등장한 이자스민은 전통적인 코드를 통해 성스러워진다. 자신보다 공동체를 먼저 고려하고, 끊임없이 성장하려 하며, 생산적으로 활동하면서 공동체를 보존하려 한다. 이때 이자스민에게 최고의 공동체는 가족이다. 시민사회로 나왔음에도 여전히 비시민사회인 가족의 성원으로서 평가받는 것이다. 이자스민은 또한 가부장적 한국사회에서 남성이 여성에게 지니는 환상, 즉 '지적이고, 성적이며, 희생적인 여성상'을 모두 충족시킨다. 이주여성이 한국사회의 시민사회에 진입할 수 있는 자질이 모두 비시민사회적 속성을 통해 이루어지는 셈이다. 국민국가는 남편을 잃고 열녀 역할을 충실히 수행하는 이자스민에게 보상함으로써 작게는 이주여성 전체, 크게는 한국 여성 모두에게 자신의 섹슈얼리티를 국민을 재생산하는 데 쓰라고 부추긴다. 이 역할을 충실히 수행한 이자스민은 결국 국회의원으로 보상받는다. 하지만 국회의원이 된 후 이자스민은 한국의 국민국가를 뛰어넘는 보편적 연대를 추구한다. 이 과정에서 한국 관객으로부터 민족에 대한 배신자로 낙인찍히지만 역설적으로 민족과 국가의 자연적 연계를 흩뜨려놓는다. 이러한 이자스민의 삶의 행로는 한국의 민족주의가 열녀의 희생을 토대로 해서 완결성을 보장받는 '남성 혈족적 민족주의'라는 점을 명확히 드러내준다.

4장은 2012년 벌어졌던 '나꼼수 비키니 사건'을 통해 젠더주의를 성찰한다. 나꼼수 비키니 사건은 서울 구치소에 수감된 정봉주 전 의원의 석방을 요구하는 시위를 하던 중 우발적으로 한국사회의 젠더주의를 전면적으로 드러내 보여주었다. 보수와 진보 모두 여성이 공적 영역에 성적 대상으로 출현해서는 안 된다는 젠더주의를 공유한다. 하지만 관능을

희화화하고 풍자의 도구로 사용하는 여자 말뚝이가 출현함
으로써 이러한 젠더주의에 치명적인 타격을 가한다. 여자 말
뚝이는 섹슈얼리티는 남성 혈족의 재생산을 위해 가족 안에
만 있어야 한다는 성기 중심의 이성애적 가족주의를 해체시
킨다. 성장하려고 해도 더 이상 성장할 수 없는 시대에 이성
애 중심의 섹슈얼리티에 갇혀 있던 에로티시즘이 공적 영역
과 사적 영역의 경계를 넘나들며 번져나가고 있다. 에로티시
즘에 빠지는 순간 일상의 삶에서 합리적 자아로 나뉘어 있던
사람들이 하나의 융합된 세계로 소멸되는 체험을 한다. 이
는 신성의 체험이기도 하지만 두려운 체험이기도 하다. 자신
의 합리적 자아를 타자와의 연속성 속에서 소멸시키는 엄청
난 에너지 소모를 요구하기 때문이다. 나꼼수 비키니 사건을
둘러싸고 벌어진 사회적 공연은 여자 말뚝이가 남성 성기 중
심으로 결합되어 있던 에로티시즘을 풀어헤쳐 다양한 형태
로 재구성하려고 시도하는 선구자라는 점을 보여준다. 이를
통해 여자 말뚝이는 한국인으로 하여금 에로티시즘과 성(聖)이
하나라는 인간 실존의 진실과 마주치게 만든다. 여자 말뚝이
가 남성 성기 중심의 섹슈얼리티를 탈본질화시켜 실존적 상
황으로 만들어버렸기 때문이다. 여자 말뚝이는 여성도 남성
과 마찬가지로 평등한 성적 주체가 되어야 한다는 정치적 올
바름의 언어를 넘어서 인간의 실존과 마주할 수 있는 문화적
역량이 필요하다는 점을 잘 보여준다.

이 책은 원래 논문으로 발표되었다. 출처는 다음과 같다.

최종렬, 〈이게 나라냐?: 박근혜 게이트와 시민영역〉,《문화와 사회》 23, 2017, 101~153쪽.

Choi Jongryul, "South Korea's Presidential Scandal and Civil Sphere", Jeffrey C. Alexander, David Palmer, Sunwoong Park, and Agens Shuk-mei Ku eds.. *The Civil Sphere in East Asia*, Cambridge University Press, 2019, pp.18-37.

최종렬, 〈사회적 공연으로서의 2008 촛불집회〉,《한국학논집》 42, 2011, 227~270쪽.

최종렬·이예슬, 〈이자스민과 사회적 공연: 사회 통합 장르로서의 멜로드라마〉,《문화와 사회》 18, 2015, 433~491쪽.

최종렬, 〈잡놈의 사회학: 사회적 공연으로서의 나꼼수 비키니 사건〉,《사회이론》 47, 2016, 99~157쪽.

이렇게 논문으로 먼저 발표되었지만, 책으로 엮으면서 논문 형식 때문에 미처 담지 못한 이야기들을 최대한 풀어썼다. 더 많은 사람들이 '사회학 언어'를 이해하고 이를 통해 한국사회의 자아를 성찰해볼 수 있도록 돕기 위해서이다. 현재 한국인들이 일상을 살아가는 데 가장 큰 영향을 끼치는 언어는 '경제 언어'와 '심리 언어'다. 경제 언어는 "문제는 경제야,

바보야"라고 선동하며 정치를 먹고사는 문제로 쪼그라트린다. 심리 언어는 "문제는 너야, 바보야"라고 선동하며 사회적 삶을 개인의 자기계발 문제로 가둔다. 경제가 성장하고 자기계발에 성공하면 모든 문제가 단박에 해결될 거라고 그럴듯하게 속인다. 이와 달리 사회학 언어는 사회의 '연대'를 최우선에 둔다. 어떻게 하면 더 많은 사람들이 함께 '좋은 삶'을 누릴 수 있을까? 보편적 연대, 이것이야말로 사회학 언어가 지닌 고유의 문제다.

현재 한국사회는 무슨 정치적 결정을 내리든 보편적 연대를 얻기 힘들다. 보수와 진보 또는 우파와 좌파 같은 진영 논리에 따라 각자 전략적·도구적 자아를 극대화해서 서로 흠집 내기 싸움을 벌이기 때문이다. 일상의 정치는 어차피 이해관계 추구라는 낮은 수준의 다툼이 일어나기에 이는 어찌 보면 당연한 일이다. 하지만 한국사회가 어떤 좋은 삶을 만들어가야 할 것인가 질문하면 달라진다. 보수와 진보, 우파와 좌파 할 것 없이 모두 공동으로 준거할 수 있는 가치가 필요하다. 이 가치는 고정 불변하는 실체가 아니다. 사회적 공연을 통해 계속해서 다듬어야 할 공적 상징체계다.

여기 펼쳐진 네 가지 사회적 공연은 한국사회가 공동으로 준거하는 공적 상징체계의 모습을 드러내줄 것이다. 그것이 때로는 너무나 추레하고 비루해서 깜짝 놀랄 수도 있다. 한국사회의 자아가 이 정도 수준밖에 안 되나 자괴감을 느낄 수도 있다. 하지만 너무 쉽게 좌절하거나 혐오와 냉소에 빠질 필요는 없다. 사회적 공연을 거듭하다보면 더 많은 타자를 끌어안을 수 있는 더 보편적인 대본이 다듬어지고 배우와 관객도 한층 성숙해지기 마련이다. 아무쪼록 이 책이 한국인 모두 잠깐만이라도 일상의 삶을 멈추고 한국사회의 자아에 대해 근본적으로 성찰하는 계기가 되는 데 작은 보탬이라도 되었으면 한다.

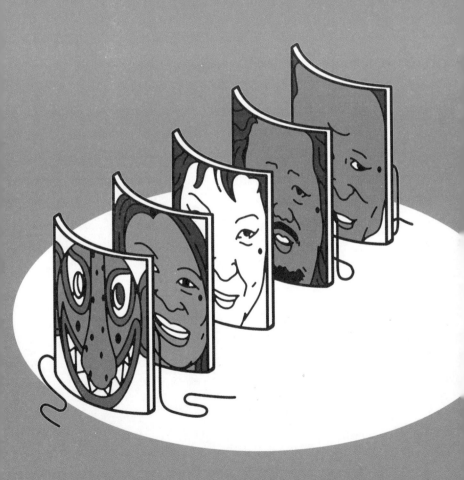

1장. 민주주의
한국은 어떤 민주주의 나라인가

촛불집회는 시민 영역으로
진입하는 탑돌이다

한국사회에 냉소와 비관이 가득하다. 자신의 사적인 성채 안에 갇혀 공적인 문제에 참여하지 않는 극단적인 이기주의 시대라는 자조와 한탄이 여기저기서 들려온다. 공동체주의자들은 자본주의가 개인의 이기주의와 자율성을 공동체의 선보다 더 높게 설정하는 자유주의를 조장한다고 비판한다. 개인들을 파편화시킴으로써 공동체에 대한 헌신과 소속감을 방기하게 만들고 결국 공동체의 공적 이슈에 참여하지 못하도록 한다는 것이다.[1] 한편 비판이론가들은 신자유주의 경쟁체제가 개인들을 무한경쟁 속에 몰아넣어 결국에는 대다수를 잉여나 인간쓰레기 또는 괴물로 전락시키고 있다고 비판한다. 신자유주의가 겉으로는 경직된 관료주의를 비판하고 유연성을 앞세우는 것 같지만 실상은 공동체에 참여할 수 있

는 지속 가능한 자아 자체를 파괴한다는 것이다.[2]

이렇듯 공동체주의자들과 비판이론가들은 이론적 뿌리와 지향이 다름에도 모두 한결같이 자본주의가 공적 삶을 파괴한다고 목소리를 높인다. 자본주의 시장이 사회적 유대를 산산이 부수고, 시민을 이기주의자로 전락시키며, 자율적인 개인 대신 과두제와 관료제가 제도를 장악하도록 만든다고 주장한다. 자본주의의 발전이 성숙한 시민사회를 만드는 대신 오히려 이기적인 대중사회를 낳았다고 비판한다. 이는 어찌해볼 수 없는 필연적인 법칙처럼 널리 선전되고 대중들의 피부 깊숙이 파고든다. 냉소와 비판 속에 '흙수저'와 '금수저'라는 세습언어가 판을 친다.

그런데 2016년 촛불집회 때 수백만의 사람들이 광장으로 뛰어나와 한목소리를 냈다.

"이게 나라냐?"

계급, 젠더, 나이, 지역, 교육, 직업, 지위, 종교, 몸, 섹슈얼리티 등 지금까지 한국인들을 갈라놓았던 온갖 사회적 범주들을 뛰어넘어 너 나 할 것 없이 광장에 나와 촛불을 들었다. 가히 광범위한 보편적 연대가 표출된 것이다. 무엇이 사람들을 그렇게나 광장에 나가도록 만들었을까? 2008년 쇠고기 촛불집회에는 총 59회를 치르는 동안 약 200만 명이 집회에 나왔다. 그런데 2016년 촛불집회에는 규모가 어마어마하다. 10월 29일 1차 촛불집회에서 2만 명에 불과하던 참가자 수

2016년 촛불집회에 600만 명이 넘는 사람들이 참가했다. 도대체 한국사회에 무슨 일이 벌어진 것일까? 이 광장의 정체는 도대체 무엇인가?

가 11월 5일 2차 집회에서는 20만 명, 11월 12일 3차 집회에서는 100만 명, 19일 4차 집회에서는 95만 명, 26일 5차 집회에서는 190만 명, 그리고 12월 9일 탄핵이 있기 직전 마지막 6차 집회에서는 무려 232만 명이 광장으로 뛰어나갔다. 고작 6회에 불과한데 총 참가 인원이 640여만 명에 이른다. 도대체 한국사회에 무슨 일이 벌어진 것일까?

한국처럼 고도로 분화된 사회에서 사람들이 이렇게 대거 한 광장에 몰려나오는 것은 쉬운 일이 아니다. 평상시 사람들은 모두 정치 영역, 경제 영역, 가족 영역, 종교 영역, 공동체 영역 등 하위 영역 안에서 일상의 사회적 삶을 사느라 바쁘다. 각 하위 영역은 어떤 하나의 보편적 법칙에 따라 작동하는 전체 사회에 부속된 하위 기관이 아니다. 그 자체의 행위 규칙을 담고 있는 자율적인 '행위 영역'이다. 행위 규칙은 '문화적 기대'와 '제도'를 담고 있다. 정치 영역은 권력과 국가, 경제 영역은 효율성과 시장, 가족 영역은 친밀성과 가부장적 핵가족, 종교 영역은 신념과 교회, 공동체 영역은 습속과 이웃을 각각 담고 있다. 일상에서 행위자들은 자신들이 속한 하위 영역 안에서 이러한 문화적 기대와 제도를 활용하여 매일의 삶을 꾸려간다. 그런데 수백만의 사람들이 하위 영역의 경계를 넘어 광장으로 뛰쳐나왔다. 이 광장의 정체는 도대체 무엇인가?

종교 영역을 중심으로 삶을 살아가는 종교적인 나라에서는 이렇게 대규모의 사람들이 광장으로 모여드는 일이 드물지 않다. 예를 들어 무슬림들은 메카에 있는 카바^{Kaaba} 신전을 중요한 성지로 생각하여 일생 중에 꼭 한 번은 다녀간다. 정식 순례는 이슬람력 12월에 해당되는 '순례의 달'에 행해진다. 카바를 일곱 번 탑돌이 하듯이 돈다. 카바 신전이 일종의 광장이 되어 사람들을 끌어모으는 것이다. 카바는 사람들을 빨아들이는 일종의 뜨거운 정서적·도덕적 에너지의 중심이다. 이 에너지는 이슬람교라는 독특한 상징체계 안에서 힘을 얻는다. 무슬림은 카바를 중심으로 탑돌이 하면서 이슬람교의 성스러운 상징체계를 체험하고 다시 이를 중심으로 일상의 삶을 갱신할 정서적·도덕적 에너지를 얻는다.

카바 신전은 정치 영역, 경제 영역, 가족 영역, 공동체 영

메카에 있는 이슬람교 신전 카바를 향해 기도를 하고 있는 이슬람교도들.

역과 같은 일상의 다른 모든 영역들에 '궁극적 의미'를 부여
하는 종교 영역의 표상, 즉 '성스러운 중심'이다. 하위 영역
에서 일상을 살아가면서 결코 해결할 수 없는 문제적 상황이
발생하게 되면 궁극적 의미를 묻게 된다. 초자연적 질서나
정신 또는 신과 같은 보편적이고 초월적인 존재를 통해 일상
에서 풀 수 없는 수수께끼와 같은 경험에 의미를 부여하고자
한다. 카바 신전은 바로 그러한 보편적이고 초월적인 존재의
표상이다. 따라서 무슬림은 어떻게 해서든지 카바 신전의 중

심으로 진입하기 위해 갖은 애를 쓴다. 그러다가 사람들이 한꺼번에 너무 중앙으로 몰려 사고가 나는 바람에 수많은 사상자가 나기도 한다. 그럼에도 결코 탑돌이를 멈추는 법이 없다.

이와 유사한 탑돌이는 이슬람교에만 있는 것이 아니다. 불교와 힌두교도 탑돌이를 한다. 기독교도 이와 유사하게 성지순례를 한다. 종교인들은 일상생활을 살아가다가 특정 시기가 되면 성스러운 중심에 모여 자신들의 상징체계를 중심으로 집합의례를 치른다. 나는 한국의 촛불집회도 이와 크게 다르지 않다고 생각한다. 고도로 분화되고 세속화된 한국사회에서도 사람들은 자신들의 사회적 삶에 궁극적 의미를 부여하는 성스러운 중심을 체험하고자 한다.

일상에서 한국인들은 자신들이 살아가는 하위 영역 안에서 도구적·전략적 차원에서 행위한다. 정치 영역에서 한국인들은 매일 권력투쟁을 일삼고 있다. 상대방을 작은 정파적 이해관계에 눈이 먼 속된 존재로 깎아내리면서 정작 자신의 정파적 이해관계만을 챙긴다. 경제 영역에서는 매일 무엇이 경제적으로 효율적인지 따지기 바쁘다. 단기적인 경제적 성과를 내라고 들들 볶는다. 가족 영역에서는 자기 가족들만의 복리와 친밀성을 구축하기에 정신이 없다. 가족 밖 세계로 나가면 세상일에 눈감고 자신들끼리 똘똘 뭉친다. 종교 영역에서는 구원을 추구한답시고 모여서 예배드리느라 부산하다. 하지만 실상은 복 많이 달라는 기복주의에 갇혀 있다. 공동체 영역에서는 같은 습속을 가진 우리끼리 모든 게 당연한 세계에서 어울려 산다. 실존적인 안정감을 누리는 듯하지만 한편으로는 개인의 자유가 구속당한다.

이렇듯 한국인은 일상에서 자신이 속한 하위 영역에서 그 나름의 선을 도구적·전략적으로 추구하며 살아간다. 하지만 삶에 근본적인 위기를 낳는 사건이 발생하면 성스러운 중심 안으로 들어가 이러한 각각의 선이 도대체 무슨 실존적·문화적 의미를 지니는지 묻게 된다. 그렇다면 이 성스러운 중심은 무엇인가? 무슬림 국가처럼 제정일치 사회가 아닌 극도로 세속화되고 고도로 분화된 한국사회에서는 특정 종교 영역이 중심이 될 수는 없다. 세속화된 현대사회에서 이 성스러운 중심은 '시민 영역'이다.

우리는 시민사회를 시민 영역, 즉 사회 비판과 민주적 통합을 위한 역량을 동시에 산출하는 가치와 제도의 세계로 새롭게 개념화해야 한다. 그러한 영역은 연대, 즉 알지 못하지만 존중해야 할 타자에 대한 감정에 기반을 둔다. 그렇지만 경험이 있어서 타자를 존중하는 것이 아니다. 오히려 그들도 우리처럼 공동의 세속적 신념에 헌신할 것이라는 원리에 의해 존중한다.[3]

시민 영역은 무엇보다도 연대를 보편화하는 담론구조다. 사회학에서는 이를 보통 '가치'라 불러왔지만, 사실상 민주주의를 정당화하는 성과 속의 담론구조다. 민주주의란 무엇인가?

민주주의는 테크니컬한 규칙에 의해 지배되는 게임이 아니다. 그것은 위대한 이상적 기대의 세계이지만, 또한 혐오와 비난이라는 압도적인 감정의 세계이기도 하다. 당파적 갈등이 경쟁적으로 일어나는 무대이기도 하지만, 또한 코스모폴리턴한 공평무사와 사랑이 경합하는 장이기도 하다. 민주적 삶은 선이라는 성스러운 가치의 초월적 언어와 악의 속된 상징을 오가는데, 차이 속에서 합의를 만들어내도록 이끄는 제도들, 예컨대 선거, 법치, 공직 윤리에 의해 매개된다.[4]

가치라는 용어는 종교적 신념과 마찬가지로 그 자체에 의해 성스럽게 정의되는 비$^#$기호학적 실체처럼 오해되기 쉽다. 특정 종교에서 궁극적으로 소중하게 여기는 가치는 합리적인 질문과 성찰에서 나오는 것이 아니다. 그저 그 가치가 그 자체로 성스럽다고 믿는 것이다. 반면 민주주의의 성스러운 가치는 스스로 정의되는 것이 아니라 속된 가치와의 유사성과 차이에 의해 정의된다. 그런 점에서 기호 가치다. 민주주의는 행위자의 동기, 행위자 사이의 관계, 제도에 대한 고도로 일반화된 성과 속의 이항 담론구조를 가지고 있다. 특정 상황에만 활용될 수 있는 특수한 이항 담론구조가 아니다. 계급, 젠더, 나이, 지역, 교육, 직업, 지위, 종교, 몸, 섹슈얼리티 등 온갖 파편적인 구조를 넘어 모든 국민이 사고하고 행위할 때 다 같이 준거할 수 있는 '일반화된 상징체계'다.[5]

시민 영역은 다양한 영역 중 그저 그런 하나가 아니다. 오히려 국가, 경제, 종교, 가족, 공동체와 같은 모든 '비非시민 영역들'의 상징적 중심이다. 국가, 경제, 종교, 가족, 공동체가 모두 비시민 영역인 이유는 무엇인가? 말과 행위로 자신이 성스러운 자아를 가진 인간이라는 것을 입증하고 그들 사이의 민주적 의사소통을 통해 의사결정이 이루어지는 장이 아니기 때문이다. 국가는 권력, 경제는 효율성, 종교는 신념, 가족은 친밀성, 공동체는 습속에 의해 주로 의사소통이 이루어진다. 한마디로 말해 위계적으로 의사소통이 행해진다. 그렇기 때문에 연대가 자발적으로 이루어지기 어렵고, 설사 이루어진다고 해도 그 범위가 좁다. 더군다나 비시민 영역들의 관심과 이해관계는 대개 시민 영역을 위협하는 것처럼 보인다. 국가, 경제, 종교, 가족, 공동체가 생산하는 선이 진정으로 전全 사회적이지 않고 분파적이며, 보편적이지 않고 부분적이기 때문이다. 그렇기에 비시민 영역의 질서는 위계와 폭력을 지닌 제도에 의해 조절되기 쉽다.

그럼에도 이러한 비시민 영역들은 삶의 질 그리고 다원적 질서에 활력을 불어넣는다. 다원화된 민주주의 사회에서 사회적 삶이 오로지 시민 영역 안에서만 이루어질 수는 없다. 시민 영역 이외에도 삶에 반드시 필요한 비시민 영역들이 있다. 사람들은 이 영역들에 참여해야만 인간다운 삶을 살아갈 수 있다. 사회적 갈등을 평화적으로 해결하기 위해서는 국가가 필요하다. 풍요롭게 먹고살기 위해서는 자신의 이해관계를 자유롭게 추구하는 경제활동이 필요하다. 합리적으로 설명되지 않는 고통과 영광을 이해하기 위해서는 종교활동이 보장되어야 한다. 구체적인 타자와 사랑을 주고받으면서 독특한 존재로서 충일감을 얻기 위해서는 가족을 구성해서 살아가는 것이 필요하다. 같은 음식 먹고, 같은 의복 입으며, 같은 노래 들으면서 실존의 안온감을 느낄 수 있는 이웃도 필요하다. 따라서 민주주의 사회에서는 비시민 영역들의 독자성이 반드시 양성되고 보호되어야 한다. 이것이 다원적 질서의 핵심을 이룬다. 여기에서는 어느 한 영역이 다른 모든 영역들을 전일적으로 지배하지 않는 것이 중요하다.

그럼에도 비시민 영역에서의 위계는 대개 시민적 삶의 필수 요소인 더 넓은 연대를 구성하는 것을 방해한다. 민주주의 사회에서는 이러한 모든 비시민 영역들이 시민 영역의 상징적 중심과의 관계를 통해 자신의 근본적인 존재 근거를 부여받으면서 끊임없이 교정되어야 한다. 시민적 교정이 필요한 것이다. 이러한 시민 영역이 독자적인 영역으로 등장하려면 사회가 충분히 민주화되어야 한다. 신정국가에서는 종교 영역이, 전제국가에서는 정치 영역이 보편적 연대를 창출한다면, 민주주의 사회에서는 시민 영역이 이 임무를 담당한다. 현대 민주주의는 대의제를 기본으로 한다. 여론, 매스미디어, 여론조사, 결사체와 같은 민주주의적인 '의사소통 제도'뿐만 아니라, 선거, 정당, 공직, 법과 같은 정치를 민주적으로 운영하는 '조절 제도'도 공식적으로 존재한다. 시민사회의 연대는 평상시에는 의사소통 제도를 통해 스스로를 표상하고, 조절 제도를 통해 다른 하위 영역들의 좁은 연대를 더 넓게 확장한다.[6]

　한마디로 민주주의 사회에서 시민 영역의 일반화된 상징 체계는 시민사회의 의사소통 제도를 통해 전파되고 조절 제도를 통해 실현된다. 하지만 이러한 제도가 제대로 작동하지 못하게 되면 시민들이 직접 시민적 연대를 표상하기 위해 광장에 나선다. 대면적 상호작용에 터한 더 직접적인 공화주의적 민주주의의 장, 즉 폴리스가 열린다. 시민사회의 의사소통 제도는 이를 공중에게 방송함으로써, 이들이 만들어낸 시민적 연대가 광장에 모인 사람들에게만 한정되지 않도록 만든다. 일종의 사회적 공연이 열리는 것이다. 이러한 공연이 성공하게 되면 시민사회의 담론구조가 비시민 영역들 속으로 침투해 들어가 제도화된다. 조절 제도가 시민 영역의 일반화된 상징체계를 더욱 잘 구현할 수 있도록 다듬어지는 것이다.

대통령은 성스러운 상징의
구체적 아이콘이다

광장으로 나온 사람들의 동기는 사람 수만큼이나 다양할 것
이다. 어떤 사람들은 자신들의 정파적 이해관계를 추구하기
위해 나왔을 것이고, 어떤 사람들은 집회 관련 물품을 팔기
위한 경제적 동기로 나왔을 것이다. 실제 현장에 가보면 다
양한 정파의 구호가 등장하고, 촛불과 심지어 술까지 파는
장사꾼들도 있다. 이들은 대개 집회 중심에서 멀리 떨어진
주변부에서 활동한다. 기어츠가 말한 '발리의 닭싸움'이 떠오
른다.[7] 그곳에도 인간 실존과 존엄을 걸고 '깊은 놀이deep play'
를 벌이는 중심이 있는가 하면, 공리주의적 내기꾼들이 적은
액수의 돈을 걸고 '얕은 놀이shallow play'를 벌이는 주변도 있지
않은가.

　　또한 집회에 사람들을 끌어들일 때 거시적, 중위적, 미시

적 동원 기제가 작동했을 것이다. 신자유주의적 구조조정과 극단적인 양극화는 분명 지배 집단에 맞설 수 있는 거시적인 정치적 기회구조를 만들어놓았을 것이다. 어떤 사람들은 노동단체, 교원단체, 운동단체와 같은 중위 동원자를 통해 집회에 나왔을 것이다. 실제 현장에는 중위 동원자를 통해 동원된 참석자들이 일사분란한 지휘체계에 따라 이동하는 모습이 보인다. 또 어떤 사람들은 가족, 친구, 이웃과 같은 비공식적 연결망을 통해 미시적으로 동원되었을 것이다. 실제로 광장에는 가족, 친지, 마을 단위로 나온 사람들을 쉽게 볼 수 있다. 이렇게 참여 동기와 동원 기제는 다양해도, 그 엄청나게 많은 사람들이 한 장소로 몰려나왔다는 그 놀라운 사실! 그들 모두가 공동으로 준거하는 '고도로 일반화된 상징체계'가 없으면 불가능하다.

이 공동의 준거는 무엇일까? 그건 '대통령 박근혜'다. 2016년 11월 30일 촛불집회 현장에서 한 중학생은 이를 정확히 짚어낸다.

"박근혜 대통령, 아니 박근혜 씨는 정말 대단합니다. 어떻게 한 사람이 100만 명을 서울에 집결시킬 수 있을까요? 엄청난 능력자입니다."[8]

민주주의 사회에서 국민이 직접 뽑은 대통령은 '국민적 연대'를 핵심 원리로 하는 시민 영역을 대표한다. 물론 한국 국민을 묶어주는 보편적 연대는 헌법 제1장 총강 제1조에 명확히 기술되어 있다.

① 대한민국은 민주공화국이다.
② 대한민국의 주권은 국민에게 있고, 모든 권력은 국민으로
   부터 나온다.

이러한 보편적 연대 원리를 실질적으로 보장하는 사람은 대통령이다. 대통령은 어느 특정 정파의 수장으로 정치행위를 하는 것으로 그치는 것이 아니라, 보편적 연대를 실행하는 존재다. 이를 위해 대통령은 경제 영역, 정치 영역, 종교 영역, 가족 영역, 공동체 영역 등 여러 하위 영역에 개입할 수 있다. 그 영역이 그 자체만의 특수한 이해관계를 실행하기 위해 파편적으로 작동하지 않고 보편적 연대를 위해 작동하도록 개입한다. 민주주의에서 국민들은 대통령의 이러한 침투를 정당한 통치행위로 인정한다. 대통령직을 '공직', 즉 모든 하위 영역이 보편적 연대를 위해 작동하도록 조절하는 제도로 보기 때문이다.

대통령 박근혜는 이러한 공직을 맡은 구체적인 개인이다. 구체적인 개인으로서 박근혜는 나름의 행위의 동기와 대인관계 유형을 지닐 수 있다. 하지만 대통령으로서 박근혜는 자신의 동기와 대인관계를 모두 국민적 연대를 위해 구성할 것으로 기대받는다. 한마디로 말해 대통령 박근혜는 동기, 관

계, 제도에 대한 시민사회의 이항 담론구조에서 성스러운 항을 대표한다. 이러한 이상은 사실 너무나 추상적이고 일반적이다. 그래서 사람들은 이를 일상의 삶에서 직접 보거나 체험하기 어렵다. 이러한 추상성을 구상적 인물로 아이콘화한 것이 구체적인 인물로서의 대통령이다. 대통령 박근혜는 바로 시민 영역의 성스러운 상징의 구체적인 아이콘이다!

그렇다면 대통령 박근혜는 시민사회의 담론구조를 가지고 비시민 영역들에 침투해 들어가 보편적 연대를 만들려고 노력하고 있는가? 대통령 박근혜를 지지하던 사람들은 모두 그렇다고 믿고 싶었을 것이다. 반대하던 사람들조차도 설마 대통령 박근혜가 국민적 연대 대신 사적 이익을 추구하고 있을 것이라고는 상상조차 하지 못했을 것이다. 2016년 촛불집회는 이러한 신뢰가 근본적으로 무너졌기 때문에 벌어진 일이다. 이 신뢰의 붕괴가 바로 그렇게나 수많은 사람들을 광장으로 끌어모은 정서적·도덕적 힘이다. 왜 모였는가? 그건 대통령이라는 공직을 더 보편적인 국민적 연대를 실행하는 시민 영역의 중심으로 되살리고자 하는 열망 때문이다. 이러한 열망은 시민 영역의 성스러운 상징의 구체적인 아이콘인 대통령 박근혜를 둘러싼 사회적 공연을 통해서만 실현될 수 있다.

시민사회의 담론구조는
어떤 모습을 지니고 있나

사회적 공연으로 들어가기 위해서는 대본이 있어야 한다. 이 대본의 원천이 되는 것은 시민사회의 담론구조다. 민주주의를 정당화하는 성과 속의 상징체계가 필요하다. 알렉산더는 미국 민주주의의 200년 역사를 통해 심층적인 문화구조로 작동하고 있는 시민사회의 담론구조를 제시한다. 알렉산더는 묻는다.

"생동력 있는 민주주의가 형성되기 위해서는 어떤 종류의 사람들이 필요한가?"[9]

이에 대한 답으로 민주주의 사회의 정치적 행위자의 동기를 아래 〈표 1〉과 같이 제출한다. 우선 민주주의는 자기 통제와 개인적 주도권에 의존하기 때문에 내부의 충동과 외부의 강압에 의해 '의존적'이고 '수동적'으로 행위하는 것이 아니라 '스스로 자신을 통제'하고 '능동적'이며 '자율적'으로 행위하는 개인을 필요로 한다. 개인의 자유와 공동체의 의무 모두를 조화시킬 수 있어야 한다. 그는 '합리적'이고, '분별력 있으며', '침착하고', '현실감 있고', '제정신을 가지고' 있다. 반시민적 행위자는 이러한 시민적 행위자의 동기에 대한 기호학적 대립으로 구성된다. 그는 '수동적'이고, '의존적'이며, '비합리적'이고, '분별력이 없으며', 쉽게 '흥분하고', '난폭하게 격렬하며', '왜곡된' 현실감에 빠져 있고, 넋이 나간 '미친' 상태다.

알렉산더는 동기 코드에 터해 사회관계에 대한 독특한 표상이 세워질 수 있다고 말한다(〈표 2〉참조). 민주적으로 동기화된 사람들은 '비밀스런' 사회관계보다는 '개방적인' 사회관계를 형성할 것이다. 그들은 서로 '의심'하기보다는 '신뢰'할 것이며, '계산적'이기보다는 '직설적'일 것이고, '기만적'이기보다는 '정직'할 것이다. 그들의 의사결정은 '음모'보다는 '심의'에 기반을 둘 것이고, 권위에 대한 그들의 태도는 '순종적'이기보다는 '비판적'일 것이다. 다른 공동체의 성원들에 대한 태도에서 그들은 '탐욕'과 '자기 이해관계'보다는 '양심'과 '명예'에 따를 것이며, 그들의 동료를 '적'이 아니라 '친구'로 대할 것이다. 만약 행위자들이 비합리적이고, 의존적이며, 수동적이고, 난폭하게 격렬하며, 비현실적이라면 그들이 형성하는 사회관계는 비시민적 관계일 것이다. 개방적이고 신뢰

<표 1> 동기의 이항 코드

시민적 동기	반시민적 동기
능동적인	수동적인
자율적인	의존적인
합리적	비합리적
분별력 있는	분별력 없는
침착한	흥분하는
자기 통제적인	난폭하게 격렬한
현실감 있는	왜곡된
제정신의	미친

출처: Jeffrey C. Alexander, *The Civil Sphere*, p.57.

<표 2> 관계의 이항 코드

시민적 관계	반시민적 관계
개방적인	비밀스런
신뢰하는	의심하는
비판적인	순종적인
명예를 존중하는	자기 이해관계 중심인
이타적인	탐욕적인
정직한	기만적인
직설적인	계산적인
심의하는	음모적인
우호적인	적대적인

출처: Jeffrey C. Alexander, *The Civil Sphere*, p.58.

시민적 제도	비시민적 제도
규칙으로 조절되는	자의적인
법	권력
평등	위계
포용적인	배제적인
익명적	친분적
계약	충성 유대
집단	분파
공직	인성

출처: Jeffrey C. Alexander, *The Civil Sphere*, p.59.

하는 관계 대신에, 그들은 다른 인간 존재들을 '의심하는' '비
밀스런' 사회를 형성할 것이다. 이러한 비밀스런 사회 내부에
서 권위에 대해 그들은 '순종'할 것이지만, 자신들의 작은 집
단 밖에 있는 사람들에게는 '탐욕스럽고' '자기 이해관계 중
심'으로 행동할 것이다.

동기와 관계에 대한 담론구조는 정치적·법적 제도 자체
에 대한 이해로 확장될 수 있다(〈표 3〉 참조). 국민 공동체의
성원들이 비합리적 동기와 불신의 사회관계를 갖고 있다면,
그들은 '규칙에 의해 조절'되기보다는 '자의적'으로 움직이
며, '법'보다는 잔혹한 '권력'을 '평등'보다는 '위계'를 강조하
며, '포용적'이기보다는 '배타적'이며, '익명적'이기보다는 '친
분적'이며, '계약적'인 의무보다는 '충성심'을 촉진하며, '공

직' 의무보다는 '인성'에 의해 조절되는, 그리고 공동체 전체의 필요에 책임을 지는 '집단'보다는 파당의 이익에 복무하는 '분파'에 의해 조직되는 제도들을 창출할 것이다.

우리는 촛불집회가 바로 이러한 민주주의 상징체계를 대본으로 해서 벌어진 일종의 사회적 공연인지 살필 필요가 있다. 민주주의는 고정된 실체가 아니라, 성과 속의 상징체계를 활용해서 악한 세상을 선한 세상으로 만들려고 지속적으로 노력하는 과정이다. 이 과정은 일반화된 성스러운 가치를 구체적인 삶의 시공간에 현실화하려는 사회적 공연이라 할 수 있다. 한국 민주주의의 성숙도를 가늠하려면 2016년 촛불집회를 민주주의를 성숙시키기 위한 사회적 공연으로 보고 경험적으로 탐구해야 한다. 이 글은 이러한 사회적 공연의 배경표상이 되는 한국 시민사회의 담론구조에 대해 성찰해보도록 하겠다. 2016년 촛불집회는 한국 시민사회에 존재하는 동기, 관계, 제도의 이항 코드를 경험적으로 파악해볼 수 있는 좋은 사례이기 때문이다.

우선 JTBC가 처음 태블릿 PC를 보도한 2016년 10월 24일부터 같은 해 12월 9일 국회가 탄핵 결정을 할 때까지 약 한 달 보름 동안을 경험적 연구를 위한 '시간의 분석 단위'로 삼는다. 이 기간 동안 가시화된 한국 시민사회의 담론구조를 경험적으로 확인해보고, 이를 알렉산더가 제출한 미국 시민사회의 담론구조를 준거로 해서 두루 살펴볼 것이다. 주된 자료는 우선 박근혜 대통령이 2016년 10월 25일, 11월 4일, 11월 29일 세 차례에 걸쳐 발표한 사과문이다. 삶의 근본적 의미가 문제시되는 위기의 순간에 이를 벗어나기 위해 발표한 사과문은 시민사회의 핵심적 행위자인 대통령의 가치를 살펴볼 수 있는 좋은 자료다. 이에 덧붙여 2007년에 나온 박근혜의 자서전《절망은 나를 단련시키고 희망은 나를 움직인다》와 2013년 강희대가 지도자 박근혜를 어린이들에게 위인으로 선전하기 위해 출판한 만화《신뢰의 리더십 박근혜: 소통의 시대 첫 여성 대통령》을 보완 자료로 활용했다. 자서전과 일인칭 서사 방식을 사용한 강희대의 만화 모두 배우 박근혜가 청중에게 투사하고 싶은 이상적 자아상을 보여준다. 사회적 공연을 위한 일종의 대본인 셈이다.[10]

다음으로 활용할 자료는 〈JTBC 뉴스룸〉과 JTBC 시사 프로그램 〈이규연의 스포트라이트〉이다. KBS, MBC, SBS와 같은 시민사회의 의사소통 제도가 전혀 역할을 하지 못하고 있을 때 '종편' JTBC는 유독 이러한 의사소통 임무를 떠맡고 나섰다. 특히 〈JTBC 뉴스룸〉은 2016년 10월 24일 최순실의 태블릿 PC를 처음으로 보도해 이후 촛불정국을 촉발시켰다. 이 프로그램은 박근혜 게이트와 관련된 모든 내용을 매일 '사실적 표상' 형식을 빌려 보도한다. 〈JTBC 뉴스룸〉은 사실적 표상의 형식을 빌려 단순히 사건을 있는 그대로 보도하는 것 같지만 동료 시민들, 그들의 행위 동기, 그들이 구성하기를 원하는 제도에 관해 알아볼 수 있는 일차적인 경험의 원천을 제공한다. 뉴스는 속도, 정확성, 중립성이라는 보도 양식으로 사실적 표상을 내보내지만, 사실상 "어떤 사건이 존재한다"는 것을 성원들에게 알려줌으로써 동료 시민들에게 사회적 삶에서 무엇이 발생하고 있고 무엇이 중요한 것인지에 대해 말해준다.

이와 달리 〈이규연의 스포트라이트〉는 2016년 10월 30일부터 매주 최순실 게이트를 심층 분석하는 특집을 내보냈다. 뉴스에 비해 이 프로그램은 좀 더 '허구적 표상' 형식을 빌려 최순실 게이트를 일종의 도덕적 드라마도 재구성한다. 허구적 미디어의 상징 형식은 시민사회의 이항 코드를 여러 서사와 대중 장르로 만들어낸다. 〈이규연의 스포트라이트〉는 시사 프로그램이라 계몽을 목적으로 하는 것 같지만 뉴스와 달리 시사를 예능으로 만든다. 추상적인 이항 담론을 구체적인 느낌과 감정으로 체감할 수 있도록 미학적으로 프레이밍하는 것이다. 시민사회의 이항 담론을 체화한 구체적인 인물들이 서로 갈등하고 경쟁하고 협조하는 모습을 그려낸 서사로 만들어낸다. 서사를 통해서 청중은 인물과 정서적 동일시를 하거나 정서적 거리를 유지한다. 구체적인 분석 대상은 2016년 10월 24일부터 국회에서 탄핵안이 통과된 2016년 12월 9일까지 매일 방송된 〈JTBC 뉴스룸〉의 47개 보도와 매주 일요일에 방영된 〈이규연의 스포트라이트〉 6편이다.

다음으로는 촛불집회 현장의 목소리다. 촛불집회는 대면적 상호작용을 극대화한 집합의례로서 성스러운 상징을 중심으로 공동의 감정구조를 만들어가고 이를 공유한다. 이 성스러운 상징이 선일 경우에는 찬양하고 숭배하는 성화의례가 행해지지만, 악일 경우에는 이를 조롱하고 파괴하는 오염의례가 행해진다. 촛불집회 현장에는 두 개의 성스러운 상징이 있다. 하나는 '선의 중심'으로서 광화문광장에 서 있는 무대이고, 다른·하나는 '악의 중심'으로서 박근혜 대통령이 있는 청와대이다. 촛불집회에 참여하는 사람들은 되도록 이 두 개의 성스러운 중심으로 다가가기 위해 노력한다. 선의 중심에 가서는 시민 영역의 가치를 찬양하고 숭배하는 성화의례가 주로 행해진다. 반면 악의 중심에 가서는 반시민적 지도자를 조롱하고 파괴하는 오염의례가 주로 행해진다. 세 번째 분석 자료는 이렇게 중심에 모여 집합의례를 행하는 사람들의 실천이다. 가장 중요한 자료는 시민들의 자유 발언이다. 자유 발언은 비록 촛불집회 기획자가 마련한 것이기는 하지만 사전에 그 내용을 완전히 통제할 수 없다. 행위자의 자율성에 터하고 있어 그만큼 시민의 목소리를 직접 들을 수 있는 좋은 자료인 셈이다. 이러한 자료는 주로 유튜브에 올라와 있는 영상물에서 구했다. 다음으로는 참가자들이 외치는 구호, 부르는 노래, 소지한 팸플릿이다. 몇몇은 연구자가 현장에서 직접 수집했고, 대다수는 온라인에 있는 자료들에서 뽑았다.

마지막으로 헌법재판소의 판결문을 분석한다. 이를 위해 시간의 분석 단위를 확장한다. 국회에 탄핵안이 통과된 2016년 12월 9일부터 헌법재판소가 대통령 박근혜를 파면하기로 결정한 2017년 3월 10일까지는 한국에서 최고 시민사회 제도인 헌법재판소의 성격을 가늠하는 데 핵심적인 기간이다. 판결문은 헌법재판소가 한국의 민주주의를 어떤 문화구조에 의지하여 수호하는지 보여주는 핵심 자료다.

멸사봉공 정신으로
국정에 임하다

대통령 박근혜는 시민적 동기를 지닌 시민사회의 행위자인가? 2016년 10월 24일 JTBC는 최순실의 태블릿 PC에 대통령 연설문과 같은 국가기밀 자료가 잔뜩 들어 있다고 보도했다. 온 나라 국민이 경악했다. 박근혜 대통령은 바로 다음 날 발 빠르게 1차 사과문을 발표했다. 실제 태블릿 PC라는 '가시적인 물질적 증거'가 있어 마냥 모르쇠할 수는 없었던 것이다. 그렇다고 최순실이 국정 전반을 농단했다고 인정할 수는 없었다. 어떻게든 자신이 국정을 책임지고 운영했다는 점을 국민에게 설득해야만 했다. 그렇다면 이 사과문에서 대통령 박근혜는 시민사회의 시민적 동기 코드를 사용하여 자신의 행위를 성스러운 것으로 정당화하고 있는가?

최순실 씨는 과거 제가 어려움을 겪을 때 도와준 인연으로 지난 대선 때 주로 연설이나 홍보 등의 분야에서 저의 선거운동이 국민들에게 어떻게 전달되는지에 대해 개인적인 의견이나 소감을 전달해주는 역할을 하였습니다. 일부 연설문이나 홍보물도 같은 맥락에서 표현 등에서 도움을 받은 적이 있습니다. 취임 후에도 일정 기간 동안은 일부 자료들에 대해 의견을 물은 적도 있으나 청와대의 보좌 체계가 완비된 이후에는 그만두었습니다. 저로서는 좀 더 꼼꼼하게 챙겨보고자 하는 순수한 마음으로 한 일인데 이유 여하를 막론하고 국민 여러분께 심려를 끼치고 놀라고 마음 아프게 해드린 점에 대해 송구스럽게 생각합니다.

이 사과문의 핵심 메시지는 대통령 박근혜 자신이 최순실에 '의존'하는 '수동적'인 존재가 아니라 스스로 '능동적'으로 행위하는 '자율적'인 존재라는 것이다. 최순실의 도움을 받은 것은 맞지만, 이는 자신이 국정을 운영할 때 여러 목소리를 듣기 위해 스스로 선택한 자율적인 행위다. 그나마도 공직을 담당하고 있지 않은 지인에게 도움을 받는다는 오해가 있을 것 같아 공식 보좌진이 만들어진 후에는 그만두었다. 하지만 어쨌든 오해를 불러일으켰으니 사과한다.

여기서 대통령 박근혜는 분명 자신을 시민사회의 성스러운 행위자로 코딩하고 있다. 민주주의 사회에서 행위자의 가장 중요한 동기는 자율적이어야 한다는 것을 알고 있는 것이다. 그렇기에 일개 사인인 최순실에게 의존한 것이 잘못이라고 인정한다. 그럼에도 이것이 큰 잘못이 아니라는 점을 정당화할 필요가 생겼다. 그때 대통령 박근혜는 '순수한'이라는 기표를 꺼내든다. 자신이 최순실에게 잠시 의존한 것은 오로지 국정을 꼼꼼하게 챙기기 위한 '순수한' 동기였다고 항변한다. '순수한'이라는 기표는 알렉산더가 말한 동기의 이항구조에는 등장하지 않는 새로운 것이다.

이러한 1차 사과문은 그다지 큰 영향력을 발휘하지 못했다. 〈JTBC 뉴스룸〉이 박근혜 대통령의 주장을 반박하는 '경험적 팩트'를 너무나 생생하게 보여주었기 때문이다. 최순실이 문화 융성을 빌미로 기업을 협박해 자금을 대거 끌어모은 사실을 방송한 것이다. 여론은 악화되고 급기야 촛불집회까지 시작되자 대통령 박근혜는 2016년 11월 4일 2차 사과문을 발표한다. 여기에서도 자신이 최순실에게 의존한 것이 국가를 위한 순수한 동기에서 비롯된 것이라는 점을 다시 한 번 강조한다. 동시에 국가 발전을 위해 자발적으로 기부한 기업인들의 순수한 동기도 강조한다. 이에 덧붙여 최순실이 이러한 순수한 동기를 악용하여 자신의 사적 이득을 추구했다는 점을 인정한다. 그럼에도 자신은 이런 일을 전혀 몰랐다고 하면서, 자신과 기업가의 '순수한' 동기와 최순실의 국정농단의 '불순한' 동기를 극적으로 대비시킨다.

도대체 순수 대 불순이라는 동기의 이항 코드는 무엇을 의미하는 것일까? 이는 순수하다고 한 내용을 파악하면 알 수 있다. 대통령 박근혜는 자신이 지닌 순수한 동기의 내용을 '국가 성장'이라고 구체적이면서 명시적으로 밝힌다.

우리나라의 미래 성장 동력을 만들기 위해 정성을 기울여온 국정 과제들까지도 모두 비리로 낙인찍히고 있는 현실도 참으로 안타깝습니다. 일부의 잘못이 있었다고 해도 대한민국의 성장 동력만큼은 꺼뜨리지 말 것을 호소드립니다.

대통령 박근혜는 자신이 미르재단과 K스포츠재단을 세운 것은 모두 대한민국의 미래 성장 동력을 만들기 위한 순수한 동기에서 비롯된 것이라 말한다. 2016년 11월 29일에 발표된 3차 사과문에서도 국가 성장을 위한 순수한 동기를 또다시 강조한다.

저는 1998년 처음 정치를 시작했을 때부터 대통령에 취임하여 오늘 이 순간에 이르기까지 오로지 국가와 국민을 위하는 마음으로 모든 노력을 다해왔습니다. 단 한순간도 저의 사익을 추구하지 않았고 작은 사심도 품지 않고 살아왔습니다.

결국 1차 사과문에서 3차 사과문에 이르기까지 박근혜

대통령이 주로 활용한 행위자의 동기는 "사적 이득을 취하지 않고 오로지 국가와 국민을 위해 순수한 마음으로 일했다"는 것으로 요약된다. '순수한'이란 기표는 결국 '멸사봉공滅私奉公'의 정신으로 국정에 임했다는 기의를 갖는 것이다. 이러한 멸사봉공 코드는 알렉산더의 동기 코드에는 나오지 않는다. 이는 오히려 내가 2008년 촛불집회에서 해석학적으로 재구성한 가치 코드에 들어 있다.[1] "공동체를 먼저 고려하는" 대 "자신을 먼저 고려하는", "보편적 연대를 산출하는" 대 "보편적 위기를 산출하는" 이항 코드가 그것이다. 그리고 공동체를 먼저 고려하는 이유도 공동체 전체를 "보존하고, 생산적으로 만들고, 성장하도록" 만들기 위해서다.

멸사봉공 코드는 어떤 동기를 가지느냐에 따라 인간을 군자와 소인으로 나눈다. 군자는 천하를 공적인 것으로 인식하고 사회 성원들 사이에 부가 골고루 분배되는 대동사회大同社會를 추구한다. 공자는 《예기》, 〈예운〉 편에서 대동사회를 다음과 같이 정의한다.

대도大道가 행해지는 세상에서는 천하天下를 공적公的인 것으로 여기니, 어진 사람과 능력 있는 사람을 선발하며, 신의信義를 강론하고 친목을 닦는다. 그러므로 사람들은 오직 자기의 부모만 부모로 여기지는 않으며, 자신의 자식만 자식으로 여기지는 않는다. 노인들은 삶을 품위 있게 마칠 수 있게 하며,

장년의 사람들은 사회에서 유용한 역할이 있게 하며, 어린이들은 양육받을 곳이 있게 하며, 홀아비·과부·고아·자식 없는 노인·병든 사람들이 모두 부양받을 곳이 있게 하고, 남자들은 사회에서 맡은 역할이 있으며, 여자들은 가정이 있다. 재화가 땅바닥에 버려지는 것은 싫어하지만 반드시 자기 집에만 저장하려 하지는 않으며, 노동력이 자신에게서 나오지 않는 것을 싫어하지만 반드시 자기만을 위해서 하지는 않는다. 이 때문에 나쁜 모의謀議가 막혀서 일어나지 않으며, 도둑질을 하거나 혼란을 일으키는 사람들이 생겨나지 않는다. 그래서 바깥문을 만들기는 하지만 닫을 필요가 없으니, 이것을 일러 대동사회라고 한다.[12]

군자는 천하를 공적인 것으로 여기기 때문에 이를 자신과 자신의 가족에게 사사로이 넘기지 않는다. 이기주의와 가족주의를 넘어 일반적인 타자를 품는 보편적 연대를 추구한다. 재화를 홀로 독차지하지 않고 다른 사람들과 나눈다. 스스로 노동하며 그 열매를 다른 사람들과 함께 누린다. 그 결과 서로 다투지 않고 평화로운 공동체를 함께 누린다. 사람들은 내면에서 우러나오는 진정성을 가지고 사회질서를 존중한다. 반면 소인은 자신의 사적인 이해관계를 추구하며, 그 결과 공동체의 부가 소수에 집중되는 소강사회小康社會가 출현한다. 공자는 다시 한 번 소강사회를 다음과 같이 정의한다.

지금은 대도^{大道}가 이미 사라져서 천하를 사적인 가문^{家門}의 것으로 여기며, 각자 자신의 부모만을 부모로 여기고, 자신의 자식만을 자식으로 여기며, 재화와 노동력을 자신만을 위해 사용한다. 대인^{大人}은 (자신의 지위를) 대대로 전하는 것을 예^禮로 정해서 성곽과 해자^{垓字}를 견고하게 하고, 예의^{禮義}를 기강으로 만들어 임금과 신하의 질서를 바로잡으며 부모와 자식을 돈독하게 하며 형제를 친목하게 하며 부부를 화목하게 하며, 제도를 만들며, 경작지와 마을의 제도를 세우며, 용맹한 사람과 지혜로운 사람을 인재로 여기며, 공로^{功勞}를 자기 것으로 여긴다. 그러므로 간사한 모의가 이로부터 일어나고 전쟁이 이로부터 일어난다. 우^禹·탕^湯·문^文·무^武·성왕^{成王}·주공^{周公}이 이러한 시대상황으로 말미암아 선택되었으니, 이 여섯 분의 군자들은 예에 대하여 삼가지 않음이 없었다. 예라는 규범으로 의를 드러내며 신^信을 이루며 허물을 드러내며 인^仁을 본받게 하고 사양^{辭讓}함을 강설^{講說}하여 백성들에게 상법^{常法}을 보였다. 만일 이 규범을 따르지 않는 자가 있으면 권세가 있는 자라도 제거하였으니, 대중들이 재앙으로 여겼기 때문이다. 이를 일러 소강^{小康}이라 한다.[13]

소인은 천하를 공적인 것으로 여기지 않고 자기 가문의 것으로 여긴다. 사사로이 재산을 가족에게 세습하고, 자기 가족만을 돌본다. 누구나 자기 가족의 안위만을 위해 투쟁하는 사회에 질서가 제대로 세워질 리 없다. 이렇듯 정치적 권력과 경제적 부가 사유화된 세상에서 공동체가 제대로 유지될 리 없다. 음모와 전쟁이 판을 치는 통에 사회질서는 외부에서 부과된 예나 제도를 통해 강제된다.

멸사봉공 코드의 이러한 '사회적' 의미는 동양 역사에 뿌리를 두고 있는 '배경표상'이다. 성리학은 이러한 배경표상을 '윤리적' 개념으로 바꾸어놓는다. "공公으로 나아가는 것은 인간 존재의 보편적 성향이며, 사私를 추구하는 것은 개인의 특수한 지향"[14]이다. 이에 따르면 멸사봉공은 인간 모두에게 내재한 보편적 성향을 실현하는 윤리적 과제가 된다. 이를 실현하기 위해서는 각자 인간 실존의 극한까지 밀고 나가는 수신修身이 요구된다. 외부의 사회적 압력보다 도를 따르려는 개인의 실존적이고 자율적인 결단이 더 중요하다.

하지만 국가 이데올로기로서 멸사봉공 코드는 1930년대 일본 군국주의에 뿌리를 두고 있다. "일본의 공公은 천황 자체 또는 국가를 말하는 것이고, 공公을 구성하는 민은 국가에 예속된 황민으로서, 권리보다 의무가 강제되어 있다. 따라서 공의 중시를 강조하는 것은 사회 구성원으로서의 의무, 즉 봉공을 중시하자는 것을 강조하는 것이라고 할 수 있다."[15]

일제강점기에 조선인들은 이러한 멸사봉공 이데올로기로 훈육받았다.[16] 일제강점기 군인으로 국가주의적 훈육을 받은 박정희는 쿠데타를 정당화하기 위해 당시 지구적으로 패

성	속
보편적 연대를 산출하는, 공동체를 먼저 고려하는	보편적 위기를 산출하는, 자신을 먼저 고려하는
성장하는, 생산적, 보존적	쇠퇴하는, 비생산적, 소모적

출처: 최종렬(〈사회적 공연으로서의 2008 촛불집회〉,《한국학논집》42, 2011, 243쪽)을
내용에 맞게 수정.

권을 획득해가고 있는 발전 담론을 차용해 민족 성장 담론을
만들어냈다. "실제 박정희 정부 시기는 지구적 패권 담론으
로 부상한 발전 담론의 영향 아래 한국에서 발전 담론이 역
사적으로 처음 형성·부상한 시기이다. 박정희 정부는 국가적
목표 형성과 정권의 정당성 확보를 위해 지구적 발전 담론을
적극적으로 수용하고 이용한 한국의 첫 집권 세력이라 할 수
있다."[17] 문제는 이러한 민족 성장 담론이 사실상 멸사봉공
코드에 기반을 두고 있다는 점이다.

개인의 이익과 전체의 이익은 조화되기보다 오히려 상반되
기 쉽다. 이러한 상반과 대립을 적절하게 조절하는 데서 '형
평의 원리' 즉 사회의 정의가 회복되는 것이다. 전체의 이익
과 개인의 이익이 상반 대립할 때는 개인의 희생과 통제로
합치점을 발견하지 않으면 안 될 것이다. 개인과 전체의 이
익이 상반 대립할 때, 거기서 자기를 통제하고 억제하면서
전체와 개인의 합치점을 모색하고 발견하는 것이 소위 '양

식'이요, 이것을 민족적 견지에서 본다면 '민족적 양심'이라 할 수 있다. 양식이 회복되고 민족적 양심이 부활됨으로써 앞으로 우리 민족 전체가 번영할 수 있는 사회정의가 실현될 것이다.[18]

이러한 멸사봉공 언어는 '양식'과 '양심'이라는 윤리적 언어를 차용함에도 자신에게 내재한 보편적 성향을 실현하려는 개인의 자발적 동기라기보다는 외부에서 강제된 이데올로기라는 점에서 수동적이고 의존적이다. 시민사회 동기의 이항 코드에서 볼 때 반시민적 항에 속하는 것이다. 그래서 멸사봉공을 주장하는 위정자들은 항상 윤리적 차원에서 허점이 드러날 수밖에 없다. 박정희 시대 새마을 지도자 수기와 같은 윤리적 담론이 강제적으로 도출된 이유가 여기에 있다. 사사로움에 사로잡혀 있던 낡은 과거를 청산하고 지극히 공적인 일에 헌신하는 새마을운동 지도자로 거듭나는 윤리적 희열이 자기고백 형식을 빌려 박정희 시대에 전국적으로 횡행했다.[19]

대통령 박근혜는 언뜻 보면 시민사회의 담론구조를 활용해 자신의 행위를 정당화하는 것 같다. 2차 사과문에서는 '제정신' 대 '미친'이라는 동기의 이항구조를 사용하기도 한다. "심지어 제가 사이비 종교에 빠졌다거나 청와대에서 굿을 했다는 이야기까지 나오는데 이는 결코 사실이 아니라는 점을 분명히 말씀드립니다." 하지만 좀 더 자세히 들여다보면 멸사봉공이라는 비시민적 언어에 방점이 찍혀 있다는 것을 알 수 있다. 국가 성장을 위한 순수한 동기로 자신의 행위를 성스럽게 만들고자 하는 것이다.

박근혜는 자신이 아버지 박정희로부터 국가를 발전시킬 능력을 물려받았다는 점을 국민들에게 설득함으로써 대통령으로 선출된 사람이다. 국민들은 정치인 박근혜가 오랜 기간 수련을 통해서 대통령의 자질을 갈고닦았다고 여긴다. 셰크너[20]의 어법을 사용해 말하면, 배우 박근혜는 서구의 연극처럼 단기간의 리허설을 통해 무대에 오른 배우가 아니라 일본의 노오能 연극처럼 적어도 20~30년을 수련한 끝에 마침내 무대에 선 노련한 배우와 같다.

강희대[21]는 이런 수련 과정을 잘 묘사한다. 박근혜는 어린 시절부터 새마을운동을 통해 나라를 발전시켜가던 아버지의 모습을 보면서 어떤 일이든 서슴없이 해내는 강인한 정신을 갖게 되었다. 어머니 육영수가 죽은 이후부터는 실질적으로 퍼스트레이디 역할을 하면서 국정 경험을 쌓았다. 아버지가 부하의 총탄에 목숨을 잃은 후에는 아버지를 대신해 나라만을 열심히 사랑하며 평생을 살아갈 것이라 다짐했다. 그 이후 시작된 시련의 세월도 묵묵히 이겨내고 멸사봉공하는 지도자의 자질을 수련해 마침내 대통령에 올랐다. 결혼도 하지 않고 홀로 살면서 오로지 나라만을 사랑했던 박근혜!

청중의 입장에서 볼 때 박근혜는 자기 통제적이고 침착해 보이는데, 그는 이런 속성을 통해 대통령이 된 사람이다. 어릴 적 부모를 잃고서도 자기 통제력을 잃지 않고 침착함을 유지한다. 남동생 박지만은 약물에 의존하고, 여동생 박근령은 열네 살 어린 남편에게 기댄다. 하지만 박근혜는 오로지 자기만을 의지하면서 자기 통제력을 잃지 않고 침착하다. 이러한 '자기 통제적'이고 '침착한' 속성은 알렉산더의 동기 이항 코드의 시민적 항목에 들어가 있다.

대통령이 되기 전인 2007년에 출간한 자서전에서 박근혜는 이러한 시민사회의 동기 코드를 활용해 위기를 침착하게 헤쳐나가는 정치인으로 자신을 구성한다. 1979년 10월 26일 아버지의 죽음 소식을 접하고는 잠시 충격에 빠지지만 곧 평정심을 되찾고 국가안보를 걱정한다.

"'전방에는 이상이 없습니까?' 무의식중에 내 입에서 나온 말은 삼팔선은 안전한가였다. 아버지의 죽음을 틈타 북한이 무력 침공을 감행할 수도 있겠다는 생각이 들었던 것 같다."[22]

2002년 한나라당이 '차떼기'로 위기에 몰려 모두 우왕좌왕할 때도 마치 배 12척을 가지고서 전장에 나선 이순신 장군처럼 절대 흔들리지 않고 침착하고 자기 통제적인 모습으로 위기를 헤쳐나간다.

"저는 오늘 '신에게는 아직도 열두 척의 배가 남아 있다'

고 한 충무공의 비장한 각오를 되새기며 이 자리에 섰습니다. 저는 부모님도 없고, 더 이상 얻을 것도 잃을 것도 없는 사람입니다. 당을 위해서 제 모든 것을 바치겠습니다."[23]

2006년 지방선거 때 얼굴에 자상 테러를 당했을 때도 자신을 걱정하는 대신 평정심을 잃지 않고 먼저 공적인 선거를 걱정한다. 이렇게 절대 흔들리지 않는 것은 국난을 이겨 나가려는 불굴의 의지를 지닌 이순신 장군처럼 "국가와 사랑에 빠져 결혼한 한 여인의" 멸사봉공 정신이 있기 때문이다. 박근혜는 자서전에서 피습 사건 후 이제부터 남은 인생은 하늘이 자신에게 내린 덤이라고 생각하게 되었다고 밝힌다. 그러면서 오로지 국민과 나라만을 위해 살겠다고 다짐한다.

"처음 정치를 시작할 때, 이제부터 내 삶은 나의 것이 아니라고 했던 결심, 오로지 국민과 나라만 바라보자는 그 초심만큼은 지금도 변함이 없다."[24]

대부분의 청중이 박근혜를 위대한 지도자의 자질을 가졌다고 보게 된 주된 이유다.

여기서 우리는 시민사회의 담론구조가 멸사봉공 코드와 모순되지 않고 오히려 그것에 포섭된다는 것을 알 수 있다. 박근혜는 '자기 통제적'이고 '침착한'이라는 시민사회의 동기 담론구조 안에 들어 있는 기표를 사용하지만, 결국 이것을 멸사봉공 코드로 귀결시키는 것이다. 이는 멸사봉공 코드를 일종의 초월적 기의transcendental signified [25]로 만들어 이에 의지하여 시민사회의 동기 코드를 재해석하기 때문에 발생한다. 초월적 기의는 스스로에 의해 자신의 정체성과 의미를 규정하기 때문에 의미작용 외부에 존재한다. 의미작용은 기표와 기의의 관계에서 나오는바, 인간 사회에서 이 관계는 자의적·관습적이다. 아무리 뒤로 소급해 들어가도 결코 이 자의성·관습성을 초월하는 기의는 존재할 수 없다. 기표와 기의의 관계를 결정하는 것은 양자 간의 내재적 속성이 아니라 특정의 약호이기 때문이다. 그런데도 박근혜는 멸사봉공을 모든 자의적·관습적 관계를 초월하는 기의로 사용한다.

"대통령이 아바타라네요"

〈JTBC 뉴스룸〉과 〈이규연의 스포트라이트〉는 시민사회의 담론구조를 활용해 배우 박근혜의 주장과 청중의 기대를 완전히 무너뜨린다. 핵심은 대통령 박근혜를 반시민적 동기를 지닌 '악'으로 구성하는 것이다. 〈JTBC 뉴스룸〉은 '팩트체크'와 '비하인드 스토리'라는 사실적 표상 형식을 이용하여 '사실을 있는 그대로' 내보낸다. 그 과정에서 박근혜의 주장이 거짓이라는 점을 낱낱이 폭로한다.

먼저 10월 24일 첫 보도에서 최순실이 국정 현안에 깊숙이 개입했다는 사실을 테블릿 PC 안의 내용을 들어 폭로한다. 대통령 연설문 초안을 미리 받아보고 이를 최순실이 수정하여 다시 대통령 박근혜에게 보내고, 이 수정된 연설문을 대통령 박근혜가 국무회의에서 토씨 하나 틀리지 않게 똑

같이 읽어 내려간다. 또한 최순실이 인사에도 개입한 흔적이 있다. 25일 1차 사과문이 나온 후에는 특정 시기 동안 연설문 수정에서 아주 일부분만 최순실의 도움을 받았다는 대통령 박근혜의 주장에 대해 최근까지도 국정 전반에 최순실이 개입했다는 증거를 제시하며 반박한다. 또한 안보 기밀도 최순실에게 누설했다고 폭로할 뿐만 아니라, 청와대 인사는 물론 정부 조직 인사에도 최순실이 개입한 정황을 보도한다. 더 나아가 국정뿐만 아니라 대통령 박근혜의 사생활까지 최순실이 통제하고 있다고 보도한다. 그 이후 계속된 보도는 이러한 의혹이 단순한 정황에 그치는 것이 아니라 사실이라는 점을 입증하는 데 집중하고 있다.

11월 4일 2차 사과문이 나온 후에는 '자신은 모르는 일이며, 최순실 개인이 저지른 위법 사항일 뿐'이라는 박근혜의 주장을 뒤집는 사실들을 쏟아낸다. 동시에 경제수석 안종범도 차은택이 광고사를 강탈할 수 있도록 개입했다는 점을 보여준다. 그 이후 최순실이 정호성 비서관을 통해 국무회의를 뒤에서 조종한 사실, 최순실 일가가 다니는 강남 병원에 청와대가 전방위로 지원한 사실, 차움병원의 대통령 주사제 대리 처방, 박근혜 대통령 독대 후 대기업 지원 등 최순실이 국정에 개입한 새로운 사실을 매일 폭로한다. 이러한 추가 사실 폭로는 공중의 분노를 일으켜 촛불집회의 규모를 키우게 되는데, 〈JTBC 뉴스룸〉은 이를 집중 보도하기 시작한다. 이

1장. 민주주의 | 한국은 어떤 민주주의 나라인가

러한 집중 보도는 강력한 탄핵 여론을 형성하는 데 일정 부분 기여한다.

이렇듯 〈JTBC 뉴스룸〉은 최대한 규범적 판단을 하지 않으면서 사실을 있는 그대로 보도하는 포맷을 취한다. 하지만 사실상 대통령 박근혜를 반시민적 속성을 지닌 '악'으로 구성하고 있다. 대통령 박근혜는 일개 사인 최순실에게 국정을 '의존하는' '수동적' 존재다. 알렉산더가 말한 시민사회의 행위자의 동기 이항 코드를 사용하여 대통령 박근혜를 반시민적 악으로 구성한 것이다. 이에 덧붙여 국가 발전을 위해 헌신했다는 대통령 박근혜의 주장도 뒤집어놓는다. 대통령 박근혜를 문화 융성이라는 미명 아래 사적 이득을 추구한 최순실과 한패로 만든다. 대통령 박근혜가 사용한 멸사봉공 코드를 부정하는 대신 이를 멸공봉사滅公奉私 코드로 뒤집어 공격하는 것이다.

〈이규연의 스포트라이트〉는 최순실이라는 구체적인 인물의 반시민적 성격을 분명히 보여주고 이를 대통령 박근혜와 일체화한다. 10월 30일 방송된 〈이규연의 스포트라이트〉에서는 최순실을 '미친 무속 강남 아줌마'로 정의한다. 최순실은 제정신이 아니며, 비합리적이고, 갑질을 일삼는 졸부이고, 사적 영역에서만 살아서 수치를 모르는 히스테리컬한 아줌마다. 문제는 이러한 반시민적 동기를 가진 미친 무속 강남 아줌마가 가장 성스러운 시민적 행위자인 대통령 박근혜를 뒤에서 조종했다는 사실이다. 최순실이 지시하면 대통령 박근혜는 따르고, 대통령 박근혜가 중요한 의사결정을 어떻게 할지 몰라 물으면 최순실이 결정해서 알려준다. 최순실은 '능동적'이고 '자율적'이다. 그런 최순실이 대통령 박근혜를 '수동적'이고 '의존적'인 동기를 가진 반시민적 존재로 오염시킨다.

미국 오바마 대통령 선거 캠페인을 연구한 알렉산더는 다음과 같이 말한다. "만약 후보자들이 무대 뒤에서 끈으로 조종되는 꼭두각시라면, 그들은 진지하고 정직하지 않은 정도가 아니라 극단의 반시민적 존재가 된다."[26] 대통령 박근혜는 정말 무대 뒤에서 조종되는 꼭두각시일까? 만약 그렇다면 이것이 어떻게 가능한 일일까? 11월 13일에 방영된 〈이규연의 스포트라이트〉는 박근혜가 대통령이 된 것은 최태민-최순실 부녀가 40년간 공동 기획하고 실행한 합작품의 결과라는 이야기를 만들어낸다. 박정희 죽음 이후 3년간 두문불출하던 박근혜를 육영재단 이사장으로 앉힌 것이 최태민이었다. 장차 박근혜를 대통령으로 키우려는 장기적인 기획의 일환이었다. 명분은 "여성 대통령이 나와야 나라가 부드러워진다"는 것이었다. 이런 기획은 박정희 정권 시절 박근혜 영애의 비호 아래 최태민이 어마어마한 부를 축적했기 때문에 가능했다. 1993년 최태민이 죽은 후 이러한 기획의 책임은 최태민의 수많은 자식들 중 최순실로 넘어갔다. 최순실은 아버

1976년 3월 24일 박정희 대통령 큰딸 박근혜가 최태민(왼쪽 끝)과 함께 구국선교단 야간 무료 진료 센터 침구과·치과 개원 테이프를 절단하고 있다.

지 최태민에게서 물려받은 무속적인 예지 능력이 있었기 때문이다.

그렇다면 최태민-최순실 부녀는 왜 그렇게나 박근혜를 대통령으로 만들려고 애를 썼을까? 최태민의 말대로 여성 대통령 시대를 열어 대한민국을 한층 발전시키기 위해서? 11월 20일 방영된 프로그램은 절대 권력자를 이용해서 대기업을 옥죄면 엄청난 돈을 뜯어낼 수 있기 때문이라는 이야기를 만들어낸다. 실제로 최태민은 박근혜 영애 시절 새마음봉사단 위촉장을 대기업 총수들에게 나누어주면서 천문학적인 기부금을 끌어모았다. 40년 전에 이미 대기업을 상대로 돈을 뜯어내는 방식을 터득했다. 최순실은 이를 다시 한 번 고스란히 재현한 것뿐이다. 그렇다면 대통령 박근혜는 이런 사실을 전혀 모르고 있는 것일까? 그저 최순실이 뒤에서 조종하는 대로 움직이는 꼭두각시에 불과한가?

이러한 의문에 대해 애초 〈이규연의 스포트라이트〉는 명확한 이야기를 만들어내지 못했다. 만약 그렇다면 최순실만 처벌하면 되지 대통령 박근혜를 탄핵할 것까지야 없는 것이다. 연속 시리즈로 방영되던 이 프로그램의 소제목은 애초에는 '최순실 게이트'였다. 그러다가 12월 11일에 방영된 프로그램에 가서야 '박근혜-최순실 게이트'로 이름을 바꾼다. 박근혜와 최순실이 한 몸이라는 것이다. 멸공봉사! 둘 다 공동체보다 자신의 이익을 먼저 챙긴다. 11월 27일과 12월 4일 프로그램은 세월호 침몰 당시 대통령 박근혜를 개인의 미용에 신경 쓰다 국민을 죽음으로 몰아가는 모습으로 그리기 시작한다. 더 이상 시민사회 동기의 이항구조를 사용하지 않고, 오히려 한국의 생활세계에 깊이 배태되어 있는 멸사봉공 코드를 뒤집어 사용한다. 이제 박근혜 대통령은 단순히 시민사회의 적이 아니라, 대한민국 전체의 적으로 구성된다.

촛불집회 현장은 어떠한가? 10월 29일 청계광장에서 처음 열린 촛불집회 무대에 오른 초등학교 여학생은 추운데도 불구하고 촛불집회에 나온 이유를 다음과 같이 밝힌다.

"박근혜 아줌마 퇴진하러 왔습니다. 모두 다 그 이유 맞으시죠? 근데 그 이모가 그냥 이모가 아니라네요. 아바타라네요. 꼭두각시라네요. 한 나라 국가의 대통령인데 이렇게 해서도 되나요?"[27]

초등학생임에도 '능동적인' 대 '수동적인', '자율적인' 대 '의존적인'이라는 시민사회 동기의 이항 코드를 정확히 활용해서 대통령 박근혜를 반시민적 동기를 가진 시민사회의 적으로 구성하고 있다. 1차 집회부터 이미 초등학생마저도 '하야'를 외친다. 대통령 박근혜가 시민사회의 성원으로서 자격을 상실했기 때문에 더 이상 시민사회가 오염되기 전에 축출해야 한다는 공감대가 광범하게 퍼져 있는 것이다.

첫 집회뿐만 아니라 모든 집회에서 이러한 시민사회의 동기 코드는 광범하게 사용된다. 11월 12일 서울 광화문광장에서 열린 민중총궐기 행사에서는 공주에서 올라온 초등학교 5학년 남학생이 다음과 같이 말한다.

"대통령은 최순실이 써준 것을 꼭두각시처럼 읽었습니다. 대통령은 자신이 국가를 좋게 만들려는 생각을 못하나 봅니다. 금붕어한테는 미안하지만 금붕어 지능 같습니다."[28]

11월 19일 4차 집회에서 자영업을 하는 남자도 다음과 같이 외친다.

"우리나라가 언제부터 이렇게 편의점 국가가 되었습니까? 원 플러스 원이에요. 하나를 샀는데 하나가 더 왔어요.

콜라를 샀더니 환타를 주네. 그리고 그 콜라가 말하기를, 결정할라고 하니까, '야, 가서 환타한테 가서 컨펌받고 와라.' 우리나라가 편의점 국가입니까? 편의점이 많다고 해서 우리나라가 편의점 국가입니까? 우리나라는 편의점 국가가 아닙니다! …… 대통령은 원 플러스 원으로 뽑지 않았습니다."[29]

현장에서 가장 널리 불리는 노래는 어떠한가? 〈이게 나라냐 ㅅㅂ〉는 대통령 박근혜가 하야해야 한다는 주장을 담고 있다. 그럼 왜 하야해야 하는가?

우주의 기운
무당의 주술
다까끼 마사오까지
불러내어도
이젠 끝났다
돌이킬 수 없다
좋은 말할 때
물러나거라

그건 대통령 박근혜의 동기가 자율적이지 않고 의존적이라는 것이다. 대통령 박근혜는 스스로 판단해서 '자율적'으로 행위하는 것이 아니라 우주의 기운, 무당의 주술, 다까끼 마사오에 '의존'한다. 문제는 이렇게 의존하는 힘이 우주의 기운과 무당의 주술이라는 '비합리적'이고 '제정신이 아닌' 힘이다. 또한 다까끼 마사오라는 일본 군국주의 정신에 의존하고 있다. 군국주의 정신은 멸사봉공을 핵심으로 한다. 하지만 들여다보면 사적 이득을 취하기 위해 공을 유린한다. '근혜'와 '명박'은 '공'을 대표하고 '순실'은 '사'를 대표한다. 대한민국은 사가 공을 장악하고 있는 도둑 간신의 소굴이다.

이게 나라냐
이게 나라냐
근혜 순실 명박
도둑 간신의 소굴
범죄자 천국
서민은 지옥
이제 더는
참을 수 없다

이렇게 보면 현장의 목소리를 유의미하게 만드는 행위자의 동기 코드도 대통령 박근혜와 미디어가 사용하는 그것과 마찬가지로 '시민사회의 동기 코드'와 '멸사봉공 코드' 두 개임을 알 수 있다. 결국 모두가 이 두 개의 코드를 공유한다. 다만 누구를 시민사회의 악으로 구성하느냐의 차이가 있다.

아랫것들이 없으면
꼼짝도 못한다

한국 시민사회의 행위자들은 민주주의 관계 코드를 따라 관계를 형성하는가? 이러한 코드를 통해 타자들과 맺는 관계를 평가하는가? 대통령이 되기 전 박근혜는 원칙과 신뢰의 정치인으로 널리 알려졌다. 이를 반영하듯 강희대의 만화는 정치인 박근혜가 대통령이 될 수 있었던 제일 중요한 덕목을 원칙과 신뢰에 두고 있다. 원칙이란 무엇인가? 그건 전략적으로 행동하지 않는다, 즉 '직설적'으로 행동한다는 것이다. 예를 들어 표를 얻기 위해 '계산적'으로 공약을 남발하지 않는다. 신뢰란 무엇인가? 약속한 것은 지킨다는 의미다. 공약은 물론 일반인들과 한 사소한 약속도 결코 허투루 대하지 않는다. 이 만화는 박근혜가 주변 사람들과 대인관계를 맺을 때 원칙과 신뢰를 제일 중요하게 생각한다고 그려낸다. 알렉산더의 관계의 이항구조에서 '신뢰하는', '직설적인'이라는 시민적 관계를 통해 박근혜의 관계 맺기를 성스럽게 구성하는 것이다. 정치인 박근혜가 맺는 대인관계는 사적인 것이 하나도 없이 모두 나라를 위한 공적인 것이다. 강희대의 만화에는 어린 시절 박근혜를 친구들과 수다를 떨며 노는 평범한 여학생으로 그리다가, 이후에는 나라만을 위해 그 누구하고도 사적 관계를 맺지 않는 인물로 묘사한다. 오로지 원칙과 신뢰만을 제일로 여긴다. 따라서 일반 국민을 상대로 '개방적이고 정직하고 솔직한'이라는 시민사회의 속성을 가지고 관계를 맺을 것이라는 기대를 자아낸다.

그런데 10월 24일 〈JTBC 뉴스룸〉 보도는 공인 대통령 박근혜가 사인 최순실과 '비밀스런' 관계를 맺고 있다고 폭로한다. 문제는 사적인 관계로 끝나지 않고 국정농단으로 이어져 있다는 것이다. 국정을 꾸려가려면 대통령이 공직에 있는 사람들과 '심의하여' 나랏일을 진행해야 하는데, 나랏일이 둘 사이에 '비밀스럽게' '음모적으로' 이루어진다는 것이다. 가시적인 물질적 증거가 너무나 확실했기 때문에 대통령 박근혜는 위기를 느낄 수밖에 없었다. 원칙과 신뢰의 정치인이라는 이미지가 단박에 무너질 것 같았다. 물론 이전에도 경제민주화와 같은 대선 핵심 공약의 후퇴와 폐기 그리고 지역 편중 인사와 공공기관장 낙하산 인사 등으로 이미 원칙과 신뢰가 무너졌다는 비판은 줄곧 있었다. 하지만 이는 이전 정부들과의 비교를 통해 어느 정도 논쟁할 거리가 되었다. 일종의 진영 논리로 비켜갈 수 있었다. 이번엔 달랐다. 다음 날 바로 사과문을 발표한다. 그렇다고 온전히 인정할 수는 없는 노릇이었다. 일부 연설문이나 홍보물의 일부 표현만 도움받은 정도라고 발뺌한다. 이런 정도의 사과로는 원칙과 신뢰의 정치인의 이미지를 지킬 수는 없었다. 2차 사과문을 발표했다.

저는 청와대에 들어온 이후 혹여 불미스러운 일이 생기지 않을까 염려하여 가족과의 교류마저 끊고 외롭게 지내왔습니다. 홀로 살면서 챙겨야 할 여러 개인사들을 도와줄 사람조차 마땅치 않아 인연을 갖고 있었던 최순실 씨에게 도움을 받게 됐고 왕래하게 됐습니다. 제가 가장 힘들었던 시절에 곁을 지켜주었기 때문에 경계의 담장을 낮추었던 것이 사실입니다. 돌이켜보니 개인적 인연을 믿고 제대로 살피지 못한 나머지 주변 사람들에게 엄격하지 못한 결과가 되고 말았습니다. …… 다시 한 번 저의 잘못을 솔직하게 인정하고 국민 여러분께 용서를 구합니다. 이미 마음으로는 모든 인연을 끊었지만 앞으로 사사로운 인연을 완전히 끊고 살겠습니다.

대통령 박근혜가 던지는 메시지는 다음과 같다. 멸사봉

공의 정신으로 평생을 살아온 나는 대통령이 되기 전에는 그 어떤 사사로운 인간관계도 맺지 않았다. 대통령이 되기 위한 자질을 수련하는 것만으로도 벅찼기 때문이다. 그래서 남들 다하는 결혼도 하지 않고 공적 일에만 몰두했다. 세상인심이 매몰차게 변한 탓도 있다. 대통령 아버지가 죽고 난 후 그렇게나 충성하던 모든 사람들이 다 배신하고 떠나갔다.

"사람이 사람을 배신하는 일만큼 슬프고 흉한 일도 없을 것이다. 상대의 믿음과 신의를 한 번 배신하고 나면 그다음 더 쉬워지며, 결국 스스로에게 떳떳하지 못한 사태로 평생을 살아가게 된다."[30]

대인관계를 맺으려고 해도 주변에 사람이 없어 맺을 수가 없었다. 그런데 유독 옆을 떠나지 않는 한 사람이 있었으니, 그가 바로 최순실이다. 최순실과는 서로 '신뢰하는' 사이다. 그래서 개인사에서 적지 않은 도움을 받았다. 그런데 이러한 신뢰관계가 '비밀스럽다' 보니 의도하지 않은 사달이 벌어졌다. 이제부터라도 이 비밀스런 신뢰관계를 끊고 오로지 국가와 결혼한 사람으로 살아가겠다. 이런 주장은 자신은 사람과 신뢰관계를 맺는 것을 원칙으로 했다는 사실 자체를 지키기 위한 것이다.

이 사과문의 메시지를 볼 때, 대통령 박근혜도 시민사회에서 행위자들의 대인관계는 '개방적'이고 '신뢰할 만해야' 한다는 것을 잘 알고 있다. 자서전에 최순실과 맺은 인간관계에 대해 한마디도 언급하지 않은 이유다. 하지만 이젠 털어놓지 않을 수 없다. 그러면서 다음과 같은 말을 덧붙인다.

국가 경제와 국민의 삶에 도움이 될 것이라는 바람에서 추진된 일이었는데 그 과정에서 특정 개인이 이권을 챙기고 여러 위법행위까지 저질렀다고 하니 너무나 안타깝고 참담한 심정입니다. 이 모든 사태는 모두 저의 잘못이고 저의 불찰로 일어난 일입니다.

자신은 최순실에게 '정직한' 관계를 바랐는데 최순실은 이를 '기만적' 관계로 되갚았다고 말하는 것이다. 자신도 일종의 피해자다. 너무나 '직설적인' 자신은 최순실이 '계산적'일 것이라고는 상상도 하지 못했다. 3차 사과문에서도 "주변을 제대로 관리하지 못한 것은 결국 저의 큰 잘못입니다"라며 거듭 사과한다. 이 모든 것을 볼 때, 대통령 박근혜도 시민사회 관계의 이항 코드를 활용해서 자신과 최순실의 관계를 평가한다는 것을 알 수 있다. 공중 앞에서는 적어도 시민사회의 관계 코드를 활용해서 대통령의 대인관계를 설명해야 한다는 것을 알고 있는 것이다.

여기서 주목해야 할 점은 대통령 박근혜는 구체적인 관계망 안에 들어와 있는 사람들만 믿는 매우 좁은 신뢰 개념을 가지고 있다는 점이다. 대통령이라면 반드시 자신이 속한 사적 관계망을 넘어 더 일반화된 타자에 대한 신뢰 개념을 가지고 있어야 한다. 하지만 대통령 박근혜에게는 이러한 '일반화된 신뢰' 개념이 없다. 왜 그런가? 그건 10·26사태 이후 그렇게나 자신을 공주처럼 떠받들던 사람들이 모두 등을 돌리는 고통스런 체험을 했기 때문이다.[31] 그런데 오로지 최태민과 최순실만은 자신을 떠나지 않았다. 끈끈한 관계망과 그 안에 배태된 신뢰! 하지만 긴밀한 관계망이 오히려 부정·갈등의 기회나 수단을 더 큰 규모로 제공할 수 있다는 사실[32]을 간과한 것이다. 일반화된 신뢰 개념 자체가 없는 사람이 대통령이 된 것 자체가 사실상 모든 비극의 시작이다.

어쨌든 사전에 알든 모르든 이런 비극에서 벗어나야 한다. 대통령 박근혜의 해결책은 그나마 있던 사적 연결망마저도 해체하겠다는 것이다. 가족 연결망도 이미 끊어버린 대통령 박근혜가 최순실 관계망마저 해체해버리면 도대체 어떻게 살아간다는 것인가? 그렇다고 관계를 맺지 않은 모르는 타자들에 대한 일반화된 신뢰가 갑자기 생길 리도 없다. 대통령 박근혜는 여기서 모든 사회관계에서 초탈한 초월자의 자리를 지향한다.

이러한 지향은 시민사회 관계의 이항 코드보다 훨씬 오래된 배경표상이다. 이는 적어도 조선시대 왕의 자리까지 올라갈 수 있다. 조선왕조의 기본 법전인《경국대전》에는 아예 왕에 대한 법 규정 자체가 없다. 천명을 받은 왕은 초월적 존재여서 언어로 규정할 수조차 없었던 것이다. "조선의 왕이 법으로부터 초월될 수 있었던 바탕은 그가 인간의 영역으로부터 초월된 존재였던 데 있었다."[33] 조선시대 왕은 어떤 인간관계 안에도 배태될 수 없었다. "조선시대의 왕은 어떠한 인간에게도 종속되지 않으며, 오직 천명에 응하여 천의를 대신하며, 천의는 곧 민심 혹은 민지民志이었다."[34]

조선시대 왕은 '원리상' 이렇게 초월적 존재였지만, 일상생활에서 밥 먹고, 화장실 가고, 옷 입고, 움직이는 모든 사적활동마저도 궁녀와 내관의 도움 없이는 잠시도 살아갈 수 없는 '의존적'인 존재다. "'귀하신 분'은 무능한 사람이다. 신분제 사회에서 높은 신분 사람들은 먹는 것, 입는 것, 자고 일어나는 것 어느 하나 스스로 할 수 없는 사람들이니 말이다. '아랫것'들이 준비해서 대령해주지 않으면 꼼짝도 못했다. ……그들은 공적 활동을 하는 데나 일상적인 의식주 생활을 하는 데나 매사에 도움을 받지 않으면 아무것도 스스로 할 수 없는 사람들이었다. 이들이 품위를 유지하며 살게 하자면 수많은 남녀가 수발을 들지 않으면 안 되었다."[35] 조선시대에는 내명부라는 공식 관직이 이러한 일을 도맡아 했다. 자연인, 사적인 개인이 아니라 관직을 받은 공인이 떠맡은 것이다.

대통령 박근혜는 조선시대 왕 같은 존재다. 초월적인 자리를 차지하면서도 사적인 생활은 철저하게 아랫사람에게 의지한다. 물론 대통령의 일상생활을 보조하는 공직이 존재한다. 청와대 부속실이 그런 곳이다. 대통령 박근혜는 부속실을 사용해서 일상생활을 영위하도록 기대받는다. 부속실은 시민사회의 관계 코드를 통해서 운영해야 한다. 하지만 대통령 박근혜는 부속실이라는 공직에 대한 신뢰가 부족하다. 그래서 최순실에게 의지해서 모든 사적인 일을 수행한다. 더 큰 문제는 둘 사이의 은밀한 관계가 사적인 일로만 한정되지 않는다는 사실이다. 왕조 시대 환관이 나랏일을 주무르듯, 최순실은 대통령 박근혜를 수발 드는 힘을 빌려 온갖 국정농단을 일삼는다. 박근혜는 이러한 사실이 드러나자 다시 초월자의 위치로 돌아가려고 한다. 그 어떤 사적 관계도 맺지 않겠다고 다짐한다. 결국 왕조 시대의 언어를 사용해 위기를 벗어나고자 한 것이다.

"최씨 집안밖에 없죠"

박근혜가 이렇게 자신을 초월적 존재로 자리매김하게 된 것은 〈JTBC 뉴스룸〉이 연일 최순실과의 관계를 폭로한 것이 결정적이었다. 10월 24일 처음 태블릿 PC 보도를 할 때부터 〈JTBC 뉴스룸〉은 박근혜와 최순실의 관계가 반시민적 성격을 지닌다고 폭로했다. 2012년 대통령 선거 유세 때 최순실은 사실상 '비선' 캠프 본부장으로 선거를 지휘한다. 이후에도 비밀스런 관계를 통해 최순실이 경제, 안보, 외교 등 모든 국정을 뒤에서 조종한다. 박근혜와 최순실 그리고 문고리 3인방, 안종범 경제수석은 여러 개의 차명 ID를 가지고 비밀스런 메일을 주고받는다. 최순실은 자신의 비밀 사무실에서 김종 문화체육관광부 차관을 은밀히 만난다. 최순실은 대포폰을 사용하여 박근혜 대통령과 통화한다. 최순실은 자신의 측근, 조카의 친구, 심지어 사돈까지 청와대에 심어놓고 자신의 목적에 따라 활용한다. 청와대에는 수석비서관부터 구매담당 직원까지 최순실의 인맥이 거미줄처럼 뻗어 있다. 최순실의 조카 장시호는 유령 회사를 통해 정부 사업에 관여해 이권을 챙기고 평창올림픽까지 집어삼키고자 한다.

이렇듯 이들은 반시민적 관계의 특징인 '비밀스런' 관계망을 형성했다. 그 관계망 안에서 문고리 3인방과 안종범 경제수석 같은 사람들은 박근혜와 최순실의 권위에 복종한다. 그들의 관계는 '탐욕적'이고, '음모적'이다. 그들의 비밀스런 사회 외부에 있는 사람들에게는 '우호적'이기보다는 '적대적'이다. 그들은 이러한 비밀스런 관계망을 통해 온갖 일을 추진하고 해결한다.

〈이규연의 스포트라이트〉는 박근혜가 최순실과 맺는 비밀스런 관계가 아버지 최태민에게서 시작되어 딸 최순실에게까지 장장 40여 년을 걸쳐 지속된 것이라는 점을 자세히 보여준다. 일제강점기부터 박정희와 최태민은 서로 알고 지내는 사이다. 그러다가 1971년 박정희 대통령 후원 아래 최태민이 구국선교단 총재로 취임하면서 둘 사이의 공식적인 관계가 시작된다. 최태민은 구국선교단 후원 명목으로 재벌로부터 막대한 돈을 뜯어낸다. 자금 관리는 철저하게 최태민이 도맡아 했는데, 이는 박근혜가 그렇게 하라고 시킨 것이다. 1974년 육영수의 죽음 직후 최태민이 실의에 빠진 박근혜에게 접근해 박근혜 영애의 몸과 마음을 모두 통제할 수 있게 된 덕분이다. 박근혜 영애의 비호 아래 최태민은 막대한 부를 축적하게 된다.

최순실은 1979년 새마음봉사단 대학생 전국회장을 맡으면서 최태민의 프로젝트에 본격적으로 뛰어들게 된다. 박정희 사후 청와대에서 나온 박근혜는 3년 후 최태민을 통해 육영재단 이사장으로 취임한다. 육영재단은 1969년 육영수가 설립했지만, 이후 실질적인 운영이 최태민 일가에 넘어가 있던 상태였다. 박근혜는 어머니의 유업을 이어받는다는 명분을 내세우며 이사장에 취임한다. 하지만 최태민의 아들 최재석은 아버지가 대통령으로 만들려고 박근혜를 육영재단 이사장에 앉힌 것이라고 말한다.

"우리나라가 정화를 한번 해야 한다, 여자가. 여자가 대통령을 하고 나면 세상이 부드러워질 거다."

박근혜도 이에 적극 동조했고, 이후 육영재단이 일종의 작은 청와대 역할을 했다. 1998년 박근혜가 보궐선거를 통해 처음 정계에 진출할 때에도 최태민의 부인이자 최순실의 어머니인 임선이 그리고 최순실과 그녀의 남편 정윤회가 박근혜를 그림자처럼 따라다니며 적극 도와 국회의원에 당선시킨다. 2000년 무렵에는 최순실이 박근혜의 의상과 머리를 도맡아 하는 모습이 일반인에게도 포착된다.

결국 40년간 최씨 일가가 박근혜를 밀착 수행하면서 일상을 지배하게 되었다. 최태민의 친아들 최재석은 다음과 같이 털어놓는다.

"그 양반[박근혜]이 어디 시장에 가서 팬티 한 장을 사봤겠어요? 그 양반 입장에서는 배반 안 할 사람, 아버지를 해하지 않은 사람, 자기를 해할 수 없는 사람, 그건 최씨 집안밖에 없는 거죠."

이는 박근혜가 조선시대 왕과 같은 존재라는 점을 분명히 보여준다. 박근혜는 최순실 일가와 같은 아주 가까운 사람 외에는 모두 자신을 해했거나 해할 수 있는 적으로 본다. 자신의 유사 가족적 연결망을 넘어서면 일반화된 신뢰가 전혀 형성되어 있지 않은 것이다. 박근혜는 이런 연결망에 의존하지 않고서는 아무것도 할 수 없는 사람이다. 내관과 궁녀 없이는 일상사를 살아갈 수 없는 조선시대 왕과 같은 존재다. 그들 관계가 비밀스러울 수밖에 없다. 너무나 밀착해서 수행하기 때문에 왕의 사생활을 낱낱이 알고 있기 때문이다. 생리현상을 해결할 때조차도 궁녀가 보는 앞에서 해야 했다. 박근혜와 최순실 일가의 관계는 바로 그런 왕조 시대의 관계다. 박근혜는 최순실이 마련한 변기 없이는 밖에서 생리현상도 처리할 수 없는 사람이다. 옷도 모두 최순실이 철마다 해 입힌다.

그렇다면 촛불집회 현장의 목소리는 어떠한가? 11월 11일 마산 창동 시국문화제에서 한 여고 1학년생은 박근혜 대통령이 싫은 다섯 가지 이유를 말한다.[36] 그중 두 번째로 드는 것이 '속 좁음'이다. 박근혜는 자신과 다름을 배신으로 규정하고 배척한다. 그 결과 다른 사람과 불통하고 세상과 단절한다. 현장에서도 대통령 박근혜가 맺는 대인관계의 망이 너무나 좁고 편파적이라는 것을 잘 알고 있다. 네 번째로 드는 것은 박근혜의 공주병이다.

"고귀한 척하는 그 공주병이 싫습니다. 그는, 그는 여왕이고, 여왕입니다. 그녀의 잘못된 사상은 우리나라를 망쳐버렸습니다."

대통령 박근혜는 자신을 여왕으로 믿고 있으며, 이러한 왕정 사상이 민주주의 대한민국을 망쳤기 때문에 싫다는 것이다. 대통령 박근혜의 대민관계가 조선시대 왕과 백성의 위계적 관계와 똑같다는 점을 지적하고 있다. 박근혜가 사용하는 왕정 시대의 관계 초월 코드를 정면으로 비판하고 있는 셈이다.

2016년 11월 19일 부산 촛불집회에는 〈순실가〉라는 마당극이 열렸다. 여기에서는 대통령 박근혜에 대한 비판보다는 오히려 최순실을 순실여왕이라 풍자한다. 결과적으로 대통령 박근혜는 책임을 덜고 모든 죄악이 여왕이라 불릴 정도로 마음대로 국정농단을 일삼은 최순실에게 돌아간다.

사이비 종교계의 황태자 단군미륵이라 추앙받던 최태민 태자마마의 다섯 번째 부인 임씨 부인의 다섯 번째 딸 여장수순실이가 아버지의 피를 이어받아 사기꾼 기질과 영험함으로 국정농단하여 조선을 복속시키고 그 나라의 이름을 헬조선으로 개명하고 순실여왕이 되었구나.[37]

현장에서는 동기 코드에 비해 관계 코드를 사용해서 대통령 박근혜를 비판하는 사례를 찾기 쉽지 않다. 현장에서는 압도적으로 동기 코드를 사용한다. 행위자의 동기를 더욱 중시하는 것이다. 왜 그런가? 그만큼 대통령이 모든 대인관계로부터 초월해 있어야 한다는 관계 초월 코드가 한국사회에 광범하게 받아들여지고 있기 때문인지도 모른다. 실제로 2017년 3월 16일 박근혜 대통령 자택에 찾아온 나이 많은 지지 여성은 다음과 같이 말한다.

"여왕님, 여왕 각하님! 대한민국 만세. 조상, 조상님도 만만세."[38]

여왕님과 대한민국을 등치시키는 이러한 언어는 한국 민주주의가 왕정 언어에 얼마나 물들어 있는지 잘 보여준다. 한국에서는 대통령이 아무런 사적 관계를 맺지 않는 공적 존재가 되길 바란다. 대통령도 사생활이 있는 개인이라는 점을 인정하지 않는 것이다. 아직도 한국사회에서는 대통령이 천명을 받은 공인으로만 여겨진다. 대통령이 사적 개인으로 누릴 수 있는 사적 영역의 범위가 아직 제대로 공식화되어 있지 않다.

"법 절차에 따라 대통령직에서
물러나겠습니다"

대통령 박근혜는 평소 법치를 강조하며 불법과 폭력의 악순환을 끊어버려야 한다고 목소리를 높여왔다. 그런 법치주의자답게 대통령 박근혜는 시민사회의 조절 제도를 통해 사태를 해결하자고 강력하게 촉구한다. 2차 사과문에서 다음과 같이 호소한다.

"더 큰 국정 혼란과 공백 상태를 막기 위해 진상 규명과 책임 추궁은 검찰에 맡기고 정부는 본연의 기능을 하루속히 회복해야 합니다."

이렇게 법 제도에 맡기자는 주장은 검찰과 법원이라는 제도가 '자의적'이지 않고 '규칙으로 조절되는' 것이라고 믿는다는 것을 의미한다. 3차 사과문에서는 자신의 진퇴 문제를 국회라는 제도의 결정에 맡기겠다고 말한다.

"저는 제 대통령직 임기 단축을 포함한 진퇴 문제를 국회의 결정에 맡기겠습니다. 여야 정치권이 논의하여 국정의 혼란과 공백을 최소화하고 안정되게 정권을 이양할 수 있는 방안을 말씀해주시면 그 일정과 법 절차에 따라 대통령직에서 물러나겠습니다."

12월 9일 탄핵안이 통과되자 국무회의에서는 다음과 같이 말한다.

"앞으로 헌법과 법률이 정한 절차에 따라서 헌법재판소의 탄핵 심판과 특검의 수사에 차분하고 담담한 마음가짐으로 대응해나갈 것입니다."

대통령 박근혜는 정말 한국의 제도가 규칙으로 조절되는 것이라 믿는 것일까? 언뜻 보면 그런 것처럼 보인다. 하지만 이후 행보는 꼭 그렇지만도 않다는 것을 보여준다. 2차 사과문에서 검찰 조사를 받겠다던 약속을 어긴다. 변호사를 앞세워 이 핑계 저 핑계 대며 차일피일 미루다가 결국 거부한다. 거부 이유는 검찰 조사가 편파적이라는 것이다. 법 제도가 규칙으로 조절되는 것이 아니라 '자의적'으로 운영된다고 주장한 것이다. 그래서 검찰 수사 대신 좀 더 공정한 특검의 수사를 받겠다고 명분을 내세운다. 하지만 이 역시 편파적이라며 결국 협조하지 않는다. 특검마저도 규칙으로 조절되지 않고 자의적으로 움직인다고 의심하는 것이다. 이러한 행동은 평소의 주장과는 배치되는 것이다.

그렇다면 국민의 대표 기관인 의회 제도는 신뢰하는가? 진퇴 문제를 국회가 결정해주면 법 절차에 따라 퇴진하겠다고 말하는 것을 보면 그런 것 같기도 하다. 하지만 조금만 자세히 보면 전혀 그렇지 않다는 것이 바로 드러난다. 한국사회에서 국회에 대한 신뢰도는 매우 낮다. 국회는 민의를 대변하는 '집단'이라기보다는 파당의 이익을 위해 정파 싸움에 몰두하는 '분파'로 간주된다.[39] 대통령 박근혜가 이를 모를 리없다. 현재의 의석 분포로는 절대로 대통령 퇴진에 대한 의사결정이 이루어질 수 없다는 것을 그동안의 경험을 통해 잘 알고 있다. 의사결정을 할 때 극히 비효율적이라는 것을 알기에 국회에 자신의 진퇴 문제를 떠넘긴 것이다. 겉으로는 제도를 존중하는 것 같지만, 사실은 그렇지 않은 것이다.

그렇다면 대통령 박근혜는 제도를 어떻게 평가하는가? 우선 제도를 문제 해결의 합리적인 수단으로 본다는 것을 알수 있다. 하지만 이것이 효율적이라고 보지는 않는다. 왜 그럴까? 그건 자신이 권력의 중심에서 제도를 '자의적'으로 운영해보았기 때문이다. 제도는 사실상 권력자가 마음대로 주무를 수 있는 자의적인 조직이라고 경험법칙상 믿는 듯하다. 이를 학문적인 용어로 풀어 말하면, 박근혜 대통령은 제도에 대한 도구주의적·권력주의적 관점을 가지고 있다고 할수 있다. 예컨대 법 제도를 시민 영역을 대표해서 국가권력을 조절하는 제도로 본다기보다는 통치의 발현 정도로 본다.

시민의 보편적 연대를 보장하는 것으로 본다기보다는 정치적 지배를 합리화하거나 사회적 통제를 정치적 통제로 전환시키는 헤게모니 수단 정도로 본다. 제도에 대한 이러한 관점은 사실 한국사회에 광범하게 퍼져 있다. 그렇기에 한국사회는 제도에 대한 불신이 매우 높다.[40]

왜 그럴까? 그건 제도에 대한 문화적 관점이 결여되어 있기 때문이다. 문화적 관점에서 본다면 법은 시민사회를 가능하게 하는 이상화된 동기, 관계, 제도의 비전에 뿌리를 박고 있다고 할 수 있다. "시민 영역이 권위와 자율성을 지니면 지닐수록, 법에 대한 복종은 권위에 대한 굴종이 아니라 연대와 자율성을 허용하는 규칙에 대한 헌신으로 간주된다."[41] 하지만 한국사회에서는 법을 "악법도 법이다" 정도의 실정주의적 형식주의로 이해하고 있다. 악법이지만 이미 현실로 정해져 있으니 할 수 없이 따라야 한다는 것이다. 법은 알지 못하는 타자를 포괄할 수 있도록 보편적 연대를 실현하는 제도라는 점이 이해되지 못하고 있다. 그래서 실정법이 보편적 연대를 해치고 있어도, 실정법이라는 이유로 지켜야 한다고 주장한다. 문제는 실정법이 대개는 현재의 부당한 질서를 정당화하는 제재를 담고 있다는 사실이다. 현재의 질서에서 우위를 점한 자들이 입만 열면 법치를 외치는 이유다. 하지만 법을 장악한 자들은 사실상 제도를 자의적으로 운영한다. 그러다보니 법 제도에 대한 불신이 너무나 높은 것이다.

제도를 불신하는데도 어떻게
민주주의가 가능한가

제도에 대한 이런 협소한 시각은 미디어에도 그대로 나타나는가? 〈JTBC 뉴스룸〉은 '사실적 표상' 형식을 통해 제도에 대한 대통령 박근혜의 입장을 계속 내보낸다. 11월 21일에는 차라리 탄핵하라는 청와대의 입장을 보도하는데, 탄핵 기간을 통해 여론을 결집시켜 반전을 모색하려 한다는 정치권의 이야기도 덧붙인다. 11월 23일에는 검찰 내부의 목소리를 들어 대통령 박근혜가 법치를 무시하는 존재라는 점을 드러낸다. 11월 28일에는 대통령 박근혜가 대면 조사를 거부했다는 사실을 보도하면서 검찰의 정당한 수사를 방해하고 있음을 보여준다. 12월 6일에는 야당과 대화하려고 노력했지만 거부됐고 4월 퇴진 당론도 받아들이려고 했지만 역시 무산됐기에 이제 탄핵 절차에 따라 가결되더라도 헌재 판결이 날 때까지 지켜보겠다는 대통령 박근혜의 입장을 보도한다. 탄핵안이 통과된 12월 9일에는 국회와 국민의 목소리를 엄중하게 받아들인다면서도 향후 법리 투쟁을 지속할 것이라는 대통령 박근혜의 입장을 보도한다.

이러한 연속 보도는 대통령 박근혜가 법치주의자로 자신을 포장하고 있지만 사실상 법 제도 밖에서 활동하는 예외적 존재라는 점을 폭로한다. 대통령 박근혜는 검찰 수사에 협조하겠다고 했으나 사실상 그렇게 하지 않는다. 검찰이 모든 의혹을 충분히 조사해서 사실관계를 대부분 확정한 뒤에 대통령을 조사하는 것이 합리적이라며 그때까지는 조사에 응할 수 없다고 발뺌한다. 이리저리 핑계 대며 검찰 조사를 회피한다. 결국 검찰이 대통령 박근혜를 최순실의 공범으로 적시한 공소장을 내자 조사를 받지 않겠다며 뻗댄다. 이러한 보도를 접하면 시청자는 의문을 품지 않을 수 없다. 도대체 왜 저럴까? 결국 깨닫게 된다. 대통령 박근혜는 법을 자신이 마음대로 주무를 수 있는 지배의 도구 정도로 생각하는구나. 여론과 상관없이 자신의 안위를 지켜줄 수단으로 보는구나.

〈이규연의 스포트라이트〉는 대통령 박근혜가 제도를 사적인 목적을 달성하는 수단 정도로 인식한다는 것을 '극화'해서 보여준다. 11월 6일에 방송된 프로그램에서는 박근혜가 영남대 이사장으로 8년간 근무하면서 자행한 부정과 비리에 대해 보도한다. 핵심은 박근혜 이사장과 가까운 사람들이 전횡을 일삼으며 부정과 비리를 저질렀다는 것이다. 영남대학교라는 대학 제도를 규칙에 따라 운영하지 않고 '자의적'으로 통치한 것이다. 이 프로그램은 30년 전의 영남대 비리 사태와 최근의 최순실 게이트를 평행이론으로 설명하는 이야기를 만들어낸다.

'평행이론 1'은 최태민과 최순실이 비선실세라는 이야기이다. 영남대의 경우 총장은 물론 박근혜 이사장보다도 오히려 그가 임명한 측근 4인방이 실권을 다 갖고 있다. 놀랍게도 이들은 모두 최태민의 친인척으로 특채로 들어왔다. 이들을 뒤에서 조종하는 사람은 물론 최태민이다. 최근 일어난 스포츠재단 비리 사건은 모두 최순실의 친인척이 전횡을 한 것이다. 최순실의 언니 최순득과 그녀의 딸 장시호가 그들이다. 이들을 뒤에서 조종한 것은 최순실이다. 이렇게 30년의 격차가 있지만, 두 사건은 평행이론처럼 완벽하게 구조가 동일하다. 다만 최순실의 경우 청와대 직원은 물론 장차관까지 주물렀다는 점에서 더욱 대담하고 위험해졌다는 것이 다르다면 다른 것이다.

'평행이론 2'는 박근혜가 이를 잘 알고 있었다는 이야기이다. 최순실의 딸 정유라의 이화여대 부정 입학 사건은 30년 전 영남대의 최태민 손자의 부정 입학 사건과 너무나 똑같다. 박근혜는 이 두 사건에 대해서도 전혀 알지 못한다고 말한다. 오로지 대학을 운영하던 사람들이 제도의 규칙에 따라 일을 벌인 것이라는 답변만 한다. 제도가 규칙에 따라 작동해야 한다는 것을 잘 알고 있는 것이다. 하지만 이 프로그램은 취재를 통해 박근혜가 이를 모를 리 없다는 것을 넌지시 알려준다. 최종 결재자가 모두 박근혜다. 공식적으로 올라온 결재를 최태민이 보고 다시 최종 결재를 내리면, 박근혜는 이를 그대로 수용한다. 박근혜는 최종 결재자이지만 책임은 지지 않는다. 실제로 최종 결정은 결국 최태민이 한 것이니까. 이는 30년 후 최순실 국정농단에서도 고스란히 반복된다. 최순실이 공식 결재 라인에 숨어 들어가 최종 결재를 내리면, 그때 가서야 박근혜 대통령은 이를 결재하고 실행한다.

'평행이론 3'은 눈먼 돈이다. 영남대는 1987년과 1988년 재단 땅을 무려 34건이나 집중적으로 매각한다. 문제는 불법으로 다운계약서를 써서 매각했고 그 과정에서 거액의 돈을 마련했다는 점이다. 더 큰 문제는 그 돈이 어디로 갔는지 아무도 모른다는 사실이다. 총장도 경찰도 모른다. 오로지 최순실 일가만이 알고 있을 뿐이다. 2016년 최순실 게이트에서는 소위 최순실 예산만 24개 사업 5,260억 원에 이른다. 13조 원이 투입되는 평창올림픽도 최순실 일가의 먹잇감이다. 이 모든 것은 대통령 박근혜가 있었기에 가능한 일이다. 모든 의혹의 중심에 대통령 박근혜가 있다.

이 평행이론이 말하고자 하는 것은 30년을 사이에 두고 똑같은 일이 두 번 반복되었다는 것이다. 공적 제도를 사적 관계망이 완전히 장악해서 농단하는 일 말이다. 한국의 공적 제도는 전혀 자율성이 없다는 점이 분명히 드러난다. 왜 한국의 공적 제도는 그렇게나 자율성이 없는가? 그건 가족주의가 공적 제도를 장악했기 때문이다. 관료제마저도 제대로 작동하지 못한다. 맨 꼭대기를 가족주의 연결망 안에 들어가 있는 사람이 장악하고 있기 때문이다. 문제는 이에 대해 한국인들의 거부감이 낮다는 점이다. 대부분의 한국인은 여전히 이를 활용해서 자신들의 삶을 정당화한다. "우리에게 '가족'의 모형 이상 친근한 느낌을 자아내는 삶의 틀은 없다. 이것 이상 효과 있게 묶어주는 관계의 끈도 없다. 그리하여 이 원초의식을 모든 관계 속으로 확장하여 관계 자체를 '가족처럼' 운용한다. 그것이 가장 아늑하고 편안하여 가장 인간답다고 한다. 선후배 사이를 들먹이면서 서로 밀어주고 끌어주고, 동향인이라고 하여 서로 봐주고, 친인척이라고 하여 먼저 잡아당긴다. 사사로운 정분과 연줄의 틀로 인간관계를 바라보고 조직을 생각한다."[42]

가족주의에서 공은 가족이 된다. 가장 중요한 규범은 가족 집단의 경계를 유지하는 것이다. "가족주의는 다른 어떤 소속 집단보다 가족의 이익을 최우선의 자리에 놓는 사고방식을 말한다."[43] 이러한 가족주의는 주나라로까지 소급할 정도로 뿌리 박혀 있다. "주周 문화는 봉건(신분)질서로 구성되는 공적 영역의 원리가 종법(혈연)이라는 사적 영역의 규범 원리로부터 도출되는 특징이 있다."⁴⁴ 여기에서는 공과 사의 엄격한 대립이 존재하지 않는다. "가족주의 논리에 따르면 가족이 있고 난 다음에 다른 모든 인간관계와 조직이 있다. 그런 가족주의는 시민의식의 부재를 가져와 사적 이익을 넘어선 공익과 공공성에 대한 생각을 거세한다. 가족주의는 자기 가족 구성원의 안전과 복지와 이해관계만을 생각하는 공공윤리의 부재 상태를 만든다."⁴⁵ 비밀스런 사조직이 대통령과 공조직을 뒤에서 조종해서 사회의 모든 영역으로 침투해 들어가 있다.

촛불집회 현장의 목소리는 어떠한가? 현장에서 가장 많이 외치는 구호는 "박근혜는 퇴진하라"와 "박근혜는 하야하라"이다. 손팻말로도 "박근혜 하야"와 "박근혜 퇴진"이 가장 두드러진다. 무엇 때문에 퇴진하라는 것인가? 또 다른 구호가 들린다. "민주주의 지켜내자." 현장의 시민들은 제도로서의 민주주의를 지켜내기를 원하고 있다. 11월 5일 대구에서 열린 제1차 시국대회에서 한 여학생은 대통령 박근혜를 규탄하는 이유를 다음과 같이 말한다.

"박 대통령은 우리의 국민 그리고 우리 주권자가 선사한 권력을 사사로운 감정이 남발하고 제멋대로 국민 주권자의 허락 없이 이를 남용하여왔습니다. 그녀가 자신의 지위를 이용해 권력을 남용했다면 이제는 그 남용한 권력에 대한 책임을 질 차례입니다."⁴⁶

그렇다면 이 책임을 어떻게 물을 것인가? 현장에 가면 혁명을 하자는 목소리도 들린다. 그럼에도 평화 시위를 해야 한다는 목소리에 묻힌다. 그러면서 청와대로 가자고 한다. 청와대로 가서 박근혜 대통령에게 하야하라는 목소리를 전하자고 한다. 탄핵이라는 헌법으로 규정된 절차 대신 하야라는 정치적 해법을 요청하는 것이다. 이는 대통령의 결심에 따라 결정되는 것이다. 대통령이 촛불집회의 결집된 목소리를 들으면 나라를 위해 결단할 것이라는 도덕적 믿음이 있다. 제도적 강제보다 도적적 설득이 더 중요하다고 생각한 것이다. 이는 제도가 이보다 더 일반화된 연대 안에 배태되어 있다는 생각을 드러낸 것이다. 그런 점에서 제도를 단순히 문제를 해결하기 위한 효율적인 수단 정도로 생각하지는 않는다. 그렇다면 현장의 시민들은 제도를 민주주의적 연대에 의해 조절해야 한다고 생각한다는 걸 알 수 있다.

그럼에도 청와대로 몰려가서 집단행동을 하는 '형식'에 주목해보면 다른 해석도 가능하다. 이는 마치 조선시대 유생들이 임금 앞에 몰려가 집단상소를 하는 것과 매우 유사하다. "조선조의 재야공론은 …… 성균관과 사학四學 유학생들과 권당捲堂과 같은 집단행동을 동반한 채 국왕의 실정을 비판·항의하는 방식으로, 또는 지방 선비들의 집단적 상소를 통해서 표출되었다."[47] 《정조실록》에 나타난 집단상소를 보면 그 규모와 양태가 다양하다. "집단행동의 규모는 수십 명에서 수백 명 때로는 1만 명 이상이 참가하는 등 다양하였으며, 전국의 유생들이 연합해서 움직이거나 지역을 초월해 연합 상소를 올리는가 하면, 향촌의 유생과 성균관의 유생이 연대해서 집단행동을 하기도 했다."[48]

이러한 집단행동 형식이 여전히 사용되고 있다는 것은 집단상소가 강력한 배경표상으로 존재한다는 점을 드러낸다. 집단상소는 왕을 성인의 말씀이라는 좀 더 보편화된 담론을 가지고 도덕적으로 조절하려는 시도다. 왕은 이를 따라야 하지만, 사실상 모든 것은 왕의 선택에 달렸다. "유소儒疏의 공론으로서의 수용 여부가 그것의 포괄성 내지는 집중성에 의해서만 좌우되는 것이 아니라 군주의 정치적 판단과 결정에 의존해야 한다는 원칙"[49]이 엄연하기 때문이다.

결국 탄핵 대신 하야를 주장하는 것은 대통령 박근혜가 여론을 따를 것이라는 신뢰를 가지고 있기 때문이다. 마치 왕에게 상소하는 유생들처럼 결국 공론을 따를 것이라고 믿는 것이다. 정말 그럴까? 이러한 소박한 믿음대로 대통령 박근혜가 정말 하야를 결정할까? 이는 대통령 박근혜에 대한 신뢰라기보다는 헌법재판소를 비롯한 국가 제도에 대한 불신에서 비롯된 것이다.

한국사회에 국가 제도에 대한 불신은 너무나 높다. 1987년 이후 시민사회의 의사소통 제도(여론, 매스미디어, 여론조사, 결사체)와 조절 제도(선거, 정당, 공직, 법)가 형식적으로는 온전히 갖추어져 있다. 그래서 누군가는 제도적 차원에서 한국의 민주주의는 그 형식을 온전히 갖추고 있다고 말할지도 모르겠다. 하지만 생활세계에서 체험되는 제도에 대한 불신은 너무나 크다. 평상시 의사소통 제도와 조절 제도가 시민 영역의 원리에 따라 작동하지 않고 권력의 도구로 전락하는 모습을 너무나 자주 보았기 때문이다. 그러다보니 현장에 나와 있는 시민들은 탄핵을 말하기가 두렵다. 제도의 규칙을 따라 진행했다가 만약 탄핵안이 기각되면 어떻게 할 것인가 두려운 것이다. 새누리당이 엄연히 버티고 있는 국회에서 통과될 것이라는 자신도 없고, 통과된다 해도 보수 정권이 임명한 재판관이 다수인 헌법재판소가 여론을 따를 것인가도 믿을 수 없는 것이다. 그러다보니 대통령 박근혜의 하야를 외칠 수밖에 없었다.

탄핵 바로 직전인 12월 3일 6차 촛불집회에서도 탄핵보다는 하야하라는 목소리가 더 높다. 이날 공식 행사명은 '박근혜 즉각 퇴진의 날'이다. 하야라 하기도 어렵고 탄핵이라 하기도 어렵다보니 애매하게 '즉각 퇴진'이라는 말로 표현한 것이다. 물론 제도적 절차를 따르면 시간이 너무나 많이 걸리기 때문에 싫기도 하다. 하지만 즉각 퇴진하란다고 대통령 박근혜가 퇴진할까? 현실적으로 탄핵을 고려해야 한다는 목소리가 들리기 시작한다. 국민소환제와 같은 국민이 직접 투표로 끌어내릴 수 있는 제도가 없는 한 현실적인 대안은 탄핵뿐이다.

시민들은 이제 탄핵을 거부하지 않는다. 여기에는 현장에서 체감된 공동의 느낌이 큰 역할을 했다. 시민들은 시민사회 제도의 하나인 법원이 청와대 앞까지 시위를 여러 차례 허용하는 것을 보면서 제도를 시민의 힘으로 조절할 수 있다는 자신감을 얻게 된 듯하다. 이는 이명박 정부 시절 촛불집회에서는 결코 볼 수 없었던 일이다. 시민들은 경찰의 반대를 뚫고 집회를 허용하는 법원의 연속된 결정을 보면서 생각이 바뀌기 시작했다. 법원은 그래도 보편적 연대를 위해 노력하는 시민사회의 제도구나. 이러한 신뢰는 폭력을 사라지게 만들었다. 시민들은 한목소리로 "평화 시위"를 외쳤다. 굳이 폭력을 사용하지 않더라도 말과 행위로 충분히 법원을 도덕적으로 압박하고 설득할 수 있다고 믿게 된 것이다. 현장에서 청소도 말끔하게 한다. 불법을 자행하는 대통령 박근혜라는 사회적 악에 맞서다보니 보편적 연대가 형성된 것이다. 자신의 안방을 쓰레기더미로 만들고 싶은 사람은 없을 것이다. 시민들은 모두 거리를 자신의 안방처럼 생각하고 깨끗하게 청소를 한다. 질서를 잘 지키고 평화를 준수한다. 제도에 대한 광범한 신뢰가 표출된다.

사실 탄핵 절차에 들어서는 순간 시민들은 일상의 정치로 복귀하게 된다. 이제 대통령 박근혜에 대한 심판은 법률 전문가들 사이의 치열하고 지루한 법리 공방으로 변할 것이다.

그것도 법정 비밀주의 원리에 따라 소수의 사람들만 모여 논의하는 비밀스런 공방이 될 것이다. 법에 대한 전문 지식이 없는 일반인의 의사가 여기에 끼어들 여지는 없다. 그럼에도 시민들은 탄핵 절차를 수용했다. 대통령 박근혜가 하야를 하지 않으니 어쩔 수 없는 선택일 수도 있다. 그럼에도 시민들이 탄핵 절차를 수용한 것은 촛불집회를 통해 민주주의에 대한 성스러운 체험을 하고 공유하게 됨으로써, 이러한 '공동의 감정구조'를 통해 시민사회의 제도에 침투해 들어가 조절할 수 있다는 자신감이 생겼기 때문이다.

이름을 바로잡다

대통령 박근혜를 둘러싼 촛불집회는 한국인들이 근본적인 위기에 처했을 때 어떤 대본을 활용하여 이를 해소하려는지 잘 보여준다. 한국인들은 행위자의 동기, 행위자들의 사회관계, 제도에 관한 어떤 담론구조를 활용하는가? 먼저 행위자의 동기 코드를 살펴보면, 대통령 박근혜, 미디어, 집회 현장의 시민들 모두 '시민사회의 동기 코드'와 '멸사봉공 코드'를 활용하고 있음이 드러난다. 특히 멸사봉공 코드는 시민사회의 동기 코드보다 훨씬 더 한국사회에 뿌리 깊게 존재해온 것이다. 박정희가 이 코드를 사용해 성장 담론을 만들어낸 이후, 거의 모든 위정자는 성장 담론을 주장해왔다. 특히 이명박은 김대중 정부와 노무현 정부 이후 성장 담론을 되살려 대통령이 된 사람이다. 2008년 촛불집회 때도 시민들이 이

동일한 코드를 사용해 대통령 이명박을 날카롭게 비판한 바 있다. 핵심은 공을 위한다면서 사실은 사적인 이득을 취한다고 비판하는 것이다.[50] 대통령 박근혜도 멸사봉공 코드를 사용해 시민사회의 동기 코드를 융합시키려고 노력했다. 하지만 시민들은 이번에는 여기에 넘어가지 않았다. 2008년 촛불집회의 학습 효과 때문일까? 시민사회의 동기 코드를 통해 멸사봉공 코드를 뒤집어버리고, 이를 통해 대통령 박근혜를 시민사회, 더 나아가 대한민국 전체의 적으로 구성한다.

대통령 박근혜의 사회관계를 둘러싸고 벌이는 담론 경합은 시민사회의 코드와 조선왕조의 관계 초월 코드를 활용해서 이루어진다. 대통령 박근혜는 시민사회의 관계 코드를 통해 자신의 행위를 정당화하려고 시도하지만 곧 모순에 처한다. 그러자 조선왕조의 관계 초월 코드에 의지한다. 대통령 박근혜는 자신은 철저하게 공적인 존재로서 시민사회의 행위자들의 관계 코드를 통해서 살았다고 자부한다. 자서전 어디에서도 최순실 일가와 맺은 관계에 대해 일절 말하지 않는다. 하지만 JTBC는 최순실 일가와 맺은 은밀한 관계를 보도함으로써 대통령 박근혜가 조선왕조 시대 '관계 초월 코드'마저도 위반하고 있다는 것을 만천하에 폭로한다. 촛불 현장에 나온 사람들도 대통령 박근혜가 아주 소수의 사람들과 은밀한 관계를 맺고 대부분의 사회관계로부터 초월해 있다는 것을 잘 인식하고 있다. 그런데 그러한 관계 초월이 천명을 실현하기 위한 것이 아니라 최순실 일가의 전횡을 위해 비밀스럽고 탐욕적으로 사용되고 있다고 비판한다. 대통령 박근혜와 그를 비판하는 미디어와 시민들 모두 사회관계에 대한 두 코드를 모두 공유하고 있다. 대통령 박근혜는 두 코드에 모두 충실해서 행위했다고 강변하지만, 미디어와 현장의 목소리는 이를 믿지 않는다. 시민사회의 코드와 조선왕조의 관계초월 코드를 제대로 실현하라고 비판하고 있다.

모든 행위자들은 제도가 규칙으로 조절되어야 한다는 시민사회의 코드를 공유하는 듯 보인다. 하지만 경험법칙상 제도가 권력자에 의해 자의적으로 운영된다는 것을 안다. 이러한 제도에 대한 불신은 제도에 대한 도구주의적 관점과 문화주의적 관점으로 극명하게 갈린다. 박근혜 대통령은 제도를 지배의 도구로 보기 때문에 자의적으로 활용하려 한다. 촛불집회 참가자들도 제도에 대한 도구주의적 관점을 공유하지만, 이를 자의적으로 활용할 권력이 없다. 따라서 제도에 의지해서 박근혜를 탄핵하는 길을 택하는 것을 꺼려한다. 대신한국사회에 배경표상으로 뿌리 깊게 존재하는 집단상소 문화를 활용해서 박근혜 대통령을 하야시키려 한다. 하지만 박근혜 대통령은 법대로 하라며 시민사회 코드를 활용해 이를 거부한다. 촛불집회 참가자들은 촛불집회 과정에서 법원이 시민적 조절을 통해 움직일 수 있는 제도라는 점을 체감하게 되면서 결국 시민사회 코드에 의지해 탄핵의 길로 나아간다.

2016년 11월 17일 국회는 소위 최순실 특별법을 통과시켰다. 12월 9일에는 마침내 찬성 234명, 반대 56명, 기권 6명이란 압도적인 다수로 대통령 박근혜를 탄핵했다. 11월 30일에는 역사상 처음으로 현직 대통령을 조사하는 특검이 출범한 터였다. 특검은 광범한 수사를 시작했고 30명의 고위 공무원과 삼성 이재용 부회장을 체포했다. 그럼에도 특검은 대통령 박근혜를 대면 조사할 수 없었다. 현직의 자리를 이용해 조사를 거부했기 때문이다. 대통령 박근혜는 계속해서 모든 혐의를 부정했고, 최순실과 그 일당이 저지른 불법 활동에 대해 아는 것이 없다고 주장했다. 특검은 연장 기간 30일을 포함해서 최장 120일 동안 조사할 수 있었다. 하지만 특검은 당시 대통령 권한대행을 맡고 있던 황교안 총리가 연장안을 거부했기 때문에 2017년 2월 28일 90일 만에 조사를 마무리할 수밖에 없었다. 이를 지켜보던 시민들은 실망했고 제도가 규칙에 의해 조절되기보다는 자의적으로 작동한다고 느끼게 되었다.

국회는 또한 전 대통령 비서실장 김기춘, 전 대통령 민정수석 우병우, 전 문화부 장관 조윤선, 전 문화부 차관 김종, 2014 인천 아시안게임 영상감독 차은택, 성형외과 의사 김영재, 전 대통령 간호사 조여옥 대위, 이화여대 총장 최경희 등 주요 혐의자들에 대한 청문회를 열었다. 청문회 과정을 통해 청와대, 행정부, 대학, 병원, 군대와 같은 주요 제도들이 심한 불신의 대상이 되었다. 혐의자들은 여전히 반시민적 행위자들처럼 행동했다. 자신들이 시민 영역에 불려나왔다는 것을 이해하지 못했기 때문이다. 막대한 권력을 휘두르던 김기춘과 우병우는 자신의 이해관계만으로 움직였다.

"모릅니다."

"기억나지 않습니다."

뻔뻔한 말만 되풀이할 뿐이었다.

이에 반해 상대적으로 낮은 위치에 있던 혐의자들은 자신들이 속한 하위 영역에 배태되어 있는 제도와 문화적 기대에 따라 행동했을 뿐이라고 강변했다. 이러한 비시민적 행위자들의 모습을 본 일반 사람들은 국회가 실제로 아무런 힘도 없는 무기력한 제도라는 것을 느끼게 되었다. 청문회는 연장되지 못했고 2017년 1월 15일 별 성과 없이 막을 내렸다.

이제 시민들이 의지할 수 있는 유일한 제도는 헌법재판소뿐이다. 그렇다면 헌법재판소는 시민들의 목소리를 적절하게 반영하는 시민사회의 제도인 것일까? 헌법재판소는 대통령이 임명한 9명의 재판관으로 구성된다. 하지만 실질적으로는 국회가 3명, 대법원장이 3명을 지명하면 대통령이 이를 추인한다. 대통령 스스로 지명하고 임명하는 재판관은 3명인 셈이다. 그렇다면 재판관들은 자신을 임명한 대통령을 탄핵할 수 있을까? 이러한 질문은 헌법재판소가 사회적 권력으로부터 독립된 시민사회의 제도인 것인지 진지하게 묻게 만든다.

시민들은 다시 거리로 뛰쳐나왔다. 헌법재판소가 시민 담론을 활용해 대통령 박근혜를 심판하고 탄핵하라고 요구했다. 시민들은 일련의 촛불집회를 통해 국회를 도덕적으로 통제함으로써 탄핵안을 통과시키도록 한 경험이 있기에 이제는 자신감이 있었다. 시민들은 민주주의 문화구조와 대동사회 문화구조를 결합하고 이를 활용해 보수적인 국회의원들이 박근혜 대통령 탄핵안에 찬성하도록 도덕적으로 조절한 바 있었다. 시민들은 이러한 성공의 기억을 바탕으로 이번에도 똑같은 일을 이룰 수 있다고 생각했다.

대통령 박근혜 지지자들 또한 거리로 뛰쳐나와 목소리를 높였다. 그들은 촛불 대신 태극기와 성조기를 손에 들었다. 그들이 가장 중요하게 생각하는 것은 북한으로부터 대한민국을 안전하게 지키는 것이었다. 그들은 한미동맹만이 이를 가능하게 할 것이라 믿고 있었다. 그들은 촛불을 북한 독재정권과 동일시하고 태극기를 자유민주주의 미국과 하나로 여겼다. 이는 시민 영역을 확장하고 포용을 증대시키는 대신 연대를 줄이고 배제를 창출하는 것이었다. 그들은 반시민적 악인 촛불집회로부터 대한민국을 보호하기 위해 위수령을 발동해야 한다는 '군사 언어'를 사용했다. 그들은 또한 대통령 박근혜와 마찬가지로 멸사봉공 코드를 사용했다. 대통령 박근혜를 어떠한 사적인 이득을 추구하지 않고 오로지 나라에 자신을 헌신한 존재로 옹호했다. 헌법재판소의 최종 판결일이 다가오자 그들은 거의 매일 헌법재판소 앞에 모여들어 탄핵안을 부결시키라고 요구했다. 여론이 제도를 통제할 수 있다는 사실을 촛불집회를 보고 습득한 대통령 박근혜 지지자들은 촛불집회 시위 '스타일'을 모방했다. 하지만 그들의 행위 자체는 반시민적이었다. 그들은 헌법재판관 이름을 한 명 한 명 부르고 탄핵안을 부결시키지 않으면 살해하겠다고 협박했다.

2017년 3월 10일 헌법재판소는 8명 전원 일치로 탄핵안을 가결시켰다. 당시 한 명이 퇴임해서 8명만 남은 상태였다. 그들은 유교주의 코드와 민주주의 코드를 결합하고 이를 활용하여 대통령 박근혜를 탄핵시켰다. 무엇보다 헌법재판소는 멸사봉공 코드를 사용했다. "헌법은 공무원을 '국민 전체에 대한 봉사자'로 규정하여 공익 실현 의무를 천명하고 있"습니다. 이 판결문은 행위자 동기에 관한 멸사봉공 코드가 한국의 보편적 연대를 규정하고 있음을 명확히 보여준다. '실제' 한국 시민사회에서는 집합적인 의무가 개인의 자율성보다 우위를 점한다.

물론 모든 민주주의 사회는 공무원이 자신의 특수한 사적 이해관계를 보편적인 이해관계에서 분리해야 한다고 규정하고 있을 것이다. 문제는 규정된 집합적 의무가 "진정으로 윤리적인가" 하는 것이다. 헌법재판소는 이어서 말한다. "이 의

무는 국가공무원법과 공직자윤리법 등을 통해 구체화하고 있습니다." 그렇다면 공직자윤리법은 이러한 집합적 의무의 가치를 어떻게 번역하고 있는가? 공직자윤리법 제1장 제2조의 2의 ③에는 다음과 같이 규정되어 있다.

> 공직자는 공직을 이용하여 사적 이익을 추구하거나 개인이나 기관·단체에 부정한 특혜를 주어서는 아니 되며, 재직 중 취득한 정보를 부당하게 사적으로 이용하거나 타인으로 하여금 부당하게 사용하게 하여서는 아니 된다.

이를 보면 공직자윤리법이 집합적 의무를 이해관계의 조정 문제로 보고 있음을 알 수 있다. 행위자들이 행위할 때 궁극적으로 호소하는 가치의 문제로 보지 않는 것이다. 헌법재판소는 대통령 박근혜가 공직자윤리법을 어겼다는 점을 들어 파면을 결정한다. 최순실의 이득을 위해 대통령 자리와 권위를 남용했다고 대통령 박근혜를 파면한 것이다.

헌법재판소는 행위자의 동기에 관한 멸사봉공 코드를 사용한 후 이어서 제도에 관한 민주주의 코드를 사용한다. "대통령은 헌법과 법률에 따라 권한을 행사하여야 함은 물론, 공무 수행은 투명하게 공개하여 국민의 평가를 받아야 합니다." 헌법재판소는 심지어 민주주의 정부조차도 관료제적 비밀주의에 빠질 수 있고, 그래서 반드시 시민적 제도에 의해 감독되고 제재를 받아야 한다는 것을 잘 인식하고 있었다. 대통령 박근혜가 탄핵당한 것은 시민적 제도가 대통령이라는 공직을 모니터링하고 견제하지 못하도록 방해했기 때문이다.

만약 이것이 사실이라면, 대통령 박근혜의 법 위반이 대통령직에서 쫓겨날 정도로 그렇게나 중대한 범죄란 말인가? 이러한 질문은 헌법재판소가 민주주의를 정명正名이라는 유교주의 코드를 통해 이해하고 있다는 점을 파악할 때에만 답할 수 있다. 《논어》, 〈안연〉 12장에서 공자는 정명의 방법에 대해 말하고 있다.

제나라 경공이 공자에게 정치를 물었다. 공자가 대답하였다.

"임금이 임금답고, 신하가 신하답고, 아버지가 아버지답고, 아들이 아들다우면 정치는 잘 돌아가게 되어 있는 것이오이다."

경공이 기뻐 말하였다.

"좋구나! 그대의 말이여! 진실로 임금이 임금답지 못하고, 신하가 신하답지 못하고, 아버지가 아버지답지 못하고, 아들이 아들답지 못하다면, 곡식이 쌓여 있다 한들 내 어찌 그것을 먹고 즐기는 삶을 살 수 있겠는가?"[51]

사람의 실제 행위는 그 사람이 지닌 이름이나 자리와 일치해야 한다는 것이다. 이름(도덕적 이상)은 실천(실제 세계)과 서로 부합해야 한다. 특히 군주는 군주의 이름에 걸맞은 삶을 살아야 한다.

맹자는 이러한 도덕적 코드를 정치적 코드로 뒤바꾸어놓는다.

제선왕이 물었다.

"탕湯 임금이 걸桀을 쫓아내고, 무왕이 주紂를 정벌했다는데 그런 일이 있었습니까?"

맹자께서 대답하셨다.

"전해 내려오는 글에 그런 일이 실려 있습니다."

"신하로서 그 임금을 시해하는 것이 옳은 일입니까?"

"인을 해치는 자를 흉포하다고 하고 의를 해치는 자를 잔학하다고 합니다. 흉포하고 잔학한 사람을 하찮은 한 사나이라고 하는데, 한 사나이인 주를 죽였다는 말은 들었어도 임금을 시해했다는 말은 듣지 못했습니다."[52]

신하가 온당하지 않은 군주에게 충성하는 것은 대의가 아니다. 오히려 온당하지 않은 군주를 쫓아내고 천명을 받은 덕성 있는 사람을 새로운 군주로 세우는 것이 신하의 의무이다. 이것은 시민적 교정을 하는 유교적 방식이다. "'이름을 바로잡는다'는 것은 곧 현실세계를 이상적 질서로 온당하게 만든다는 뜻이 된다."[53] 헌법재판소는 바로 이러한 정명 코드를 충실히 따름으로써 민주주의를 구하기로 결정한 것이다.

민주주의를 단순히 실정법적인 규칙에 따른 의사결정 체계로 본다면 대통령 박근혜가 이 체계를 잘 따랐는지 하나씩 꼼꼼히 따져보면 될 일이다. 그 과정에서 실정법을 어겼으면 그에 합당한 처벌을 부과하면 된다. 하지만 특정 실정법을 어겼다고 해서 그에 대한 처벌이 곧 대통령직 파면으로 나타나는 것은 아니다. 오히려 민주주의라는 이상적 가치를 어겼기 때문에 파면을 당한 것이다. 대통령 박근혜는 보편적 연대를 실현하도록 기대를 받는 공직을 점한 구체적인 인물이다. 이상과 현실이 하나여야 한다. 헌법재판소는 이러한 민주주의 이상을 유교주의의 정명론에 넣어서 이해하고 해석하고 판단한다. 그렇게 되면 대통령직은 천명을 받드는 '이름'이 된다. 대통령직을 맡은 사람은 스스로를 그 이름에 걸맞게 끊임없이 교정해야 한다. 이는 엄청난 윤리적인 수신을 요구한다. 이러한 요구를 충족시킬 때 비로소 보편적 연대를 실현하기 위해 사회의 다른 모든 영역에 침투해 들어가는 것이 정당화된다. 하지만 대통령직에 걸맞지 않으면 이 모든 것이 정당성을 잃는다. 이러한 초월적 윤리 언어를 통해 민주주의를 볼 때에만 대통령 박근혜를 파면할 수 있게 된다.

결국 2016년 촛불집회 사례에 대한 연구를 통해 우리는 한국의 '실제' 시민사회가 민주주의 담론과 유교주의 담론으로 구성되어 있다는 것을 알 수 있다. 시민사회의 행위자들은 두 담론을 나름의 방식으로 사용해 자신들의 행위 목적을 달성하려 한다. 행위자들은 두 담론을 두 가지 방식으로 관계 맺게 한다. 첫째는 두 담론이 모순에 처하기 전까지 둘을 단순히 '병치'한다. 대통령 박근혜는 평상시 자신의 행위를 때로는 민주주의 담론으로, 어떨 때는 유교주의 담론으로 정당화한다. 그러다가 두 담론이 긴장을 일으키고 심지어 모순으로 발전하면 국가 발전을 위해 자신의 몸을 바쳤다는 유교주의의 멸사봉공 코드에 호소한다. 하지만 윤리적 차원이 제거된 멸사봉공 코드는 민주주의에 막대한 해악을 끼친다. 미디어와 시민들도 대통령 박근혜의 행위를 어떨 때는 민주주의 담론으로 다른 때는 유교주의 담론으로 평가한다. 그러다가 두 담론이 충돌하게 되면 민주주의 담론에 의지해서 모순을 해결하려고 한다. 그 과정에서 민주주의 담론과 비시민적인 유교주의 담론은 적대적인 관계를 맺게 된다. 서로 민주주의 코드와 유교주의 코드에서 성스러운 항을 자신이 점하고 상대방이 속된 항을 차지하고 있다고 비난한다. '내로남불'처럼 일종의 치열한 진영 싸움이 벌어지는 것이다. 이렇게 되면 민주주의와 대동사회가 모두 위태로워진다.

또 다른 방식은 민주주의 담론과 유교주의 담론이 '상호 침투'하여 민주주의의 소통적 이상과 유교주의의 대동사회의 이상을 모두 강화시키는 것이다. 미디어와 시민들이 주로 이러한 방식으로 둘을 관계 맺게 한다. 이때 민주주의 담론과 유교주의 담론은 이상적 가치와 부합하지 않는 현실을 교정하는 초월적 윤리 언어로 만난다. 그들은 어떨 때는 민주주의 담론을 유교주의 담론 안에, 또 다른 때에는 유교주의 담론을 민주주의 담론 안에 배태시킨다. 이러한 상호 침투 과정을 통해 민주주의는 더욱 대동사회처럼 보편적 연대를 얻게 되고, 유교주의의 대동사회는 위계적이기보다는 더욱 소통적으로 변화한다. 이러한 방식은 특히 민주주의가 사회적 권력에 의해 제대로 작동하지 않을 때 최고로 빛난다. 이렇게 시너지 효과를 가지도록 결합된 민주주의 담론과 유교주의 담론은 반시민적 악을 시민적 방식으로, 즉 집합적인 말과 행위를 통해 교정한다.

한국인은 민주주의 담론을 서구에서 수입해 실행해본 지 얼마 되지 않는다. 동기, 관계, 제도를 모두 민주주의적으로 바꾸고 정착시키기에는 짧은 기간이다. 2016년 촛불집회는 한국 민주주의가 성장하기 위해서는 민주주의 담론과 유교주의 담론이 서로 시너지 효과를 낳을 수 있도록 결합해야 한다는 것을 보여준다. 이를 위해서는 유교주의 담론이 군사 언어에서 벗어나와 초월적인 윤리의 언어로 되살아나야 한다. 특히 사회관계와 제도가 민주주의적으로 제대로 자리 잡지 못한 한국사회에서는 행위자 동기를 민주주의적으로 평가하는 것이 무엇보다 중요하다.

일반화된 사회관계와 제도에 대한 신뢰가 적음에도 한국 사회에 민주주의가 발전할 수 있었던 가장 큰 힘은 민주주의적인 행위자 동기 코드에 대한 호소에서 나왔다. 이 코드는 유교주의의 초월적 윤리 언어에 의해 정당화될 때 막강한 힘을 발휘한다. 민주주의의 행위자가 '능동적이고, 자율적이고, 합리적이며, 분별력 있고, 침착하고, 자기 통제적이며, 현실감 있고, 제정신을 가진' 존재여야 하는 것은 단순히 관계와 제도를 민주적으로 맺고 운영하기 위한 실무적인 요구 때문인 것이 아니다. 한국사회에서는 행위자가 민주주의 동기를 가지고 행위하는 것은 자신 안에 내재하는 공을 향한 보편적 성향을 실현하기 위한 고도로 초월적인 윤리를 실현하기 위함이다. 민주주의 코드가 이러한 유교의 초월적 윤리 언어에 의해 뒷받침 될 경우 한국의 민주주의는 더욱 대동사회처럼 되고, 대동사회는 더욱 민주적으로 변화할 가능성이 높아진다.

2장. 성장주의

왜 보수, 진보 할 것 없이 성장을 갈망하는가

새로운 주체가 출현했다고?

2008년 4월 17일 한국 정부가 미국 정부와 맺은 한미 쇠고기 협정에서 촉발된 촛불집회는 그해 초여름 한국사회를 화덕 위 가마솥처럼 뜨겁게 달구었다. 5월 2일 서울 청계광장에서 첫 촛불문화제가 열렸을 때만 해도 7월 5일 서울광장에서 '국민승리의 날' 촛불문화제로 막을 내리기까지 거의 200여만 명이 참여하는 총 59회의 촛불집회가 열릴 것이라고 예상한 사람은 누구도 없었을 것이다.

이렇듯 예상치 못한 장기간의 거대한 집회에 대해 우선 저널리즘의 관심이 집중되었다. 2008년 가을호에 한국의 대표적인 저널인 《창작과비평》, 《문학과사회》, 《문화/과학》은 각각 특집으로 〈이명박 정부, 이대로 5년을 갈 것인가〉, 〈촛불과 미디어의 수사학〉, 〈2008 촛불집회〉를 앞다투어 다루었다. 저널리즘의 특성답게 발 빠르게 시국의 쟁점을 짚어내는 데에는 소득이 있었지만, 사회학 이론과 방법론의 안내를 받은 경험적 연구에 터하지 않은 섣부른 주장이 난무한 것도 사실이다. 대개의 경우 신자유주의라는 구조적 조건과 신자유주의 정권으로 낙인찍힌 이명박 정권을 악의 화신으로 '본질화'한 후, 이에 대항하여 뉴미디어로 무장한 새로운 주체들이 촛불집회를 열었다는 식으로 '나이브한' 주장을 펼쳤다.

한국사회학계도 촛불집회에 발 빠르게 대응했다. 한국정치사회학회는 2008년 8월 7일 〈촛불집회와 한국사회: 과제와 전망〉이란 제목으로 특별 심포지엄을 열었다. 심포지엄은 크게 '촛불집회와 시민사회', '촛불집회와 정치사회', '촛불집회와 정보사회' 세 섹션으로 이루어졌다. 첫 섹션에서는 20대의 저조한 참여에 대한 세대론, 여성(소녀)의 민주주의 실험론, 새로운 시민운동론, 탈조직적 시민사회론이 논의되었다. 두 번째 섹션에서는 성찰적 시민다중론, 기존 정당정치의 한계론, 보수적 사회화 프로젝트에 대한 새로운 진보정치론, 새로운 코드론, 온라인 공론장론, 새로운 사회운동의 패러다임으로서 인터넷 커뮤니티론이 논의되었다. 마지막 세 번째 섹션에서는 새로운 결사 방식으로서 아고라론, 인터넷 활동과 여성 참여론, 폭력 비폭력 논쟁론이 다루어졌다.

조금 늦긴 했어도 한국문화사회학회도 2008년 10월 24일 〈한국의 문화 현실과 대중문화운동: 촛불문화제를 중심으로〉라는 제목으로 가을 워크숍을 열었다. 푸코의 통치체제 개념으로 이명박 정권의 성격을 규정하고 촛불집회를 대안적 근대 정치로 보는 입장, 촛불이 빨리 사그라든 이유를 웹 기반 의사소통의 휘발성 때문이라고 보는 입장, 예술적으로 승화하지 못한 한계가 있는 대중운동으로 촛불문화제를 보는 입장이 발표되었다.

촛불집회가 끝나자마자, 또는 2~3개월 지나지 않아 학회가 열린 탓에, 대부분의 글들은 '시론적 성격'을 띠고 있다. 그런 점에서 앞의 저널리즘적 접근이 지닌 장점과 한계를 고스란히 지니고 있다. 그럼에도 여기서 가장 두드러진 입장은 사회운동론 관점이다. 촛불집회는 한국사회에서 낮은 선거투표율로 대표되듯, 모든 면에서 사회 참여가 줄고 냉소가 증대되는 시기에 발생했다는 점에서 사회운동론의 관점을 취하고 있는 사회학자들에게 큰 충격을 준 듯하다. 촛불집회를 접한 이들은 갑자기 태도를 바꾸어 기존의 사회운동과 다른 새로운 사회운동의 주체와 성격을 강조하기 시작한다.

이에 따르면 촛불집회의 핵심은 기존의 계급운동과는 완전히 다른 새로운 사회운동의 주체들이 출현해 대의민주주의 한계를 뛰어넘는 새로운 민주주의를 실험하고 있는 것이다. 다중, 집단지성, 탈물질적·탈근대적 개인, 웹2.0세대, 제4결사체, 노마드적 주체 등 '새로' 출현했다고 주장되는 '새로운' 사회운동의 주체들을 긍정적으로 호명하는 '새로운' 용어들이 등장하고, 그들이 행하는 '새로운' 정치 실험을 높이 평가한다. 덧붙여 자원동원론의 영향을 받아 새로운 매체의 자원동원 능력에 초점을 맞추는 입장도 나타난다. 사실 이전 두 번의 촛불집회(2002년 효순·미선 촛불집회와 2004년 노무현 대통령 탄핵 반대 촛불집회)에 대한 탐구도 새롭게 출현한 인터넷 매체가 사회운동을 조직하고 동원하는 데 어떤 역할을 했는가에 주목하는 경향이 큰 흐름을 형성한 바 있다.[1] 두 입장은 사실 서로 다른 것이 아니다. 새로운 주체는 다름 아닌 새로운 매체를 사용하는 존재이기 때문이다.

하지만 이러한 입장은 새로운 운동 주체를 '실체론적으로' 정의해 다른 주체들과의 차이를 과장할 위험을 지닌다. 실체론에서는 행위가 주체의 내적 속성에 실체적으로 자리하고 있는 것으로 보아 행위의 우발성을 간과하게 만들 뿐만 아니라 행위의 상징적 차원을 축소시킨다. 행위가 행위자가 지닌 실체적 속성의 기계적 번역으로 축소되기 때문이다. 하지만 행위는 상황에 배태되어 있는 것으로 봐야 한다. 모든 상황은 그에 걸맞은 행위의 습속과 규칙을 담고 있어서 특정의 행위를 요청한다.[2]

예를 들어 어떤 한 주체가 진보적이라 해서 모든 상황에서 그렇게 되는 것은 아니다. 상황에 따라 극단적인 보수주의자가 될 수도 있다. 촛불집회 기간에 왜 그리 많은 문화적 실천이 가능했을까? 촛불집회에 참여한 사람들이 새로운 주체라서? 그렇다면 촛불집회 이후 진행된 유사 공안정국에 대해 이 새로운 주체들은 왜 거의 침묵하다시피 했을까? 새로운 주체가 갑자기 옛 주체로 돌아갔기 때문인가? 새로운 매체를 사용하는 능력이 갑자기 떨어지기라도 했단 말인가?

나는 촛불집회 참가자들이 새로운 주체라서라기보다는, 촛불집회의 상황이 온갖 문화적 실천을 요청하는 역치 단계였기 때문에 새로운 의미화 실천을 감행했다고 본다. 역치 단계는 사회가 일시적으로 반구조$^{anti-structure}$ 상태에 접어든 것으로, 이때 행위자들은 애매하고 비결정된 속성을 가진 것으로 여겨진다. 기존 사회구조의 강력한 힘에서 벗어나와 서로 동등한 공동체를 형성할 수 있게 된다.[3] 새로운 주체들이 '새롭다'면, 그것은 그들이 실체적으로 그러하다기보다는 그 역치 단계가 요청하는 행위의 습속과 규칙을 읽어낼 수 있는 독해 능력과 그에 기반을 둔 행위를 구성할 수 있는 문화화용론적 능력을 지니고 있다는 점일 것이다.

더 나아가 사회운동론의 관점이 지닌 가장 큰 난점은 촛불집회를 통해 이룩한 '가시적 성과'가 거의 없다는 점을 설명하는 데 애를 먹는다는 것이다. 사회운동론의 관점으로 보면 촛불집회는 허망하기 그지없다. 이루어낸 실질적 성과가 거의 없기 때문이다. 우선 협정문은 한 글자도 바뀌지 않은 채 민간 자율로 30개월 이상 쇠고기 수입을 막는다는 것으로 마무리되었다. 광우병 특정 위험물질(SRM)에 대한 안전권도,

검역 주권도 해결된 것이 없다. 변한 것이 있다면 2008년 6월 20일 청와대 비서실장과 수석 7명을 교체한 것, 7월 7일 한승수 총리와 강만수 기획재정부 장관은 유임한 채 3명의 장관을 바꾼 것 등이 꼽힐 수 있다. 6월 18일 한나라당이 민영화 포기를 선언했고, 20일에는 대운하 포기 의사를 밝혔다. 7월 8일에는 쇠고기 원산지표시제가 시행되었다.

하지만 촛불집회 이후 민영화는 선진화로, 대운하는 4대강 살리기로 이름을 바꾸어 진행되었는가 하면, 원산지표시제도 불신을 씻어낼 만큼 완전히 자리 잡지 못한 상태였다. 민간 자율 규제에 맡겨져 누구도 30개월 이상 된 쇠고기가 수입되는지 어떤지 잘 알지 못하는 형국이다. 70여 일 동안 200만 명에 달하는 촛불시위의 성과 치고는 초라하기 짝이 없다. 오죽하면 조용필의 노래 가사 "그대는 왜 촛불을 키셨나요?"를 비꼬아 《그대는 왜 촛불을 끄셨나요?》라는 제목의 책이 출간될 정도였다.[4] 새로운 자원으로 무장한 새로운 주체가 출현해 새로운 사회성을 구성하고 있다고 환호하다가, 막상 촛불이 꺼지자 이들이 다시 정치적 패배주의와 냉소주의로 되돌아간 것 아닌가 질타하기도 한다. 대중에 대한 연구자의 애증의 감정이 다소 분열적으로 교차하는 것이다. 이 틈을 타 '새로운 주체의 낡음'을 조롱하는 글들이 나오기까지 했다.[5]

그렇다면 그 후 본격적으로 진행된 학술 연구에서는 새로운 매체를 사용하는 새로운 주체를 과장하는 사회운동론의 관점의 한계가 극복되었는가? 그렇다고 볼 수 없다. 오히려 사회운동론의 관점에서 본격적인 논문들이 발표되었다. 10대, 여성, 집합 지성, 민주 시민 등 여럿이 새로운 주체로 호명되었는데, 그 핵심은 새로운 매체를 통해 스스로를 동원한 새로운 주체들이 새로운 민주주의를 실험했고 그 과정에서 새로운 주체로 형성되었다는 것이다. 비록 당장은 성공하지 못했지만, 앞으로 민주주의의 제도화를 통해 장기적으로는 성공할 것이라는 희망 섞인 바람도 빠트리지 않는다.[6]

이 글은 이러한 사회운동론의 관점 대신 2008 촛불집회를 뒤르케임주의 문화사회학[7]의 전통을 따라 '사회적 공연'으로 접근하려고 한다.[8] 이를 위해 시간의 분석 단위를 미국과 쇠고기 협상이 타결된 2008년 4월 17일부터 마지막 촛불문화제가 열린 7월 5일까지로 삼는다. 이 글은 2008년 촛불집회가 총 5막으로 이루어진 사회적 공연으로 분석한다. 1막은 2008년 쇠고기 협정이 타결된 4월 17일 하루 동안 있은 이명박 대통령의 공연으로 이루어진다. 2막은 아고라에서 대항 공연을 준비한 4월 18일에서 5월 1일까지이다. 3막은 청계광장에서 촛불집회가 펼쳐진 5월 2일부터 28일까지다. 4막은 촛불집회가 광화문으로 확장되기 시작한 5월 29일부터 72시간 릴레이 촛불집회가 끝난 6월 10일까지다. 마지막 5막은 6월 11일부터 서울광장에서 '국민승리의 날' 촛불문화제를 연 7월 5일까지이다.

보수와 진보는 코드를 공유한다

촛불집회를 사회적 공연으로 접근하기 위해서는 우선 대본의 원천이 되는 배경표상이 무엇인지 확인해봐야 한다. 이를 위해서는 촛불집회 기간 동안 행해진 의미화 실천들을 해석학적으로 재구성해 배경표상을 밝혀내야 한다. "분석가는 자신이 분석적 수준에서 발견한 문화구조를 사회 집단이 진정으로 공유하고 있다는 점을 보여주어야 하고, 자신이 탐구하고 있는 특정의 역사적 상황에 작용하고 있다는 점을 기술해야만 한다. 이 지점은 문화의 구체적 자율성concrete autonomy을 수립함으로써만 가능하다. 이런 점에서 분석적 자율analytic autonomy성은 하나의 가설로, 구체적 자율성은 그 증거로 간주되어야 한다."[9]

우선 어떤 사회집단이 공유한 문화가 '분석적 자율성'을 지닌 문화구조라는 점을 이론적 차원에서 보여주어야 한다. 이를 위해서는 문화가 사회구조에 환원되지 않는 자율적인 내적 구조를 지니고 있다는 점을 드러내야 한다. 다음으로는 분석적 자율성을 지닌 문화가 특정 연구 세팅에서 어떻게 구체적 자율성을 지니고 작동하는지 밝혀야 한다. 이 경우는 행위자들이 특정 맥락에서 문화를 활용하여 자신들의 행위를 어떻게 구성하는지 보여주는 것이 중요하다.

나는 다양한 자료들을 통해 사회집단들이 공유하는 문화구조를 먼저 해석학적으로 구성해보고자 했다. 이는 물론 문화화용론을 통해 구체적 자율성을 입증하기 위한 사전 작업이다. 문화화용론 입장에서 볼 때 행위자는 자신과 자신을 둘러싼 세계를 인지적으로 분류하고, 도덕적으로 가치 평가하며, 정서적으로 느끼기 위해 가용한 공적 상징체계를 활용해 말과 행위를 구성한다. 나는 이러한 공적 상징체계를 가치, 규범, 목표 차원의 공적 코드라고 본다. 따라서 나는 가치, 규범, 목표 차원의 공적 코드를 구성하고자 했다. 촛불집회와 관련된 인물과 사건의 '의미'가 가치, 규범, 목표의 세 가지 코드에 의해 만들어진다고 보기 때문이다.

가치는 '성'과 '속'의 이항 대립으로 구성되어 있는 가장 차원 높은 코드이다. 그것은 실존의 사멸성을 해결하는 문제, 즉 영원성과 불멸성의 문제와 관련되어 있다. 인간의 시간은 영원하지 않다는 점에서 존재론적으로 결함이 있다. 태어남과 죽음 사이에 한정된 인간은 언제인지는 확실하지는 않으나 예정된 죽음 앞에 불안과 두려움을 갖고 살아간다. 근대 이전에는 세계종교를 통해 이러한 문제를 해결했다. 하지만 근대 세계에서는 국민국가가 이런 역할을 떠맡는다. 국민국가는 미래의 이상향을 설정해 개인의 사멸을 넘어 공동체의 불멸을 추구하도록 함은 물론, 시민권 제도를 통해 이 세계 안에서의 국민의 안전을 보장한다. 근대 인간의 삶의 영역인 '사회적인 것the social'은 이렇듯 국민국가 프레임 안에서 만들어졌다.[10] 그렇다면 한국이라는 국민국가가 구성한 사회적인 것은 과연 이러한 근대의 이상에 부합하는가? 가치는 한국사회를 한국사회이게끔 하는 성취 불가능한 이상이다. 이러한 이상을 통해 주어진 현실을 바라본다는 점에서 가치는 주어진 현실을 도덕적으로 조절할 수 있는 힘이 있다. 한국사회가 왜 한국사회로 계속 존재해야 하는가를 정당화하는 가치가 무엇인지 물어볼 수 있다.

규범은 배역(역할)을 맡은 배우(행위자)의 행위 규칙에 대한 기대로서, 특정 역할을 맡은 행위자는 역할에 기대되는 행위를 반드시 충족시켜야 한다고 기대받는다. 고프먼[11]의 용법을 따르면, 규범은 '무대 전면frontstage'에서 배우와 배우, 배우와 관객이 서로 주고받는 기대의 호혜적 교환이다. 무대 전면은 무대 세팅과 개인적 전면(외모와 매너)으로 이루어져 있지만, 이 중에서 가장 중요한 요소는 사실 매너이다. 이왕이면 무대 세팅, 외모, 매너가 정합성을 이루면 좋다. 예를 들어 역사극을 무대에 올리면 무대 세팅이 당대 역사를 잘 재현하도록 만들어져 있고, 배우의 외모도 시대극에 맞도록 되어 있으며, 배역에 맞는 매너도 잘 갖춰져 있으면 공연이 성공할 가능성이 높다. 하지만 비록 무대 세팅과 외모가 다소 맡은 배역에 잘 들어맞지 않아 실소나 조소를 자아낼 수는 있어도 매너가 그 역할에 알맞게 이루어지면 공연 자체가 중단되지는 않는다. 역사극에서 장군이 자신에게 요구되는 매너와 너무나 동떨어지게 행동을 하면 공연 자체가 중단될 위험에 처할 수 있다. 하지만 배우가 매너를 어겼다고 해서 관객이 바로 성과 속의 실존적 대립으로 넘어가는 것은 아니다. 규범이 성과 속의 이항 대립으로 이루어져 있다기보다는 '옳음'과 '그름'의 이항 코드로 구성되어 있기 때문이다.

목표는 수단-목적 합리성을 말하는 것으로, '효율'과 '비효율'의 이항 대립으로 이루어져 있다. 목표 차원에서는, 주어진 목표를 어떠한 수단을 써서 최대한 효율적으로 해소하느냐가 관심의 초점이다. 여기에서는 주어진 목표가 성스러운 것인지 속된 것인지, 옳은 것인지 그른 것인지 따지지 않는다. 목표는 실정성positivity으로 주어져 있을 뿐, 이에 대한 의심이 유보되어 있다. 현상학의 용어를 써서 말하면, 목표를 일상의 주어진 현실 그 자체로 당연하게 받아들이는 '자연적 태도natural attitude'가 지배적이다.[12] 따라서 가치나 규범 그 자체는 근본적인 관심에서 벗어나 있다. 오로지 효율성에 관심이 맞춰져 있다. 만약 전통으로 내려온 습속이 주어진 목적을 성취하는 데 효율적이라면 계속해서 활용될 수 있다. 새로 만든 법이나 제도가 더 목적을 성취하는 데 효율적이라면 습속 대신 힘을 발휘할 수 있는 것이다.

촛불집회는 크게 봐서 대면적 집합의례, 신문 공론장 집합의례, 사이버 공론장 집합의례로 구성되어 있다. 촛불집회를 통해 한국사회의 배경표상을 해석학적으로 구성하기 위해서는 위의 세 집합의례에서 나온 자료를 분석해야 한다. 먼저 실제 촛불집회에서 사용된 온갖 표어와 노래를 분석 자료로 삼았다. 현장에서 직접 얻을 수 있는 자료는 한정되어 있기 때문에, 광우병국민대책회의, 아고라 즐보드, 한총련·한대련 웹사이트, 나눔문화 사이트, 출판된 책들에서 자료를 얻었다. 둘째 조선일보·중앙일보·동아일보(이하 조중동)로 대표되는 보수 신문과 한겨레·경향신문으로 대표되는 진보 신문이 촛불집회에 관해 주장한 사설들을 분석 자료로 삼았다. 기간은 4월 17일부터 7월 5일까지이며, 각 신문사의 사설 수는 조선일보 81개, 중앙일보 57개, 동아일보 87개, 한겨레 87개, 경향신문 75개이다. 마지막으로 아고라 토론방에 올라온 글들을 분석 대상으로 삼았다. 구체적으로 4월 17일부터 7월 5일까지 아고라 '토론' 게시판에 올라온 글들 중에서 쇠고기 촛불집회와 관련된 글 중 '당일 최고 조회수'를 기

록한 게시글 78개를 표본으로 뽑았다.[13]

먼저 가치 차원에서 이항 코드를 사후적으로 구성해봤는데, 분석하는 과정 중에 여기에도 세 가지 종류가 있음을 알 수 있었다. 먼저 한국사회의 가치를 생산중심주의로 보는 입장이 있었다. 소위 보수 신문이 이 입장을 대표하는데, FTA를 통해 한국사회가 선진 통상국가로 더 성장해야 한다는 주장을 펴고 있다. 하지만 왜 성장이 가치 있는 것인지에 대해서는, 실존적인 차원에서 정당화를 제공하고 있지 못했다. 한겨레·경향신문도 생산중심주의를 취하고 있기는 하지만, 성장보다는 당장의 보존을 더 먼저 신경 써야 한다는 입장을 취하고 있다. 국민 건강권과 축산 농가 생존권을 지키는 것이 성장보다 선행되어야 한다는 주장이 대표적이다. 양자가 차이는 있지만 성장 아니면 보존을 지향하고 소비와 소모를 속된 것으로 보는 자본주의 입장에 갇혀 있다는 점에서는 하나다.

"자본주의 경제와 이전 경제를 구분하는 데 핵심적인 것은, 자본주의 경제는 무한히 반복되는 확대 재생산을 목적으로 하기 때문에 잉여를 오직 축적을 위해 온전히 재투자한다는 데 있다. 시장의 살인적 경쟁이 가하는 압력으로 인한 축적을 위한 축적은, 잉여를 최대한 생산에 다시 투자하도록 강요한다. 이 경우 소비는 생산을 위한 보조, 즉 생산을 위해 필수적인 필요를 충족시켜주는 재생산 활동으로 축소된다.

여기에서 잉여를 비생산적으로 소비하는 소모는 상상도 할 수 없는 일이다."[14]

소위 보수와 진보는 모두 우리 사회가 정말 성장이나 보존이 안 되어서 문제가 되는지 심각하게 따지지 않는다. 다시 말해 한국사회의 문제로 잉여의 소모가 오히려 핵심으로 떠오른 것은 아닌지 고민하지 않는다. 자본주의가 만들어낸 공리주의적 질서에 대한 근본 성찰이 부족한 것이다. 따라서 여전히 유용성을 둘러싸고 싸움을 벌인다. "공리주의적 질서를 직접적으로 만들어낸 부르주아는 말할 것도 없고, 그에 대한 안티테제로 이상화된 프롤레타리아도 역시 유용성에 사로잡힌 노예들이다. 다만 차이가 있다면 프롤레타리아는 유용성에 집착하기 이전에 생존의 필연성을 해결해야만 한다는 것뿐이다. …… 그들은 둘 다 유용성의 세계에 거주하면서 더 많은 유용성을 차지하려고 싸우는 노예들일 뿐이다."[15]

조중동은 생산중심주의 이상의 가치를 보여주고 있지 않는다. 성장을 위한 성장을 주장하는 것처럼 보일 뿐이다. 이 점에서 한국의 보수는 가치의 정당화가 빈약하다고 할 수 있다. 반면 한겨레·경향신문은 보존을 표현의 자유라는 좀 더 높은 차원의 가치로 정당화하고 있다. 제도 민주주의를 넘어 거리 민주주의를 찬양하는 것이 그 대표적인 예이다. 보수 신문도 민주주의를 말하고 있기는 하나, 표현의 자유보다는 헌정 질서의 보존을 더 중시한다. 즉 이들은 민주주의를 표현의 자유라는 가치 차원보다는 실정법 준수("악법도 법이다") 라는 낮은 수준의 목표 차원에서 정당화하는 걸로 이해한다. 이 점에서 한국의 진보는 보수보다 높은 수준의 가치를 말하고 있는 셈이다. 하지만 거리 민주주의도 새로운 민주주의 제도의 문제나 실질 민주주의(경제적 재분배)의 문제로 환원시킨다. 그런 점에서 표현의 자유에 대한 더 높은 실존적인 고민이 부족하다.

사실 표현의 자유는 단지 민주주의 제도나 경제적 재분배 문제에 그치는 것이 아니라 인간의 실존적 조건과 관련되는 것이다. 표현은 인간이 겉으로 드러난 외면 뒤에 심층적으로 자아를 가지고 있다는 것과 연관된다. 자아가 없는 존재는 표현을 위한 표현을 할 수 없다. '표현을 위한 표현'을 하기 위해서는, 현재의 요구를 벗어나는 다른 세계를 알고 있을 때에만 가능하다. 동물에게는 주어진 세계가 전부이지만, 인간이 있는 곳에는 어디나 현세 너머의 세계를 꿈꾸는 종교가 존재했다. 주어진 것 너머를 볼 수 있는 힘, 그것이 바로 상징의 힘이다. 상징은 자기 이외의 다른 것을 지칭하는 힘이기 때문이다. "인간은 다른 동물들과 달리 사물들로 둘러싸인 세계가 아니라, 상징의 세계에 산다. 이것이야말로 인간이 다원적일 수 있는 근본 조건이다. 표현의 자유가 단지 법적 자유에 끝나지 않는 근본적인 인간의 조건인 이유가 여기에 있다. 노동이나 작업이 결코 인간의 조건일 수 없다. 상징이 바로 인간의 조건이다. 이러한 조건은 얼마든지 넓혀질 수 있고, 그래서 의미화 실천이 무엇보다도 중요한 것이다. 다원성은 질서의 수립을 위해 제거해야 할 대상이 아니라, 우리를 끊임없는 윤리적 성찰로 몰아가는 인간의 조건이다."[16] 한겨레·경향신문으로 대표되는 한국의 진보는 이런 점에서 인간의 실존적 조건에 대한 윤리적 성찰이 부족하다.

마지막으로 주로 아고라 토론방에서 확인된 가치가 있는데, 공동체 전체의 불멸성을 추구하는 가치가 바로 그것이다. 불멸성을 추구하기 위해서는 시간성 내부에 장기적 지향점을 설정하고 이를 줄기차게 추구하는 로망스 서사가 필수적이다.[17] 그럴 때에만 눈앞의 단기적인 자기 이해관계를 넘어 공동체 전체에 헌신할 수 있다. 불멸성은 시간 내부에서 존재가 연속되는 것을 추구한다는 점에서, 시간 외부에서 존재의 연속성을 추구하는 영원성과는 다르다. 전통사회에서 세계종교는 모두 현세를 넘어선 초월성의 세계를 설정하고, 그 세계에 진입하는 것을 구원으로 설정한다.[18] 하지만 근대 세계에 오게 되면 이 세계 안에서 불멸하는 길을 택한다. 대개 국민국가는 장기적인 목적을 설정하고 국민들이 이러한 목적을 추구하도록 독려하는 임무를 떠맡는다. 사회학적으로 말해 이는 세속화, 즉 존재의 연속성 추구 양식을 영원성에서 불멸성 추구로 전환한 것을 말한다.

이는 샐린스[19]가 말하는 '일반화된 호혜성generalized reciprocity'

이라 부를 수 있다. 일반화된 호혜성은 호혜성 규범의 한 종류이다. 호혜성의 규범에서는, 교환의 각 당사자가 상대방에게서 얻은 것을 되갚아야 할 '의무'와 자신이 베푼 것을 되돌려 받아야 할 '권리' 모두를 가지고 있다. 한 당사자는 '권리'만을 요구하고 상대방에게는 '의무'만을 기대하는 경우와 그 반대의 경우는 진정한 의미의 호혜성이라 할 수 없다. 각 당사자가 권리와 의무를 모두 가지고 있어야 진정으로 호혜성이라 할 수 있다. 사회적 교환 과정에서 상대방에게서 받은 도움이나 피해를 되갚아야 한다는 '도덕적 의무감'은, 각각의 교환 당사자가 도움(피해)을 되갚음으로써 그러한 의무감을 해소할 것이라는 '기대'와 밀접히 융합되어 있다. 이러한 기대는 교환 당사자들 사이에서 당연시될 뿐만 아니라 공유된다.

일반화된 호혜성은 긍정적 호혜성이라고도 불리는데, 시간, 양, 질이 정해져 있지는 않지만 상대방에게서 받은 것을 되도록 빨리, 더 좋은 것을, 더 많이 되돌려주려고 한다. 이는 상대방(구체적 개인이라기보다는 공동체 전체 또는 관계 그 자체)을 우선적으로 고려하기 때문이다. 공동체는 추상적이기 때문에, 공동체를 표상하는 지도자가 보통 공동체 전체를 대신한다. 지도자는 자신의 이해관계보다도 공동체 전체 성원들을 먼저 고려해야 한다. 무한정 에너지를 베풀기만 하는 태양처럼, 지도자는 공동체 전체 성원들에게 계속해서 베풀어야만 한다. 진정으로 공동체의 성원들이라면 받은 것을 빨리, 더 좋은 것을 더 많이 되돌려주려고 할 것이다. 그러면 지도자는 더욱더 많은 것을 베풀 것이다.

아고라 토론방에서 진행된 논의를 보면 이명박 대통령에게 가장 분노하는 것은 일반화된 호혜성 규범을 위반했다는 점이다. 지도자가 공동체 전체를 먼저 고려하지 않고 자신의 분파 이익을 우선했다는 것이다. 그래서 공동체 전체에게 보편적 위기를 산출한다는 것이다. 수평적으로는 현 세대 전체를 계급과 지역으로 분열시키고, 수직적으로는 조상과 후손의 연속성을 파괴한다는 것이 핵심이다. 초기 촛불집회에 불을 지핀 '촛불소녀'의 경우도 "저 아직 15년밖에 못 살았어요"라는 표어가 대표하듯, 존재의 연속성에 대한 가치가 지배적으로 나타난다. "우리 아이에게 광우병 미친 소를 먹일 수 없어요"라는 어머니의 표어도 역시 마찬가지이다.

아래 〈표 1〉은 지금까지의 논의를 요약한 것이다.

다음으로는 규범 차원의 이항 코드를 재구성해보았는데, 여기에도 크게 보아 세 가지 범주가 있다. 첫 번째는 행위자의 동기가 순수하고, 진솔하고, 자발적인 것이 옳은 것이고 반면 불순하고, 기만적이며, 꼭두각시와 같은 것은 그르다는 규범이 있다. 이 규범은 보수와 진보 할 것 없이 가장 광범하게 공유되고 있는 코드이다. 보수 집단은 촛불집회에 참가한 사람들을 비난하는데, 그 이유는 그들의 동기가 불순하고, 기만적이며, 배후 세력(친북좌파)의 꼭두각시 노릇을 하기 때문이라는 것이다. 진보 집단은 이명박 대통령, 검찰·경찰, 조중동을 주로 비난하는데, 그 이유는 그들의 동기가 불순하고 기만적이며 꼭두각시 같기 때문이다.

그다음으로는 행위자가 겸손하고, 소통하며, 포용하고, 장기적 안목을 가진 것이 옳은 것이고, 반면 오만하고 독선적이며 편협하며 근시안적인 것은 그르다는 이항 코드가 있다 (〈표 2〉 참조). 이 코드는 주로 진보 진영에 광범하게 공유되고 있고, 보수 진영은 상대적으로 덜 공유하고 있는 것으로 드러났다. 진보 진영은 계속해서 이명박(정권)이 오만하고, 독선적이며, 자기 집단만을 챙기는 편협한 존재이며, 또 근시안적인 목적을 위해 장기적인 국가 비전을 저버린 존재라고 비판한다. 조중동은 촛불집회 초창기에는 이 코드를 거의 사용하지 않다가, 촛불집회가 커지자 이명박 대통령에게 겸손하고, 소통하고, 포용하고, 장기적 안목을 가지라고 촉구하기 시작한다. 아고라와 국민대책본부 등 진보 진영도 이 코드를 사용하여 이명박(정부)을 강력하게 비판하고 있다.

마지막으로는 배우가 팀워크를 이루어 공연하고 있는 우리 집단의 경계를 유지하는 것이 옳고, 반면 우리 집단 경계를 해체시키려고 위협하는 것은 그르다는 이항 코드가 있다. 사회 세계에서 공연은 일방적인 것이라기보다는 한 번은 우리 팀이 공연을 하고 다른 팀이 관객이 되며, 다음에는 거꾸

<표 1> 가치 차원의 이항 코드

성	속
보편적 연대를 산출하는, 공동체를 먼저 고려하는	보편적 위기를 산출하는, 자신을 먼저 고려하는
표현의 자유 보장	표현의 자유 억압
성장하는, 생산적, 보존적	쇠퇴하는, 비생산적, 소모적

<표 2> 규범 차원의 이항 코드

옳음	그름
우리 집단 경계를 유지하는	우리 집단 경계를 해체시키는
겸손한, 소통적, 포용적, 장기적 안목의	오만한, 독선적, 편협한, 근시안적인
순수한, 진솔한, 자발적인	불순한, 기만적, 꼭두각시의

<표 3> 목표 차원의 이항 코드

효율	비효율
시민사회 제도를 사용하는, 보편적인 이해관계의	시민사회 제도에 반하는 방법을 사용하는, 특수한 이해관계의
법치의, 규칙적, 전문적, 능력 있는	법치에 반하는, 몰규칙적, 비전문적, 무능력한
상식적, 이성적, 일상적	비상식적, 광기의, 비일상적

로 역할을 바꾼다. 그런 점에서 사회 세계는 공연과 대항 공연의 연쇄로 이루어진다고 할 수 있다. 그런데 우리가 공연할 차례인데 관객이 되려 한다거나 관객에게 미리 공연의 대본을 까발리거나 하면 공연 자체가 무산될 위험에 처할 수 있다. 또 그 반대의 경우도 마찬가지이다. 그런 점에서 집단

의 경계를 유지하는 것은 공연에서 필수적이다.[20] 진보 진영에서는 이 코드를 주로 한국과 미국과의 관계 속에서 설명하는데, 한국을 대표하는 이명박 대통령이 검역 주권을 미국에 넘겨줌으로써 우리 집단의 경계를 해체시킨다고 비판하고 있다. 반면 보수 신문들은 촛불집회를 통해 이명박 대통령을 압박하는 수준에서 공연을 멈추고, 이명박 대통령이 다시 공연할 수 있는 기회를 줘야 한다고 주장한다. 그쯤 했으면, 이제 상대방이 공연할 차례라는 것이 그 핵심 논리이다. "촛불집회 그만해라, 많이 묵었다 아이가."

마지막으로는 목표 차원의 이항 코드가 있는데, 여기에서 쟁점이 되는 것은 문제적 상황을 해소하기 위해 사용하는 수단이 효율적인가 그렇지 않은가 하는 것이다(〈표 3〉 참조). 여기에도 크게 보아 세 가지 범주로 나뉜다. 우선 상식적, 이성적, 일상적 방법을 사용하는 것이 효율적이고, 비상식적, 광기의, 비일상적 방법을 사용하는 것은 비효율적이라는 이항 코드가 있다. 이 코드는 보수 신문이 광범하게 사용하고 있는데, 광우병 공포가 비상식적이고, 미친 것이며, 비일상적인 것이라 비판한다. 괴담 대 과학의 대비가 대표적 예다. 진보 진영에서는 상대적으로 이 코드를 잘 사용하지는 않는데, 가끔 정부, 한나라당, 뉴라이트를 비상식적이라 비판한다. 또한 광우병 공포가 비상식적 수준으로 과장된 부분이 있다는 것도 인정한다.

그다음으로는 법치를 하고, 규칙을 따르는 것이 효율적이고 그 반대의 경우는 비효율적이라는 이항 코드가 있는데, 그 이유는 법의 화신인 관료제는 능력 있는 전문가로 이루어져 있기 때문이다. 이 코드는 보수 집단이 광범하게 사용하는데, 그 핵심은 법을 어기는, 특히 폭력을 행사하는 촛불집회 참가자들을 법대로 처벌하라는 것이다. 반대로 진보 진영은 이 코드를 잘 사용하지는 않지만, 경찰의 과잉 진압을 비판할 때나 행정부의 무능을 비판할 때 주로 이 코드를 사용한다. 이 코드는 실제 집회 참가자와 아고리언도 활발하게 사용하는데, 폭력 대 비폭력 논쟁이 대표적인 예다. 집회 후반으로 갈수록 아고라에서 이 코드를 사용해 촛불집회를 규정하려는 논쟁이 강하게 일어나는데, 그 과정에서 가치에 대한 논의는 오히려 줄어들게 된다.

마지막으로 시민사회 제도(의회민주주의)를 사용해 문제를 해결하는 것이 효율적이고, 그 반대는 비효율적이라는 이항 코드가 있다. 시민사회 제도는 보편적인 이해관계를 추구하는 장으로, 장기적으로 보면 특수한 이해관계를 추구하는 이익 집단을 통해 문제를 해결하는 것보다 훨씬 효율적이다. 보수 신문은 민주당을 비판할 때 이 코드를 주로 사용하는데, 핵심은 의회민주주의 안에서 문제를 해결해야지 거리로 나가면 안 된다는 것이다. 때로는 국회 전체를 이 코드로 비판하는데, 청문회와 같은 의회 제도 안에서 문제를 해결하는 것이 효율적이라는 근거를 든다. 진보 신문도 의회민주주의가 제대로 작동하고 있지 않은 것을 비판할 때 이 코드를 사용한다. 반면 아고라에서는 이 코드를 거의 사용하지 않으며, 집회 참가자와 국민대책회의도 마찬가지이다. 이는 제도 민주주의에 대한 불신이 그만큼 크기 때문일 것이다.

생각대로 하면 되고

협상단이 2008년 4월 17일 미국과 쇠고기 협정을 체결한 직후 이명박 대통령은 캠프 데이비드에서 부시 대통령을 태운 골프 카트를 직접 운전했다. 이는 두 정상 간의 친밀성을 과시함으로써 한미 공조가 굳건하다는 것을 작게는 한국 국민, 크게는 전 세계 공중에게 전시하기 위한 공연이었다. 이명박 대통령은 이 공연을 마치 축하연 정도로 본 듯하다. 그가 축하하고자 한 것은 생산중심주의라는 배경표상으로부터 구성한 성장 대본이었다. 한미 FTA에 걸림돌이라 여겼던 쇠고기 문제를 해결함으로써 이제 FTA 체결을 곧 이룰 수 있으며, 이를 통해 한국은 고도성장의 길로 다시 진입할 수 있다는 것이 그것이다.

　이명박 대통령은 이 성장 대본을 아주 훌륭히 공연했다

이명박 전 대통령이 미국 부시 전 대통령의 골프 카트 운전대를 잡고 있다.

고 생각했고, 그래서 관객(한국 국민)에게서 열렬한 지지를 끌어낼 줄 알았을 것이다. 한국으로 생중계되는 지구적 상징적 생산수단의 도움과 캠프 데이비드라는 미장센 그리고 공연을 완벽하게 정당화하는 사회적 권력 등 성공 요건은 충분히 갖춰진 것처럼 보였다. 게다가 그는 한나라당 대선 후보로서 제17대 대통령 선거가 있기 9개월 전 2007년 3월 13일 이미 747로 대표되는 동일한 성장 대본을 제출한 바 있다. 이날 경기도 일산 킨텍스에서 이명박 대통령은 대규모 출판기념회를 열었는데, 여기에서 전 국민이 노력하면 7퍼센트 경제성장은 물론 10년 내 국민소득 4만 달러 도약과 세계 경제 7위 강국이 가능하다고 역설했다. 이는 '내용' 차원에서는 결코 새로운 대본이 아니었다. 이회창 후보도 당시 연평균 6퍼

센트 성장, 국민소득 2만 5,000달러, G10 경제 대국을 공약
으로 내걸었다. 하지만 이회창은 실패했다. 반면 이명박은 성
공했는데, 여기에는 747 대본의 '수사'가 한국 관객에게 끼친
영향이 컸다.

"미국 항공사 보잉사의 대형 여객기 이름에서 따온 747
구호는 국민들에게 강렬한 인상을 줬다. 상용 항공기 역사상
최상·최고의 명성을 자랑하던 보잉 747기처럼, 높은 하늘을
유유히 날아가는 그 거대한 비행기처럼, 한국 경제도 거대한
성장을 이룰 것만 같은 심리적 효과를 가져다줬다."[21]

이명박은 747 대본을 성공적으로 공연하여 450만이라는
압도적인 표차로 4개월 전에 대통령에 당선된 바 있어 더욱
자신감에 차 있었을 것이다. 그래서 한국 국민이 자신의 노
력에 적극적인 지지를 보내줄 것으로 착각하고 있었다. 하지
만 한국 국민들은 이명박 대통령과 그가 내세운 텍스트와 전
혀 '정서적 동일시'를 하지 않았고, 그래서 협정 체결의 의미,
즉 한미 FTA 체결을 위한 전략적 선택이라는 문화적 의미가
관객에게로 확장될 수 없었다. 이런 점에서 이명박 대통령의
협정 체결은 매우 조악한 사회적 공연이었다.

왜 공연이 실패로 돌아가고 말았는가? 우선 그는 쇠고기
협정 체결 '과정'이 전혀 공연적 속성을 지니지 않은 실용적
이고 도구적인 행위라고 여긴 듯하다. 그래서 마치 비밀 군
사 작전하듯 쇠고기 협정을 체결했다. 이명박 대통령은 현대

의 정치가 엘리트들끼리의 실용적이고 도구적인 상호 계산만으로 환원되지 않는, 작게는 국민국가를 크게는 지구적 관객을 대상으로 벌이는 사회적 공연인 것을 전혀 이해하지 못한 것이다. 국가 간 협정 체결을 전문가 집단들 사이에서 벌어지는 합리적 행위로 보았고, 이에 대한 축하연만 의례로 간주한 것이다. 하지만 한국 국민들은 쇠고기 협정 체결 과정을 사회적 공연의 하나의 막으로 인식했고, 캠프 데이비드 공연과 연결해서 보았다.

이명박 대통령은 스스로 협정 체결 과정을 전문가들 사이에서 이루어지는 합리적 행위라고 생각했을 것이다. 하지만 이러한 생각과 상관없이 협정 체결 전체가 한국 국민 전체를 두고 펼친 조악한 공연으로 돌변하고 말았다. 여기에는 공연의 미장센 변화가 절대적인 영향을 미쳤다. FTA를 통해 한국을 성장시킨다는 대본의 의미가 전혀 한국 국민들에게 호소력을 갖지 못한 결정적인 이유는, 대통령 취임 후 4개월여 동안 이명박이 보여주었던 조악한 공연이 결정적이었다.

이명박 대통령인수위원회는 50여 일의 활동을 거쳐 17대 대통령직인수위원회 백서를 펴냈다. 여기에서 국가 비전으로 '선진화를 통한 일류 국가'를 선포했다. 대한민국의 역사가 건국-산업화-민주화를 거쳐 발전해왔지만 현재 선진국 진입 장벽에 막혀 있다고 진단하고 이를 극복하고 어서 선진화로 나아가야 한다는 로망스 서사를 구사했다.

우리는 건국, 산업화, 그리고 민주화의 길을 모범적으로 걸어왔다. 불과 한 세대 만에 경제 발전과 민주화를 제도적으로 완성했다. 이제 제도를 넘어 문화와 의식의 내실화를 이뤄야 하는 단계에 접어들었다. 이를 위해 대한민국 헌법의 기본 이념인 자유민주주의와 시장경제 원리에 기초해 선진화를 통한 일류 국가 진입을 새로운 국가 비전으로 설정했다.[22]

선진화를 이룰 행동 규범으로 '창조적 실용주의'를 제시했다.

오늘날 세계화와 지식정보화 시대를 맞이해 자유주의 대 사회주의, 시장주의 대 국가주의, 보수주의 대 진보주의 등 종래의 대결 패러다임은 그 의미가 약화됐다. 이제 이념과 지역의 벽을 넘어서는 실용주의가 요구되고 있다. 실용주의는 서양의 실용주의Pragmatism 철학과 조선왕조의 실사구시實事求是를 앞세운 실학사상을 통합한 것으로 관념과 이념보다 경험적 실증을 중시하는 것을 말한다. 이러한 실용주의에 창조성을 덧입힌 것이 창조적 실용주의다.[23]

이러한 국가 비전을 달성하기 위한 실천 전략으로는 '신新발전체제'를 내세웠다. 시장의 자율성을 최대한 보장하고, 정부는 시장 실패를 보정하는 정도의 역할을 맡을 것이다. 생산성 위주의 질적 성장을 통해 성장과 복지의 선순환을 유도하고, 일을 통한 복지와 지속가능한 복지를 추구한다. 헌법 규범이 현실 세계에서 괴리됨이 없이 준수되도록 한다. 국익을 바탕으로 한 그물망 외교를 추진한다. 개성을 존중하는 다원주의 교육을 실시한다. 법과 원칙의 준수, 투명성 제고, 사회적 갈등의 합리적 해결을 통해 사회자본이 축적된 고신뢰 사회를 구현한다. 대외관계에서 글로벌 스탠더드와 내셔널 스탠더드의 조화를 추구한다.

한마디로 말해 이명박 대통령인수위원회는 창조적 실용주의로 무장한 신발전체제를 통해 선진 국가로 진입한다는 대본을 내놓았다. 대본이 아무리 뛰어나더라도 이를 결국 실행하는 것은 대본을 구현한 구체적인 배우들이다. 대통령 취임 후 4개월 동안 텔레비전, 영화, 신문, 라디오, 인터넷과 같은 상징적 생산수단에 의해 광범한 관객에게 나타난 배우들의 면면은 선진 국가가 도대체 누구를 위한 나라인지 의심하게 만들었다. 가히 비리와 편법의 공화국이라 불릴 정도의 청와대 비서진과 각료의 면면은 배우들의 진정성을 의심하게 만들기에 충분했다. 고소영(고려대·소망교회·영남 출신)과 강부자(강남 땅부자)가 청와대와 내각을 독차지하는 것을 보고 성장이 누구를 위한 것인지 의문을 품게 되었다.

특히 이경숙 대통령직 인수위원장이 "미국에서 오렌지라고 말했더니 못 알아듣더라. 아륀지라고 해야 한다"는 말을 했을 때 많은 한국인들은 성장이 '아뢴지'로 대표되는 특수 엘리트 집단만의 것은 아닌지 의심하게 되었다. 원래 의도는 회화와 발음 중심의 실용주의 영어 공교육을 강화하겠다는 것이었지만, 배우의 진정성이 의심받게 되자 즉각적으로 학원가 임대료가 급등하는 등 사교육 시장이 출렁거렸다.[24] 대부분 자녀를 미국에 유학 보낼 처지가 되지 못하는 일반 국민들은 이제 미국식 영어 발음과 회화가 입시까지 좌우하게 되는 것은 아닌지 좌절과 분노를 느꼈다.

　배우에 대한 심리적 동일시가 위협받자 이제 대본 그 자체에 대한 회의가 일어났다. '선진화 대본'이 내세우는 성장주의 가치가 도대체 왜 좋은 것인지 근본적인 의문이 생겨난 것이다. 조중동으로 대표되는 보수 일반이 그러하듯 이명박 대통령 역시 성장이 왜 좋은 것인지 더 근원적인 가치 차원에서 정당화하는 데 매우 취약하다. 성장중심주의를 불멸성을 해결하는 근원적인 가치 문제로까지 끌고 올라갈 문화적 역량이 부족한 것이다. 이명박 대통령은 성장중심주의를 '창조적 실용주의'라는 말로 정당화하고자 했지만, 철학이라기보다는 행동 규범에 불과했다.

　행동 규범으로서의 창조적 실용주의는 다음의 다섯 가지 요소로 구성된다. 첫째, 모든 정책과 주장은 객관적인 사실과 자료에 기초해야 하며 실질적인 성과를 산출해야 한다. 둘째, 모든 정책과 주장은 논리적인 일관성과 함께 당면 문제를 해결할 수 있는 현실 적합성을 지녀야 한다. 셋째, 모든 정책과 주장은 여러 사람들에 의해, 그리고 과학적인 실험이나 사유 실험에 의해 검토되고 비판될 수 있어야 한다. 넷째, 우리가 추구하는 목표를 변화하는 현실의 맥락 속에서 계속해서 재조정하고 재설정하며, 목표에 이르는 수단의 객관성과 효율성을 항상 새롭게 모색하는 태도가 필요하다. 다섯째, 문제를 복합적인 체계 속에서 입체적으로 보면서 그 해결 방법을 모색하고, 추진 중에 있는 정책이라 할지라도 문제점이 나타나면 지체 없이 수정·보완하는 점진주의적 자세가 요구된다.[25]

실용주의가 비록 전통적인 서양의 형이상학을 비판하면서 나온 과정 중심의 철학이라 하더라도, 단순히 행동 규범으로 축소될 수는 없다. 이명박 대통령의 창조적 실용주의가 정확히 지적하듯 인간에게 진리는 목적 행위의 결과이다. 목적은 자연적으로 주어지는 것이 아니라 환경과 마주하여 발생하는 문제적 상황을 지성적으로 해결할 때 사용되는 도구이다. 실용주의는 이러한 입장을 '도구주의instrumentalism'라 불렀는데, 이명박 대통령의 창조적 실용주의는 이 의미를 '창조적으로' 곡해한다. 현재 닥친 문제적 상황을 해결해주기만 한다면 어떤 도구라도 상관없다는 상식 수준의 의미로 도구주의를 해석하는 것이다. 사실상 "실용주의 철학이 지향하는 인간의 존엄성이라는 인도주의적 가치를 도외시하고 단순히 방법과 수단에 있어서 실용성만을 강조하고 있다. 이러한 실용주의는 경제적 실리주의나 정치적 편의주의와 다름이 없다는 비판을 면할 수 없다. 즉 오직 실리만을 추구하는 태도를 의미한다".[26]

오히려 도구주의는 인간의 실존적 조건과 관련된다. 인간에게 질서는 자연적으로 주어지지 않는다. 이것이 다른 동물과 다른 독특한 '인간의 실존적 조건'이다. 따라서 반드시 의미화 실천을 통해 인간의 질서를 구축해야 한다. 의미화 실천이란 문제적 상황을 해소하기 위해 행위자가 자신에게 가용한 문화를 활용하는 것을 말한다. 대개는 일상의 상습화된 상식적 차원의 문화가 의미화 실천을 별다른 어려움 없이 이끈다. 하지만 기존의 질서가 흔들리고 있는 변동이나 역치 단계에서는 새로운 의미화 실천 여하에 따라 인간의 생존이 좌우된다. 실용주의가 말하는 도구주의란 바로 이러한 인간의 질서를 만드는 데 효과를 낳는 지식이 바로 진리라는 것이다. 이는 "혼란되고 분열된 성향들을 혼란에서 벗어나게 하고 조화를 이루게 하는 데 쓰일 수 있는 하나의 고안물"[27]이다. 의미화 실천을 통해 원초적 질서가 만들어져야 인간은 삶의 방향을 찾을 수 있다.

이명박 대통령의 창조적 실용주의 철학은 합리적 수단으

로 목적을 추구하는 일상생활을 안내하는 데에는 무리가 없을지 모른다. 2008년 이명박 대통령 집권 초기에 유행한 SK 텔레콤 광고 '생각대로 T: 장동건 편'은 창조적 실용주의 정신을 잘 보여준다. 이 광고는 장동건이 일상의 고민인 결혼, 잔주름, 꽃미남 후배, 스타의 외로움 등을 스스럼없이 드러낸다. 어려움이 있으면 긍정적으로 생각하면 되고 하고 싶은 일이 있으면 T서비스를 통해 하면 된다는 긍정적 메시지를 보낸다.

결혼 말 나오면 웃으면 되고 잔주름 늘면 작게 웃으면 되고
꽃미남 후배 점점 늘어나면 연기로 승부하면 되고
스타라는 게 외로워질 때면 옛날 친구 얼굴 보면 되고

2009년에는 '생각대로 하면 되고'라는 긍정적 사유가 이제 이루고 싶은 모든 것이 이루어진 거라는 마법 주술 '비비디 바비디 부'로 발전되어 나타난다. 월트 디즈니의 애니메이션 〈신데렐라〉에서 요정이 호박을 마차로 변화시키거나 남루하고 지저분한 옷을 예쁜 드레스로 만들 때 이 주문을 하면서 대중에게 널리 알려졌다. 생각한 대로, 그리고 소망한 대로 실현되는 소망의 주문이 인간의 실존적 조건 속에서 행해지는 의미화 실천을 대신한다.

'생각대로 하면 되고'와 '비비디 바비디 두'로 대표되는 이

명박 대통령의 창조적 실용주의는 근본적인 실존적 의미가 문제시되는 위기 상황에서는 무력하다. 대통령 취임 후 4개월 동안 이명박 대통령은 한국 국민들 사이에 보편적 위기감을 산출했다. 대통령이 대한민국 공동체보다 자신을 먼저 고려하는 것은 아닌지 의심하게 된 것이다. 그래서 도대체 성장이 무엇을 의미하는 것인지 근본적인 차원에서 묻게 되었다.

이러한 미장센의 변화는 이명박이라는 배우가 실행하는 선진화 대본의 의미를 의심하게 만들었고, 그 결과 관객은 이명박이 아무리 진지하게 공연을 해도 그의 진정성을 의심하기에 이른 것이다. 다시 말해 뭔가 자기 이익을 숨기고, 겉으로만 쇼를 하고 있다고 보기 때문이다. 위악적인 배우에게는 연민이라도 느낄 수 있지만 자기 이익을 위해 위선을 떠는 배우와 정서적으로 동일시하는 관객은 거의 없을 것이다.

배우 이명박은 이러한 미장센의 변화를 읽어냈어야 했다. 무려 4개월 동안 진행된 미장센의 변화를 보면서도 여전히 자신의 대본이 이전처럼 막강한 힘을 발휘할 것이라고 믿은 듯하다. 가치 차원에서 근본적인 물음을 던졌지만 목표 차원의 효율성으로 대답했다. 그래서 실질적 성과를 중시하는 CEO 대통령임을 자임하며 미국과 쇠고기 협정을 체결한 것이다. 그것도 관객이 전혀 볼 수 없는 밀실에서 전문가끼리. 이런 점에서 이명박 대통령은 수완이 뛰어난 장사치일지는 몰라도 관객을 고려하지 않는 삼류 배우임이 틀림없다.

"어른들이 너무 밉습니다"

4월 17일 쇠고기 협정이 체결된 후 5월 2일 청계광장에서 첫 촛불집회가 열리기까지 약 보름 동안 한국 국민들은 이명박의 공연이 무엇을 의미하는지 확실히 규정하고 있지 못했다. 하지만 다음 아고라에서는 이미 이명박 대통령의 생산중심주의에 근본적으로 도전하는 대본을 구성하는 일이 진행되고 있었다. 다음 아고라는 그동안 포털사이트의 최강자였던 네이버를 제치고 새로운 상징적 생산수단으로 떠오르고 있었다. 네이버에 다음의 아고라와 같은 토론방이 없었던 것이 하나의 이유일 것이다. 하지만 더 큰 이유는 네이버가 사회적 권력에 의해 조종되고 있지 않은가 하는 의구심 때문이었다. 구체적으로는 네이버가 검색어에 대한 여론을 조작하여 사회적 권력이 원하는 정보만을 생산해서 전파한다고 의심한 것이 컸다. 이 의심은 이전의 역사와 연결되며 더욱 증폭되었다. "그들[네티즌들]은 이미 2007년 말 대선 당시부터 모든 정치 기사에 대한 댓글을 일원화시킨다든지 하는 방식으로 보수 정권에 아부했다고 믿고 있었다."[28]

반면 다음 아고라는 사회적 권력이 작동하지 않는 해방구로 간주되었다. 원래 아고라는 '미디어다음' 뉴스 서비스 안에서 운영되던 주제별 토론방이었는데, 토론 기능을 강화하기 위해 2004년 12월 24일 '아고라'란 이름으로 새로 문을 열었다. 이름은 고대 그리스 도시에서 회의 장소이자 시장의 역할을 했던 광장 '아고라'에서 따왔다. 아고라는 토론, 이야기, 즐보드, 청원으로 구성되는데, 이 중 핵심 기능은 토론과 청원이다. 토론 게시판에 자유롭게 댓글을 달 수 있어 오프라인에서 공공연하게 토론할 수 없는 주제도 토론할 수 있다. 당시만 하더라도 트위터, 페이스북, 유튜브와 같은 다양한 SNS가 발달하지 않았기 때문에 이용자가 자유롭게 참여해서 토론할 수 있는 아고라의 존재는 독보적이었다. 그럼에도 댓글의 사회적 파급력이 알려져 있지 않은 상태라 사회적 권력이 거의 개입하지 않았다. 사회적 권력이 아직 새로운 상징적 생산수단에 대한 이해가 부족했던 것이다.

쇠고기 협정이 체결되기 전인 4월 6일 '안단테'라는 ID를 가진 고등학생이 다음 아고라에 이명박 탄핵 청원 코너를 개설했다. 4월 25일 탄핵 서명이 5만 명에 이르렀고, 4월 30일

밤 9시경에는 20만 명에 달했다. 이 사실은 각 사이트 게시판을 통해 전파되었다. 5월 1일 새벽 0시 30분경에는 25만 명을 넘어섰고, 오후 1시경에는 30만 명을 돌파했으며, 얼마 지나지 않아 60만 명에 육박했다.

어떻게 이런 일이 가능했을까? 우선 대본 차원에서 보면 안단테는 겸손 대 오만이라는 규범 차원의 배경표상을 통해 이명박 대통령과 그 정책을 국민을 무시하는 배우와 대본으로 구성했는데, 이게 주효했다.

국민들이 이명박 대통령 탄핵서를 제출합니다. 이명박 대통령은 국민을 위한 정치를 하겠다고 하였습니다. 그러나 지난 3개월 동안 이명박 대통령은 국정에 성의를 다하지 않았습니다. 국민들의 반발이 심한 대운하 건설 추진, 영어 몰입식 교육 추진으로 국가의 위신을 크게 추락시킨 것은 물론 국민들을 불안하게 하였습니다. 보험 민영화를 추진하여 국민의 정보를 보호해야 할 대통령이 국민의 정보를 오히려 팔아먹고 당연지정제를 완전 폐지가 아닌 완화라는 언어 속임으로 국민들을 속이려고 합니다(의료 산업화 정책은 아직도 포기하지 않았습니다). 중립을 지켜야 할 대통령이 어느 특정 당을 옹호하며 선거 유세를 도왔습니다. 자신의 측근들(고소영)을 장관의 자리에 앉혔습니다. 일부 장관들은 공청회를 거치지도 않았습니다. 물가를 대책 없이 강제적으로 안정시키려는 공산주의적 경제 정책을 펼치고 있습니다. 대선 때 약속했던 공약들을 대부분을 변경 또는 삭제하고 국민들을 속였습니다. 일본 왕을 천황이라고 언급하며 일본 왕에게 머리를 숙였습니다. 또한 공권력을 동원하여 평화 가두행진을 하는 시민들을 강제로 연행하였으며 쇠고기 고시를 강행하였고, 이젠 독도까지 일본에게 넘기려 하고 있습니다. 국민과 국가와 자신의 자존심을 갖다 버리신 대통령님 이런 대통령은 우리는 계속 인정할 수 없습니다. 이런 대통령을 밑의 서명한 국민들이 탄핵을 신청합니다. (2008년 4월 6일. 다음 아고라 토론방)

이러한 대본에 가장 먼저 호응한 관객은 청소년들이었다. 4·15 자율화 조치 이후 0교시, 우열반 등장, 방과 후 학습 등 극단적인 경쟁에 내몰린 청소년들은 4월 17일 쇠고기 협정을 통해 안단테가 제기한 대본을 더욱 가치 차원으로 일반화시켰다. 이때 그들이 사용한 배경표상은 이명박 대통령이 한민족 전체에 보편적 위기를 산출한다는 가치 차원의 배경표상이었다. 이러한 배경표상으로부터 청소년들은 생산중심주의에 근본적으로 도전하는 '불멸성 대본'을 만들어냈다.

저는 현재 대전의 중학교에 재학 중인 중3 여학생입니다. 신문부에서 활동하고 있구요, 나름대로 꿈이 있는 학생입니다.

이번에 이명박 대통령께서 당선되신 후, 많은 정책을 시행하셨는데요. 일제고사의 부활이라 하여 시행하신 전국모의고사. 사교육비의 절감이 아니라 사교육비의 증가를 일으킨 첫 작품이셨죠. 어쨌든 지금부터 이명박 대통령께서 친히 미국까지 가셔서 아무런 이득 없이 얻어오신 미국산 쇠고기 수입 협상 체결에 대한 저의 입장부터 말하겠습니다. …… 아직 어리지만 제가 알고 현재 모든 이들이 알 수밖에 없어진 광우병의 증상에 대해 알려드리겠습니다. 광우병은 초식동물인 소에게 죽은 소의 부산물, 도축물을 먹여서 변형 단백질 프리온이 발생하고 프리온이 뇌에 퍼져 뇌에 구멍이 뚫려서 소가 죽는 병입니다. 인간광우병도 광우병에 걸린 소를 먹은 인간이 뇌에 구멍이 뚫려 죽는 병입니다. 대통령은 독재자 아닙니다. 왕도 아니고요. 오히려 국민한테 굽신거려야 하는 사람이 대통령이라는 건 아직 모르고 계시나 보십니다. 이번에는 잠 푹 자고 찬물로 세수하고 들어보세요. 아직까지 조금은 많은 사람들이 '광우병? 까짓것 뭐, 잘 피하면 되겠지'라는 생각을 가지고 있을 수 있는데요. 그런 사람들이 피해자 되고 아는 사람들도 피해자 되는…… 대한민국 되면 안 됩니다. 적당히 하세요. 더 이상은 국민들 모두가 이 행각을 봐드릴 수 없습니다. (2008년 4월 24일. 다음 아고라 토론방)

고등학생입니다…… 한 번만 봐주세요, 어른들이 너무 밉습니다. 왜 이명박 뽑으셨어요? 왜 투표 안 하셨나요? 집값 오르게 해주고…… 살던 동네 뉴타운으로 지정만 해주면…… 그저 다 좋으시죠? 제가 볼 때 한국인들에게 도덕, 양심, 어떤 것도 필요 없어 보여요, 그저 돈이면 다 됩니다. 돈이 최고죠, 돈 몇 푼에 이리저리 휘둘리며, 앞으로 살아갈 세대들에 대한 생각은 요만큼도 안 하는 어른들이 너무 싫습니다.

(2008년 4월 30일. 다음 아고라 토론방)

첫 번째 글은 원래 청와대 게시판에 올라왔다가 아고라 토론방으로 옮겨갔고, 두 번째 글은 다음 아고라 토론방에 바로 올라온 글이다. 청소년들은 이명박과 그를 대통령으로 뽑은 어른들의 성장주의가 가치 차원에서 매우 허약한 것임을 자신들의 실제 삶에서 깨닫고 이를 통렬히 비판한다. 성장이란 후손들을 전혀 염두에 두지 않은 근시안적인 소수만의 성장임을 알아챈 것이다. 쇠고기 협정은 이를 대표하는 상징적 사건인데, 이를 중심으로 청소년들은 자신들만의 대본을 구성하기 시작했다. 대본에 살을 붙여준 것은, 한국인의 유전자가 광우병에 걸릴 확률이 높다는 연구가 발표되면서 인터넷을 통해 급속히 퍼진 소위 '괴담'이다. 아고라에 올라 있는 대본들은 괴담이라 불릴 정도로 과장과 부정확한 정보를 담고 있는 것이 사실이다. 그럼에도 '괴담'은 광범한 관객들, 특히 청소년들로부터 열렬한 호응을 받았다. 왜 그랬을까?

여기에는 물론 많은 논자들이 지적하듯 무한한 하이퍼텍스트로 연결되는 새로운 인터넷 매체의 속성이 큰 역할을 했다. 아고라를 통해 만들어진 이러한 대본은 모바일 폰, 인터넷 커뮤니티, 블로거, 포털 등 텔레커뮤니케이션을 통해 급속히 확산되었다.[29] 이 모든 것은 텔레테크놀로지teletechnology를 통해서 가능해졌다. "텔레테크놀로지란 테크노 과학, 테크노 문화, 테크노 자연의 실현, 즉 컴퓨터 테크놀로지와 텔레비전의 완전한 접점이다. 이는 전자 이미지, 텍스트, 소리가 실시간으로 흐르는 정보와 커뮤니케이션의 지구화한 네트워크를 만들어가고 있다."[30]

텔레커뮤니케이션은 결코 통제할 수 없는 한계를 출몰시키는 포스트 휴먼 사회의 특징을 지닌다. 텔레커뮤니케이션에서는 무엇이 존재하고 무엇이 존재하지 않는지 분명히 이분법적으로 대립하지 않는다. 만물이 텔레테크놀로지를 통해 연결되어 서로 원격 통신하고 있는 상황이기 때문에 존재 대 비존재의 뚜렷한 대립이 불가능한 것이다. "텔레커뮤니케이션은 끊임없이 흐르려고 한다. 빨리 흐르고 늦게 흐르고 차이만 있을 뿐, 텔레커뮤니케이션은 모든 것을 보여주려고 한다. 따라서 숨기는 것이 없다. 실재를 실재대로 다가서지 못하도록 하는 상징적 분류체계를 모두 걷어내어 실재를 있는 그대로 보여주려 한다."[31]

이러한 텔레커뮤니케이션을 핵으로 하는 새로운 상징적

생산수단에 취약한 사회적 권력은 대본의 생산, 배포, 해석에서 아무런 힘을 발휘하지 못했다. 사회적 권력이 텔레커뮤니케이션이 산출하는 텍스트에 개입하려고 해도 애초에 그렇게 되기 어렵다. "텔레커뮤니케이션이 산출하는 텍스트는 전통적인 의미에서의 최종 생산물이 아니다. 텔레커뮤니케이션이 산출하는 사건, 이미지, 그래픽은 단지 일방적으로 전송되기 위해서 창조된 것이 아니다. 오히려 시공간을 넘어 있는 수용자들의 다방향적인 전용에 노출되어 있다."[32] 네티즌들은 어디에도 없으면서 동시에 어디에나 있다. 존재와 비존재로 나눌 수 없도록 텔레테크놀로지에 접속되어 있는 상태다. 그들은 항상 전송 중에 있는 텍스트에 언제든지 접속해서 댓글을 달고 사라질 수 있다.

하지만 아무리 텔레커뮤니케이션이 이런 속성을 지닌다고 해도 모든 텍스트가 대중에게 막강한 영향력을 발휘하는 것은 아니다. 아고라에 올라온 텍스트도 마찬가지다. 왜 하필 안단테가 올린 텍스트가 그렇게나 광범한 호응을 이끌어 냈을까? 사회적 공연의 관점에서 보면 안단테가 올린 대본이 두 가지 방향으로 잘 융합되었기 때문이다.

아고라는 심층에 깔려 있는 배경표상(일반화된 호혜성)과 직접 맞닿는 대본을 만들어냈다. 쇠고기 문제를 단순히 쇠고기만의 문제가 아니라, 한국인의 가장 근본적인 가치와 연결시킴으로써 쇠고기라는 특수한 문제에서 근본 가치라는 가장 일반화된 문제로까지 문화적 확장을 이룰 수 있었던 것이다. 동시에 관객이 대본의 인물(미국 소를 먹고 광우병에 걸린 사람)과 심리적으로 동일시할 수 있도록 관객과도 성공적인 융합을 이루었다. 학교 급식에 무방비로 노출된 청소년이야말로 희생자와 심리적 동일시를 제일 잘 할 수 있었던 것이다. 반면 이명박 대통령은 한국 공동체 전체를 위협하는 악의 화신으로 극화되었다. 이를 통해 쇠고기 협정은 도덕적 쟁의가 되었다. 이 새로운 대본은 물질적 이해관계의 갈등을 극화한다기보다는 성('보편적 연대를 산출하는', '공동체를 먼저 고려하는')과 속('보편적 위기를 산출하는', '자신을 먼저 고려하는')의 실존적이고 형이상학적인 대조를 분명하게 비추도록 사태와 인물을 이분화해 보여주었다.

하지만 아고라가 아무리 성공적인 대본을 배경표상에서 구성했다고 하더라도, 그 대본에 접할 수 있는 사람은 매체의 한계 때문에 한정될 수밖에 없다. 특히 새로운 매체는 연령과 관련되어 있어, 아고라는 비교적 연령이 낮은 관객에게만 한정되는 경향이 있다. 더군다나 무수한 댓글의 연쇄로 이루어진 사이버 공론장은 영웅과 반영웅 모두를 부정적 인물로 비난하는 아이러니 서사를 주로 하고 있어 관객이 정서적 동일시를 장기적으로 유지하기가 어렵다. "댓글이 환유적으로 연쇄를 이루는 과정에서 보여주지 않아야 할 부분까지 남김없이 너무나 까발려진다. 성스러운 속성과 속된 속성이 분명하게 이분화되지 못하고, 둘 다 즉물적 기표로 변하여 단순히 인접성의 원리를 통해 연결되기 때문이다."[33] 이런 아이러니한 상황에서는 위기가 구성된다 해도 장기적으로 유지되기 어렵다.

실제로 인터넷 커뮤니티를 통해 촛불집회를 열자는 제안이 있었다. 4월 15일 이명박 대통령의 공교육 포기 정책이 발표된 후, 19일에는 청소년 단체가, 26일에는 전교조가 주최하는 '공교육 살리기 촛불문화제'가 있었지만 참가자는 150여 명 남짓이었다. 이명박 대통령 탄핵을 주장하는 단체도 4월 19일과 26일 주말 탄핵집회를 공지했다. 집회 참가자는 200~300명에 불과했다. '온라인 민란'이라 부를 정도로 인터넷에서는 뜨거웠지만, 공중으로까지 보편화되지 않은 것이다.

하지만 4월 29일 MBC 〈PD수첩〉이 '긴급 취재! 미국산 쇠고기, 과연 광우병에서 안전한가?'를 방영함으로써 위기가 급속도로 공중 일반으로 번져나가기 시작했다. 〈PD수첩〉은 이명박 대통령 방미 일정에 맞춰 한미 FTA 타결을 위해 미국산 쇠고기 수입 협정 체결이 졸속으로 이루어졌다고 주장했다. 한편 미국에서는 얼마 전 버지니아에 살던 22세의 한 여성이 인간 광우병으로 갑작스레 사망한 것으로 의심되면서 사상 최대 쇠고기 리콜 사태가 일어났다. 〈PD수첩〉은 미국 동물보호단체 휴메인 소사이어티Humane Society가 촬영한 다우너 소 도축 장면을 그대로 보여주었다. 제대로 걷지도 못하는 다우너 소를 강제로 끌고 가서 도축하는 잔혹한 장면은 그 자체만으로도 충격을 주기에 충분했다. 더군다나 이 소가 광우병에 걸렸을 가능성이 있다는 것이었다.

가장 충격적인 것은 광우병에 걸린 소를 먹으면 사람도 광우병에 감염될 수 있다는 보도였다. 〈PD수첩〉은 광우병에 걸려 죽은 것으로 의심되는 아레사 빈슨의 사례를 보여주면서, 광우병 오염물질 0.001그램만으로도 인간 광우병을 일으킬 수 있다고 했다. 소독하거나 끓여도 이 오염 물질은 결코 없어지지 않는다. 광우병 쇠고기를 먹었을 경우 미국인을 비롯한 서양인은 오직 인구의 35퍼센트에서만 인간 광우병이 발병한다. 하지만 한국인의 유전자 구조는 광우병에 취약해 인구의 95퍼센트에서 발병할 수 있다. 미국 농수산부에서는 미국 쇠고기가 99.9퍼센트 안전하다고 하지만, 0.1퍼센트의 의미는 무엇인지 밝히지 않는다. 한국인라면 누구라도 이 0.1퍼센트의 희생자가 될 수 있는 상황이다.

이렇듯 영상을 통해 '다우너 소'가 도축되는 모습을 생생하게 '극화시켜' 보여줌으로써 드디어 2008년 촛불집회는 한정된 관객을 넘어 보편적인 관객을 확보할 수 있는 미장센의 변화를 맞이하게 되었다. 실제로 4월 29일 MBC 〈PD수첩〉 방송 직후 이명박 탄핵 청원 서명자가 12만 명을 돌파했다. 지상파 방송이라는 상징적 생산수단이 지닌 관객 도달력

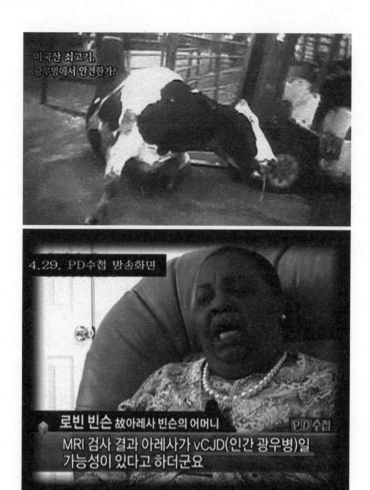

미국산 쇠고기,
광우병에서 안전한가?

4.29. PD수첩 방송화면

로빈 빈슨 故아레사 빈슨의 어머니

MRI 검사 결과 아레사가 vCJD(인간 광우병)일
가능성이 있다고 하더군요

PD수첩

〈PD수첩〉에서 방영된 다우너 소(위)와 인간 광우병에 걸린 아레사 빈슨의 어머니.

의 힘이 엄청난 힘을 발휘한 것이다. 그러자 분산되어 있던
공중의 주의가 광우병 쇠고기라는 가시적인 물체를 아이콘
으로 하는 속된 대상에 집중되었다. 이 아이콘은 곧 유사성

의 원리를 통해 광우병으로 죽은 것으로 의심되는 아레사 빈슨으로 확장되었다. 더 나아가 이러한 위험을 무시하고 졸속 협정을 맺은 이명박 대통령으로까지 응축되었다. 이명박 대통령은 국민의 안전보다 자신의 정치적 이해관계를 우선하는 속된 존재인 악으로 구성되었다. 이러한 악은 다우너 소라는 속된 아이콘으로 가시화되었다.

다우너 소를 '인간의 생명을 앗아가는 속성'을 통해 대통령과 하나로 연결짓는 것은 새로운 의미를 창출한다. 이는 수사학적으로 은유라 부른다. "은유는 단순히 하나의 명사를 다른 명사로 이름 짓는 명명 작업에 그치는 것이 아니다. 오히려 은유는 언뜻 볼 때는 서로 떨어져 있는 것을 '유사성'을 통해 가까이 연결함으로써 새로운 의미의 적합성을 만들어내는 것이다. 이때 유사성은 그저 주어지는 것이 아니라 적극적으로 창출되는 것이다. 논리적 공간에서 이러한 거리 변화가 생산적 상상력의 작업을 통해 이루어진다. 은유는 언어의 지시적 기능이 포착하지 못하는 실재의 양상·특성·가치를 언어에 담는다. 실증주의 언어로 포착할 수 없는 실재의 양상이 은유를 통해 '현상하는' 것이다."[34]

광우병에 걸린 다우너 소를 국민 연대를 상징하는 대통령과 하나로 응축시키는 은유는 의미의 긴장을 낳을 수밖에 없다. 전혀 다른 것을 인간의 생명을 앗아가는 속성으로 엮었기 때문이다. 이제 다우너 소가 실제로 광우병에 걸렸느냐,

이명박 대통령이 실제로 광우병의 위험을 알면서도 쇠고기 협정에 사인을 했느냐와 같은 '사실' 확인은 그다지 중요하지 않게 되었다. 사실을 확인하는 실정적인 세계가 은유를 통해 가능성을 따지는 미학의 세계로 넘어갔기 때문이다. "은유의 힘을 잘 표현하고 있는 '~처럼 보다seeing-as'는 가장 심층적인 존재론적 수준에서 '~처럼 존재하는 것being-as'을 드러내줄 수 있다."[35] 이제 남은 것은 새로운 은유가 낳은 의미의 긴장을 해소하기 위한 다양한 의미화 실천이 행해지는 것뿐이다. 속된 아이콘을 파괴하고, 이를 통해 산출되는 국민적 연대라는 성스러움을 나누어 가지는 일뿐이다.

한국인 공동체 전체의 불멸성을 위협하는 가치 차원의 대본이 이렇게 만들어지자 이를 무대에 올릴 연출가가 필요했다. 이 역할은 '2MB탄핵투쟁연대'가 맡았다. 2MB탄핵투쟁연대는 이명박 대통령 당선 직후부터 이미 탄핵을 위해 활동하던 시민단체이다. 2MB탄핵투쟁연대는 5월 2일 청계광장에서 촛불집회를 하자고 제안했는데, 이는 전혀 새로운 제안이 아니었다. 2007년 12월 22일부터 2008년 4월 26일까지 이명박 탄핵집회를 꾸준히 열었기 때문이다. 매번 집회 참가자는 100명에서 200명 선이어서, 5월 2일 집회도 별반 다를 것이 없다고 여겨질 법했다. 인터넷 매체를 통해 5월 2일 촛불집회에 참가하자는 제언이 폭주했음에도 사회적 권력은 촛불집회 공연을 막지 않고 그냥 두었다.

"미친 소는 청와대로!"

5월 2일 처음으로 청계천 소라광장에서 촛불집회가 열렸다. 청계천은 이명박 대통령이 서울시장 재직 시 가장 뛰어난 업적이라고 자랑하던 곳으로, 그를 조롱하는 공연을 하기에 알맞은 무대였다. 주최는 2MB탄핵투쟁연대가 했지만 학생들, 특히 교복을 입은 소녀들의 자발적 참여가 두드러졌다. 애초에는 수백 명 정도 모일 것으로 예상했으나, 1만 5,000여 명이나 모이는 이변을 연출했다. 한 여고생은 "미국인도 안 먹는 걸 우리보고 먹으라는 거냐. 미래 세대인 청소년의 건강을 책임지지 않는 정부를 이해할 수 없다"[36]고 말했다. 열여섯 살 여고생도 말한다. "학생들이요, 급식을 먹으면 너무 위험하고 그래서요. 학생들이 피해가 제일 심할 것 같고, 그다음에 저희 나라 전체적으로 너무 피해가 너무 클 것 같아

서요."[37]

　많은 연구자들은 왜 소녀들이 촛불집회에 앞장섰을까 질
문을 던지고는, 이를 새로운 운동 세력 주체로 호명하곤 했
다. "아이와 여성 사이의 공간[In-between], 문지방의 공간에 위
치해 있는 소녀의 여성 됨/소녀성은 급격한 변화의 와중에
서 불안과 두려움, 희망과 전망의 투사가 이루어지는 장소"[38]
다. 그런 점에서 소녀는 언제나 체제 유지적 권력을 탈안정
화시키는 세력이 될 수 있다. 하지만 근대에는 가부장제적
가족/국가의 훈육체계 아래 포섭되어 있어서 탈안정화시키
는 세력이 될 수 없었다. 그 핵심은 소녀의 몸에 대한 통제이
다. 하지만 신자유주의적 후기 근대의 영향으로 이러한 훈육
체계가 흔들리기 시작하자 소녀들이 새로운 변혁 세력으로
나설 공간이 마련되기 시작했다. 촛불집회는 소녀들의 "집단
적 '몸'을 통해 생체권력이 관리하고 검열하는 생명이 일종의
'정치적인 것의 몸'으로 가시화"[39]되어 직접 참여 정치에 나
서게 된 사건이다.

　이러한 주장은 소녀들이 촛불집회에 참여하게 된 구조적
조건을 잘 말해주지만, 왜 하필 이때 소녀들이 전면에 나서
게 되었는지 그리고 이후에는 왜 비교적 소녀들의 참여가 저
조하게 되었는지에 대해서는 설명하지 않는다. 소녀들이 전
면에 나서게 된 것은 무엇보다도 소녀들의 개인적인 먹거리
문제를 공동체의 불멸성이라는 보편적인 가치 문제로 일반

화시키는 대본을 인터넷 상호작용을 통해 스스로 구성해왔기 때문이다. 소녀들은 이 대본에 따라 집단적인 배우로 직접 나선 것이다. 성장중심주의가 일시적으로 붕괴되는 역치 단계 동안 소녀들은 기존의 가치를 조롱하는 엄청나게 많은 의미화 실천을 행한다.

더욱 중요한 것은 이 대본이 '우발적인 희극 장르'로 구성되어 있다는 것이다. 희극은 주인공과 이에 대항하는 반주인공이 모두 평균 이하의 인물로 그려져 관객들로 하여금 실소를 자아내게 한다. "이명박을 탄핵하라!" "이명박은 매국노" "조중동은 각성하라"와 같은 주최 측이 준비한 '정치적' 구호 이외에도 다양한 자발적인 목소리가 터져나왔다.

"경제 말고 국민을 살려주세요!"

"광우병 쇠고기 너나 먹어, 이명박."

"아이들이 무슨 죄냐."

"엄마, 아빠 나를 죽이지 마요. 아이들에게 물려줄 것은 미래다. 광우병 소고기가 아니다."[40]

하지만 이날 집회에서 지배적인 구호는 "미친 소는 청와대로!"였다.[41] 대통령 중심제에서 가장 합리적인 권력의 중심이어야 할 청와대를 미친 소와 동일시함으로써 실소를 자아냈다. 따라서 집회는 웃음으로 가득 찬, 소위 문화제의 성격을 띠고 있었다.

첫 촛불집회는 관객의 확장을 불러왔다는 점에서 매우 성공적인 공연이었다. 여러 인터넷 TV가 생중계를 하고 나섰다. 그중에서 '아프리카 TV'의 활약은 단연 돋보였다. 새로운 상징적 생산수단인 아프리카 TV가 내보내는 생중계를 지켜보는 네티즌들은 마치 인터넷 리니지 게임을 하듯 화면을 보면서 계속 댓글을 다는 '놀이'를 했다.[42] 아프리카 TV는 인터넷 개인 방송 서비스로, 특별한 기술·장비·비용 없이도 누구나 쉽게 PC나 모바일 기기(스마트폰, 태블릿 PC 등)로 언제 어디서나 실시간 생방송을 할 수 있다. 웹캠 방송은 물론 PC 모니터상의 화면을 방송할 수 있는 데스크탑 방송이 가능해 누구라도 다양한 소재로 방송할 수 있는 시스템이다. 채팅 화면이 있어 방송인과 시청자 사이에 실시간 소통도 가능하다. 생중계를 보면서 댓글을 연쇄적으로 다는 이 과정은 대본을 우발적으로 재구성하는 데 핵심 역할을 수행한다.

댓글의 연쇄는 의미의 잉여를 낳는다. 내가 단 댓글은 누군가 단 댓글에 의해 바로 상대화되고, 그 댓글마저도 다음에 오는 댓글에 의해 상대화된다. "네티즌이 올려놓은 첫 번째 글은, 그 이후 달린 댓글 1에 의해 바로 상대화된다. 하지만 둘을 결합하면 어느 정도 안정된 의미를 사후적으로 구성할 수 있다. 하지만 곧 댓글 2가 따라붙어 이 의미를 흔들어놓는다. 하지만 이 역시 셋 모두를 구성해서 새로운 의미를 다시 만들 수 있다. 하지만 또 댓글 3이 붙어 그 의미를 흔든다. 하지만 이 역시 사후적으로 전체적인 의미를 구성할 수 있다. 문제는 이러한 내용과 아무런 상관없는 새로운 토론 글이 계속해서 이어 붙는다는 것이다. 그렇게 되면, 위의 댓글 전체가 하나의 기표로 전락한다. 이 과정은 공중의 주의가 더 이상 집중되지 않을 때까지 계속된다."[43]

그런 점에서 모든 댓글의 연쇄는 일시적으로 의미를 갖지만 이후에 오게 될 댓글에 의해 의미가 계속 지연된다. 데리다의 차연 논리가 여기에서 실현되는 것이다.[44] 이런 점에서 아프리카는 의미의 잉여를 무조건적으로 파괴하는 무조건적 소모의 공간이다. 의미의 잉여를 파괴하는 과정은 엄청난 집합흥분을 야기하고, 이에 참여한 네티즌들에게 급속도로 번져나간다. "댓글에서 이루어지는 담론은 발신자가 전혀 통제할 수 없는 방향으로 진행된다고 할 수 있다. 텔레커뮤니케이션에서는 발신자-메시지-수신자의 직선적 관계가 완전히 '내파'되어 있어, 발신자가 전혀 자신의 메시지의 독해 방식을 통제할 수 없다."[45] 기존의 사회적 권력이 텍스트의 생산과 해석에 아예 통제의 힘을 발휘하지 못하는 이유다.

첫 공연의 성공에 힘입어 5월 6일 전문적인 연출가가 출현했다. 네티즌, 정당, 시민사회 등 1,513개 단체로 구성된 '광우병 위험 미국산 쇠고기 전면 수입을 반대하는 국민대책회의'(이후 광우병국민대책회의)가 바로 그것이다. 광우병국민대책회의는 이날 미 쇠고기 협상 전면 무효화와 재협상, 협상 책임자 처벌, 이명박 대통령 대국민 사과, 광우병 예방 특별법 제정 등 4대 요구안을 채택했다. 광우병 위험 물질까지 수입을 허용해서 광우병·인간 광우병이 발생해도 수입 중단을 하지 못하게 되었다고 비판했다.

광우병국민대책회의는 규범 차원의 이항 대립('우리 집단 경계를 유지하는' 대 '우리 집단 경계를 해체시키는')을 활용하여 이명박 대통령을 비판했다. "국제수역사무국이 미국의 '광우병 통제 국가 등급'을 취소·변경하지 않는 한 수입을 중단하지 않는다"[46]고 합의함으로써 수입 중단 권리를 포기했다. 또한 "검역 과정에서 광우병 위험 물질이 적발되어도 첫 번째 사례에서는 수입 중단을 하지 않고 검역을 계속하기로 합의했으며, 연속으로 두 번 광우병 위험 물질이 적발돼도 해당 작업장만 검역을 중단하고 수입을 재개한다"[47]는 약속까지 했다. 공연을 하려면 배우, 상대방 배우, 관객 등 경계가 유지되어야 한다. 그런데 배우가 상대방 배우의 대본을 따라 한다든지, 관객에게 미리 대본을 보여주면 공연은 불가능하거나 맥이 빠지기 마련이다. 그런데 이명박 대통령은 이러한 우리 집단 경계를 유지해야 한다는 규범 대본을 어겼다.

이후부터는 촛불집회의 연쇄가 이루어진다. 5월 6일 국회 앞에 1만여 명, 청계광장에 3,000여 명이 모여 촛불집회를 행했다. 5월 9일에는 청계광장에 3만여 명, 10일에는 2만여 명이 모여 집회를 했다. 이러한 집회는 5월 28일까지 거의 매일 청계광장에서 진행되었다. 장기적인 계획을 통해 체계적으로 진행되었다기보다는 하루하루 우발적으로 공연이 지속된 것이다.

그러자 정부도 대항 공연을 감행하기 시작한다. 13일에 는 이명박 대통령이 국무회의에서 국민과의 소통 부족을 고 백하기에 이르렀고, 14일에는 농림수산식품부 장관이 쇠고기 수입 위생 조건 고시를 일주일 정도 연기했다. 14일에는 경찰 이 '인터넷 괴담'을 퍼트린 네티즌의 신원 확인을 포털에 요 청했고, 15일에는 경찰이 촛불집회에 참가한 고등학생의 학 교를 찾아가 수업 중에 불러내 조사를 감행했다. 사회적 권 력이 작동하기 시작한 것이다.

가장 대표적인 대항 공연은 22일 대통령 담화를 통해 이 루어졌다. 이명박 대통령은 사과를 명목으로 담화를 발표하 기는 했지만, 실질적인 내용은 그동안 불분명해진 자신의 선 진화 대본의 의미를 더 명확히 언명하는 것이었다. 그는 쇠 고기 협정을 체결한 이유가 선진 일류 국가로 가기 위한 징 검다리로 여겼기 때문이라고 말하면서, FTA가 체결되면 새 로운 성장 동력이 생겨 국민이 염원하는 좋은 일자리를 창출 할 수 있을 것이라고 주장했다. 생산중심주의 배경표상으로 부터 성장 대본을 다시 한 번 구성한 것이었다.

"제가 대통령으로 취임한 지 석 달이 가까워옵니다. 그동 안 저는 '경제만은 반드시 살려라'는 국민의 뜻을 받들어 열 심히 일해왔습니다. 하루속히 서민들이 잘사는 나라, 자랑스러운 선진 일류 국가를 만들고 싶다는 일념으로 달려왔습니다. …… 대한민국은 경제의 70퍼센트 이상을 대외에 의존하고 통상교역으로 먹고사는 나라입니다. 한미 FTA는 우리 경제의 새로운 활로가 될 것입니다. 수출과 외국인 투자가 늘고 국민소득이 올라갑니다. 무엇보다 30만 개가 넘는 일자리가 새로 생겨납니다. 우리 젊은이들이 그토록 애타게 찾는 일자리 창출의 기회를 놓쳐서는 안 될 것입니다."

동시에 이명박 대통령은 '규범' 차원에서 자신이 겸손하지 못해 국민과의 소통을 무시하고 다소 조급하게 일을 처리했다고 사과했다.

"정부가 국민들께 충분한 이해를 구하고 의견을 수렴하는 노력이 부족했습니다. 국민의 마음을 헤아리는 데 소홀했다는 지적도 겸허히 받아들입니다. 국민 여러분께 송구스럽게 생각합니다. …… 앞으로 정부는 더 낮은 자세로 더 가까이 국민께 다가가겠습니다."

이명박 대통령은 또한 '목표' 차원에서 자신은 '이성적'이고 촛불집회 참가자는 '광기'에 빠져 있다고 규정했다. 우선 자신은 국민의 건강을 무엇보다도 우선시한다며, 이는 매우 합리적인 행위라고 정당화한다.

"정부의 방침은 확고합니다. 국민 건강은 그 어떤 것과도 바꿀 수 없습니다. 정부는 미국과 추가로 협의를 거쳐 수입 쇠고기의 안전성이 국제 기준과 부합하는 것은 물론, 미국인 식탁에 오르는 쇠고기와 똑같다는 점을 문서로 보장받았습니다. 국민 건강을 위협하는 상황이 발생하면 바로 수입을 중단하는 주권적 조치도 명문화하였습니다. 차제에 식품 안전을 선진국 수준으로 끌어올리도록 모든 조치를 강구하겠습니다."

이에 반해 이명박 대통령은 촛불집회를 광우병 괴담으로 취급했다. '어린 학생' 대 '부모님'이라는 이분법을 통해 촛불집회가 어린 학생들이 괴담에 휩쓸려 비합리적 행동을 일삼아 합리적인 어른인 부모님을 걱정시키고 있다고 주장했다.

"쇠고기 수입으로 어려움을 겪을 축산 농가 지원 대책 마련에 열중하던 정부로서는 소위 '광우병 괴담'이 확산되는 데 대해 솔직히 당혹스러웠습니다. 무엇보다도 제가 심혈을 기울여 복원한 바로 그 청계광장에 어린 학생들까지 나와 촛불집회에 참여하는 것을 보고는 참으로 가슴이 아팠습니다. 부모님들께서도 걱정이 많으셨을 것입니다."

"쥐를 잡자, 찍찍찍!"

이러한 대항 공연은 성공적이지 못했다. 본질적인 이유는 촛불집회 참가자들이 보편적 위기를 산출했다는 배경표상을 가지고 이명박 대통령을 비판했음에도, 이를 생산중심주의 배경표상으로 답변하려고 시도했기 때문이다. 또한 사과한 것은 규범 차원의 태도 문제일 뿐이었다. 앞으로 겸손하게 소통하겠다는 게 대항 공연의 새로운 점이었다. 하지만 이명박 대통령이 끝내 생산중심주의를 포기하지 않았음에도 촛불집회가 결국 사그라졌다는 점을 고려한다면, 이는 결정적인 이유가 되지 않았을 수도 있다. 오히려 이 당시 이명박 대통령의 대항 공연이 실패한 이유는 공연의 미장센을 바꾸는 우발적인 사건이 발생했기 때문이다.

5월 24일부터 진행된 경찰의 강경 진압과 이에 희생당하는 집회 참가자들은 비법적인 공권력 행사와 평화 집회 간의 극명한 도덕적 대립을 낳았다. 이는 24일부터 24시간 집회를 생중계한 아프리카를 위시한 인터넷 방송 덕분이었다. 특히 5월 28일 새벽 0시 30분경 여대생이 전경의 군홧발에 차이는 동영상이 생중계되고 또 인터넷에 떠돌면서, 이 동영상은 이명박 정권의 '부정적 호혜성negative reciprocity'을 상징하는 물질적 아이콘으로 떠올랐다.

부정적 호혜성에서는 교환관계를 맺고 있는 당사자들이 관계 전체보다는 자기 이해관계를 최우선으로 고려한다. 어떻게 하든지 교환된 자원이 자신에게 더 유리하도록 한다. 서로 신뢰하지 않기 때문에 보상이 즉각적으로 이루어져야 한다. 되도록 상대방에게 아무것도 주지 않고 무언가를 거기에서 얻어내는 것이 제일 좋다. 반면 상대방으로부터 피해를 입었을 때에는 받은 것만큼 또는 그 이상으로 바로 복수를 해야 한다. 서로 순전히 공리적인 이득만을 얻으려 한다. 도박, 속임수, 강탈 등이 그 대표적인 예다.[48]

여대생이 경찰에 짓밟히는 동영상은 공권력과 집회 참가자가 서로 부정적 호혜성으로 묶여 있다는 점을 가시적으로 생생하게 보여주었다. 중무장한 경찰에게 무참하게 구타당하는 나약한 여대생? 그렇다면 받은 피해를 바로 되갚아주어야 한다. 인터넷 생중계와 동영상을 통해 이러한 아이콘을 접하면서 단순히 관객에 머물렀던 사람들이 부정적 호혜성을 실천하기 위해 직접 공연의 배우로 참여하게 되었다. 군홧발에 차이는 여대생을 평범한 일반 국민의 하나로 보아 그 인물과 심리적 동일시를 하게 되었다. 동시에 공권력과 국민의 관계는 일반화된 호혜성이어야지 부정적 호혜성이 되어서는 안 된다는 문화적 기대가 전면으로 출현했다.

이때부터 미장센이 청계광장에서 서울광장과 거리행진으로 급속히 이동했다. 이 당시 촛불집회의 가장 큰 특징은 관객이 배우와 너무나 정서적으로 동일시한 나머지 자신이 직접 배우로 나섰다는 점이다. 5월 28일에는 예비역 부대가, 29일에는 유모차부대가 집회에 참가했다. 가장 비정치적이라고 비판받아온 20대와 주부가 '스펙'과 '가사'의 한계를 넘어 공적 영역으로 진출한 것이다. 그러자 물대포와 소화기를 분사하고 경찰특공대를 투입하는 등 사회적 권력의 공연 방해가 노골적으로 이루어지기 시작했다. 하지만 공권력의 폭력을 생중계하는 새로운 상징적 생산수단 때문에 사회적 권력이 공연을 제대로 통제할 수는 없었다.

이러한 자발적 참여와 동시에 연출자의 힘도 효력을 더해갔다. 6월 5일 한나라당은 재보선에서 참패했고, 광우병국민대책회의는 이날부터 72시간 릴레이 집회를 시작했다. 하지만 서울광장은 이미 안보광들이 공중의 주의를 차지하기 위해 접근하는 '병적 흥분 구역'으로 변화되어 있었다. 병적 흥분 구역은 감정이 집합적으로 집약되고 동시에 공격이 예상되는 시기를 지칭한다. 이때 집합적 연대가 높아지는 것만큼이나, 이 연대에 조금이라도 방해가 된다고 여겨지는 사람들에게 만행이 행해질 수 있다. 평상시에는 거의 힘을 못 쓰는 안보광들이 힘을 얻는 이유다.[49] '대한민국 특수임무 수행자회'가 바로 이러한 안보광으로 출현하여 서울광장을 미리 이틀간 선점했다.

경찰은 서울광장 주변을 경찰 차벽으로 차단해놓았다. 촛불집회가 성공할 수 있었던 요소 중 하나는 서울광장이라는 상징적 생산수단을 용이하게 확보할 수 있었기 때문이다. 만약 서울광장이 없었다면 촛불집회도 장기간 공연될 수 없었을 것이다. 이 점을 뒤늦게나마 깨달은 이명박 정권은 이후부터는 상징적 생산수단에 접근하는 것조차 막아버린 것이다. 이렇게 되자 공연 자체가 불가능해지게 되었다. 연출자는 공연 장소를 덕수궁 앞 차도로 급히 변경했다.

연출자는 72시간 릴레이 촛불문화제를 '국민 MT'라는 메타포를 사용해 프레이밍했다. 이러한 유희 메타포는 배경표상으로부터 구성된 대본이 아니었다. 그런 점에서 언뜻 보면 창조적인 새로운 대본이 출현했다고 할 수 있다. 하지만 대본의 내용은 크게 변한 것이 없었다. 표현의 자유라는 배경표상에서 구성된 대본("대한민국은 민주공화국이다. 대한민국의 주권은 국민에게 있고, 모든 권력은 국민으로부터 나온다")이었기 때문이다. 새로운 것이 있다면 대본의 장르 또는 스타일이었다.

"못난 쥐박이를 대신하여 저희 들쥐들이 사과드립니다."

"쥐를 잡자, 찍찍찍."

"시민의 안전을 책임지는 닭장차 투어."

국민 MT 때 사용된 표어들은 집회 초기부터 줄곧 사용되던 유희 스타일 또는 '희극 장르'였다. 희극의 주인공은 평범하거나 그 이하의 사람이다. 주인공이 행하는 행동은 악한 것이 아니라 어리석거나 우스꽝스러운 것이다. 이에 맞서는 인물도 별반 다를 것이 없다. 주인공에 맞서 어리석거나 우스꽝스러운 행위를 한다. 그렇기 때문에 희극에서 주인공과 이에 맞서는 대항 인물 간의 싸움은 결코 진지하거나 엄중하지 않다. 못난 우스꽝스런 인물끼리 싸워봐야 관객에게는 웃음만 안길 뿐이다. 희극이 대부분 일시적으로 흐트러진 질서를 다시 회복하는 해피엔드로 끝나는 이유이다. 이 과정에서 어리석고 우스꽝스러운 자도 다 안고 간다. 그런 점에서 희극은 보수적이며, 사회 통합적이다.

국민 MT에 나온 시민들은 민주주의 사회의 가장 성스러운 행위자인 대통령을 '쥐'로 희화화한다. 일부러 희극적인 인물로 끌어내려 놀리는 것이다. 하지만 이것은 결코 진지하거나 엄중한 것이 결코 아니다. 놀리고 있는 자신도 역시 희극적 인물로 끌어내리기 때문이다. 우스꽝스러운 옷차림새를 일부러 착용해서 대통령을 놀리는 행위를 통해 실소를 자아내는 희극적 행위로 자신을 떨어트리는 것이다. 그러다보니 공연자와 관객 모두 즐겁게 노는 한마당이 된다. 평소에는 서로 접촉이 없을 사람들조차 계급, 젠더, 나이, 지역, 교육, 직업, 지위, 종교, 몸, 섹슈얼리티와 상관없이 함께 어울려 논다. 대통령을 탄핵하자는 정치 구호가 나와도 아무도 심각하게 대응하지 않는다. 그 구호 자체도 희극이 되어버리기 때문이다.

'국민 MT'라는 메타포는 광우병국민대책회의에 소속된 여러 단체들의 성원들뿐만 아니라, 가족 단위의 수많은 참가자들을 불러 모았다. 장르의 특성상 공간 자체도 전혀 위험하지 않은 희극 무대로 여겨졌기 때문이다. 이들은 MT라는 이름에 걸맞게 많은 문화행사를 하며 직접 배우로 활동했다. 72시간 릴레이 촛불집회는 대면적인 집합의례가 얼마나 집합흥분과 집합의식을 증폭시킬 수 있는지 잘 보여준다. 6월 5일 5만 명, 6일 20만 명, 7일 15만 명의 참가자들이 모여 집합흥분과 집합의식을 나누어 가졌다.

공동의 활동에 더욱 집중적으로 주의를 기울이게 될수록 그래서 서로가 무엇을 하고/느끼고 있는지 더욱 잘 알수록, 사람들은 공유된 감정을 더 강도 높게 경험하게 된다. 이는 다시 그들의 인식에 커다란 영향을 미친다. 상호 주의 집중과 공동의 정서적 경험이 서로를 강화하는 리듬 동조화 현상rhythmic entrainment이 일어나는 것이다. 그렇게 되면 우선 서로가 같은 공동체에 소속되어 있다는 느낌이 생긴다. 다음으

로는 자신보다 큰 집단에 소속되어 있다는 느낌 때문에 개인
적으로 자신감을 가지게 되고 정서적 에너지가 충만하게 된
다. 세 번째로 그러한 집단적 연대감을 표상하는 상징이 생
긴다. 정서는 쉽게 사라질 수 있기 때문에, 이를 표상할 상징
이 필요한 것이다. 이 상징은 성원 모두가 존경하는 성스러
운 대상으로서, 성원들은 이를 보호하려고 시도한다. 네 번째
로 집단과 그것의 상징에 헌신하는 것이 옳은 것이라는 가치
평가적인 도덕감이 생긴다.[50]

72시간 릴레이 촛불문화제는 바로 이러한 대면적 집합
의례 역할을 성공적으로 수행했다. 이 의례에 직접 참석하지
못한 사람들은 아프리카의 생중계를 보고 댓글을 달면서 집
합흥분과 집합의식을 경험하고 공유했다. 그 결과 6월 10일
사회적 공연은 대성공이었다. 5월 25일부터 6월 10일까지 생
중계된 촛불집회 방송 누적 시청자 수가 700만 명을 넘어섰
는데, 6월 10일 하루 동안에만 아프리카에서는 1,357개의 촛
불집회 생중계 방송이 있었고 약 70만 명이 시청했다. 최고
5만 명이 동시에 접속했다. 이 과정에서 상호 주의 집중과 공
동의 정서적 경험이 발생하고, 갈수록 서로를 강화하기 시작
했다. 집단적 연대감을 표상하는 대본이 만들어지기 시작했
다. '민주주의 대본'이 바로 그것이다.

이때 1987년 6·10항쟁을 '일차적 구조틀'로 불러와 대본
의 의미를 규정했다. 일차적 구조틀은 스스로에 의해 정의되

사회적 권력, 명박산성. 이명박 정부는 '명박산성'을 쌓아 사회적 공연의 개최 자체를 물리적으로 막을 수밖에 없었다.

는 실체로서 다른 모든 사건들을 해석하는 근원적 배경구조다. "실로 일차적 구조틀은 그것이 없었더라면 의미 없는 양상의 장면이 되었을 것을 유의미한 어떤 것으로 만드는 구조틀이다."[51] 6·10항쟁은 민주 대 반민주의 싸움이라는 걸로 틀지워져 광범하게 공유되어 있는 상태이다. 이러한 틀을 일차적인 것으로 해서 쇠고기 촛불집회를 의미 있게 만들고자 한 것이다. 희극이 갑자기 진지하고 엄중한 현실로 돌변하는 순간이었다. 이러한 6·10항쟁 구조틀에 놀란 이명박 정부는 '명박산성'을 쌓아 사회적 공연의 개최 자체를 물리적으로 막을 수밖에 없었다.

　6·10항쟁 구조틀은 대통령이 국민에게 항복해야 한다는 의미를 지니고 있었지만, 대통령에 취임한 지 얼마 되지 않

은 이명박으로서는 정권 말기에나 할 수 있는 그러한 일을 할 수는 없었다. 그럼에도 1987년 시청 앞과 광화문 앞 도로를 가득 채웠던 미장센이 고스란히 재연되었다. 하지만 이 미장센은 1987년 항쟁 동안 실제로 만들어졌던 것이 아니다. 6·29선언이 있은 후, 이한열 장례식 때 있었던 미장센이다. 다시 말해 이미 6월항쟁이 끝나고 난 후 이러한 미장센이 펼쳐졌던 것이다. 여기에서 나온 미학적 요구는 독재를 타도하자는 것이 아니라, 이제 미흡하나마 승리했으니 투쟁을 마감하고 일상으로 되돌아가기 직전에 이한열의 비극적 죽음을 애도하자는 것이었다.

국민 MT, 6월항쟁으로 프레임되다

6월 10일을 최정점으로 한 후, 촛불집회의 참가자 수는 급감하기 시작했다. 민주주의 대본은 여전히 주된 대본으로 남아 있었지만, 이 대본을 실천하기 위해 나온 배우들의 진정성이 의심받기 시작했다. 특히 6월 10일 국민행동본부, 뉴라이트 연합, 재향군인회, 참전유공자회 등 보수단체 회원들이 서울광장에 나와 '법질서 수호 및 한·미 자유협정 비준 촉구 국민대회'를 열었다. 13일에는 대한민국고엽자전우회 회원들이 LPG 가스통과 각목으로 무장해 KBS와 MBC에 진입하려고 시도했다. 이제 촛불집회의 민주 대 반민주 싸움이 일종의 진보 대 보수의 진영 싸움으로 변하기 시작했다. 또한 연세대, 전남대, 조선대 교수들을 비롯한 각계각층에서 시국선언을 발표하는 등 다양한 집단들이 대운하 반대, 공기업 민

영화 저지, 언론 공공성 회복 등 다양한 목소리를 내기 시작하자 마치 이익집단들이 자기 이해관계를 추구하기 위한 것으로 간주되기 시작한 것이다.

왜 이런 일이 벌어졌을까? 거기에는 여러 이유가 있을 테지만, 6월항쟁이라는 일차적 구조틀이 지닌 한계를 우선 지적할 수 있다. 6월항쟁은 1987년에 일어난 일회적인 역사적 사건인 것만은 아니다. 국민이 지니고 있는 일종의 집합기억이다. 집합기억은 개인들의 심리적인 기억의 총합이 아니라 상호 주관적 세계에 전승해서 존재하는 문화체계이다. 모든 인간은 문화체계 속에 태어나 살아가며, 각 개인은 사라질지라도 문화체계는 존속한다. 그 이유는 문화체계가 상징적 형식들에 표현되어 내려오는 개념들이기 때문이다. 이 개념들은 기존의 상호 주관적 세계를 일정 정도 '반영'하고 있다는 점에서 현실적 힘이 있다. 더 나아가 기존의 상호 주관적 세계를 특정의 방향과 방식으로 '정향'하는 형판이기도 하다. 이 형판은 정보가 부족한 상황이나 문제적 상황에서 결정적인 역할을 한다.[52]

결국 문화체계는 '실재에 대한 모델'이자 '실재를 위한 모델'이 될 때 현실세계에서 생명력을 지닌다. 실재에 대한 모델에서 문화체계는 존재하고 있는 비상징적 체계에 가깝도록 상징의 구조들을 조작한다. 예를 들어 실제로 존재하는 어떤 댐의 작동 방식을 이해하기 위해 그 작동 방식과 최대한 닮은 수리학 이론을 발전시키거나 유수도를 작성한다. 이와 반대로 실재를 위한 모델에서 문화체계는 상징적 체계를 통해 비상징적 체계를 조작한다. 예를 들어 어떤 특정한 설계도나 유수도를 바탕으로 특정한 댐을 건설한다.[53]

집합기억은 이러한 문화체계의 하나다. 기존 사회를 반영하고 표현하는 사회에 대한 모델이자, 사회를 안내하고 구성하는 사회를 위한 모델이기도 하다. 집합기억은 사회의 영광이나 고통을 반영하고 표현하는 상징이다. 하지만 모든 표현적 상징이 현재의 사회를 특정한 미래로 안내하고 구성할 수 있는 것은 아니다. 그런 점에서 사회에 대한 모델과 사회를 위한 모델은 분석적으로 구분된다. 집합기억이 미래를 구조화하는 힘을 지니려면 기존 현실을 반영하고 표현하는 실재에 대한 모델을 넘어 아직 존재하지 않는 미래의 현실을 안내하고 구성하는 실재를 위한 모델로 전환될 수 있어야 한다.

집합기억으로서 6월항쟁은 현재를 유의미하게 만드는 실재에 대한 모델은 될 수 있었을지 모르지만 미래를 이끌어갈 실재를 위한 모델이 되기에는 부족했다. 6월 10일 촛불행진이 시작되기 전 연세대학교 앞에서는 1987년 7월 5일 거행된 이한열 장례식 행렬을 재현하고 있었다. 아래 사진은 2008년 대학생들과 시민들이 이한열 대형 영정과 상여를 앞세운 채 연세대학교 정문을 나서는 상황을 보여준다. 위 사진은 1987년 7월 9일 실제로 연세대학교 앞을 떠나 서울광장으로 향하

1987년 7월 9일 서울 연세대 정문을 나서는 이한열 열사 장례 행렬(위)이 2008년 6월 10일 100만 촛불집회에 참석하는 후배들에 의해 21년 만에 재연됐다(아래).

는 상황이다.

이한열 장례식을 재현한 운구 행렬은 7시 30분경 시청 앞 서울광장에 도착했다. 2008년 쇠고기 촛불집회가 1987년 6월항쟁에 의해 틀 지워지는 것이 명확해지는 순간이었다. 같은 6월 10일이라는 '유사성'에 의해 2008년 쇠고기 촛불집회와 1987년 6월항쟁은 하나로 응축되었다. 1987년 6월항쟁은 2008년 쇠고기 촛불집회라는 실재에 대한 모델이 되었다. 공교롭게도 2008년 쇠고기 촛불집회가 날짜상으로 6월 10일에 근접하고 있다는 사실을 알아챈 연출자가 둘을 하나로 묶은 것이다.

언뜻 연출자의 기획은 대성공을 거두는 것처럼 보였다. 2008년 6월 10일 서울광장에서 1987년 6월항쟁 때 공중이 군집했던 모습이 그대로 재현되었다. 묘하게도 역사는 두 번 반복된다는 기시감을 불러일으켰다. "6월 10일이라는 날짜가 의미하는 상징 탓인지 '전대협', '87년 6월항쟁 참여자 일동' 등으로 표시된 깃발 아래에도 일군의 사람들이 모여들었다. 1987년 6월항쟁에 참여했던 사람들은 이날 6·10항쟁의 정신이 이어지고 있다는 감동과 역사의 수레바퀴가 거꾸로 돌아가는 듯한 상황에 대한 착잡함이 교차하는 복잡한 심정에서 벗어나기 힘들었을 것이다."[54]

하지만 거기까지였다. 아래 사진은 2008년 6월 10일이지만, 위 사진은 사실 1987년 7월 9일이다. 2008년 6월 10일은 아직 쇠고기 촛불집회가 어느 방향으로 나아갈지 정해지지 않은 유동적인 상태였다. 하지만 1987년 7월 9일은 전두환 정권의 6·29선언으로 6월항쟁이 어느 정도 성과를 거두고 마무리되는 시점이었다. 그런 점에서 6월항쟁은 쇠고기 촛불집회라는 실재를 위한 모델이 되기에는 적합하지 않았다. 우선 6월항쟁은 민주 진영에서 볼 때는 반쪽의 승리였다. 정부가 대통령 직선제를 받아들였으니 이제 이쯤에서 그만두고 정부의 이후 공연을 지켜보자는 대본, 즉 우리 집단 경계를 유지하자는 규범 차원의 코드가 6월항쟁 이후를 틀 지운다. 6월 10일 촛불집회 이후의 상황이 바로 이러했다.

또 다른 이유는 6·10항쟁과 이한열 장례식이 '비극적 로맨스'여서 촛불문화제의 '희극 장르'와 어긋났다는 점이 지적될 수 있다. 1987년 7월 9일은 연세대 학내 시위 도중 경찰이 쏜 최루탄을 직격으로 맞고 사망한 이한열의 장례식이었다. 몰려든 군중은 6월항쟁의 성과를 축하하기보다는 시위 도중 비극적인 삶을 마감한 이한열의 죽음을 애도하고 있었다. 가슴속에 기쁨보다 슬픔이 더욱 강한 것이다. 비록 '열사'라는 호칭으로 죽음을 승화시키고자 했지만, 그렇다고 비극적 정조가 사라지는 것은 아니었다.

비극적 로맨스는 영웅이 압도적인 힘을 지닌 반영웅과 대적해 갖은 비극적 시련 끝에 결국 승리하는 것을 목적으로 하는 변혁적 장르이다. 선한 영웅이 악한 반영웅에 맞서 온

2008년 6월 10일 서울광장에서 1987년 6월항쟁 때 공중이 군집했던 모습이 그대로 재현되었다(위). 아래는 1987년 7월 9일 서울광장 시위 모습. 묘하게도 역사는 두 번 반복된다는 기시감을 불러일으켰다. "6월 10일이라는 날짜가 의미하는 상징 탓인지 '전대협', '87년 6월항쟁 참여자 일동' 등으로 표시된 깃발 아래에도 일군의 사람들이 모여들었다."

갖 어려움을 뚫고 결국 최종적으로 승리한다. 여기에서 어려움은 승리의 기쁨을 배가시키는 수단이 된다. 이야기의 진행이 짜릿한 어드벤처의 형식을 띠는 이유다. 관객들은 영웅이 자신들이 결코 이룰 수 없는 소망을 대신 성취해주는 것으로 보기 때문에 그에게 강한 정서적 동일시를 느낀다. 비극적 로망스는 로망스의 한 종류인데, 주인공이 어려움을 어드벤처가 아니라 깊은 비애로 체험한다는 점이 특이하다. 이 비애가 너무나 크기 때문에 관객은 정서적 동일시를 하면서도, 결코 그와 하나가 되고 싶어 하지는 않는다. 그렇게 하기에는 감당해야 할 비극의 몫이 너무나 크기 때문이다.

희극은 평균 또는 평균 이하의 반영웅을 비웃으면서도 결국 포용하는 사회 통합적 장르이다.[55] 전두환은 타도할 대상이지만, 이명박은 비웃어줄 대상인 것이다. 그런 점에서 6월 항쟁을 쇠고기 촛불집회라는 실재를 위한 모델로 구성하려는 연출가의 시도는 서투른 것이라 할 수 있다. 연출자의 주도로 "이명박 타도"를 외쳤지만, 애초에 타도할 수도 없는 희극적 인물인 '쥐박이'를 비극적 로망스의 적으로 설정한 것 자체가 오류였다. 더군다나 7월 9일 장례식 이후 6월항쟁의 열기는 식었고, 이후에는 대통령 선거 국면으로 넘어가버렸다. 6월항쟁으로 직선제를 쟁취했지만, 그 결과는 노태우의 집권이었다.

이렇게 서로 장르가 이지러지면서 공중이 혼란을 겪는 틈

2장. 성장주의 | 왜 보수, 진보 할 것 없이 성장을 갈망하는가

을 타서 이명박 대통령의 강력한 대항 공연이 시작되었다. 6월 19일 이명박 대통령은 집회 참가자들의 대본을 맞받아 일일이 해명하는 대항 대본을 제출한다. 먼저 '규범' 차원에서 제기된 오만하고 독선적이라는 비판을 모두 인정한다. 앞으로는 국민과 소통하면서 대통령직을 수행하겠다고 다짐한다. 그 증표로 청와대와 내각을 쇄신하겠다고 약속한다. 대선 공약도 국민이 반대한다면 추진하지 않겠다고 약속한다.

국민과 소통하면서, 국민과 함께 가겠습니다. 국민의 뜻을 받들겠습니다. 반대 의견에 귀를 기울이겠습니다. 청와대 비서진은 처음 시작하는 마음으로 대폭 개편하겠습니다. 내각도 개편하겠습니다. 첫 인사에 대한 국민의 따가운 지적을 겸허히 받아들여서 국민의 눈높이에 모자람이 없도록 인선에 최선을 다하겠습니다. 대선 공약이었던 대운하 사업도 국민이 반대한다면 추진하지 않겠습니다. 어떤 정책도 민심과 함께해야 성공할 수 있다는 것을 다시 한 번 절실히 느꼈습니다.

굴욕 외교를 했다는 비판에 대해서도, 4대 강국에 둘러싸여 있는 동시에 북한의 핵 위협에 노출되어 있기에 국가 안보를 위해 미국과 동맹을 강화하는 것이라 해명한다.

우리나라는 4대 강국에 둘러싸인 세계 유일의 분단국입니다. 거기다 북한 핵의 위험을 머리 위에 이고 있습니다. 안보의 측면에서도 미국과의 관계 회복은 더 늦출 수 없었습니다.

국민들이 원하지 않는 한 30개월령 이상의 미국산 쇠고기가 우리 식탁에 오르는 일이 결코 없도록 할 것입니다. 미국 정부의 확고한 보장을 받아내겠습니다. 미국도 동맹국인 한국민의 뜻을 존중할 것으로 기대하고 있습니다.

하지만 성장은 결코 버릴 수 없는 절대 '가치'라고 재천명한다.

선진국으로 도약하기 위해서는 우리 경제의 경쟁력을 높이는 일이 시급했습니다. 한미 FTA 비준이야말로 성장 잠재력을 높이는 지름길의 하나라고 판단했습니다. 미국산 쇠고기 수입을 계속 거부하면 한미 FTA가 연내에 처리될 가능성은 거의 없다고 보았습니다. 미국과의 통상 마찰도 예상됐습니다. 싫든 좋든 쇠고기 협상은 피할 수 없다고 생각했습니다. 한미 FTA가 체결되면 34만 개의 좋은 일자리가 새로이 생기고, GDP(국내총생산)도 10년간 6퍼센트 이상 늘어날 것으로 예측됩니다. 대통령으로서 이런 절호의 기회를 놓치고 싶지 않았습니다. 아무 노력도 하지 않고 기회의 문이 닫히는 것을 그냥 바라보고만 있을 수는 없었습니다.

반드시 경제를 살리겠습니다. 국내외 기업이 마음 놓고 투자할 수 있는 환경을 조성해 좋은 일자리를 많이 만들어내겠습니다. 공기업 선진화, 규제 개혁, 교육 제도 개선 등 선진국으로 도약하기 위해서 꼭 해야 할 일들은 철저히 준비해 차질 없이 추진해나가겠습니다.

이명박 대통령이 성장 가치를 진정된 매너로 공연한 후, 관객의 주의가 가치에서 규범 쪽으로 급속히 하강했다. "고마 해라. 많이 묵었다 아이가"라는 규범적 차원의 배경표상이 막강한 문화적 확장을 이룬 것이다. 이제 이만큼 공연을 했으니, 관객 노릇을 한 이명박 대통령도 대항 공연을 할 기회를 줘야 하는 것 아닌가 하는 규범이 강력하게 작동한 것이다. 여기에는 우리 집단 경계를 파괴하지 않을 것이라는 마지막 규범적 기대가 깔려 있다. 실제로 조중동 등 보수 진영은 이 정도 했으니, 이제 지켜보자는 배경표상을 활발히 사용했다.

촛불집회가 어제로 52일째가 됐다. 촛불집회는 인터넷을 매개로 한 직접민주주의의 새로운 모델이라는 말을 들었고, 많은 일을 이루어냈다. 아직까지 만족할 수 없는 사람들도 많을 것이다. 그러나 지금까지 이룬 것은 결코 적다고 할 수 없다. …… 이제는 국가의 정상화正常化도 생각해야 할 시점이다. 한 신문의 여론조사에서 "촛불시위를 이제 중단해야 한다"는 응답이 58퍼센트, "계속해야 한다"가 38퍼센트로 나타난 것은 이런 바람이 국민들 사이에 커지고 있다는 사실을 보여준다. (조선일보, 2008년 6월 23일 사설)

지난달 초에 시작돼 50일 넘게 이어지고 있는 서울 도심의 촛불집회는 참가자들의 순수성과 자발성, 비폭력성이라는 상징에 힘입어 국민들의 지지를 받았다. 그 결과 미국산 쇠고기 수입과 관련된 한·미 정부 간 협정 내용을 바꿨고, 우리 국민들의 식탁 안전 확보에도 적잖은 기여를 했다. 이명박 대통령의 국정 운영 방식에 대한 문제 제기는 대통령의 사과와 비서실 전면 개편을 이끌어냈다. 일부 개각도 앞두고 있다. 대통령의 독선과 소통 부재에 대한 반성과 재발 방지 다짐까지 받아냈다. 이만하면 받아들일 수 있는 것 아닌가. 이제 각자 생업 현장으로 돌아가 대통령과 정부의 약속이 어떻게 실행되는지 지켜봐야 하지 않겠는가. (중앙일보, 2008년 6월 23일 사설)

정부는 미국과의 쇠고기 추가 협상에서 30개월 이상 쇠고기가 수입되지 않도록 미 정부의 '품질체계평가QSA'를 통해 보

2장. 성장주의 | 왜 보수, 진보 할 것 없이 성장을 갈망하는가

장받는 데 성공했다. 광우병 특정위험물질^{SRM} 함유 우려가 있는 뇌, 척수 등 네 부위가 추가로 수입 제한된다. 우리 측이 미국 도축장 점검 권한도 확보했다. 식탁 안전 문제에 극도로 민감해진 국민의 요구를 실질적으로 충족시키는 성과로, 전면 재협상을 하더라도 더는 확보하기 어려운 수준이다. 그런데도 일부 단체와 시위대, 그리고 이에 편승한 야당이 국가 통상대계^{通商大計}를 뒤흔들 재협상을 계속 요구하는 것은 정략적 공세다. (동아일보, 2008년 6월 23일 사설)

진보 신문 한겨레와 경향신문은 한술 더 떠 '목표' 수준에서 재협상을 비판했다. 우선 이명박 배우의 진정성을 믿지 않는다. 이러한 불신은 새로 타결된 협상을 목표 차원에서 거의 효율성이 없는 것으로 낮춘다.

한나라당과 정부가 그제 당정협의에서 쇠고기 수입고시를 서두르지 않기로 합의한 것은 추가 협상으로도 국민의 불안감이 가시지 않았음을 잘 알기 때문일 터이다. 홍준표 한나라당 원내대표는 이와 관련해 "협상 내용을 충분히 알리고 국민 여론을 수렴하는 절차를 지켜서 하겠다"고 밝혔고, 강재섭 대표 역시 "정부는 국민 불안이 100퍼센트 없어질 때까지 최선을 다해야 한다"고 말했다. 협상 내용이 당정이 설명하듯이 국민의 우려를 씻기에 충분한 것이라면, 이를 제대로 알리고 여론을 수렴하기 위해서 그를 비판하는 쪽과 공개 토론을 하는 것보다 더 효과적인 방안은 없을 듯하다. 특히 이명박 정권의 소통 방식이 일방적인 홍보 방식에 치우쳐 국민과의 소통에 문제가 있었다는 비판을 들어왔던 점을 고려하면, 비판 세력과 흉금을 터놓고 대화함으로써 국민과 소통하겠다는 대통령의 약속이 허언이 아님을 국민에게 확인시켜주는 효과를 거둘 수도 있다. (한겨레, 2008년 6월 24일 사설)

한·미 간 쇠고기 수입 추가 협상이 끝내 반쪽짜리 협상으로 타결됐다. 안전한 쇠고기를 먹을 수 있게 해달라는 국민들의 요구를 철저히 외면한 것이다. …… 이번 추가 협상 결과 국민들의 불안감은 오히려 더 커질 수밖에 없게 됐다. 무엇보다 30개월령 미만 쇠고기에서 나오는 광우병 특정위험물질^{SRM}이 대부분 수입돼 우리 식탁 위에 오를 것이 확실하다. 정부는 최대한의 협상 성과를 얻어낸 만큼 이젠 촛불시위를 끝내고 일상으로 돌아가자고 하지만 그렇게 될 것 같지는 않다. 국민들은 당장 달포 동안의 촛불 싸움이 고작 이 정도를 얻어내기 위한 것이었느냐는 불만을 쏟아낼지 모른다. 정부가 그런 불만을 무시하고 얼렁뚱땅 넘어가려 한다면 더 큰 저항에 직면할 것이다. 물론 그 책임은 전적으로 정부가 져야 한다. (경향신문, 2008년 6월 21일 사설)

그렇다면 왜 이렇게 가치에서 규범 차원, 더 나아가 목표 차원으로 급속히 하강했는가? 물론 여기에는 장기간의 집회로 인한 피로, 장마의 시작, 그 이후 터져나온 금융위기 등 미장센의 변화가 큰 몫을 했다. 그보다 더 중요한 것은 한국인은 진보와 보수, 구세대와 신세대 가릴 것 없이 모두 성장이라는 근본 가치를 공유한다는 점에서 별 차이가 없다는 점이다. 많은 논자들이 희망하듯 촛불집회가 민주주의를 사수하기 위해 나온 것이라면, 성장을 절대 가치로 고수하는 이명박 대통령에 맞서 계속 투쟁했어야 했다. 하지만 바로 몇 개월 전에 성장 대본으로 사회적 공연을 펼친 이명박을 압도적인 표차로 대통령에 당선시킨 국민 아니던가. 몇 개월 만에 가치가 갑자기 바뀔 리는 없을 터. 이명박 대통령의 성장 가치에 대한 근본적 비판을 하는 대신 그 가치를 추구하는 방식을 조절하는 규범이나 실제 효과 정도에서 항의하는 수준이다. 그러다보니 촛불집회가 더 이상 한국사회의 성장 가치에 대한 근본적 성찰로 나아가지 못하고 규범이나 목표 수준으로 가라앉았다.

그럼에도 사회적 공연의 관점에서 보면 연출가와 배우의 문화적 화용 능력이 부족했기 때문에 벌어진 일이라 할 수 있다. 애초에 쇠고기 촛불집회가 6월까지 지속되고 있다는 점을 들어 1987년 6·10항쟁을 일차적 프레임으로 하여 틀 지운 것이 패착이다. 쇠고기 촛불집회는 장르가 희극인데도 1987년 6월항쟁의 장르인 비극적 로망스로 틀 지우니 관객이 장르의 혼란을 겪었다. '쥐박이'를 놀려주자고 나왔는데 정권 타도하자고 외치니 즐거운 유희가 엄중한 시위와 겹쳐진다. 국민 MT 이후 급속히 줄어든 참가자들은 이제 어느 장르로 나가야 할지 혼란스러웠다. 그럼에도 연출자는 계속해서 1987년 6월항쟁의 장르인 비극적 로망스로 촛불집회를 이끌려고 시도했다.

2장. 성장주의 | 왜 보수, 진보 할 것 없이 성장을 갈망하는가

비극 장르가 지배하다

장르가 점차 비극적 로망스로 명확해지기 시작했다. 6월 13일 효순·미선양 6주기, 14일 분신 사망한 이병렬 씨[56] 장례식과 맞물리면서 촛불집회의 비극적 색채는 더욱 강화되었다. 그러자 사회적 권력도 노골적인 폭력을 휘두르기 시작했다. 6월 24일 이명박 대통령은 "국가 정체성에 도전하는 시위나 불법 폭력 시위는 엄격히 구분해 대처해야 한다"고 발언하면서 공권력의 폭력행위를 부추겼다. 수많은 집회 참가자들이 중무장한 공권력이 무차별적으로 휘두르는 폭력의 희생자가 되기 시작했다. 말 그대로 5공 시대의 항쟁처럼 변화하기 시작한 것이다. 비극적 로망스는커녕 이제 아예 비극으로 장르가 변화해가고 있는 판국이었다.

비극은 선한 덕성을 지닌 주인공이 악한 덕성을 지닌 반영웅에 맞서 싸우다 결국 비극적으로 패배하는 하강적 시간 구조를 지닌다. 악한 세상에서 소외되어 있는 주인공은 강력한 힘을 지니고 있음에도 불구하고 그보다 더 강력한 악한 반영웅에 패배한다. 악한 사회의 근본 도덕법칙을 위반하여 결국 파국으로 몰린다. 이는 주인공이 어찌해볼 수 없는 불가피한 운명처럼 느껴지기 때문에, 관객은 이를 예상하고 비장감 또는 '엄숙한 공감'을 느끼게 된다. 선한 영웅이 악한 사회에 의해 좌절당하고 결국 자기가 속해 있는 사회에서 고립된다. 그럼에도 비극은 체제를 위협한다. 선한 주인공이 악한 체제에 맞서 싸우다 비극적으로 패배하는 것을 본 관객에게 체제에 대한 분노가 생기기 때문이다. 따라서 선한 주인공은 자신을 더욱 비극적인 상황으로 몰고 간다. 그럴수록 체제에 대한 분노가 더욱 강렬하게 생겨나기 때문이다.

촛불집회가 비극 장르로 변해가자 이러한 대본을 실현할 새로운 배우들이 출현하기 시작했다. 사제단과 승려들이 바로 그들이다. 6월 27일 서울시는 용역 직원을 동원해 서울광장의 천막을 강제 철거했다. 경찰은 서울광장을 장악하고 시민들의 접근을 막았다. 그러자 천주교 정의구현전국사제단이 6월 30일 저녁 7시 서울광장에서 '국민 존엄을 선언하고 교만한 대통령의 회개를 촉구하는 비상 시국미사'를 열었다. 신부 300여 명과 신도와 시민 2만여 명이 참석한 가운데, 사제단은 "국민의 상처가 아물 때까지 이 자리에 천막 치고 무기한 단식기도를 하며 매일 오후 7시에 미사를 올리겠다"[57]고 말했다.

사제단에 이어 이제 승려단도 나섰다. 2008년 7월 4일 금요일 불교 단체는 서울광장에서 '국민 주권 수호와 권력의 참회를 위한 시국법회'를 열었다. 이 자리에서 승려단은 '촛불을 위한 생명과 평화의 108 참회문'을 낭독하며 108번 큰 절을 올렸다. 아래는 그중 몇 개의 참회문이다.

56. 세상의 모든 법은 인권으로부터 비롯됐다는 사실을 잊을 때, 법은 국가폭력의 수단으로 변질될 수 있다는 것을 가벼이 여긴 허물을 참회하며 쉰여섯 번째 절을 올립니다.

57. 국가의 존립 근거는 '국민의 생명과 재산 보호'에 있다는 명명백백한 사실을 가벼이 여긴 허물을 참회하며 쉰일곱 번째 절을 올립니다.

96. 모두 부자 만들어준다는 말에 속아서 온갖 탈법을 저지른 사람을 대통령으로 뽑은 허물을 참회하며 아흔 번째 절을 올립니다.

사제단과 승려단이 행한 공연은 비극의 주인공이 하는 공연과 정확히 일치한다. 사제단의 경우 '단식'기도를 하며 자신의 몸을 일부러 상하게 만든다. 몸이 상하면 상할수록 단식기도를 할 수밖에 없게 만든 국가폭력의 잔혹함이 도드라진다. 승려단 역시 108번의 큰절을 통해 자신의 몸을 상하게 하는 공연을 펼친다. 국가폭력 앞에 자신을 한없이 낮춤으로써 오히려 국가폭력의 부당함을 관객에게 폭로한다. 둘 다 선한 덕성을 지닌 주인공이 악한 세상에 맞서 스스로를 파괴하는 비극 형식을 취하고 있다. 관객에게 비장감을 불러일으키고 더 나아가 국가폭력에 대한 분노를 일으키기 위한 것이다.

사제단과 승려단이 사용한 비극 장르는 사실 군부독재 기간 동안 활발하게 사용된 레퍼토리의 하나다. 위 사진은 1987년 6월항쟁 당시 정의구현전국사제단이 민주화를 위해 투쟁하는 모습이다. 아래 사진은 6월항쟁 당시 전경에 가로막힌 승려들이 폭력으로 맞서지 않고 스스로 꿇어앉아 자신을 낮추는 모습이다. 둘 다 자신을 희생하여 악한 세상에 분노를 야기하는 비극 형식이다.

자기희생을 통한 체제 비판이라는 비극 장르는 종교계에만 있는 것이 아니었다. 군부독재 기간 내내 한국사회에 광범하게 활용되던 문화구조였다. 그중 가장 대표적인 자기희생이 바로 분신자살이다. 분신자살은 1970년 전태일이 폭압적인 노동조건에 저항하여 자신의 몸을 불사르면서 본격적으로 한국사회의 문화구조로 등장했다. 그 이후 1980년 중반

1987년 5월 1일
미사를 집전하기 위해
명동성당으로 향하는
정의구현전국사제단의
행렬.

1987년 5월 23일 행진에 나섰던 승려들이 전투경찰에 가로막히자 물러서지 않고 도로에
앉아 합장을 하고 있다.

비극 장르가 지배하다 **219**

부터 1997년 국민의 정부 등장 전까지 많은 행위자들이 이 문화구조를 활용하여 자신의 주장을 세상에 내놓았다. 어찌해볼 수 없는 거대 악에 맞서 자신을 던져 파국을 맞이하는 비극 형식이다. "분신자살은 개인적 결단에서 그치는 것이 아닌, 체제의 부정의성을 드러내는 '정치적 행위'이자 '대의를 위한 최고의 희생'을 의미하고 방관자나 반쪽 참여자들의 무관심과 비겁함을 성찰하게 하여 일상으로 철수하려는 사람들의 퇴로를 막으려 한다는 점에서 집합행동의 한 유형이라 할 수 있다."[58]

사제단과 승려단은 바로 전승되어오는 이러한 자기희생 문화구조를 활용하여 촛불집회를 탄압하는 사회적 권력에 맞서고자 했다. 더욱 평화적이고 더욱 무기력할수록 비극의 효과는 더욱 강해질 수 있을 것이라고 믿었음직하다. 하지만 기대와 달리 이러한 비극 장르는 관객의 광범한 호응을 얻지 못했다. 새로운 비극 배우들의 혼신의 공연에도 불구하고 시민들은 더 이상 예전처럼 촛불집회에 대거 나오지 않았다. 일반적으로 말해, 지금은 더 이상 비극적 인물을 요구하는 시대가 아니기 때문이다. 어느 누가 순교를 강요하는 비극의 현장에 '가족'을 데리고 나오겠는가?

더 구체적으로는 사제단과 승려단이 구사한 비극 장르가 쇠고기 촛불집회 전체의 희극 장르와 모순되었기 때문이다. 비극 배우에 대한 심리적 동일시가 없으니, 체제에 대한 분

2장. 성장주의 | 왜 보수, 진보 할 것 없이 성장을 갈망하는가

노도 생기지 않는다. KBS, YTN, MBC에 대한 노골적인 탄압을 시작하고, 조중동 광고 불매 운동을 탄압하고, 촛불집회에 참가한 인터넷 커뮤니티 성원들을 기소하고, 공기관의 장들을 이명박 사람으로 무리하게 바꿔치기하는 등 사회적 권력이 공연을 틀어막아도 '새로운 주체들'은 기대와 달리 강력하게 투쟁하지 않았다. 이후 유사 공안정국이 조성되었고, 전정권에 대한 표적 수사가 있었으며, 포기한다던 정책들은 이름만 바꾸어 모두 되살아났다. 도대체 어찌 된 일인가? 정말 민주주의를 위해 투쟁한 것이 맞는가?

나는 이명박 대통령이 성장을 제일 가치로 고수한 것에 주목한다. 이명박은 대통령에 출마하면서 747로 대표되는 성장주의를 제일 가치로 내세웠고, 한국 국민들은 압도적으로 이명박을 대통령으로 선택했다. 이명박 후보는 BBK, 도곡동 땅 등 도덕성을 의심받는 존재였지만, 사회 세계를 지나치게 도덕화하는 노무현 정권에 물린 한국인들은 도덕 대신 성장을 선택했다. 나는 이 사람들과 촛불집회에 나온 사람들이 결코 크게 다르다고 생각하지 않는다. 한국 국민은 아직도 성장을 열망한다. 그것도 열렬히. 그렇다면 촛불집회는 무엇인가? 언뜻 보면, 성장을 열망하기는 하는데 그것의 가치가 무엇이냐고 질문한 것 같다. 도대체 성장이 왜 가치 있냐고 집단적으로 우리 사회의 가치를 성찰해본 것처럼 보인다. 그것은 바로 공동체 전체(대통령은 이것의 상징)가 성장하느라 애쓴 국민들에게 일반화된 호혜성을 베풀라는 요구이다.

　이러한 요구는 사실 강력한 평등주의를 내포한다. 한국 국민들은 하나의 단위가 되어 현대사에서 너무나 많은 집합 의례를 경험해왔다. 한국전쟁, 산업화와 도시화, IMF 외환위기 등 현대사 자체가 역치 단계의 연속이라 할 정도로 극심한 반구조 상황이었고, 이는 역설적이게도 이 모든 것을 하나의 국민으로 겪으면서 강력한 '코뮤니타스'를 경험해왔다. 반구조의 역치 단계에서 모두가 동등한 비구조화된 공동체를 경험한 것이다. 모두가 공유하는 역치 단계의 체험은 모든 성원들에게 사회구조에서 각자에게 주어진 고정된 자리에서 일시적으로 이탈하여 애매모호한 실존 상태에 놓이게 만든다. 이러한 실존적 체험이 그들을 하나의 코뮤니타스로 만드는 것이다.[59]

　한국인 모두는 사실 모두 뿌리 뽑힌 촌놈 출신이며 맨손에서 시작한 사람들이다. '그날이 오면' 모든 보상이 되돌아올 것이라는 강력한 로망스 서사를 따라 줄기차게 금욕적 노동을 통해 성장을 추구해왔다. 그런데 막상 도달해보니 남은 것은 극심한 양극화다. 사회적으로는 잉여가 넘쳐나는데도 개인적으로는 궁핍한 사람들이 너무나 많다. 이명박 대통령은 이 모든 것이 아직 성장이 덜 되어서라고 말했고, 한국 국민들은 이것을 믿고 그를 대통령으로 뽑았다. 그래서 일반화된 호혜성을 '당장' 되갚으라고 요구하지는 않았다. 국민소득

4만 달러가 되게끔 성장을 더 시킨 후 하라는 것이다.

그런데 대통령이 된 후 그가 성장을 추구하는 '방식'이 일반화된 호혜성을 되갚는 것이 아니라, 오히려 부정적 호혜성을 안기는 것처럼 보였다. 비록 지금 대통령이라는 가장 높은 자리에 올라 있지만 이명박 역시 실존적 코뮤니타스를 겪은 한 명의 동등한 동료에 불과하다. 그런데 마치 성장의 과실이 모두 자신의 것인 양 지배자처럼 행동한다. 그러니 성장을 추구하는 방식에 대해 혼을 내주어야겠다. 거의 70여 일간 촛불집회로 혼내주었으니 이제 실존적 코뮤니타스를 되새기며 낮은 자세로 다시 국민을 섬기겠지.

이러한 강력한 공동체주의는 결과적으로 성장 가치에 대한 근본적 회의를 실존적 차원으로까지 상승하지 못하게 붙들었다. 오히려 성장의 방법에 대한 규범 차원의 질문에 만족하도록 만들었다. 이것이 6·10 국민 MT 촛불집회 이후 사회적 공연의 요소들이 재빠르게 탈융합된 결정적 이유다.

한국인은 왜 성장에 목매는가

한국인은 보수와 진보 할 것 없이 가치, 규범, 목표의 이항 대립을 공유하고 있다. 가치 차원에서 볼 때, 가장 광범하게 공유되는 것은 성장이지만 그에 대한 정당화는 각각 다르게 나타난다. 보수는 성장을 위한 성장을, 진보는 실질 민주주의를 위한 성장을, 아고라 토론방은 공동체 전체의 불멸을 위한 성장을 추구한다. 규범은 무엇을 추구해야 하는가를 결정하는 것이 아니라, 어떤 것이 추구될 때 어떠한 방식으로 추구되어야 하는가를 조절하는 것이다. 촛불집회에서 사람들이 분노한 것은 이명박 대통령이 성장 가치를 지녔기 때문이 아니라 그것을 추구하는 방식을 조절하는 규범을 위반했기 때문이다. 대립은 성장 가치의 정당화가 아닌 성장을 추구하는 '방식'을 둘러싸고 벌어졌다. 그런 점에서 가치의 일반화까지 상승하지 못하고, 오히려 '규범의 일반화' 정도에 머물렀다고 말하는 것이 옳을지도 모른다. 비록 아고라에서는 불멸성에 대한 근본적 성찰이 이루어졌지만, 아이러니 서사 탓에 광범한 문화적 확장이 일어나지 못했다. 일상의 수단-목적 합리성의 정치학을 조절하는 목표는 상위에 있는 규범과 가치를 근본적으로 위협하지 않는 한 모두 별 이견 없이 공유되었다고 할 수 있다.

그렇다면 이명박 대통령의 역할 규범 위반에 대한 사과를 듣자고 그 기나긴 촛불집회를 했다는 말인가? 촛불집회를 통해 결국 확인된 것은 한국인이 성장을 지독하게 열망한다는 사실 아닌가? 보수와 진보, 어른과 아이, 남자(예비군)와 여자(유모차부대) 가릴 것 없이 모두 성장을 갈망하고 있다는, 그래서 한국인의 근본 가치는 성장이라는 부르주아 가치라는 점! 영원성 추구는 말할 것도 없고, 불멸성 추구에 대한 실존적 고뇌를 하지 않는 너무나도 세속화된 천박한 사회! 다중이니 뭐니 해대며 새로운 주체라 추앙받은 새로운 주체는 도대체 뭐가 다르단 말인가? 그들은 다 어디로 갔는가?

그러나 지나친 실망은 말자. 어차피 일상생활은 공리주의적 질서가 지배하는 수단-목적 합리성이 지배하니까. 오히려 촛불집회를 통해 흉내나마 한국사회의 근본 가치에 대해 성찰해보았다는 점에 주목하자. 도대체 성장하려는 진짜 이유가 뭔가? 촛불집회 기간 동안, 한국인 모두 그런 질문 한번쯤은 스스로에게 던져보지 않았던가! 자신들이 불과 몇 달 전에 대통령으로 뽑은 성장의 화신 이명박을 '쥐박이'로 끌어내려 웃음거리로 삼지 않았던가. 그러다가 그 사람을 대통령으로 뽑은 한국인 자신도 사실 우스꽝스러운 존재가 아닌가 하고 쑥스럽지 않았는가?

나는 여기에서 희극이 아이러니로 넘어가는 지점을 발견한다. 성장 대본에 너무나 몰입한 나머지 성장의 화신 이명박 배우와 그렇게나 심리적 동일시를 하던 한국인이 그와 거리를 두기 시작한 것 아닌가? 위기를 모면하기 위해 사과를 하는 척하다가 결국 사회적 권력을 자의적으로 휘두르는 이명박 대통령의 모습을 굴욕, 좌절, 부조리로 바라보게 되지 않았는가? 나중에는 이명박 대통령에 대한 패러디와 풍자로 나아가지 않았는가? 그러다가 아이러니의 주인공의 모습에서 '작은 이명박'이 될 허망한 꿈으로 미쳐 날뛰던 자기 자신을 발견하고 자신과도 거리를 두게 되는 자기 성찰의 시간을 갖지 않았는가?

촛불집회가 가시적으로 성과를 거두지 못한 사실로 인해, 무한 성장을 추구하는 사회에 대한 이런 아니러니한 태도가 한국인의 배경적 태도로 깊숙이 자리 잡기 시작한 것을 무시해서는 안 된다. 민주주의 제도화를 위해 투쟁하지 않는다고 대중을 비판하기에 앞서, 참여를 북돋우는 로맹스와 거리 두기를 부추기는 아이러니 간의 긴장이 민주주의의 발전에 필수적이라는 인식을 가질 필요가 있다. 이제 대중은 성장의 화신과 바로 심리적 동일시를 하지 않고 어느 정도 비판적 거리를 가지게 된 것 아닌가?

그럼에도 이러한 아이러니 능력은 여전히 부족하다. '시장 성장주의자' 이명박 대통령의 5년을 보낸 한국 국민은 또다시 '국가 성장주의자' 박근혜를 대통령으로 뽑았다. 한국 국민들의 성장에 대한 집착은 가히 병적이라 할 만하다. 심지어 "사람이 먼저다"를 외치는 문재인 정부마저도 국민 '성장'과 소득 주도 '성장'을 말한다. 여전히 성장 패러다임 안에 갇혀 있는 것이다. 묻자. 도대체 성장하려는 진짜 이유가 뭔가? 이러한 근본적 질문에 답하려면 더 넓은 문명사적 관점을 취해야 한다. 하지만 대부분의 한국 국민은 태어나서 줄곧 생산 중심 사회에 살아왔기 때문에 그러한 관점을 취할 문화적 역량이 미약하다.

사실 생산 중심 사회는 문명사적 관점에서 볼 때 근대 자본주의에서 나타난 매우 특이한 역사적 현상이다. 근대 자본주의 사회 이전은 사실 잉여의 생산보다는 '소비'에 온 힘을 쏟는 소비 중심 사회다. 바타유[60]의 일반경제론은 이를 잘 설명해준다. 일반경제론은 자본주의 경제뿐만 아니라 그 이전 경제, 아니 더 나아가 지구 전체 경제에 모두 일반적으로 적용된다. 첫째, 지상에는 전체적으로 볼 때 항상 잉여 에너지가 넘쳐난다. 물론 이곳저곳 부분적으로는 에너지가 희소할 수 있다. 하지만 전체 차원에서 볼 때 에너지는 항상 과잉되어 있다. 둘째, 잉여 에너지는 어떤 경우에든 개체의 성장을 돕거나 동요를 부른다. 개체는 남아도는 에너지를 활용하여 성장할 수 있다. 하지만 성장할 수 없는데도 에너지를 계속 투여하면 개체는 심하게 동요한다. 셋째, 생명은 무한정 성장할 수 없으며 반드시 한계에 봉착한다. 이 한계에 처하면 생명은 성장에 쓸 수 없는 잉여 에너지를 무조건적으로 소모해야 한다. 이 소모는 생산적인 것이 될 수 없다. 생산적으로 되려면, 생명 자체가 성장할 수 있어야 하기 때문이다.

근대 자본주의 이전 사회는 테크놀로지가 충분히 발달하지 않은 탓에 성장이 한계에 직면해 있기 때문에 잉여가 비생산적으로 소모되어야만 했다. 이 소모 방식이 잔인하든, 아니면 영광스럽든 그것은 소모 양식의 차이일 뿐이다. 진정 뜻하는 바는 체계가 성장의 한계에 직면했다는 것이고, 그래서 남아도는 부를 생산적으로 소비할 수 없다는 것이다. 바타유는 고전 정치경제학이나 마르크스주의 정치경제학과 달리 잉여를 소모하는 관점에서 사회를 분석한다. 아즈텍 사회는 잉여를 생산하는 원천인 노예를 희생 제의로 소모한다. 이슬람 사회는 잉여를 전쟁을 위한 전쟁으로 소모한다. 라마 사회는 잉여를 초월적 세계에 대한 명상으로 소모한다. 이렇듯 자본주의 이전의 사회는 잉여를 생산에 쏟아붓지 않고 영예로운 소모에 사용했다. 마치 태양이 아무런 대가 없이 마냥 베푸는 것처럼 잉여를 공동체 전체에 바쳤다. 자기 스스로 충만한 자는 베풀기만 할 뿐 결코 대가를 바라지 않는다. 베풀수록 그의 명예는 더욱 올라간다.

무한 성장 신화에 매달려 있는 근대 자본주의 사회는 이런 점에서 역사적으로 매우 특이한 체제다. 사람들은 가치를 생산에 결부시키고 에너지의 소모보다는 획득에 더 몰두한다. 베풀기만 하는 신이 사라진 후, 이제 획득하는 것이 더 중요한 가치로 변하게 되었다. 신이 사라진 자리에 유용성의 기준만이 남아 삶을 지배한다. 자연과 인간을 포함한 모든 것을 시장에서 사고 팔리는 유용한 사물로 만들고자 한다. 이를 위해 남아도는 잉여를 온전히 생산에 쏟아붓고자 한다. 그 과정에서 유용한 사물들로만 구성된 공리주의적 질서가 구축된다.

그럼에도 근대 자본주의 사회마저도 일반경제론에서 완전히 벗어날 수 없다. 잉여를 생산에 남김없이 쏟아부어 성장하면 할수록 더 많은 잉여가 생산된다. 그럼 또다시 이 잉여를 생산에 온전히 투여해야 하고, 그럴수록 더 많은 잉여가 생산되는 순환 고리가 생성된다. 무한 성장이 가능할 때에만 이러한 순환 고리는 지속될 수 있다. 하지만 자본주의라고 무한 성장만 할 수 없다. 반복적으로 발생하는 경제위기와 공황이 이를 잘 보여준다. 이렇게 성장할 수 없는 지점에 이르게 되면 자본주의는 테크놀로지 혁신을 통해 새로운 성장 동력을 얻으려고 한다. 혁신이 성공하면 일시적으로 자본주의는 다시 성장의 길로 달려갈 수 있다. 하지만 곧 다시 성장의 한계에 직면한다. 테크놀로지 혁신으로 더 많은 잉여가 생산되면, 이 잉여는 새로운 성장을 위해 또다시 투자되어야 하기 때문이다. 이러한 모순이 극한에 이르면 자본주의도 별수 없이 무조건적 소모를 실행해야 한다. 여기에 다다르지 않기 위해 자본주의는 계속해서 성장의 극한까지 밀고 나가려고 한다. 극한에 처하면 성장이 멈추는 역설에 처하는데도 말이다. 결국 근대 자본주의 사회는 무한 성장 신화를 통해 일반경제론을 부정하려고 시도하고 있는 셈이다.

한국사회는 바로 이러한 신화에 기대어 줄곧 성장을 위해 달려왔다. 특히 자본가의 시각에서 한국사회가 계속해서 무한 성장할 수 있다는 신화에 사로잡혀 살아왔다. 이에 반대한다는 노동자의 시각도 사실상 성장의 열매를 좀 더 공평하게 분배해달라는 요구이지 성장 그 자체를 문제 삼지는 않는다. 자본가나 노동자 모두 근본적인 면에서 별 차이가 없다. "둘 다 생산적 노동을 통해 잉여를 생산하고 전유^{專有}하는 데에만 관심을 갖고 있기 때문이다. 이 둘은 서구의 부르주아와 프롤레타리아를 원형으로 한다. 부르주아가 이윤의 동기에서 작업한다면, 프롤레타리아는 생존의 동기에서 노동한다. 부르주아는 인간과 자연을 포함한 모든 것을 어떻게 하면 '작업'을 통해 '유용성'으로 전화시킬 것인가에 골몰하고,

프롤레타리아는 어떻게 하면 '노동'을 통해 '필연성'의 나락에서 벗어나 유용성의 수준까지 상승할 것인가 분투한다. 둘다 '행위'를 통해 '탁월성'을 추구하지 않는다는 점에서, 자유인이 아니다."[61]

실제로 그동안 한국 자본주의는 대부분의 노동자들을 생존을 위해 최소한으로만 소비하도록 필연성의 세계에 묶어놓고 노동에만 전념하도록 강요했다. 노동 과정에서 생산된 유용성을 자본가는 또다시 성장에 쏟아붓는 작업에 몰두했다. 이를 통해 고도로 성장할 수 있었고 사회 전체적으로는 잉여가 넘쳐나게 되었다. 하지만 대부분의 노동자들은 '필연성'의 세계에 묶여 '노동'에 허덕거리는 사물과도 같은 존재로 전락했다. 2만 달러 시대가 오면, 3만 달러 시대가 오면 필연성의 세계에서 벗어나 자유의 세계로 진입할 것이라는 경제 이야기에 홀려 노동에만 힘써왔지만 막상 다다른 현실은 비참하다. 자본가도 갈수록 치열해지는 시장 경쟁에서 승리하기 위해 '유용성' 축적을 위한 '작업'에 온 힘을 쏟았다. 유용성을 향유할 틈도 없이 축적을 위한 축적이라는 자본주의적 시장 경쟁 메커니즘에 빠져들었다.

이렇듯 노동자가 필연성의 세계에서 노동에 힘쓰고, 자본가는 유용성의 세계에서 작업에 몰두하는 사이 한국 국민 일반은 '탁월성'의 세계에서 '행위'할 수 있는 능력을 박탈당했다.[62] 성장지상주의자들은 이에 대해 걱정할 필요가 없다고 말한다. 아직 한국 자본주의가 덜 성장해서 생긴 일시적인 부작용일 뿐이라고 강변한다. 새 성장 모델이 만들어져서 남아도는 잉여를 남김없이 생산에 쏟아부을 수 있게 되면 또다시 성장할 수 있을 것이고, 그때 가면 비로소 탁월성의 세계로 진입하여 자유인의 삶을 살 것이라고 약속한다. 하지만 생산력을 해방시킨다고 해서 인간의 다른 잠재력이 저절로 같이 해방되는 것은 아니다.[63] 생산력이 완전히 해방될 정도로 고도성장이 이루어져도, 필연성의 수준에서 허덕거리며 노예의 삶을 사는 사람들이 결코 줄어들지 않는다. 생산력의 해방을 통한 부는 상층에만 축적될 뿐, 결코 사회 전체로 순환하지 않기 때문이다.

그럼 어떻게 해야 하는가? 쇠고기 촛불집회는 바로 이러한 근본적인 질문을 던진 것이다. 다만 답을 제대로 못했을 뿐이다. 한국사회는 이미 정해져 있는 답을 빨리 푸는 데에만 몰두하느라 새로운 질문을 던져보지 못했다. 성장하려는 진짜 이유가 무엇인가? 그렇게나 성장에 매달려서 고작 생존하고 유용성을 축적하기 위해서인가? 그러다가 죽어 사라지면 그만인가? 그것이 두려워 자식이 필연성의 노예로 떨어지지 않도록 또는 유용성을 충분히 누리도록 가진 모든 것을 혈족에게 세습하려고 발버둥치는 것인가? 쇠고기 촛불집회는 이 질문을 던졌다는 것만으로도 충분히 가치 있다. 이제 무한 성장 신화에서 서서히 깨어나 미약하나마 깨닫기 시작한다. 성장하는 이유는 필연성과 유용성의 세계를 벗어나와 탁월성의 세계로 가기 위한 것이라는 것을. 그 세계에서 행위하는 자유인이 되기 위해서라는 것을. 조만간 한국인은 다음과 같이 적극적으로 물을지도 모른다. "한국사회는 이미 충분히 성장했다. 그런데도 행위하는 자유인이 보편화되지 않는 이유는 무엇인가?"

3장. 민족주의
이주여성은 어떻게
한국사회에 편입되는가

이주여성, 시민사회로 편입될 수 있나

한국사회에 이주자가 급증하면서 이주자 사회 통합이 이슈로 떠오르고 있다. 한국 정부는 이주자의 다수를 차지하는 이주노동자에게는 한국사회에 정주하지 못하도록 일정 기간이 지나면 되돌려 보내는 정책을 펼치고 있다. 반면 비교적 소수인 국제결혼 이주여성[1]에게는 한국사회에 정주하여 살아가도록 적극적인 사회 통합 정책을 펼친다. 저출산과 고령화로 대한민국이 처한 국민 재생산의 위기를 극복하게 해줄 '에스닉[2] 섹슈얼리티[3]'를 지니고 있다고 보기 때문이다. 아시아 저개발국가 출신이라는 사실이 이주여성을 부족적·원초적·야만적·후진적 속성을 지닌 에스닉 존재로 상상하게 만든다.

그 결과 이주여성의 섹슈얼리티는 한국 정부가 한국 국

민의 재생산을 위해 얼마든지 활용할 수 있는 인적 자원으로 여겨진다. "저출산과 고령화가 맞물리면서 한국의 영토 안에서는 더 이상 국민의 재생산을 위해 국민 여성의 섹슈얼리티를 활용하기가 어렵다. 국민 여성의 섹슈얼리티는 '너무나 근대화되고 진보적'이어서 국민국가가 이전처럼 마음대로 활용하기가 어려운 것이다. 따라서 '너무나 전근대적이고 낙후된' 이주여성의 섹슈얼리티를 한국의 영토 안으로 들여와 활용하는 쪽으로 방향을 튼 것이다."[4] 실제로 이주여성은 한국 국민의 재생산 도구로서 가부장적 핵가족 안에서 살아가야 한국 정부의 지원을 받는다. 에스닉 섹슈얼리티라는 저열한 '사회적 형식'[5]을 유지하고 있어야만 한국사회의 성원으로 살 수 있다는 말이다. "한국은 현재 저출산 고령화로 인해 국민의 재생산의 위기라는 문제적 상황에 처해 있고, 에스닉 섹슈얼리티는 이를 해결해주는 새로운 사회적 형식으로 창출되었다."[6]

그런데 한 국제결혼 이주여성이 등장해 이러한 시각에 의문을 던진다. 결혼이주자로서 '대한민국'에서 처음으로 국회의원이 된 필리핀 출신 이주여성 이자스민이 바로 그다. 언뜻 보아도 이자스민은 에스닉 섹슈얼리티라는 저열한 사회적 형식을 벗어나와 일반 한국 국민도 되기 힘든 국회의원이라는 영예로운 사회적 형식으로 전환되었다. 에스닉 섹슈얼리티라는 오염된 범주를 지닌 이자스민이 대한민국이라는 근대 공화국의 '자유롭고 합리적' 시민의 대표자가 된 것이다. 근대 공화국에서는 형식상으로는 누구나 시민사회의 핵심 제도 중 하나인 국회의 성원이 될 수 있다. 하지만 오염된 범주에 속한 이주여성이 국회의원이 되는 것은 결코 쉬운 일이 아니다.

이자스민은 어떻게 시민사회의 핵심 제도인 국회에 진출할 수 있었을까? 한국에서 이루어진 이주자 사회 통합에 관한 기존 연구는 이러한 물음에 답할 수 있을까? 이주자 사회 통합에 관한 연구는 크게 보아 둘로 갈린다. 먼저 서구에서 만들어진 이주자 사회 통합 모델을 소개하고 이를 한국사회에 적용하려고 시도하는 연구가 있다.[7] 다음으로는 이주자에 대한 실태조사와 더불어 이주자 사회 통합 지표를 개발하는 연구가 있다.[8] 전자가 이론적 차원에서 이주자 사회 통합 모형을 구축하고자 한다면, 후자는 지표를 통해 경험적으로 한국의 이주자 사회 통합 실태를 파악하려고 한다. 이러한 연구는 이주자의 특성에 따라 사회 통합을 범주화하는 장점이 있지만, 이자스민과 같은 한 구체적인 이주자가 어떤 사회 과정을 거치면서 한국사회에 통합되는지 경험적으로 보여주지는 않는다. 물론 이주여성이 한국사회에 통합되는 과정을 단계적으로 추적하는 연구들이 있기는 하지만, 이 경우 대개 한국 가정생활에 문화적으로 적응하는 과정으로 그려진다.[9] 하지만 이자스민은 십수 년 이상의 한국 가정생활을 뚫고 시민사회로 진출했다. 이를 어떻게 설명할 것인가?

서구의 경우 소수자가 시민사회로 편입되기 위해서는 강력한 사회운동을 거쳐야만 했다. 소수자들이 사회운동을 펼치는 과정에서 독자적인 정체성을 지닌 집단으로 성장하고 이 성과를 바탕으로 시민사회 제도 내로 진입하는 경로를 취하는 것이다. 계급 소수자의 노동운동, 젠더 소수자의 여성주의운동, 성 소수자의 성 해방운동, 에스닉/인종 소수자의 시민권운동이 가장 대표적인 예다. 하지만 이자스민은 이주자들의 광범한 사회운동을 발판으로 시민사회로 진출한 것이 아니다. 필리핀 이주여성이 에스닉 공동체를 구성하여 생존과 안전을 도모함은 물론 그 안에서 다양한 실천을 통해 한국사회의 시민적 주체로 성장하고 있다는 연구가 보고되고 있기는 하다.[10] 하지만 이러한 에스닉 소수자운동을 통해 이자스민이 국회의원이 된 것은 아니다. 사회운동의 시각에서 이자스민이 국회의원이 된 과정을 탐구하기 어려운 이유다.

이 글은 문화사회학의 관점에서 이자스민이라는 한 구체적인 이주자가 한국사회의 시민사회로 편입되는 과정을 경험적 사례로 탐구하고자 한다. 핵심은 같은 민족이 아닌 이주자와 어떻게 '연대'가 가능한가 하는 것이다. 한국사회에서 민주주의는 초월적인 이상적 가치이다. 동시에 현실의 시민사회에서 비시민적 삶의 영역들을 도덕적으로 조절하기 위해 끊임없이 재구성되어야 하는 시민 영역의 '상징체계'이다.

이 상징체계를 통해 사회적 삶을 도덕적 현실로 만들 때에 비로소 모르는 타자들과의 연대가 가능해진다.[11] "연대는 사람들이 여기 지금만이 아니라, 이상, 초월성, 영속하기를 바라는 희망에 지향하고 있을 때 가능하다."[12]

어떤 사회라도 어느 정도 시민 영역을, 비록 불완전하고 분절되어 있다 하더라도 지니고 있다. 아무런 시민적 차원도 지니고 있지 않은 사회, 즉 온통 권력투쟁과 자기 이해관계 추구만으로 이루어진 사회는 상상만 해도 끔찍하다. 어느 사회든 정도의 차이는 있지만 시민 영역이라는 이상과 비시민적 현실 사이의 긴장으로 점철되어 있다. 현대사회의 이상으로서 민주주의는 만인을 자유롭고 평등한 개인으로 인정한다. 이러한 세속적 신념이 만들어진 것은 물론 배제된 자들의 줄기찬 투쟁과 사회운동 덕분이다. 그 열매는 시민권이라는 국민국가의 제도로 자리 잡게 된다. 하지만 누가 시민권을 누릴 자격을 지니는지는 사회마다 역사적으로 다양하게 나타난다. 계급 소수자, 젠더 소수자, 성 소수자, 에스닉 소수자 등 역사적으로 다양한 소수자들이 시민 영역의 원리에 호소함으로써 자유롭고 평등한 시민으로 인정받게 된다.

사정이 이러하다면 이주자가 실제 경험적으로 존재하는 시민사회로 '편입'되는 문제가 사회 통합의 핵심 주제가 되어야 한다. 알렉산더는 편입의 세 유형을 동화, 하이픈네이션, 다문화주의로 나누어 설명한다.[13] 동화는 외부 집단 성원들이 부족적·원초적·야만적·후진적 속성이라는 '오염된 원형적 정체성polluted primordial identities'을 가지고 있다는 점을 전제로 한다. 이들이 시민적 삶으로 들어오려면 이러한 정체성을 벗어 버려야만 한다. 외부 집단이 가지고 있는 오염된 속성은 원형적이어서 합리적인 근대사회에는 들어맞지 않는다. 그 모든 속성을 벗어버리고 더 보편적인 인간의 속성을 회복할 때 시민적 삶을 살 수 있다. 오염된 에스닉 속성을 벗어버리고 근대의 자율적 인간이 되라는 것이 동화의 핵심이다.

편입의 두 번째 유형인 하이픈네이션은 상대적으로 강한 시민사회를 지닌 사회에서 나타난다. 동화적 편입은 언뜻 보면 위대한 근대의 성취를 같이 나누자는 주장처럼 들리지만 속살을 들여다보면 문제가 그리 간단하지 않다. 우리 집단의 성격과 외부 집단의 성격을 성과 속, 선과 악, 우월과 열등으로 이분화하면서 외부 집단이 이러한 부정적인 특질을 벗어 내고 우리 집단 안으로 들어오라고 강요하는 셈이기 때문이다. 하지만 이러한 이분법적 분류체계가 상대적으로 유연한 사회에서는 에스닉 집단의 속성을 꼭 오염시키지 않고서도 시민사회에 편입될 수 있는 길이 열릴 수 있다. 집단의 경계를 넘어서는 시민사회의 다양한 차원에서 연대가 형성될 수 있는 것이다. 문화적으로는 혼종적 담론이 출현할 수 있고, 제도적으로도 대화, 이해, 정서적 유대를 제공하는 방식으로 에스닉 자아를 공적으로 연출할 수 있는 새로운 장소들이 생길 수 있다. 미국에서 한국계 미국인, 필리핀계 미국인 등을 정당화하는 혼종적 담론과 제도가 존재하는 것을 예로 들 수 있다. 물론 중심 집단의 속성과 외부 집단의 속성이 동등하게 가치 평가받는 것은 아니다. 외부 집단이 상당한 정도의 오점을 여전히 지니고 있기 때문이다.

편입의 마지막 유형인 다문화주의는 오염된 것으로 간주되는 소수자의 특성을 그로부터 분리하려는 대신 오히려 소수자가 지닌 원형적 속성이 그 자체로 가치 있는 것이라 인정하려고 한다. 여기서 중요한 것은 '사람persons'이 아니라 '속성qualities'이다. 이주자의 경우, 중심 집단과 이주자 집단 사이에 이주자의 속성을 재의미화하려고 투쟁한다. 이주자의 속성이 오점으로 간주되지 않는 한, 그것이 시민적·유토피아적 주제를 오염시키는 것이 아니라 또 다른 형태의 시민적 덕성으로 간주된다. 다문화주의는 다양한 삶의 경험을 제공해줌으로써 중심 집단의 성원들에게 현재 주어진 삶의 경험이 전부가 아니라 또 다른 많은 삶의 경험들이 존재할 수 있다는 상상력을 넓혀준다. 이를 통해 다문화주의는 단순히 수용과 용인이 아니라 이해와 인정의 가능성을 열어준다. 이러한 가능성이 실현되면 중심 집단 성원과 외부 집단 성원 간의 경직된 구분이 붕괴되고, 특수성 개념과 보편성 개념이 훨씬 더 온전히 서로 얽힐 것이다.

멜로드라마, 이주여성을 품다

이 글은 에스닉 섹슈얼리티라는 '속된 사회적 형식'을 지닌 이자스민이 사회적 공연을 통해 국회의원이라는 '성스러운 사회적 형식'으로 전환되었다는 점을 보여줄 것이다. 핵심은 이주자가 한국의 시민사회에 편입되기 위해서는 시민 영역의 원리에 호소하는 일련의 사회적 공연을 성공적으로 치러야 한다는 것이다. 여기서 주목할 것은 사회적 공연은 특정 장르를 통해 사회적 실재를 구성한다는 사실이다. 실재가 사회적으로 구성된다는 사회학의 위대한 주장은 실체로 간주되어온 젠더, 민족, 국가, 계급 등 온갖 실재의 사회적 구성에 관한 연구를 낳았다. 하지만 실재가 어떤 장르로 구성되는지 사회학적으로 연구된 바는 드물다.

이 글은 한국인에게 매우 익숙한 멜로드라마 장르를 특징으로 하는 사회적 공연을 통해 이자스민이 한국의 시민사회로 편입되었다는 점을 보여줄 것이다. 멜로드라마는 근대 서구에 출현한 일종의 혼합 장르이다. 전통사회는 성스러운 의미로 가득 들어찬 코스모스다. 하지만 과학혁명으로 무장한 근대화 과정 중에 전통사회는 탈성화되어desacralized 기존의 도덕은 힘을 잃는다. "인간 삶을 형성하고 지배했던 전통사회의 사회적 습속, 관습, 미신, 초자연에 대한 믿음, 주술, 그리고 의식들은 새로운 발견과 과학 및 이성의 지적 프로토콜에 직면하여 쇠퇴하기 시작했다."[14]

이러한 때에 여전히 기존의 도덕을 자신의 덕성으로 알고 살아가는 평범한 인간이 겪는 온갖 우발적인 수난이 멜로드라마의 핵심을 이룬다.[15] 전통적인 도덕과 제도는 더 이상 삶을 안정적으로 이끌어가지 못하고 있고, 근대의 도덕과 제도는 아직 미비한 상태에서 삶은 한 치 앞도 내다볼 수 없는 '상황'의 연속이다. 상황은 "극중 인물들이 강력한 새로운 주변 환경에 맞닥뜨리면서 관중이 고조된 극적 긴장을 맛보게 되는, 순간적으로 내러티브 액션을 저지시키는 인상적이고 자극적인 사건"으로서 "상황이 종종 연출하는 깜짝 놀랄 만한 반전이라든지 예기치 못한 사건의 전개는 극을 난국, 즉 주인공이 딜레마나 막다른 골목에 직면할 때 야기되는 순간적 마비 상태로 이끈다."[16]

관객은 연속적인 우발적 상황 속에서 주인공이 겪는 수난에 깊은 공감과 연민을 느끼게 된다. 주인공이 로망스나 비극과 달리 평범한 인간이면서 희극처럼 조롱하거나 아이러니처럼 비아냥거릴 수 없게끔 덕성을 지니고 있기 때문이다. 게다가 우연이나 우발성에 휘둘릴 수밖에 없는 인간 실존의 보편적 모습을 그려내기에 관객의 공감과 연민을 이끌어낸다. 멜로드라마는 "중대한 실존적 진실, 즉 모두에게 영향을 미치는 삶의 모습—다시 말해 우리는 궁극적으로 '우연'이라는 종잡을 수 없는 힘에 다스려진다—을 포착하면서, 근본적 의미에서 '삶의 진실'을 표현해내는 데 성공하고"[17] 있다.

멜로드라마는 1910년대 중반부터 1930년대까지 할리우드 스튜디오 시스템의 정착과 함께 영화의 주요 장르로 정착했고, 그 후 텔레비전으로까지 영향력을 확대했다.[18] 이 과정에서 음악적 요소였던 'melos'가 언어, 인종, 계층을 뛰어넘는 인간의 보편적 감정을 유발하는 장치로 전환되었고, 'drama'는 일상과 대립되는 급반전되는 불안정한 삶에서 전통적인 도덕을 지켜나가려는 도덕극을 뜻하게 되었다.

멜로드라마가 한국에 도입된 계기도 근대성과 깊은 연관이 있다. 일본을 거쳐 신파극의 형태로 수용된 멜로드라마는 전통적인 성리학적 질서가 붕괴되어 더 이상 전통적인 도덕이 힘을 발휘할 수 없는 일제강점기, 여전히 이를 등불 삼아 살아가는 주인공이 겪는 온갖 수난 이야기가 핵심을 이룬다. 성리학의 성스러운 질서에서 벗어난 사회는 약육강

식의 제국주의와 세속적 물질주의가 판을 치는 우발성의 세계이다. 하지만 멜로드라마의 주인공은 여전히 과거의 도덕을 자신의 개인적 미덕으로 삼아 이 세속의 세계를 헤쳐나간다. 현실이 몰도덕적이기 때문에 역설적이게도 더 도덕적이기를 요구하는 셈이다. 그러다보니 일제강점기인 1930년대 신파극은 "① 사랑하는 남녀가 있다. ② 이들은 환경적 요인에 의해 헤어져야 하는 시련을 겪는다. ③ 환경적 요인을 극복하지 못하고 결국 이별(죽음)을 한다"[19]는 비극적 서사구조를 띤다.

이렇게 1930년대 여성의 수난이라는 한국 고유의 장르로 자리 잡은 멜로드라마는 1950년대 이후에는 미국 대중문화의 영향을 받아 불륜 드라마로 재양식화된다. "당시 신문소설과 영화에서는 대중의 관심이 집중되었던 유한 부인들과 여대생들의 탈선, 미국식 자유주의와 퇴폐·향락적인 풍조 등이 멜로드라마의 관습 속에서 주된 이야깃거리로 등장한다."[20] 여성이 전통적인 가족을 벗어나 미국식 자유주의와 소비주의를 따라 살아가려다가 퇴폐와 향락에 빠져 허우적댄다. 그러다가 남편의 전통적인 성도덕에 감명받거나, 모성에 이끌려 다시 가족으로 돌아간다.

산업화 시기에 멜로드라마는 산업화 역군인 남성 노동자의 욕망의 배설구인 호스티스를 전면에 내세운다. 산업화된 도시에서 노동의 소외를 극복하고자 남성은 쉽고 나약하고 순결한 여성의 몸을 성적으로 탐닉한다. 이러한 남성의 욕망에 맞추다가 정조를 잃은 여성은 임신과 낙태를 거치며 버림받고 호스티스가 되어 결국 쓸쓸히 죽음을 맞이한다. 남성 노동자 역시 소외에서 벗어나오지 못한다. "타락한 사회에서 순결한 여성과의 사랑을 통해 훼손된 세계를 복구"하고 싶지만 소외된 노동자에 불과한 남성은 이러한 이상적인 여성을 "자신의 무력한 위치 때문에 손에 넣을 수가 없다".[21]

이후 멜로드라마는 여러 영역으로 확산되고 다양한 장르로 분화되어 나타난다. 그럼에도 한국에서는 멜로드라마는 "장애가 많은 연애 이야기"[22] 정도로 취급된다. 하지만 사회학적으로 볼 때 멜로드라마는 사적 영역에 머물던 여성이 공적 영역으로 넘어가면서 겪는 온갖 수난을 다루는 근대의 서사이다. 여성이 사적 영역에서 공적 영역으로 넘어갈 때 핵심은 정조를 지키는 것이다. 가부장의 보호 아래 있던 여성이 공적 영역으로 나서는 순간 그녀의 섹슈얼리티를 쾌락의 도구로 활용하려는 사회적 악에 부딪히게 된다. 멜로드라마의 여주인공은 이 모든 사회적 악에 굴하지 않고 정조를 지키려고 분투한다. 이전 도덕과 제도는 더 이상 힘을 발휘하지 못하기 때문에 전통적 도덕을 지키는 과정은 우발성과 극단적 반전에 의존하지 않을 수 없다. 어쨌든 우여곡절 속에 여성이 정조를 지켜 도덕적으로 승리하게 되면 결국 새로운 가부장의 보호 아래 들어간다. 반면 정조를 지키지 못하면

파멸하고 사회에서 축출된다. 결국 멜로드라마는 공적 영역에 나온 여성을 사회적으로 통합하는 이야기인 것이다.

이러한 이야기의 기본 구조는 권선징악을 핵으로 하는 한문 소설에도 나올 정도로 고전적인 것이다. 하지만 여성이 겪는 고통을 보고 탈성화된 기계적 세계에 맞서 과잉되지만 주체의 감정을 일깨운다는 점, 그리고 여성이 집을 떠나 공적 영역으로 나가 스스로 서사를 구축한다는 점에서 근대적이다. 하지만 집을 나선 여성이 패배하여 눈물의 회로에 갇힌다거나, 가족으로 귀환하여 전통적인 가부장 질서에 안주하고, 또는 순결을 상실한 대가로 호스티스로 전락했다가 결국 죽음에 이른다는 점에서 여전히 전통적이다.

한국 근현대사에는 멜로드라마가 광범하게 활용되었다. 그만큼 굴곡 많은 격변의 시대를 살아왔기에 이를 이겨내기 위해 멜로드라마로 자신들의 삶을 유의미하게 만들 필요가 있었던 것이다. 예컨대 한국의 50대와 60대 여성의 이야기를 탐구한 에이블먼은 그들이 자신들의 삶에 대해 이야기할 때 멜로드라마 장르를 쓴다는 사실을 발견했다.[23] 그들의 이야기가 우연이나 급작스런 인연을 통해 삶이 로망스에서 비극으로, 비극에서 희극으로, 희극에서 비극으로 반전되는 멜로드라마로 이야기된다는 사실은 기본적인 사회정의가 통하지 않는 사회세계를 살아왔다는 것을 극적으로 보여준다. 이와 유사하게, 이 글은 이자스민이 한국의 시민사회에 편입되는 과정 역시 우발성과 감정의 과잉이 지배하는 멜로드라마 장르를 통해 이루어진다는 점을 보여줄 것이다.

나는 가족인이다

이자스민은 우발적인 사건이 있을 때마다 '미디어 이벤트'[24]를 통해 공중의 주의를 끌어당긴다. 미디어 이벤트는 일상의 삶에 끼어들어 정규적이고 상습적인 리듬을 깨트린다. 이자스민에 대한 '미디어 이벤트'를 보는 동안 일상의 리듬에서 단절된 관객은 세속적이고 도구적인 삶에서 잠시나마 벗어나 한국사회의 도덕에 대해 집합적으로 성찰하게 된다. 한국사회의 초월적 가치에 대해 생각해보는가 하면 정서적 연대감을 느끼기도 한다. 미디어에 표상된 이자스민의 삶의 궤적을 보면서 '우리 한국인'이 누구인지 과거, 현재, 미래를 신화적인 집합적 이야기로 묶어 가늠하게 된다. 자신의 사적인 삶을 집합적인 도덕적 서사 안에 넣어 이해하게 되는 것이다.[25]

그렇다고 미디어 이벤트의 의미가 하나로 고정되거나 안정된 것은 아니다. 한국과 같이 고도로 분화된 민주주의 사회에서 관객은 여러 층으로 나뉘어 있기 때문에 동일한 미디어 이벤트를 보고서도 다양한 방식으로 해석할 수 있다. 미디어 이벤트의 생산자는 바로 이렇게 분화된 관객들을 하나로 묶어 합의에 이르도록 만들려고 한다. 이 합의 과정은 명료하고 직설적일 수 있지만, 대개는 모호한 상태를 유지한다. 다양한 해석의 쟁투가 일어날 수 있는 것이다.

이자스민이 공적 무대에 처음으로 등장한 것은 2007년 4월 7일 토요일 저녁 5시 10분 KBS1에서 방영된 〈러브 인 아시아〉에서였다. 사회적 권력이 2006년 '다민족 다문화 사회로의 전환'을 공식으로 천명하기도 전에 KBS는 '정성을 다하는 국민의 방송'답게 발 빠르게 〈러브 인 아시아〉를 2005년 11월 5일 출범시켰다. 이 프로그램은 "사람과 사람, 국가와 국가가 사랑으로 맺어지는 이해의 품앗이로 그들[국내 거주 외국인들]을 또 하나의 가족, 다정한 이웃으로 보듬기 위한 인식의 전환과 함께 가족의 가치와 정情, 그리고 그들에 대한 관심을 열린 시각으로"[26] 전하는 것을 목표로 매주 한 명의 국제결혼 이주여성과 그 가족들의 이야기를 '휴먼 다큐멘터리' 형식으로 방영했다.

휴먼 다큐멘터리는 도시화와 산업화 등 급격한 사회 변동으로 상실한 촌락 공동체의 유대를 사적 관계를 통해 되살릴 수 있다는 점을 강조한다. 가족이나 친구와 같은 사적 관계가 냉혹한 사회를 버티게 해주는 감정적 자원을 제공해줄 원천으로 이상화된다. 일반 다큐멘터리와 달리 '인물'을 강조하는바, 뛰어나지 않은 평범한 사람이 급격한 사회 변동으로 고통받다가 가족이나 촌락 공동체에 버금가는 정서적 유대 관계로 되돌아가는 것을 그린다.[27] 이 인물은 자신의 지극히 사적인 삶을 마구 드러내고 내면의 이야기를 거침없이 쏟아낸다. 자신의 사적인 삶을 구경거리로 내놓는 인물은 그래서 희극적이다. 그런데 이 희극적인 인물의 삶이 기구하기 짝이 없다. 하지만 결국 개인의 노력에 의해 기구한 삶이 극복되어 행복한 결말을 맺는다. "한국의 휴먼 다큐멘터리는 개인의 집념, 의지, 사랑 등 개인적 차원에서 사회적인 모순이 해결될 수 있다는 식의 메시지를 강조"[28]한다.

상징적 생산수단으로서 〈러브 인 아시아〉는 '리얼리티 프로그램'과 '토크 쇼'를 뒤섞은 혼합 장르 성격을 지닌다. 실제 인물의 재연된 삶을 관찰하는 리얼리티를 추구하다가도, 스튜디오에서 패널들의 즐거운 토크 쇼를 통해 리얼리티로 표상된 인물을 승인하고 지지한다.[29]

방송은 다음과 같이 진행된다. 먼저 국제결혼 이주여성과 그 가족들이 스튜디오에 나와 대담을 진행한다. 이어 미리 제작된 첫 번째 영상이 나오는데 주인공 가족의 현재 일상을 보여준다. 그리고 난 뒤 스튜디오에서 토크가 이어지는데, 부부의 첫 만남에 대한 물음이나 한국에서 적응하면서 일어났던 에피소드들로 구성된다. 스튜디오 토크는 주인공이 한국 사회에 얼마나 잘 적응하고 있는지, 또 가족들이 얼마나 잘 응원하고 있는지 확인하는 과정이다.

두 번째 영상은 주인공의 어린 시절을 보여준다. 이주여성의 꿈 많던 어린 시절을 상기시키기 위해 동네 친구들이 나와 주인공의 성장 과정에 대해 이야기한다. 이어 또다시 토크가 이어진다. 마지막에 가면 모국에 살고 있는 가족이 보낸 영상편지가 나온다. 이때 스튜디오에서는 출연자들이 가족에 대한 그리움을 강조하고, 주인공과 시청자의 눈물샘을 자극하게 된다.

영상과 스튜디오 토크를 반복적으로 섞어가며 구성된 이 프로그램의 전개 방식은 "주인공의 삶의 리얼리티와 결합되어 영상을 통해 보여지는 삶에 가치를 부여하고 동시에 그 삶이 지닌 진정성을 강조"[30]하기 위함이다. 프로그램의 구성이 이렇게 전형화되어 있다는 것은 다른 인물의 이야기가 등장하더라도 이야기의 패턴이 유사하게 진행될 것이라는 문화적 기대를 갖게 만든다.

이자스민의 방송도 이러한 문화적 기대를 충족시킨다. 먼저 방송 당시 이자스민의 행복한 가족생활이 방영된다. 12년차 주부였던 이자스민의 아침은 큰아들 승근이의 등교 준비와 항해사인 남편의 출근 준비, 그리고 9명 대식구의 식사 준비로 분주하다. 시아버지, 남편, 시동생 내외를 출근시키고 큰아들 승근이마저 학교로 보내고 나면, 조용하던 집 안이 여자들의 웃음소리로 가득 찬다. 시할머니와 시어머니 그리고 이자스민과 어린 딸이 함께 공기놀이를 하며 떠들썩하다. 〈러브 인 아시아〉라는 텍스트에 표상된 국제결혼 이주여성은 시부모 또는 동서 간 관계의 갈등을 겪지 않는다는 연구와 일치한다.[31]

시조모와 시부모를 봉양하며 남편을 내조하고 아이들 양육에 더해 시동생 내외의 뒷바라지까지 하는 이자스민. 한국 며느리들과 달리 불평 한마디 하지 않는 너무나도 기특한 '착한 며느리'의 모습으로 표상된다. 이자스민 스스로도 4대가 함께 모여 사니 이점이 많다고 아주 만족해한다.

"할머니 어떤 이야기 하시면 어머니 때는 또 달라요, 할머니 때하고. 또 어머니 때는 더 다르고 그러니까. 저는 세대별로 다 배우는 거죠. 그게 좋은 거예요."

초등학생인 아들이 학교에서 돌아오면 이자스민은 다른 필리핀 이주여성이 그러하듯 '영어 선생님'으로 변신한다. 엄마표 영어 과외는 효과 만점으로 승근이는 교내 영어 말하기 대회에서 1등을 하기도 했다. 이자스민은 시조모와 시부모를 모시는 효부이자 지구적 문화자본인 '영어'[32] 과외까지 해주는 유능한 엄마로 표상된다.

이자스민을 대가족의 효부이자 현모양처로 표상하는 대

본은 어떤 배경 상징에서 나온 것일까? 아래 인용문은 18세기 《여사서女四書》[33]에 담긴 내용으로 출가한 여성의 역할을 규정하고 있다. 전통사회의 대가족은 부부 중심이 아니라 부모 중심이기 때문에 여성의 역할은 일차적으로 시부모를 공경하고 봉양하는 것, 즉 효도하는 것이다.

여자가 시집을 오면 시부모에게 효성을 다해야 한다. 시부모는 가깝기가 부모와 같으며 높기는 천지에 견줄 수 있다. 시부모를 잘 모신다는 것은 공경함을 다하는 데 있으며, 공경이 지극하면 엄숙해진다. 또 시부모를 잘 모신다는 것은 사랑을 다하는 데 있으며, 사랑이 지극하면 순종하게 된다. 마음을 온전히 하고 정성을 다하여 감히 게으르지 않아야 하니, 이것이 효의 대체이다. 그런 점에서 의복이나 음식 봉양은 그다음이라 할 수 있다.[34]

또한 시댁의 대를 이어줄 아들을 낳고 입신양명하도록 키우는 임무가 부여된다. 음양의 도를 지닌 자연이 생명을 만들어내듯, 음양의 도를 지니는 부부관계가 자녀를 만든다. 자녀의 성정은 어머니를 닮는 것이기 때문에 어머니는 자녀 교육에 특별한 책임을 진다. 북송의 조정에서 벼슬한 문장가인 구양수는 어린 시절 가난했지만, 어머니가 갈잎과 쑥으로 그림 교재를 만들어 교육을 시킨 덕분에 입신양명할 수 있었다.

아버지는 하늘에, 어머니는 땅에 비유된다. 하늘이 비와 이슬을 내릴 때 땅이 만물을 생겨나게 하듯이 부모의 협력으로 자식이 태어난다. 자식의 기골은 아버지를 닮고 성정은 어머니를 닮는다. 옛날에 현명한 여자가 임신을 하게 되면 태교를 특별히 중요하게 취급했다. 그러므로 어머니가 보여주는 모범이 아버지가 행하는 교훈보다 우선적인 효과를 가진다. 즉 어머니의 가르침이 아버지가 말하는 도리보다 더 중요한 셈이다. …… 쑥을 짜서 생긴 물감으로 그림을 그려서 책을 만들어 공부시킨 어머니 덕분에 구양수는 유명한 학자가 될 수 있었다.[35]

물론 부부관계도 규정되어 있지만, 친밀성이 아닌 자연의 질서로 정의된다. 남편은 하늘이고 아내는 땅이며, 남편은 강하고 아내는 부드럽다. 부부관계가 이렇듯 자연의 질서로 정의되기에 이 관계가 다른 방식으로 결코 뒤바뀔 수는 없다.

여자가 시집가면 남편이 가장 소중한 사람이 되는데, 전생의 연분이 금생의 혼인으로 맺어진다 하였다. 남편이란 하늘과 나란히 하는 존재이니 그를 대하는 의미가 결코 가벼울 수 없다. 남편은 강하고, 부인은 부드러운 태도로 은혜와 사랑을 서로 만들어가는 것이다.[36]

"시집의 살림을 일으키는 지혜로운 며느리, 과거에 급제한 아들을 둔 자랑스러운 어머니, 남편의 가문을 위하고 남편을 전적으로 따르는 열녀가 조선 여성의 이상형이었다"[37]면, 이 문화구조는 한두 세대 전까지만 해도 한국 여성의 삶을 완전히 틀 지웠고 지금도 여전히 그 힘이 만만찮다. 〈러브 인 아시아〉는 이렇듯 '너무나 익숙한' 배경상징에서 자신만의 독특한 전경대본을 구성한다. 하지만 주연 배우가 에스닉 섹슈얼리티를 지닌 이자스민으로 바뀌었다. 《여사서》를 따르기에는 '너무나 문명화되었고 교육받았으며 개인화된' 한국 여성에게 이 배역을 맡기기에는 무리다.

"첫눈에 반했어요"

이후 행복한 대가족의 삶을 살게 되기까지 이자스민이 겪은 파란만장한 '러브스토리'가 펼쳐진다. 먼저 이자스민이 한국에 오기 전까지 지내던 필리핀 민다나오섬 동남쪽에 위치한 다바오를 보여준다. 1994년 이자스민의 남편 이동호가 2등 항해사로 배를 타고 세계를 누비던 시절 이자스민을 처음 만난 추억의 공간이다. 미모를 겸비한 의사 지망생으로 소개된 이자스민은 13년 전 남편 이동호의 마음을 한순간에 흔들어 놓는다. 남편 이동호는 이자스민이 영화 대부의 OST 〈Speak Softly Love〉를 부르는 모습을 보고 사랑에 '흠뻑' 빠진 순간을 이야기한다.

"그 노래 부르는 모습 보고 그 노래에 진짜 반했어요. 이 노래 때문에 자스민한테 흠뻑 빠져가지고 헤어 나오지를 못했으니까……"

이자스민의 달콤한 러브스토리는 '첫눈에' 반한 남편의 열렬한 구애로 시작되는데, 일련의 장애물이 등장함으로써 드라마틱해진다. 첫 번째 장애물은 움직이지 않는 이자스민의 마음이다.

"그때는 아무래도 어렸을 때니까, 그때 나이는 아무리 생각해도 결혼할 나이도 아니고 바로 급한 것도 없고 그러니까 뭐 튕길 때까지 튕겼죠."

'튕길 때까지 튕긴' 이자스민이 결국 마음의 문을 열자 이번에는 처가에서 반대하고 나섰다.

"장인어른이 딱 저를 붙잡아놓고 내 패스포트를 뺏어서 안 주는 거예요. 여권을…… 그래서 (장인어른이) '어떻게 할 거냐' 그래서 저는 결혼하겠다고 그러니까 그다음에 아무 소리 안 하시더라고요. 그러고 나서 한 일주일 있다 여권 돌려주셨어요."

딸과 교제하던 한국인 남자친구가 행여 딸을 버리고 도망이라도 갈까봐 여권을 빼앗았던 것이다. 마침내 장인의 허락을 받고 1995년 4월 29일 필리핀에서 결혼식을 올린다. 그러자 필리핀 여성을 맏며느리로 받아들여야 하는 시부모의 극심한 반대라는 또 다른 장애가 기다리고 있다. 당시만 해도 흔치 않은 국제결혼을 탐탁지 않게 여기던 시부모도 마침내 결혼을 승인하게 된다. 필리핀 가부장의 품을 벗어나와 한국의 가부장의 품으로 안기는 과정은 어마어마한 우여곡절을 동반하지만 결국에는 해피엔드로 끝을 맺는다.

왜 이자스민의 결혼 이야기는 장애가 많은 연애 이야기로 극화되었을까? 이 대본은 어디에서 온 것일까? 그것은 근대 서구에서 만들어진 '낭만적 사랑'이라는 문화구조이다. 역사적 차원에서 볼 때 낭만적 사랑의 뿌리는 11세기 말 유럽에서 출현한 궁정식 사랑의 시에 있다. 궁정식 사랑의 시는 고대 그리스와 중세 기독교와는 근본적으로 다른 새로운 사랑에 대한 시각을 창조했다.

고대 그리스에서 사랑은 위험한 욕구로 간주되었다. 특히 《국가론》에 나온 플라톤의 견해가 이런 생각을 널리 퍼트렸다. 에로스는 거칠고 사나우며 짐승 같은 무법의 욕망으로 인간을 불법한 것으로 이끈다. "에로스는 통상 타인에 대한 육체적 욕망을 동반한 열정적 몰입이라는 전인격적 격정의 의미를 전달한다. 그래서 에로스를 영혼을 사로잡는 파괴적 광기狂氣로 그리는 것은 희랍 고전에서 보이는 상투적 비유이다."[38] 이를 따라가면 결국 극도의 무질서와 노예 상태로 전락한다. 소포클레스의 《안티고네》 중 코러스의 합창 두 악절은 에로스에 대한 당대의 관념을 그대로 드러낸다.

에로스여, 싸워 이길 수 없는 이여
에로스여, 그대는 재산에도 들이닥치고

그대는 소녀의 부드러운

뺨에서도 밤을 새우며

바다 위로도,

목초지 헛간들로도 오가도다.

그대를 불사의 신들 중 누구도 피하지 못하며,

그대를 하루살이 인간들 중 누구도

못 피하도다. 하나 그대를 지닌 자는 광란하도다.

그대는 정의로운 자들의 마음도

비틀어 돌려, 불의하게 만들어 망치고,

그대는 한 핏줄인 사람들 사이의 다툼도 부추기는도다.[39]

에로스에 대한 이러한 부정적 시각은 광기의 에로스와 이
성의 국가 공동체가 서로 대립적인 것처럼 그리게 만들어,
결국 국가가 에로스를 통제하는 것을 정당화하게 된다.

중세 기독교에서 초기 기독교 신부들은 사랑을 고통스러
운 유혹으로 기술했다. 이브가 사탄의 꼬임에 넘어가는 바람
에 인류가 낙원에서 추방되었다는 성서의 내용 때문에 여성
은 죄를 범하기 쉬운 비이성적인 나약한 존재로 여겨졌다.
따라서 남성은 그런 여성을 사랑하고 결혼하는 대신 독신 생
활을 하는 것이 더 낫다. 예를 들어 중세 금욕주의 애정관을
대변하는 토마스 아퀴나스는 "종족 유지를 위한 남성의 성적
욕구는 사악한 것이 아니지만 그 이외의 욕구는 남성에게 있

어 이성적 능력을 약화시키기 때문에 경건한 마음을 지닌 남성들은 여자를 자주 가까이 해서는 안 된다고 가르쳤다".[40]

이와 달리 11세기 유럽 프로방스 지방의 서정시인의 연애시에서 뿌리를 찾을 수 있는 궁정식 사랑의 시는 '첫눈에' 반한 귀부인에게 기사가 바치는 사랑과 영웅적인 행동을 칭송한다. 사랑은 사랑하는 사람을 고귀하게 만드는 열정이다. 고귀한 귀부인에게 바치는 기사의 사랑은 그를 덕성 있는 사람으로 변화시키고, 그로 하여금 영웅적인 행위를 수행하도록 만드는 것으로 여겨진다. "남성의 사랑은 사랑―시련―보답의 순서를 취한다. 이 사랑에 있어 여인의 사랑을 얻게 됨으로써 남성에게 주어진 보상은 그녀로부터 성적 호의를 얻는 것도 중요하지만 보다 중요한 것은 그녀를 사랑하게 됨으로써 그 자신의 품위가 고결해진다는 것이다."[41]

하지만 궁정식 사랑은 대개 '비극'으로 끝난다. 사회구조적으로는 고귀한 부인과 기사 간의 신분 격차 때문이다. "궁정식 사랑의 기본 구도는 범접하기 어려운 주군의 부인에 대한 기사의 간통적 사랑이다."[42] 이 때문에 기사의 덕성을 야기한 사랑이 배반과 죽음으로 끝날 가능성이 높다. 신분질서를 거스르는 잘못 운명 지어진 사랑은 사회의 의무를 훼손함으로써 지배적인 사회질서와 불화를 겪고 결국 사회로부터 고립된다. 그럼에도 계속해서 이상화된 사랑을 추구한다. 바로 이 점, 즉 이상화된 사랑을 추구하면서 사회와 대립하는 것을 덕으로 보는 관점이야말로 궁정식 사랑의 핵심이다.

　궁정식 사랑은 수세기 동안 유럽 귀족층의 코드로 유지되다가 초기 영국 자본주의 부르주아 개인주의 문화에 의해 재형성된다. 이러한 문화를 가장 잘 보여주는 것이 18세기 영국의 낭만주의 소설이다. 1740년에 출간된 새뮤얼 리처드슨의 《파멜라》가 대표적인 소설이다. 15세 어린 소녀 파멜라는 대저택 미망인의 몸종이다. 어릴 때 몸종으로 와서 미망인에게 글쓰기, 셈하는 방법, 춤추기, 악기 연주, 바느질을 배웠고 정숙과 같은 여성의 덕성을 교육받았다. 왕이라도 첫눈에 반할 미모를 지녔다. 미망인이 죽은 후 탕아인 그의 아들 미스터 B가 파멜라의 정조를 겁탈하려고 갖은 수를 쓴다. 하지만 파멜라는 결연하게 맞서 자신의 순결을 지키려 든다. "한 시간 동안 순결하게 사는 것이 오랜 세월 동안 죄지으며 사는 것보다 나아요. 또 순결을 지키려다 제 생활이 아주 비참해진다 해도 정결을 지키는 저의 행복한 시간을 제가 만약이라도 최후의 일각까지 연장시키지 않는다면 전 저 자신을 절대로 용서하지 못할 거예요."[43]

　겁탈을 넘어 강간까지 시도하던 미스터 B는 파멜라의 완고한 저항에 부딪히자 전략을 바꿔 물질 공세를 편다. 첩이 되어준다면 금화, 화려한 의상, 다이아몬드 반지, 토지를 주고 부모의 여생도 책임지겠다고 꼬드긴다. 또 잘하면 1년 후에 결혼도 할 수 있다고 유혹한다. 하지만 파멜라는 단칼에 모든 유혹을 물리치고 종복의 예를 다할 뿐이다. 유혹에 굴복하는 것은 독립적인 인간으로서 고결함을 해치는 것이라 믿기 때문이다.

파멜라는 이 모든 내용을 편지에 적어 부모에게 보낸다. 그 안에는 파멜라가 정조를 지키려는 순전한 마음과 정결한 덕성이 가득 차 있다. 편지를 몰래 훔쳐본 미스터 B는 파멜라의 숭고한 덕성을 읽어내고 마음을 돌리게 된다. 편지 안에 들어 있는 파멜라의 내면 세계의 순수함에 감복했기 때문이다. 방탕한 삶을 살던 미스터 B는 지난 삶을 진심으로 뉘우치고 파멜라에게 정식으로 구혼을 한다. 처음에는 의심과 의구로 미스터 B의 구혼을 물리치던 파멜라도 그의 내면의 진심을 받아들이고 결혼하기에 이른다.

결혼은 몇몇 증인과 목사만 참석한 가운데 비밀리에 열린다. 신분 격차로 인해 주변에서 야합이라 비난할 것을 우려한 탓이다. 약삭빠른 파멜라가 정조를 팔아 부와 신분을 얻고 음탕한 미스터 B는 부와 신분을 미끼로 가련한 소녀의 정조를 짓뭉갠다고 비난할 것이 뻔했다. 아니나 다를까, 미스터 B의 누나인 대버스는 둘의 결혼을 도덕적으로 비난한다. 둘 다 내면의 진정성에서 우러나오는 사랑이 아니라 서로의 이기적인 목적을 추구하기 위한 도구적 필요에 의해 결혼한 것이라고 쏘아붙인다. 파멜라는 내면의 진정성으로 이에 맞선다.

급기야 대버스는 미스터 B가 한 처녀를 성적으로 농락해 파멸에 빠트렸다고 폭로한다. 이에 충격을 받은 파멜라는 어찌 할 바를 모른다. 미스터 B는 때가 되면 고백할 생각이었다며 강제로 내면의 진실을 까발린 누나를 저주하며 혈육 관계를 끊어버리겠다고 선언한다. 파멜라는 자신 때문에 혈육의 정이 깨지는 것을 원치 않는다며 모든 것을 다 수용하겠다며 둘의 화해를 주선한다. 파멜라의 덕성에 감복한 둘은 결국 화해한다. 급기야 파멜라는 미스터 B가 혼외 자식이 있다는 사실을 알아내고도 이를 사랑으로 감싸 안는다.

파멜라의 덕성은 가족 안에만 머물지 않는다. 미스터 B의 지인과 친구는 물론 주변의 모든 사람들을 하나씩 감복시킨다. 의구심을 갖던 주변 사람들도 모두 파멜라의 덕성에 의해 변화해간다. 신분의 격차를 뛰어넘은 사랑 이야기는 파멜라 부부가 당대 사회에서 인정받은 온전한 가족을 이루게 되었다는 것으로 끝이 난다. 마지막 부분에 편집자를 자처한 화자는 파멜라의 결혼생활을 다음과 같이 기술한다.

그녀는 전도유망한 자손을 많이 낳아 사랑하는 배우자를 행복하게 해주었다. 그리고 그는 그녀에게 세상에서 가장 훌륭하고 가장 애정 깊은 남편이 되어주었다. 그리고 그녀의 모범을 따라 경건함과 미덕으로, 또 남자로서, 기독교도로서 모든 사회적 본분을 충실히 이행하는 것으로 남다른 면모를 보였다. 그리고 그들은 상냥한 예의, 그들의 가정의 규칙적 질서와 검약, 그들의 기분 좋은 환대, 그들이 아는 범위 내의 모든 가치 있는 대상들에 대한, 널리 미치는 자선으로 모든 지인들을 매혹시켰다.[44]

이렇듯 부르주아 신화에서 사랑은 개인의 고결성의 문제이다. 첫째, 사랑은 분명한, 결정적인, 주저 없는 선택이다. 자신을 테스트하는 세계를 극복해가는 과정 중에 자신의 진정한 자아를 찾고, 이 과정에서 자신을 확실하게 믿는 것이야말로 테스트를 이겨내는 근본 힘이다. 이러한 확신이 없으면 테스트에 굴복당한다.

둘째, 진정한 사랑은 단 하나의 사랑이다. 독특하고 배타적이어야 한다. 통합된 자아는 여러 개의 진정한 사랑을 가질 수 없기 때문이다. 오로지 하나의 배타적인 사랑만을 통해서 진정한 자아의 통합성을 유지할 수 있다. 사랑의 대상은 단 하나의 진정한 사랑만이 배타적인 선택을 정당화한다는 의미에서 이상화되어 있다.

셋째, 사랑은 개인적이고 사회적인 장애 모두를 극복할 수 있다. 사랑을 통해서 개인들은 사회적 힘 앞에 맞서 자신들의 고결성을 주장한다.

마지막으로, 사랑은 마치 자아가 그러하듯 영구적이다. 러브스토리는 사회 세계에서 자신의 자리를 정의하려는 개인의 극적인 투쟁을 해소하는 결정적인 끝('그 이후 영원히 행복한')을 갖는다. 세상의 모든 시련을 극복하고 다시 사회에서 자신에게 적합한 자리를 찾는, 즉 사회와의 불화를 이겨내는 성공적인 이야기이다.[45]

낭만적 사랑은 첫눈에 상대방이 자신의 부족한 부분을 채워줄 평생의 반려자임을 직관적으로 꿰뚫어볼 수 있는 능력에 기반을 둔다. 또는 한 번의 열정적 사랑을 기폭제로 해서 이상화된 상대방을 탐구하는 과정에서 자신을 성취하는 사랑이다. 이는 사실상 시장에서 마음에 드는 상품에 한눈에 반하는 것과 같은 비합리적 체험이다. 이러한 비합리적 체험을 바탕으로 상품을 구매하게 되면 한동안 소비의 즐거움이 뒤따른다. 거기까지가 낭만적 사랑의 전반부인 열정적 사랑이다. 후반기에는 어느 정도 열정이 사라진 자리에 지루한 산문과 같은 사랑이 이어진다. 열정적 사랑이 근대 자본주의 시장의 사랑이라면 산문적 사랑은 전통사회 가족의 사랑이다. 쉽게 말해 배우자를 시장에서 상품 고르듯 감별해서 고르고, 이렇게 고른 사람과 일단 결혼하면 평생 반품 없이 사용해야 한다.

자본주의에서는 두 당사자가 노골적으로 자기 이익과 상호 간의 경제적 이익에 기초하여 서로 결합하며, 거래는 대차대조표의 '맨 밑줄'에 자신들의 결과를 계산함으로써 정당화된다. 이와는 대조적으로 낭만적 사랑에서는 두 개인이 "자발적으로 그리고 공감적으로 성애적 관계를 실현하는 능력"에 의해 서로 결합한다. 시장에서 거래 파트너는 궁극적으로 교체될 수 있으며, 그 관계는 경제적 환경에 따라 변화한다. 낭만적 사랑에서 우리가 사랑하고 하나가 되었다고 느끼는 사람은 유일하고 대체될 수 없다.[46]

이런 점에서 낭만적 사랑은 자본주의적 시장의 사랑이면서 동시에 반자본주의적 가족의 사랑이다. 전반부가 구매력을 지닌 남성이 시장에 나가 누리는 대체 가능한 사랑이라면 후반부는 결코 대체 불가능한 사랑을 주장하는 여성의 사랑이다. 그런 점에서 제도 차원에서 핵가족으로 귀결되는 낭만적 사랑은 여성화된 사랑이다. 첫눈에 반하거나 한 번의 열정적인 사랑(사실은 그 결실인 자녀)을 고리로 삼아, 한 남자를 영원히 자신의 보금자리에 묶어두려는 것이기 때문이다.[47]

근대의 가부장적 핵가족은 남녀의 명확한 역할 구분을 핵으로 한다. 남성은 노동시장에 나가 가족을 부양하기 위해 생산적 노동을 담당하고, 여성은 친밀성의 영역인 가정에서 정서적 지원을 맡는다. 그렇다면 낭만적 사랑에 기반을 둔 대본은 앞에서 말한《여사서》의 대본과 모순되지 않는다. 우여곡절을 겪는 러브스토리는 결국 가부장적 핵가족으로 귀결되고, 여기에서 여성의 역할은 친밀성의 전담자가 되는 것이기 때문이다. 낭만적 사랑의 굴곡은 친밀성의 전담자로서 이자스민의 성공을 극적으로 보여주기 위한 장치로 도입된 것이다.

낭만적 사랑 이야기가 끝난 후 이어서 '가족 청문회'라는 제목으로 이자스민 가족의 고충을 털어놓는 코너가 진행된다. 보통 낭만적 소설은 어려움을 겪던 두 남녀가 이를 극복하고 결혼을 하는 것으로 끝을 맺는다. 첫눈에 반한 사랑 또는 열정적 사랑은 식기 마련이고, 실제 결혼 과정은 공동의 미래를 창출하기 위해 아내와 남편이 서로를 길들이는 지난한 과정으로 점철되기 때문이다. 지속적인 고된 작업, 협상, 변화를 동반하는 이 과정은 그다지 낭만적이지 않기 때문에 낭만적 소설에서는 거의 보여주지 않는다.

하지만 〈러브 인 아시아〉는 낭만적 사랑의 두 가지 모습을 다 보여준다. 초기 열정적인 사랑뿐만 아니라 결혼 후의 산문적 사랑도 보여준다. 문제는 이러한 사랑이 부부가 아니라 시부모가 중심인 《여사서》에 기반을 두고 있다는 점이다. 이 때문에 한국의 대가족이 이주여성 이자스민을 가족 성원으로 받아들이면서 겪었던 온갖 에피소드를 보여준다. 이 에피소드는 가족을 진짜 위기로 몰고 가는 사건이라기보다는 이자스민이 한국 문화와 한국어에 익숙하지 않아 벌어진 해프닝으로 연출된다.

마지막으로 카메라는 이자스민의 어머니와 동생들이 살

고 있는 다바오로 향한다. 어머니 그리고 어렸을 적 열병으로 청각을 잃은 이자스민의 예쁜 여동생은 이자스민의 영상을 보고 눈물을 훔친다. 그러면서 이자스민과 여동생의 아름다운 우애에 대한 내레이션이 흘러나온다. 동생은 언니가 자신을 위해 수화를 배우고 항상 곁을 지켜주었다며 눈물을 글썽거린다. 이때 배경음악으로 〈You raise me up〉이 감동적으로 흘러나온다. 여기에 눈물을 흘리며 이자스민의 행복을 빌어주는 친정 식구들과 그 영상을 지켜보며 흐느끼는 이자스민의 모습이 겹쳐진다.

필리핀의 가족 이야기는 관객에게 '감정의 과잉'을 불러일으키는 장치이다. 관객이 이 사연을 보고 가족과 떨어져 살아가는 주인공의 슬픔을 같이 느낄 수 있도록 하는 것이다. "관객들은 작품의 논리성과 관계없이 특정한 감정을 재생산하도록 부추기는 멜로드라마에 몰입하게 된다."[48] 하지만 이 슬픔은 관객을 비장의 세계로 끌고 가지 않는다. 오히려 현재의 결혼생활이 얼마나 행복한 것인지 상기시켜준다. 〈러브 인 아시아〉가 그리는 이주자 사회 통합 장르는 이주여성이 낭만적 사랑을 통해 온갖 어려움을 극복하고 결국 가족 안에 자리 잡는 '로맨스'인 셈이다. 그런 점에서 근대의 낭만적 사랑의 형식을 충실히 따르고 있다. 다만 특이하다면, 가족의 형태가 4대가 모여 사는 대가족이라는 점이다. 이자스민은 오히려 대가족이 좋다고 말한다.

"솔직히 제가 먼 이국 땅에 혼자 와서 식구도 없고 친구도 없었는데 대가족과 함께 살다보니까 한 번도 혼자라는 생각이 안 들었어요. 이렇게 멀리까지 왔지만 혼자라는 생각 한 번도 안 해봤고요. 부모님이 다 계시고 제 편 되어줄 사람, 저를 믿어줄 사람, 저를 사랑하는 사람 많으니까 그게 제게 큰 도움이 돼서 저는 국제결혼하시는 분들이 시댁 식구들과 함께 사시면 훨씬 더 좋은 생활을 하실 수 있을 것 같습니다."

사실 이자스민이 〈러브 인 아시아〉에 출연하게 된 계기 자체가 이주여성으로서 4대 가족이 함께 모여 산다는 '특이한' 사실 때문이었다. 2005년 한 방송국에서 실시한 '외국인 주부가요열창'에 우연히 출연했다가 이 프로그램에 섭외된 것이다. 막상 본선 당일 심한 감기 때문에 입상은 못했지만 4대가 함께 사는 집의 며느리란 내용이 알려지면서 대중의 호기심을 끌게 되었기 때문이다. 사적 영역에서 공적 영역으로 넘어갈 수 있도록 만들어준 개인적 자질이 4대가 모여 사는 대가족의 외국인 며느리라는 전통적인 성 역할인 것이다. 12년 동안 사적 영역에서 대가족에 헌신한 덕성이 이자스민을 공적 영역으로 이끈 셈이다.

"엄마가 달라졌어요"

〈러브 인 아시아〉 출연은 이자스민의 삶을 사적 영역을 넘어 공적 영역으로 활발하게 진출하도록 만드는 계기가 되었다. 이후 아예 〈러브 인 아시아〉의 고정 패널이 되었고, 2008년부터는 EBS 〈외국인을 위한 한국어〉 프로그램 강사도 맡게 되었다. 이주자의 수가 급속도로 증가하면서 일종의 '다문화 바람'이 불자 정부 부처에서 자문을 요청해왔고, 여러 관련 방송 프로그램에서도 출연 요청이 줄을 이었다.

이러한 활동을 디딤돌로 이자스민이 다시 공적 무대에 등장한 것은 2010년 7월 16일 방영된 〈MBC 스페셜〉 487회 '나는 한국 남자와 결혼했다'에서였다. 〈러브 인 아시아〉 출연 후 약 3년 만이다. 이날 프로그램의 제작 의도는 〈러브 인 아시아〉와 별반 다를 것이 없었다. 하지만 〈MBC 스페셜〉은

〈러브 인 아시아〉와 달리 시사 다큐멘터리의 성격을 지닌다. "시사 다큐멘터리는 다큐멘터리의 재현·구성적인 특성과 저널리즘의 뉴스 보도 기법을 결합시켜 시청자들에게 현실 관련 정보를 사실적·설득적으로 제시함으로써 사회적 사건들에 대한 보다 심층적인 분석과 해석을 도모하는 텔레비전 다큐멘터리의 하부 장르이다."[49]

그런데 이상하게 이날은 마치 어려운 역경을 극복해나가는 이주여성의 의지를 강조하는 휴먼 다큐멘터리처럼 나온다. 시사 다큐의 휴먼 다큐화라고나 할까? 왜 이렇게 된 것일까? 이는 단순한 우연이 아니라 사회적 권력의 요구에 따른 결과이다. 방송통신위원회는 2008년 2월 29일에 시행된 방송법에 따라 다문화가족에 관한 프로그램 제작을 지원하게 된다. 문제는 다음과 같이 지원할 수 있는 프로그램의 장르를 한정한다는 점이다.

"다문화가족 구성원들의 실제 삶을 밀착 취재하여 현실적인 문제점과 극복 과정을 진솔하게 보여주는 휴먼 다큐멘터리."

이러한 형식 차이와 더불어, 내용에서도 큰 차이가 난다. 이자스민이 사적 영역과 공적 영역을 성공적으로 넘나드는 슈퍼맘으로 표상된 것이다. 이러한 변화 역시 사회적 권력의 요구에 따른 것이다. 2009년 12월 정부는 '다문화가족정책위원회'를 개최하고 다문화가족 지원 정책의 체계적 재정비를 위해 2010년 5월 '다문화가족지원정책기본계획'을 수립한다. 이때 강조된 것이 다문화가족 자녀이다. 국제결혼이 어느 정도 진행되고 나니 이제 자녀 양육 문제가 핵심으로 떠오르게 된 것이다. 이대로 방치했다가는 머지않은 장래에 인종 갈등이 발생할 수 있다고 판단한 듯하다. 유럽의 무슬림 이주자 자녀처럼 자랄 때 차별을 경험하고, 부모의 빈곤을 대물림하게 되면 반드시 사회 통합을 위협하는 인종 집단으로 성장할 것이라는 현실적인 두려움이 밑바닥에 깔린 것이다. 이를 국가가 떠맡기에는 재정과 인력의 어려움이 크기 때문에 이주여성이 전담하도록 이주여성의 역량을 양성하는 것이 주된 정책 목표이다. 이주여성이 공적 영역에 나가 경제활동을 하면서도 사적 영역에서 친밀성의 전담자 역할을 잘 수행해준다면 이 문제는 해결될 수 있다고 본 것이다.

사회적 권력의 요구에 잘 맞게 이날 프로그램에는 네 명의 이주여성이 옴니버스 형식으로 등장하는데, 주인공별로 다른 화자가 나와 주인공의 일상을 소개한 후 소망을 피력한다. 첫 번째 '어떤 사랑' 편의 주인공은 태국 출신 이주여성 파드트라 캐우차이로 시어머니가 화자로 등장한다. 농촌 마을에 살고 있는 캐우차이는 햇볕이 들어오지 않는 방에 불의의 사고로 하루 종일 누워 있는 남편, 아홉 살짜리 딸 진경이 그리고 팔순 시어머니와 함께 살고 있다. 일자리를 찾아 한국에 왔다가 남편과 만나 결혼한 캐우차이는 딸도 낳고 예쁘게 살고 있었는데, 시련에 부딪힌 것이다. 2008년 갑작스러운 사고로 남편은 10시간의 대수술을 받고 이틀 넘게 깨어나지 못했다. 시어머니는 그때 상황을 다음과 같이 전한다.

"아무리 기다려도 안 깨어나니까 '진짜 죽었는갑다' 했는데 진경 엄마가 '어머니 (진경 아빠가) 죽었어도 저 버리지 마세요' 여기서 산대요, 지가……"

캐우차이 스스로 한국에 남겠다고 자원했다는 것이다. 그 후 남편은 침대에만 누워 있는 사람이 되었지만, 캐우차이는 남편의 대소변을 다 받아내고 시어머니와 함께 남의 땅을 빌려 양파 농사도 짓는다. 동네 주민들이 이런 캐우차이를 '살아 있는 열녀'라고 입을 모아 칭송한다. 마침 이 동네에는 200년 전 세워진 열녀문이 있다. 농촌에 거주하는 태국 출신 이주여성 캐우차이는 병든 남편과 늙은 시어머니를 봉양하며 사는 친밀성의 전담자로 나온다. 화자인 시어머니의 꿈은 최대한 오래 살면서 외로운 며느리를 지켜주는 것이다.

두 번째 이야기는 이자스민의 '엄마가 달라졌어요' 편인데, 화자가 아들 승근이다. 여기에서 이자스민은 당당한 '커리어 우먼' '엄친딸' '슈퍼맘'의 모습으로 표상된다. 승근의 소망은 엄마가 사회 활동을 더 많이 활발하게 하는 것이다. 그래야 엄마를 자랑스러워하며 자신이 당당하게 살 수 있을 거라 말한다.

세 번째 이야기는 '아내는 열공 중' 편으로 베트남 출신

'김진희'의 이야기다. 농사 한번 지어본 적 없는 스무 살 고운 손으로 시집 와 결혼 9년차에 시아버지에게 인정받는 농사 꾼이 되었다. 남편만 믿고 한국에 왔지만 말이 통하지 않아 모든 것을 눈으로 보고 익혔다. 하지만 큰아들이 초등학교에 입학하자 상황은 달라진다. 아들이 학교에서 배운 것을 물어 봤을 때 그에 대한 답을 해줘야 한다며 마을의 다른 이주여 성들과 함께 공부 모임을 결성해 한글 공부에 전념한다. 이웃 사람도 베트남 신부 김진희를 칭찬한다. "어른들한테 인사도 잘하고 싹싹해. 사람도 명랑하고." 화자인 남편이 말하는 아내의 꿈은 통역사가 되어 베트남 이주여성의 적응을 돕는 것이다.

　그리고 마지막 '내가 만난 무지개' 편에는 '국제결혼 이주 여성 출신 제1호 지방의원'이 된 몽골 출신 이라의 이야기다. 이 편은 1인칭으로 이루어진다. 몽골에서 사업하던 남편을 만나 결혼해 2년 전 한국으로 귀화한 그녀가 경기도 의원이 되어 첫 출근하는 모습이 브라운관을 통해 소개되었다. 활발한 사회 활동을 하고 있는 이라의 모습은 많은 국제결혼 이주여성과 몽골에 있는 이라의 가족에게 희망과 기쁨이 된다는 메시지를 전달했다. 화자인 이라의 꿈은 다양한 색깔들이 모여 아름다운 무지개가 되듯 한국이 이주여성들이 공평하게 참여할 수 있는 기회의 땅이 되었으면 하는 것이다. 이라는 마지막 장면에서 다음과 같이 말한다.

"앞으로 한국에서, 한국사회에 적응하고 한국인으로 살 거잖아요. 현재까진 준비였고 이제부터 진짜 시작이라고 생각해요."

형식은 휴먼 다큐멘터리를 빌렸지만, 〈MBC 스페셜〉은 시사 프로그램답게 이주여성들이 한국에서 살아가야 할 여러 행로를 제시한다. 갈수록 사회문제로 커져가고 있는 다문화가족에 대해 한국사회가 원하는 해법을 제시하는 셈이다. 농촌에 거주하는 태국 출신 이주여성 캐우차이는 늙은 시어머니와 병든 남편을 '자발적으로' 돌보는 효부이자 열녀이다. 역시 농촌에 거주하는 베트남 출신 이주여성 김진희는 자녀의 미래를 위해 '자발적으로' 한국의 시민적 능숙함을 습득하는 데 몰두한다. 도시에 사는 이자스민은 사적 영역과 공적 영역을 오가면서 슈퍼맘의 역할을 하도록 기대된다. 역시 도시에 사는 몽골 출신 이주여성 이라에게는 한국이 이주자에게도 기회를 균등하게 제공하는 선진적인 다문화 사회라는 점을 알리는 역할을 맡겼다. 공적 영역에 진출한 이자스민과 이라에게는 하나의 공통점이 발견되는데, 둘 다 이주여성을 돕는 '자원'봉사 활동을 한다는 점이다. 이주여성의 적응을 돕겠다는 행위자의 자발성이 그 스스로를 공적 영역으로 진출할 수 있게 해준다는 점을 보여준 것이다.

이렇듯 네 여성 모두 한국이 요구하는 역할을 '자발적으로' 떠맡은 인물로 그려진다. 2장에서 보여주었던 '자발적인'

대 '꼭두각시의'라는 규범 차원의 이항 코드로 이주여성의 행위를 정당화하고 있는 것이다. 사회구조와 제도를 탓하지 말고 개인의 자발적 행위로 어려움을 뚫고 나가야 한다는 규범적 차원의 이항 코드가 이주여성에게도 그대로 적용되고 있는 셈이다. 그 결과 한국사회의 구조적 문제는 감동적인 휴먼 다큐멘터리에 가려 보이지 않게 된다.

그럼 이자스민의 이야기를 자세히 살펴보도록 하자. 2007년 〈러브 인 아시아〉에서 보여주었던 것처럼, 여전히 4대 가족이 모여 살고 있다. 공적 영역에서는 국제결혼 이주여성 봉사단체 물방울 나눔회의 사무국장이자 다문화 강사로, 사적 영역에서는 대가족의 맏며느리, 아내, 엄마로 그려졌다. 특히 내레이션을 통해 이자스민이 '미스필리핀' 출신, 그리고 필리핀에서 '의대'를 다녔던 '엄친딸'임이 강조된다. 애초부터 다른 이주여성과 달리 사적 영역에서 친밀성의 전담자 역할만 담당할 존재가 아니라는 것을 강력히 보여준 것이다. 아니나 다를까 이자스민은 사적 영역에만 머무르지 않고 공적 영역에서 활발히 활동하고 있다. 한데 이자스민에게는 고민이 있다.

"어떤 교수님이신가 정부 관계자가 TV에 나와서 (다문화 가정) 2세들은 시한폭탄이라는 말을 하셨어요. 그에 대한 비유로 말했던 게 프랑스 폭동이 일어났을 때, 다문화 2세들의 폭동이 일어났을 때를 바탕으로 해서 그렇게 말씀하신 것 같아요. 그러니까 어떻게 보면 나는 시한폭탄 두 개나 낳은 여자, 배불러 낳은 여자인 거 아니에요. 그렇죠?"

이날 방송은 이자스민을 사적 영역과 공적 영역의 일 모두를 능수능란하게 처리하는 슈퍼맘으로 표상한다. 미스필리핀의 미모와 의대생의 지성을 겸비하여 한국 정치계에 도전할 만큼 포부가 크면서도 4대가 모여 사는 대가족의 며느리로서, '시한폭탄과 같은' 두 자녀를 한국 국민으로 바르게 키우고 있는 엄마로서 똑 부러지게 살고 있는 모습으로 그려진 것이다.

'슈퍼맘'은 '새로운 어머니 유형'[50]으로 노동시장에 진출한 여성이 시장 영역에서는 능력 있는 남성의 역할, 가정에서는 전통적 여성의 역할을 요구받는다. 시장의 질서에서 승리자가 되고 친밀성의 영역에서 지배자가 되기 위해서 여성은 '슈퍼우먼'이 될 수밖에 없다. 이는 가부장적 사회질서를 지탱한다는 맥락에서 여성이 불리한 게임을 하고 있다는 사실의 방증이기도 하다. 이러한 대본의 배경상징은 1920년대 신여성 담론까지 소급된다. 당시 잡지《신여성》에 다음과 같은 구절이 나온다.

원래 매사에 알뜰한 그는 살림살이도 아주 알뜰하게 하여 식모나 행랑어멈도 두지 않고 자기의 손으로 조석과 빨래를 다 하며 그동안에 낳은 아드님도 잘 자라서 벌써 네 살이나 되고 처녀 시대에 잘 앓던 몸도 아주 건강하다 하며 가정이 깨가 쏟아지도록 재미있게 생활을 한다고 한다.[51]

근대 교육을 받은 신여성이 자유연애에 탐닉하며 도덕적으로 타락한 존재가 아니라 집안일도 도맡아 하는 덕성 있는 존재로 그려지고 있는 것이다. 근대 교육을 받았다고 해서 집 밖에서만 활동하는 것이 아니라 가족도 잘 꾸려야 한다. 당대 신여성의 대표적 인물로 여겨지던 나혜석은 이런 모습을 잘 보여준다.

화가이자 현모양처로서 근대적 가정을 꾸려나간 나혜석의 삶은 신여성의 동경의 대상이었다. 당시에 밥도 제대로 하지 못할 것 같은 신여성에 대한 비난은 거세었지만, 나혜석의 작품 〈경희〉에서는 구여성 이상으로 살림을 하는 주인공(나혜석의 분신)이 슈퍼우먼으로 그려지고 있다. 나혜석은 구질서를 거부하고 자유롭게 사는 신여성상과 그 세대의 기대에도 부응하는 현모양처형 여성상 모두를 갖추어 결혼생활을 했다.[52]

공적 영역과 사적 영역 둘 다에서 성공을 거둔 여성, "사회적 성공과 더불어 모성을 가진 어머니로서의 역할"[53]을 부각시키는 슈퍼맘의 전조인 셈이다.

이러한 이상적인 슈퍼맘의 모습은 이자스민에게 고스란히 나타난다. 이자스민은 국제결혼 이주여성으로서 사적 영역에서는 며느리, 아내, 엄마로 공적 영역에서는 한국어 강사, 국제결혼 이주여성의 멘토 역할을 톡톡하게 해내고 있다. 가부장적 핵가족 안에서 효부이자 현모양처의 역할만 잘 수행하는 친밀성의 수호자로 그려졌던 이전 방송과 달리 공적 영역에 진출한 전문직 여성으로 표상된 것이다. 그런데 이 두 가지 역할이 전혀 대립되거나 갈등을 일으키지 않는다. 사실상 둘 다 다문화 2세를 길러내는 어머니이자 행복한 다문화 가정을 만들어가는 며느리의 역할로 수렴되기 때문이다.

청중은 이자스민의 슈퍼맘 역할에 박수를 보낸다. 행복한 국제결혼에 대한 해법을 제시했다는 것이다. 실제 방송 이후 온라인 포털사이트에는 '승근이 엄마', '행복한 국제결혼', '나는 한국 남자와 결혼했다' 등의 검색어가 등장하기도 했다.[54] 특히 네 명의 국제결혼 이주여성 중 이자스민이 가장 많은 주목을 받았다. '미스필리핀' 출신의 이주여성이라는 점이 청중의 관심을 더욱더 증폭시킨 이유라 할 수 있다. 그리고 이주여성 1호 지방의원 이라의 이야기도 비중 있게 다룬다.

반면 캐우차이의 이야기와 김진희의 이야기는 구색 맞추기로 언급된다. 왜 그런 것일까? 효부와 열녀의 역할을 맡은 캐우차이 그리고 한국의 시민적 능숙함을 배우고자 애쓰는 김진희는 더 이상 새로운 의미를 만들어내는 배역이 아니다.

이미 〈러브 인 아시아〉에서 많이 다루어졌던 진부한 에스닉 섹슈얼리티의 이야기일 뿐이다. 그러나 이자스민의 배역은 이들과 다르다. 개인화를 이룬 한국의 전문직 여성들에 거의 맞먹는 모습으로 표상되었다. 그럼에도 사적 영역과 공적 영역을 넘나들게 만드는 주된 자원은 여전히 에스닉 섹슈얼리티이다. 사적 영역에서는 한국 국민을 재생산하기 위한 에스닉 섹슈얼리티의 역할을 담당하고, 공적 영역에서는 다른 에스닉 섹슈얼리티의 적응을 도와주는 멘토 역할을 취한다. 행위의 자발성을 강조하지만, 사실상 국민국가가 이주여성에게 부과한 임무, 즉 한국 국민을 재생산하는 일을 떠맡은 셈이다.

열녀, 셀럽이 되다

슈퍼맘으로 한국사회에 성공적으로 안착한 듯 보였던 이자스민이 다시 공적 무대에 나타난 것은 2010년 8월 10일 뉴스 사건 보도에서였다. 이자스민은 우발적인 불행한 사건의 주인공으로 등장한다. 아래 기사는 그중 하나이다.

〈MBC 스페셜〉 '나는 한국 남자와 결혼했다' 편에 출연했던 이자스민 씨의 남편 고故 이동호 씨가 딸을 구하려다 숨졌다. 이동호 씨 가족은 지난 8일 더위를 피해 강원 영월군 김삿갓면 진별리 인근 옥동천을 찾았다. 그러던 오전 10시 10분께, 물놀이 중이던 11살 딸 이 양이 급류에 휩쓸리는 사고가 발생했다. 고인은 딸을 구하기 위해 3m 깊이의 급류에 입수했다. 이동호 씨는 급박한 순간에서도 딸의 몸을 물 밖으로 밀어냈다. 아버지의 노력으로 딸 이 양은 사고 직후 구조됐으나 이동호 씨는 가족의 곁으로 돌아오지 못하고 심장마비로 사망했다.[55]

사고 발생 두 달 후쯤 되는 2010년 10월 5일 〈러브 인 아시아〉는 또다시 이자스민을 공적 무대에 올린다. 12분 정도 시간을 할애한 이야기는 '이자스민의 홀로서기'라는 제목으로 방영되었는데, 이전과 달리 비극적 색조를 띠었다. 우발적인 사건으로 미장센이 돌변한 탓이다. 먼저 지난번 방영되었던 이자스민의 행복했던 결혼생활을 보여준 후, 급반전하여 남편의 사십구재 장면이 구슬픈 음악과 함께 이어진다. 침통하면서도 절제된 이자스민의 목소리가 흘러나온다.

"딸내미 말로는 아빠가 손으로 세 번 정도 나를 밀었는데…… 근데, (소용돌이가) 돌아가잖아요. 물속이라서 딸내미 밀면서 자기는 밑으로 빠졌죠. 밑으로 계속 들어갔죠. 거기 들어가서 안 나오는 거예요. 이미, 바로 사망했다고 병원에서 들었는데요. 그 이야기를 들어도 그냥…… 저는 영화에서 본 것처럼 그냥 펑펑 울 거라고 생각했었거든요. 울고 '아이고, 아이고' 하면서 울고 그럴 거라고 생각을 했는데 눈물이 안 나요."

담담한 듯했던 이야기는 눈물바다로 돌변한다. 한국에서 새로운 발판을 마련할 수 있도록 항상 노력해준 남편이 사라지자 이자스민은 하루에도 몇 번씩 남편의 빈자리를 느낀다며 하염없이 흐르는 눈물을 닦아낸다. 브라운관에서 평소보다 야윈 모습으로 눈물을 훔치는 이자스민은 바스라질 것 같았다. 상징적 생산수단은 이러한 이자스민의 모습을 클로즈업해서 보여준다. 하지만 이는 오래 방영되지 않는다. 희극 장르인 〈러브 인 아시아〉가 감당하기에는 너무 비극적이기 때문이다. 슬픔에 잠겨 골방에 갇힌 이자스민의 모습을 마냥 보여줄 수만은 없다.

이자스민의 이야기는 또다시 급반전되어 '씩씩하게' 일상을 살아가는 모습이 나온다. 공적 영역으로 진출한 에스닉 섹슈얼리티의 이전 모습 그대로였다. 남편을 잃은 슬픔도 잠시, 이자스민은 다시 다문화 강사로 살아간다. 카메라는 이자스민이 선거연수원에서 공무원들에게 다문화 관련 특강을 하는 모습을 비춘다. 다문화에 대해 알고 싶어 하는 사람이 있다면 어디라도 가서 강연할 수 있다는 마음가짐도 보여준다. 또한 주로 젊은 사람들이 자원하는 G20 정상회의 자원봉사에 지원하는 모습도 방영된다. 격려해주던 남편 없이 홀로 일상을 꿋꿋이 살아가는 모습을 보여준 것이다. 이는 "모순된 양 극단, 용맹스러운 여성과 비탄에 잠긴 여성, 능력 있는 여성과 위험에 처한 여성 사이를 왔다 갔다 하면서 활기를 띠는"[56] 멜로드라마 여성 주인공의 전형적 속성 중 하나이다. 여성 주인공의 이러한 모습은 실제 세계에서 젠더관계의 변화를 드러냄과 동시에 역설적이게도 전통적인 젠더 제약이 여전한 상태에서 여성 위력에 대한 유토피아적 판타지를 반영하는 것이기도 하다.

"내가 무조건 하고 무조건 남편이 뒤처리할 거라고 믿고 그렇게 생각을 하면서 살고 싶고…… 남편이 원했던 것 가기 전에 원했던 것도 가능한 한 내가 해주고 싶어요."

이 용맹함의 원천은 물론 가족이다.

"아이들이 저를 위해 힘을 내는 모습을 보고 저도 힘을 내려 노력하고 있어요."

"저한테는 시부모님도 있고 시동생도……(눈물) 저를 지켜주고 챙겨줄 가족이 굉장히 많아요. 저를 응원하는 가족 친구들을 위해서라도 열심히 살아보려고요."

이자스민이 지닌 전통적 덕성은 예기치 않은 곳에서 보상을 받는다.

"방송을 그만두고 방에 틀어박혔어요. 그렇게 3개월이 지났죠. 그런데 어느 날 나와보니 딸애가 혼자 주방에서 달걀 프라이를 부치고 있고, 아들은 울적한 표정을 한 채 교복을 입고 있는 것이었어요. 마침 그 무렵 'G20 정상회의'의 부속 행사 중의 하나로 한국의 다문화 사회에 대한 강연 요청이 들어와 있었고 이를 받아들였습니다."[57]

실제로 이자스민은 G20 정상회의를 앞둔 광화문광장 특강에서 사회 저명인사들과 함께 대중 앞에 섰다. 이런 활동이 빛을 발해 급기야 2010년 12월 17일 이자스민은 '이명박 옆에 앉은 여자'로 공중의 관심을 끌어모으게 된다. 문화부 업무 보고에 물방울 나눔회의 사무총장 자격으로 이명박 대통령 옆에 앉은 것이다. 다른 업무 보고 장에 참석한 여성들은 모두 각 부처와 관련 있는 곳에서 근무하는 '성공한 여성'이었다. 이곳에서 이자스민이 어떤 의견을 제시했는지 '내용'을 밝히는 미디어는 없었다. 단지 '대통령' 옆에 국제결혼 이주여성 이자스민이 앉았다는 사실이 알려질 뿐이었다. 이는 어려움 속에서도 굴하지 않고 가족을 이끌어가는 이자스민의 '진정성'을, 행위의 진정성을 의심받고 있던 '꼼수' 이명박 대통령과 인접시킴으로써 환유적 의미를 창출하기 위한 것이었다.

환유는 관계가 없어 보이는 존재들을 단순히 인접시킴으로써 새로운 의미를 창출하는 수사 양식이다. 남편의 죽음에 좌절하지 않고 한국사회가 기대하는 슈퍼맘의 역할을 맡아 진정되게 공연하는 이주여성 이자스민. 반면 온갖 편법과 꼼수로 사적 이득을 추구하면서도 입만 열면 국민을 위한 경제 성장을 외쳐대며 위선적으로 공연하는 대통령 이명박. 두 배우의 성격은 너무나 달라 둘을 인접시키면 의미의 긴장이 발생한다. 이 긴장에서 새로운 의미가 창출된다. 사회적 권력이 노린 것은 바로 이러한 새로운 의미의 창출이었다. 둘을 인접시킴으로써 이자스민의 진정성을 이명박에게 상징적으로 전염시키고자 한 것이다. 워낙 꼼수를 많이 써서 진정성이 의심받는 상황이지만, 옆에 앉은 이자스민을 보면 고개를 갸웃거리면서도 어느 정도 이명박의 진정성을 신뢰하게 된다. 이자스민은 진정성을 지닌 배우답게 마치 아무런 사적 이해관계를 추구하지 않는다는 듯이 순수하게 대통령 옆자리에 출연했다. 아무런 권력도 지니지 않은 일개 이주여성이 마치 대통령과 친분이 있는 유력 인사인 것처럼 보이게 되었다.

　사회적 권력의 이러한 연출은 이자스민에게 더욱 효력을 발휘했다. 6개월 뒤 온갖 뉴스 매체에 이자스민이 다른 국제결혼 이주여성 3명과 함께 서울시 외국인 계약직 공무원으로 채용되었다는 소식이 올라왔다. 얼마 후 이자스민은 영화 〈완득이〉로 스크린에 데뷔한다. 완득이 엄마는 필리핀에서 온 국제결혼 이주여성이다. 남편이 될 사람이 장애인이라는 사실을 알지 못한 채 '사기 결혼'을 당한 피해자로 그려진다. 그렇지만 남편이 장애인이라는 사실보다 춤을 추며 밥을 벌어먹고 산다는 사실을 받아들이지 못해 남편을 떠난 인물로 묘사된다. 필리핀인 엄마, 장애인 아버지, 지능이 모자란 삼촌은 '다문화가정'이라는 이름으로 가족이 된다. 집을 나갔던 완득이 엄마가 완득이와 다시 만난다. 그리고 필리핀인 엄마를 부끄러워하지 않는 완득이의 모습이나 아버지와 엄마가 티격태격하면서도 서로를 향해 따뜻한 말을 주고받는 결말에는 이 가정이 다시 결합될 것을 암시한다. 영화 〈완득이〉는 휴먼 다큐멘터리 〈러브 인 아시아〉와 마찬가지로 희극 장르를 선택해 다문화가정의 안정이 곧 사회 통합의 밑거름이 된다고 넌지시 일러준다.

〈완득이〉의 대중적 성공은 이자스민에게는 '완득이 엄마'라는 별칭을 선사했다. 남편을 잃은 가련한 여성에서 별정직 공무원을 거쳐 유명 영화배우로 인생이 급반전한 것이다. 대중의 호기심을 한 몸에 받는 셀럽으로 거듭나자 2011년 9월 《인물과 사상》에 인터뷰가 실리고, 그해 11월 15일 KBS 〈여유만만〉에 출연한다. 2003년 11월 3일에 첫 방영된 〈여유만만〉은 '연예오락' 프로그램으로 시작했다. 〈러브 인 아시아〉에서는 스튜디오에서 행해지는 토크쇼가 리얼리티 영상을 지지하고 승인하는 역할을 한다면, 〈여유만만〉에서는 토크쇼가 중심이 되어 진행되다가 리얼리티 영상이 이를 뒷받침하는 역할을 한다. 〈여유만만〉에는 연예인이 주로 나오기 때문에 〈러브 인 아시아〉보다 훨씬 오락적 요소가 강하다.

'부모님·남편의 나라, 한국은 나의 운명'이란 제목으로 방영된 이날 프로그램에는 이자스민 외에도 두 명의 '혼혈인' 남성이 나온다. 한국인 어머니와 영국인 아버지를 둔 리차드 션과 한국인 아버지와 프랑스인 어머니를 둔 아드리안 리가 그들이다. 이자스민과 이 두 사람은 몇 가지 공통점을 지닌다.

먼저 모두 국경을 뛰어넘는 낭만적 사랑을 통해 가족을

구성했다. 리차드 션은 영국인 아버지와 한국인 어머니를 두 었는데, 이들은 미국에서 극적으로 만나 사랑에 빠져 결혼했 다. 아드리안 리는 테니스 한국 국가대표이면서 학생이었던 아버지와 연세대 프랑스어 교수로 재직 중이던 프랑스인 어 머니 사이에서 태어났다. 그의 부모는 국적·언어·신분의 차 이를 뛰어넘어 결혼했다. 이자스민은 이들과 달리 본인이 국 제결혼의 당사자인데, 남편의 열렬한 구애로 부부의 연을 맺 었다.

둘째, 세 명의 주인공 모두 엄친아, 엄친딸이다. 리차드 션 은 미국의 명문대에서 경영학을 공부했고, 아드리안 리는 프 랑스 대학에서 산업공학 석사학위를 받았으며, 이자스민은 필리핀 명문 의대에 입학할 정도의 재원이다. 또한 셋 모두 진행자들의 감탄을 이끌어낼 정도로 외모가 출중하다.

셋째, 이들은 모두 한국 연예계에서 성공했다. 리차드 션 은 한국 드라마에 출연하여 제2의 다니엘 헤니로 불릴 정도 로 기대를 모으고 있다. 아드리안 리는 전 세계 188개국에 방 송되는 라디오를 영어로 진행하는데 2011년 서울 드라마 어 워즈 레드 카펫 행사를 진행할 정도로 능력을 인정받았다. 이자스민 역시 영화 〈완득이〉의 성공으로 유명세를 높이고 있었다.

이날 프로그램에는 한국으로 오게 된 계기, 국제결혼 가 족을 구성하게 된 과정, 한국에서 좌충우돌하며 살아가는 모습에 대해 유쾌한 토크쇼가 진행되었다. 이후 미리 촬영된 영상에서 아드리안 리가 리차드 션과 함께 재래시장에서 직접 장을 봐서 한국 음식을 해먹는 모습이 방영된다. 이어 한국 동료 방송인들은 아드리안 리가 한국의 국위를 선양하는 것에 대해 칭찬한다. 이어서 이자스민의 낭만적 사랑과 좌충우돌 결혼생활에 대한 토크쇼가 진행되고, 바로 영상이 방영된다. 이자스민 역시 리차드 션과 아드리안 리와 마찬가지로 업무 처리, 언론사 인터뷰, 라디오 방송 출연 등 당당한 커리어 우먼의 모습으로 나온다. 여기까지 세 주인공의 이야기는 유쾌하고 즐겁고 씩씩하다는 점에서 동일하다.

하지만 이자스민의 영상은 갑자기 비극적인 남편의 사고사를 언급하며 급반전한다. 이자스민은 겉보기와 달리 뭔가 어두운 비밀을 심층에 감추고 있는 존재로 그려진다. 그제야 이자스민은 단순히 국제결혼을 한 존재가 아니라 저열한 아시아 출신 다문화가족의 일원이라는 점이 노출된다. 출신, 젠더, 피부색을 뛰어넘어 하나의 범주로 묶였던 리차드 션, 아드리안 리, 이자스민의 연대에 금이 가기 시작한다.

스튜디오로 다시 돌아오자 보조 MC인 조영구가 어두운 이면을 표면으로 끌어올리는 질문을 던진다.

"남편이 세상을 떠나고 난 이후에 사람들의 말에 상처를 많이 받으셨다면서요?"

이자스민이 담담하게 답한다.

"네. 사실은 한국에 열아홉 살 때 왔는데, 작년이면 16년, 17년차에 살고 있는데…… 사람들이랑 방송하면 '아이고, 한국 사람 다 되었네, 한국 사람이다, 한국 사람보다 더 한국 사람이다' 그런 말 굉장히 많이 하셨거든요. 근데 남편이 딱 떠나고 나서 첫 번째 질문이 '이제 어떻게 할 거야? 필리핀으로 들어가야지?'라는 말씀을 하세요. 저한테 질문하면 되는데, 질문 형식이 아니라 당연히 그렇게 해야 된다고 그렇게들 생각하세요. 어떻게 보면 저는 반평생을 한국에서 보냈고 우리 아이들도 지금 한국 사람인데, 전혀 그런 게 아니고 그래도 '여기서 열심히 일해야지, 한국에서 잘 지내야지, 살아야지' 그렇게 이야기 못해줄망정, 필리핀으로 가야지라고 말하면……"

남편을 잃고도 여느 날과 다름없이 일상을 꿋꿋이 살아가야 하는 젊은 이주여성은 주변 모두의 걱정거리이다. 이주여성을 독립된 한국 국민이 아니라 한국인 남편에게 부착된 존재로 보기 때문에 가부장 없는 이주여성의 삶을 지켜보기가 껄끄러운 것이다. 이에 아랑곳하지 않고 이자스민은 한국에 남는다. 왜 그랬을까? 우선 이를 강제하는 구조적 현실이 있다. 필리핀을 떠나온 지 너무나 오래되었기에 돌아가봐야 떠나왔던 고향은 더 이상 그 고향이 아니다.

"사실 필리핀으로 들어가도, 아무리 가족이 있어도 제가 지금 아이 둘을 책임져야 하는 상황이기 때문에 제가 일을 하고 이렇게 해야 되는데…… 필리핀에 부모님은 계시지만 사실 돌아갈 곳은 없어요."

이자스민은 다시 한 번 한국 국민의 재생산에 몰두하는 것을 임무로 하는 에스닉 섹슈얼리티를 자임하고 나선다. 물론 여기에는 시아버지를 비롯한 가족의 지원이 절대적이다. 메인 MC 조우종이 마지막으로 한국에 사는 매력이 무엇인지 묻자 이자스민은 답한다.

"나도 할 수 있다, 도전할 수 있다는 장이 이렇게 한국에는 많이 있어요. 그 가능성이 어디까지 갈 수 있는지, 얼마나 빨리 찾아올지…… 한국은 무조건 빨리빨리잖아요. 그 가능성이 매력적으로 보이고 저희 아이들에게도 그 가능성이 어떻게 보일지 기대돼요."

한국을 이주자와 그 자녀에게도 성공할 수 있는 기회를 균등하게 주는 '정의로운 나라'로 표상한 것이다. 그러자 사회자를 비롯해 출연자들 모두 이자스민을 돕겠다고 말하며 훈훈하게 프로그램은 끝이 난다.

에스닉 섹슈얼리티,
국회의원이 되다

이자스민의 이러한 다짐은 단지 말만이 아니었다. 2011년 12월 9일 박원순 서울시장과 서울 거주 외국인 100여 명이 참석하는 '2011 서울타운미팅'에서 사회자로 나섰는가 하면, 12월 26일에는 제주CBS의 창립 10주년 기념 특별기획 다큐멘터리에서 〈우리는 외국인 선원, 노예가 아닙니다〉의 내레이터로 등장한다. 한 여성잡지와의 인터뷰에서 이자스민은 슬픔을 극복하고 이렇게 활발하게 사회 활동을 할 수 있는 이유를 털어놓는다. "'네가 못하면 누가 하느냐'라는 말은 이제 시아버님께서 해준다."[58] 하지만 이자스민은 구조적 강제와 사회적 지지가 자신을 한국에 남도록 만든 전부가 아니라고 말한다. 오히려 자신은 스스로 선택해서 한국에 남았다는 사실을 강조한다. 이를 위해 이자스민은 에스닉 섹슈얼리티의 역할을 더 완벽히 해내겠다는 자신만의 대본을 만들어 낸다.

"남편 보란 듯이 우리 아이들 더 잘 키울 거예요. 다른 사람들 보란 듯이 우리 가정 더 따뜻하게 가꿀 거예요. 필리핀 보란 듯이 한국에서 더 잘살 거예요. 제가 마음만 먹으면 뭐든지 열심히 하고, 잘해내거든요. 오기가 좀 있어요."[59]

이러한 대본의 출처는 어디일까? 18세기 《여사서》는 다음과 같이 말한다.

부부가 혼인으로 맺어지면 그 의리는 천금보다 중요하다. 살다가 여의치 않게 불행이 닥쳐 남편이 먼저 세상을 뜨게 되면, 삼 년 동안 참최斬衰의 예를 행하고, 의지와 마음을 단단히 간수해야 한다. 집안을 보호하고 가업을 유지시키며 산소를 잘 돌보고, 정성스럽게 자식을 가르친다면 산 자와 죽은 자 모두에게 영광이 될 것이다.[60]

남편이 죽어도 시가에 남아 시부모 공경하고 자녀 양육하며 살아야 한다는 18세기 조선시대 양반가의 규범[61]을 이 자스민이 알고 이로부터 대본을 만들어 실천하지는 않았을 것이다. 그녀가 활용한 배경상징은 오히려 필리핀의 가족주의 문화일 것이다. 필리핀의 가족구조는 핵가족이 지배적이긴 하지만, 기능적으로는 사실상 확대 가족에 가깝다. 결혼하고서도 대개 마을 단위의 공동체 내에서 친족들과 강력한 정서적·물질적 연대를 구축하며 살아가기 때문이다. "핵가족은 생산과 소비, 양육과 가사 등 가족과 관련된 일에 있어서 독립적이지 않으며 가까운 친척들과 부분적으로 노동, 소비, 식사, 육아 등을 함께하는데 이 과정에서 여성의 사적 역할은 강조된다."[62]

필리핀은 동북아의 유교 나라들과 달리 "부계와 모계를 모두 친족 범주에 포함시키는 공계적인 특성을 지니고 있다".[63] 가족family은 함께 한 공간에서 살아가는 가계household만으로 한정되지 않는다. 오히려 가족은 공간(거주지)과 시간(세대)의 한계를 넘어 '일반화된 교환generalized exchange'을 하는데, 이 때문에 한 가계만으로 감당할 수 없는 위기를 극복할 수 있게 된다.[64] 남편이 죽었음에도 시가에 계속 남아 대가족의 성원으로 살 수 있는 것은 이렇듯 일반화된 교환을 당연한 사회적 사실로 간주하는 필리핀의 가족주의 문화를 적극 활용했기 때문일 것이다.

한국 관객의 호응은 뜨거웠다. 하지만 필리핀의 가족주의 문화를 이해해서 그런 것이 아니다. 오히려 한국사회의 배경표상으로 전승되어 내려오는《여사서》의 '열녀 문화'를 통해 이자스민을 해석했다. 2011년 11월 23일 KBS 감동대상에서 '한울타리상'을 받는가 하면, 그해 12월 말에는 여성신문에서 주는 '미래를 이끌어갈 여성지도자상'을 수상한다. 그러자 마침내 사회적 권력도 이자스민을 활용하기 위해 나선다. 미래를 이끌어갈 여성지도자상 시상식이 끝나고 20여 일이 지났을까? 각 언론은 새누리당[65]이 이자스민을 2012년 4·11총선의 비례대표 후보로 영입한다는 소식을 알렸다. 새누리당의 논리는 '정치적 소수자'와 '사회적 약자'를 배려하고 다양한 계층의 정치 참여를 확대한다는 것이었다.[66] 사회 통합을 목표로 내세운 것이다. 이때 이자스민과 함께 구두수선사 김병록, 북한 이탈주민 여성 1호 박사 이애란이 후보로 거론되었다. 4·11총선을 위해 '감동 스토리'가 있는 소외 계층을 비례대표로 발굴하겠다던 새누리당에 성공한 국제결혼 이주여성, 행복한 다문화가정을 표상하던 이자스민이 떠오른 것은 예상 밖의 일은 아니었다. 2010년 지방선거 때에도 비례대표 후보로 거론된 적이 있었으니 말이다. 그리고 2012년 3월 20일, 드디어 새누리당 비례대표 공천의 최종 합격자가 발표되는데, 이자스민은 당선 안정권인 15번에 이름을 올렸다.

남편이 세상을 떠난 후 이자스민은 역설적이게도 더욱 공적 무대에 자주 출연하게 된다. 그런데 이제는 희극 장르의 프로그램에서 벗어나 뉴스의 저명인사 동정란에 등장한다. 적극적으로 개입하지 않던 사회적 권력이 마치 연출자처럼 등장한다. 사회적 권력은 이자스민의 공연 무대를 확장시켜 이주여성으로서 활발하게 사회 활동을 하라고 요청한다. 왜 이렇게 사회적 권력이 앞장서 이자스민을 공적 무대에 올린

3장. 민족주의 | 이주여성은 어떻게 한국사회에 편입되는가

것일까?

이자스민은 미디어에 등장할 때마다 필리핀에서 의대를 다닌 재원이자 미스필리핀에 뽑힐 정도의 미인이라는 소개가 훈장처럼 따른다. 그리고 남편이 불의의 사고로 사망했음에도 흔들리지 않고 두 자녀를 키우면서 시부모를 모시고 살고 있다는 이야기가 덧붙여진다. '지적인 여성', '성적인 여성', '열녀적(희생적) 여성'에 대한 세 가지 환상이 이자스민에게 투영되어 나타난 것이다. 이러한 환상은 조선시대 한문소설에도 나올 만큼 오래된 것이다. 남성이 보낸 한시에 화답할 수 있는 여성, 성적 매력을 느낄 만큼 예쁜 여성, 그리고 열(烈)을 지킬 수 있는 여성은 남성이 원하는 여성상이다.[67]

이자스민은 지적이고 성적인 존재임은 물론, 가부장의 부재 속에도 굳건히 가정을 지키는 열녀로 표상된다. 이자스민은 이러한 배역을 아주 성공적으로 수행한다. 사회적 권력의 요구와 배우의 자발적 의지가 잘 결합된 것인데, 이러한 결합의 뿌리는 17세기 조선에까지 이를 정도로 깊다.

여성이 사회나 국가로부터 어떤 보상을 바라고 열행을 실천한 것은 아니었다. 열행에 대해서는 정문(旌門), 복호(復戶), 음식물 하사와 같은 국가의 보상이 있었으나 그것은 여성이 바친 생명에 견준다면 사실 초라하기 짝이 없는, 보상이랄 수도 없는 것이었다. 또한 그 보상이 모든 열행에 대해 일률적으로 주어진 것도 아니었고, 열녀로 공인받는 과정도 매우 복잡하고 까다로웠다. 따라서 보상이 없음에도 불구하고 17세기 이후 열녀가 폭발적으로 발생했던 원인은 자발적 행위라는 것 이외에는 달리 설명할 길이 없다. 그 자발성은, 열행이 그 자체로서 인간이 실천해야 할 정당한 행위, 가치가 있는 행위라는 관념에서 나온 것이었다.[68]

한국 관객은 자신들에게 익숙한 전통적인 배경상징을 통해 이자스민을 해석한다. 남편이 죽었음에도 시부모를 모시고 살아가는 전통 시대의 이상적 삶은 현대 한국 여성이 실천하기 어려운 것이지만, 이주여성 이자스민은 이를 살아 있는 현실로 되살려낸다. 대본의 원천이 되는 배경상징은 서로 다르지만, 그 대본을 실천하는 배우의 진정성이 강력히 표출된다. 그러자 비극적 삶에 처한 가련한 이주여성의 강력한 삶의 의지, 전통적인 열녀 도덕을 실천하고자 하는 한 평범한 인간의 선한 의지 앞에 인간에 대한 존경이 저절로 우러나온다. 멜로드라마의 핵심은 "우리 마음을 움직여 '위험에 처한 희생자들의 미덕을 동정'하게 하고 '역경과 고통을 통해 미덕의 상연과 회복'을 성취하는"[69] 데 있다. 유교라는 전통적인 배경상징으로의 '문화적 확장'과 뛰어난 배우에 대한 관객의 '심리적 동일시'가 성공적으로 동시에 이루어지는 순간이었다.

새누리당 비례대표 후보로 공천이 확정된 이후 이자스민은 폭넓은 행보를 보여준다. 서울 핵안보정상회의에 참석한 제조마르 비나이 필리핀 부통령이 필리핀 대사관에서 가진 신문사와의 인터뷰 현장에 이자스민이 등장했다. 이틀 뒤 28일, 이자스민은 여의도 새누리당사에서 열린 비례대표 후보자 현장 간담회에 참석한다. 비례대표 후보자들 중에서 가장 많은 스포트라이트를 받은 이자스민은 차분하게 정책 포부를 밝힌다.

하지만 사회적 공연이 마냥 순탄한 것만은 아니었다. 19대 총선 공식 선거운동이 시작되어 이자스민이 거리에서 김을동 새누리당 후보의 선거 유세를 돕고 있던 그 시각, 사이버 공론장은 이자스민의 '학력 위조 논란'으로 뜨겁게 달아올랐다. 비례대표 후보로 선출되고 며칠 뒤 의대생 출신이었던 포털사이트의 학력이 생물학과 출신으로 변경된 것이 의혹의 시발점이 되었다. 네티즌들은 비례대표를 얻기 위해 이런 일을 벌이지 않았겠냐며 비난의 목소리를 높이기 시작했다.

이자스민은 한국사회에서 민감한 문제인 '학력 위조'의 덫에 걸려든다. 이자스민 배우의 진정성이 의심받기 시작한다. 이 의심은 한국에 표상되었던 이자스민에 대한 모든 것으로 급속히 번져나간다. 필리핀에서 진짜 대학생이었나? 친정은 어떤 집안인가? 남편과 첫 만남 스토리는 사실인가? 미스필리핀 출신이 맞나? 남편이 죽은 사건도 조작된 것 아닌가? 이러한 의혹들은 블로그와 SNS와 같은 상징적 생산수단을 통해 널리 퍼져나갔다. 공연 구성 요소들의 융합이 삐걱거리기 시작하는데, 무엇보다도 관객의 분절이 컸다. 배우의 진정성에 대한 의심 때문이다. 일부 관객들에게 이자스민은 마치 국회의원이 되기 위해 국제결혼까지 한 영악한 여자로 비춰졌다. 그리고 한국사회를 상대로 '대사기극'을 벌이는 사기꾼으로 묘사되기도 했다. 인터넷에는 연일 '인종차별'에 가까운 댓글들이 달렸고 제1야당에서는 공식 사과를 요구하는 논평을 내놓았다.

이렇듯 관객이 분절되었음에도 이자스민이 국회에 진입하는 것을 막을 수는 없었다. 우선 새누리당을 비롯한 사회적 권력의 힘이 컸다. 새누리당은 이자스민을 공천한 이유가 필리핀 명문 의대생이었기 때문이 아니라 "100만이 넘는 이주 외국인들을 대변하고, 16만이 넘는 이주여성들을 대한민국은 결코 외면하지 않는다는 것"[70]을 보여주기 위함이라고 밝혔다. 더 나아가 이자스민 배우의 진정성을 의심하는 것을 야권 세력의 정치적 술수로 돌렸다. 자신은 가치에 따라 행위하는 성스러운 존재이고 상대방은 도구적으로 행위하는 속된 존재라는 전략을 쓴 것이다.

이자스민 배우의 개인적 역량도 큰 몫을 발휘했다. 이자스민은 제기된 의혹에 대해 선거 기간 동안 일절 대응하지 않음으로써 위기 속에서도 '평정'을 유지할 수 있는 정치인의 자질을 보여주는 데 성공했다. 이러한 자질은 2006년 얼굴에 자상을 당했음에도 평정을 잃지 않고 5·31지방선거를 승리로 이끌었던 여성 정치인 박근혜를 통해 이미 한국에서 통할 수 있다는 것이 널리 입증된 바 있다.[71]

하지만 사회적 공연의 관점에서 볼 때 이자스민이 한국 시민사회에 편입될 수 있었던 것은 우여곡절이 따르지만 결국 해피엔드로 끝나게 될 멜로드라마의 장르 관습을 따르고 있다는 점이 결정적이다. 한국 관객은 이자스민이 비극적 삶으로 마감하는 것을 보고 싶어 하지 않는다. 멜로드라마의 주인공답게 운명 앞에 비극적으로 추락한 가련한 여성에 대한 한국 관객의 심리적 동일시는 너무나 강력하기 때문이다. 그리고 이 비극이 진정한 가부장을 만나 행복한 결말을 맺어야만 한다고 기대한다. 여성을 가부장의 보호 아래 두는 강력한 배경상징 덕분이다.

이는 1930년대 일제강점기 조선의 '가족 멜로드라마'에서 전형적으로 나타나는 배경상징이다. 가부장의 부재로 고통받던 여성이 오빠나 시아버지와 같은 또 다른 가부장의 품안에 들어가면서 문제적 상황에서 벗어난다.[72] 이자스민도 시아버지의 도움을 받아 파멸을 벗어난다. 더 나아가 진정한 가부장인 국민국가가 이자스민을 품었다. 이자스민이 애초에 한국에 출현한 것 자체가 재생산의 위기를 이주여성의 도입을 통해 해결하려는 국민국가의 정책 덕분이다. 그렇기에 국민국가가 요구하는 에스닉 섹슈얼리티의 역할을 충실히 수행한 이자스민이 한국에서 비극적 삶을 살아가서는 안 된다. 에스닉 섹슈얼리티로서 당당히 국회에 입성해야 할 이유다. 가족 공동체의 미래를 위해 자기 한 몸 희생하는 이자스민의 삶은 한국 일반 국민에게 국가 공동체의 미래를 위해 다시 한 번 헌신하라는 전도顚倒된 요구로, 압박으로 다가온다.

이방인, 국민국가를 이지러트리다

2012년 7월 국회 입성 3개월 만에 이자스민은 대표 발의한 법률안인 '가정폭력 방지 및 피해자 보호 등에 관한 법률 일부 개정 법률안'을 시작으로 여성, 가족, 청소년, 이주자를 위한 법률안을 잇달아 발의한다. 특히 2012년 8월 16일 '일제하 일본군 위안부 피해자에 대한 생활 안정 지원 및 기념 사업 등에 관한 법률 일부 개정 법률안'(이하 일본군 위안부 법안)을 대표 발의한다. 일본군 위안부 법안은 2012년 6월 서울 종로구 일본 대사관 앞 위안부 소녀상에 말뚝 테러가 발생한 것이 시발점이 된다. 일본 당국뿐만 아니라 일본군 위안부를 부정하는 일본 내 우익 세력 등에 의해 위안부 피해자들의 명예가 훼손될 우려가 있어 국가가 직접 나서서 소송을 지원할 수 있어야 한다는 것이 이 법안을 제출하게 된 계기이다.[73]

이 법안은 어느 정도 수정되기는 했지만 별다른 반대 없이 가결된다. 한국의 민족주의와 관련된 위안부 문제에 적극적으로 개입하면서 이자스민은 여성과 민족의 고통에 동참하는 인물이 되었다. 이주자 사회 통합에 머물지 않고 민족 통합에 앞장선 이자스민의 행보는 이주자 출신 대한민국 국회의원의 이상적인 모습이었다.

이자스민이 보통 한국의 국민적 소수자였다면 여기에서 사회 통합의 공연은 끝났을 것이다. 그러나 상황은 또다시 급반전된다. 2013년 11월 이자스민은 새로운 결의안을 제출하면서 몰염치한 국회의원이 된다. 2013년 11월 8일 필리핀 중부 레이테주를 강타한 태풍 하이옌은 1만 2,000여 명의 사상자와 420만 명 이상의 이재민을 남겨두고 소멸되었다. 필리핀의 피해 상황은 각종 언론 보도나 SNS를 통해 급속도로 퍼져나갔고, 세계 각국은 태풍으로 쑥대밭이 된 필리핀에 도움의 손길을 내밀었다. 물론 한국도 정부는 물론 기업, 종교계, 구호단체까지 나서 적극적인 지원에 나섰다. 이러한 흐름에 발맞춰 당시 외교통일위원회에서 활동 중인 이자스민이 '필리핀 공화국 태풍 피해 희생자 추모 및 복구 지원 촉구 결의안'을 대표 발의했다. 이자스민 외 210명의 국회의원들이 내놓은 결의안 내용은 '인류애의 정신을 바탕으로' 이루어져 있었다.

그러나 사이버 공론장에서는 대한민국의 국회의원 이자

스민이 자신의 모국인 필리핀을 위해 일한다며 비난이 쏟아져 나왔다. 문제가 커지자 결의안 제출 하루 뒤인 15일 한 언론 매체가 이자스민에게 논란에 대해 어떻게 생각하느냐고 묻자 다음과 같이 답했다.

"저희가 결의안을 내기 전에 우리 국회 차원에서 최대한 할 수 있는 부분을 알아본바 지난 몇 년간에도 우리 국회 차원으로서 이런 대형 재해 일어난 지역들에 결의안이 나온 걸 보고 저희도 이것도 굉장히 아까도 말씀하셨지만 강력한 역사적으로 굉장히 강력한, (사상 최고의 태풍) 그렇죠, 최고. 그래서 이런 결의안도 문제가 되지는 않을 거라고 생각합니다."[74]

이렇듯 이자스민은 자신이 기획한 공연 대본은 문제가 없다고 생각한다. 하지만 한국 관객은 대본은 물론 기획자와 배우 모두를 '혈족적 민족주의'라는 배경상징에 비추어 해석한다. 그러자 인류애라는 보편성을 추구하는 행위가 한민족을 배반하는 행위로 비춰진다. 아무리 국회의원이 되었다 해도 민족의 핵심인 '공동의 선계common descent'라는 구성적 신화, 즉 "공동의 조상을 불러냄으로써 과거 사건과 현재 사건의 직접적인 연계를 수립하고, 더 나아가 이를 통해 미래의 집합적 행동을 기획하고 안내하는 일련의 도덕적 가이드라인과 의무"[75]를 공유할 수 없는 이자스민의 보편적 행위를 용납하기 어려운 것이다. 이자스민이 전 지구적 인류애를 실현하기 위해 기획한 대본은 '국민적 어휘'로 살아가는 한국 관객에게 문제적 상황을 야기한다. 국회의원이 되었다고는 하지만, 에스닉 섹슈얼리티가 감히 인류애라는 보편성을 추구하다니! 인류애를 주창할 수 있는 배우는 한국 정치 공동체의 성원이면서 같은 혈족의 반기문과 같은 지구적 엘리트여야 하는 것 아닌가?

이자스민의 수난은 거기서 끝나지 않았다. 2014년 1월 여성가족위원회 법안심사소위원회에서 남윤인순 의원이 대표 발의한 '일본군 위안부 기림비 설치 촉구 결의안'에 이자스민이 반대 의견을 제시했기 때문이다. 자신이 외교통일위원회에서도 일을 해보니 여성가족위원회와 외교통일위원회의 이해관계가 상충되어 적극 지지하기가 애매하다는 게 이유였다. 외교적 차원에서 위안부 기림비를 설립하게 되면 일본과의 외교 마찰이 우려된다는 의견을 함께 표명했다. 이자스민은 외교적으로 한국 국민국가의 이익을 지키기 위한 것이라는 점을 분명히 했다.

그러자 관객은 순식간에 이자스민을 민족 반역자인 친일파로 규정한다. 관객은 들끓어 올랐다. 필리핀 태풍 피해 때는 발 벗고 나서 인류애와 인도적 차원을 강조하던 이자스민이 이 경우에는 왜 그렇지 않은지 이해하기 어려웠던 탓이다. 이자스민의 의도는 '국가'의 외교적 이익을 위한 것이라 할지라도 한국 '민족'의 이익을 훼손한 것으로 받아들여졌다. 그러나 1960년대 김종필이 한국의 국익을 위한다는 명분으로 굴욕적인 한일외교협정을 체결했을 때 결국 이를 용인한 것에서 보듯, 사실 이는 한국 관객에게 낯익은 것이었다. 문제는 배우가 같은 혈족이 아니라는 사실에 있다.

2014년 12월 초 이자스민은 가장 큰 논란에 휩싸인다. '청와대 문건 유출 사건'으로 세상이 시끄러운 때, 이자스민이 '의뭉스러운 법안'을 제출했다며 사이버 공론장이 들썩거렸다. 당시 '한국판 이민법' 또는 '미친 이자스민 법'이라 불린 법안은 사실 이자스민이 아니라 새정치민주연합의 정청래 의원이 대표 발의한 '아동복지법 일부 개정 법률안'이었다. 정청래는 이 법안을 2014년 11월 18일 발의했는데 이자스민이 제출한 것으로 오인된 것이다. 이자스민 의원실에서는 이주아동권리보장기본법안을 만들기 위해 2014년 여름 열었던 공청회의 내용이 유출되면서 오해가 생긴 것 같다고 해명했다.[76] 이자스민의 의원실에서는 논란에 대해 "법안을 발의하지 않았는데, 발의자로 지목돼 비판을 받고 있는 상황에 대해선 '의원님은 이제 숙명으로 받아들이고 계신다'"[77]고 밝혔다.

지구적 정의를 실현하고자 공연을 펼친 정청래는 사라지고 다문화의 아이콘 이자스민이 관객에 의해 새로운 배우로 공연에 불려나온 것이다. 이에 배우 이자스민은 당황하지 않고, 2014년 12월 18일 '이주아동권리보장기본법안'을 실제로 발의한다. 이 법안은 정부와 지방자치단체가 UN의 '아동의 권리에 관한 협약'에 따라 필요한 지원을 하도록 권고한 것에 바탕을 두고 있다. 한국에서 태어난 미등록 이주아동의 출생신고를 가능하게 하고, 불법 체류자 신분인 이주아동이 부모와 함께 한국에 계속 머물 수 있도록 대통령령에 따라 특별 체류 자격을 부여하는 것이 핵심이다. 이주아동에게 의무교육, 의료 지원 등의 사회적 지원을 보장하겠다는 것이다.

어쨌든 이자스민이 연출하고 연기한 대본과 배역이 관객을 사로잡는 데 성공한다. 이미 정청래의 법안이 관객의 주의를 집중시킨 가운데, 진정성을 의심받는 배우가 계속해서 지구적 정의를 실현하는 자로 공연을 펼치고 있다는 사실은 그 공연을 지켜보고 있는 관객을 혼란스럽게 만든다. 관객은 양분된다. 어떤 관객은 보편적 인류애를 주장하는 이자스민에게 국민국가를 넘어선 상상을 하지 말라고 요구한다. 관객은 이자스민을 실정법 중심의 국가주의에 혼란을 불러일으키는 존재로 받아들인다. 한국의 정치 공동체 성원으로 지녀야 하는 법적 지위를 뒤흔드는 위험한 존재로 보는 것이다. 관객은 누가 국민인지, 누가 정의를 실현해야 하는지, 누가 경제적 배분의 수혜를 입을 수 있는지 혼란을 느끼기 시작한다. '무단 입국자'로 묘사되는 이주아동의 권리만 보장할 뿐 국가에 대한 아무런 의무를 수행하지 않아도 되는 법안으로 해석되었다.

인터넷 커뮤니티를 중심으로 확산된 '이자스민의 미친 법안'의 소문은 입법예고시스템에 1만 4,192개의 반대 의견을 끌어모으는 위력을 발휘했다.[78] 대개가 불법 체류자의 자녀들에게 한국인과 똑같은 혜택을 부여한다는 사실에 거부감을 드러내고 있다. 특히 2014년 3월, 미국의 이민개정법안 논의에서 5년 이상 불법 체류한 이주자라도 자녀가 시민권 또는 영주권을 소유하고 있다면 강제추방을 유예하겠다는 오바마 대통령의 발언이 알려지면서 더욱 논란의 불씨는 커졌다. 한국도 미국과 마찬가지로 불법 체류자를 합법화하는 수순을 밟게 될 것이라는 우려 때문이었다. 특히 이자스민이 현재 우리 사회에서 '복지 혜택'이라고는 구경도 못하는 수많은 독거 노인, 편부 가정, 조손 가정들에 대한 정책은 외면하고 있지는 않은지 힐난한다.

반면 이자스민의 법안을 지지하는 관객도 출현한다. '죄 없는 아이들'의 인권을 보호해주는 것은 당연한 것이고 존재가 드러나지 않는 아이들이 오히려 사회질서나 안전 확보를 불가능하게 한다는 것이다. 이자스민은 관객뿐만 아니라 사회적 권력도 혼란에 빠뜨린다. 실제로 18대 국회에서도 추진된 바 있는 이주아동권리보장법은 출입국관리법과 정면으로 배치된다며 법무부가 반대한 바 있다. 19대 국회에서 제안된 이 법안에도 법무부의 입장은 동일했다. 그러나 보건복지부는 국내법과 같은 효력이 있는 UN아동권리협약은 이주아동에 대한 차별을 금지하고 있고 현재 한국도 이 문제를 간과

할 수 없는 상황이 되었으니 합리적인 논의를 진행해야 한다는 입장을 밝혔다. 사회적 권력 내에 내분이 발생한 것이다.

이자스민 본인은 정작 한국을 정의로운 나라로 만들겠다는 포부 아래 국회의원으로서 활동한다고 하는데 왜 한국 관객은 분절되는가? 사실 내용들을 조금만 자세히 보면 한국의 국가 이미지와 국제적 위신을 드높이기 위한 활동이라는 점에 초점이 맞춰져 있다는 것을 금방 눈치챌 수 있다. 그럼에도 논란이 지속되는 것은 관객이 철저하게 국민국가 프레임 안에 갇혀 있기 때문이다. 국민이 역사, 언어, 습속 등을 공유하는 문화 공동체라면 국가는 동일한 시민권을 시민들의 정치 공동체. 국민국가는 하나의 문화 공동체가 하나의 정치 공동체와 결합하는 것을 당위로 만든다. 국민국가는 명확하게 경계지어진 배타적인 영토 안에서 국민에게만 배타적으로 정의를 적용한다.

이러한 국민국가 프레임을 유지하는 한 국민과 비국민, 합법 체류자와 불법 체류자를 구분하고 차별 대우하는 것은 너무나 당연한 일일 것이다. 정의는 사회의 모든 (성인) 성원들이 동료로서 서로 상호작용할 수 있도록 사회구조를 만들라고 요구한다. 정의의 내용이 무엇인지 논의가 분분할 수는 있지만, 국민국가 프레임 안에서는 정의의 당사자가 국민이라는 점은 한 치의 의심도 있을 수 없다. 그런데 다른 혈족의 이자스민이 국회의원의 탈을 쓰고 정의의 당사자를 바꾸려는 것이 아닌가?

하지만 한국 국민들은 이러한 시도를 선뜻 수용하지 못한다. 그동안 살아오면서 국민국가가 제공하는 국민적 어휘를 사용해서 매일의 삶을 구성해왔기 때문이다. 이주의 지구화가 발생하기 전까지 한국 국민에게는 민족이 곧 국민이고 국민이 곧 국가였다. 명확하게 경계지어진 배타적인 영토 안에서 국민국가의 절대주권에 포섭되어 살아온 것이다. 하지만 이주의 지구화로 이자스민과 같은 이주자가 나타났다.

이자스민은 국민적 어휘를 능수능란하게 사용하다가도 어떨 때는 코스모폴리턴한 어휘를 사용한다. 같은 피와 문화를 지닌 것으로 상상되던 '국민'과 절대적 주권을 가진 것으로 여겨지던 '국가'와의 일대일 상응 관계가 이지러지는 것을 체험한다. 이렇게 이지러지자 그렇게나 당연시되었던 정의의 당사자가 의문시되기 시작한다. 지금까지는 특정 영토 안에 들어가 있는 국민들만이 정의의 당사자였다고 한다면, 이제는 영토에 상관없이 영향을 받는 모든 사람들이 정의의 당사자로 재정의되어야 하는 것 아닌가? 결국 이자스민은 국민국가 프레임에 절대적으로 의존해서 살아왔던 한국 국민에게 국민적 어휘 이외의 다른 어휘들을 고안하고 활용해서 더 정의로운 나라를 만들 것을 요청하고 있다.

효와 충은 하나다

이자스민이 시민사회에 편입할 때 호소한 시민 영역의 원리는 모두 비시민사회적 속성을 지닌다. 이자스민은 '지적이고, 성적이며, 희생적인 여성상'이라는 한국 남성의 성적 환상을 충족시켜주는 코드를 활용하는 능수능란한 배우이다. 더욱 놀라운 것은 이자스민은 자신의 행위가 자발적이라는 점을 강조한다. 이는 시민사회의 행위자 동기 코드와 유사한 것처럼 보인다. 하지만 이러한 자발성은 비시민사회의 속성과 어긋나는 것이 아니다. 에스닉 섹슈얼리티라는 비시민사회의 속성을 행위의 자발성이라는 시민사회의 속성으로 수행하라는 사회적 권력의 요구이기 때문이다.

이러한 사회적 권력의 요구는 이주여성을 시민사회로 편입시키는 유형에 막강한 영향력을 발휘한다. 언뜻 보아도 개별 이주만을 허용하는 한국에서 하이픈네이션과 다문화주의가 이주여성을 시민사회로 편입시키는 기제가 되지 못한다는 것은 분명하다. 국가가 다문화가족 운운하지만 사실상 동화 정책이라는 것은 누구나 알고 있는 사실이다. 동화에서는 주변 집단과 중심 집단을 위계화하는 문화구조가 전혀 해체되지 않은 상태에서 주변 집단의 성원이 지닌 오염된 속성을 개인적으로 벗겨낸 후 시민사회 안으로 들어오라고 요구한다. 동화에서는 시민사회 안으로 들어오느냐 마느냐가 주변 집단 성원들의 개인적 노력에 달려 있는 것이다. 하지만 몇몇 개인이 시민사회로 들어가는 데 성공한다고 해서, 그가 속한 주변 집단의 부정적 특질에 대한 공적 평가가 변하는 것은 아니다. 주변 집단을 차별하는 현존 질서는 그대로 놔둔 채 그 집단 성원이 개별적으로 성공하도록 부추길 뿐이다.

이자스민은 부정적인 전형을 벗어던지고 한국의 시민사회에 성공적으로 진출한 것으로 보인다. 이자스민의 성스러운 '개인적' 속성('미스필리핀' 출신의 미모를 지녔으며, 필리핀에서 '의대'를 다녔던 '엄친딸')이 이주여성이라는 오염된 '집단적' 정체성(에스닉 섹슈얼리티)을 상쇄하고도 남은 것처럼 보인다. 그럼에도 이자스민이 개인적으로 한국 시민사회에 성공적으로 편입된 것은 에스닉 섹슈얼리티라는 사회적 형식에 걸맞게 살아가라는 국민국가의 요구를 충실히 따랐기 때문이다. 특히 남편 사후에도 가부장적 질서를 이탈하지 않고 열녀의 역할을 수행한 것이 국민국가로부터 공적 인정을 받았기 때문이다. 이는 개인적으로는 이자스민에게는 영광일지 모르지만, 사실상 국민국가가 이주여성의 섹슈얼리티를 통제하겠다는 의지를 보여준 것이다.

여성의 섹슈얼리티를 열녀 대본으로 묶어 통제하는 것은 긴 역사를 지닌다.

열녀의 순절은 조선시대 양반 여성들에게 가해진 유교적 도덕률의 폭력성을 보여주는 전형적인 예이다. 열녀전 및 열녀 설화와 같은 열녀 서사는 열녀 혹은 정녀 이데올로기를 통해 여성의 섹슈얼리티를 통제하고, 남편이 죽은 여성의 몸을 탈성화脫性化하는 장치로 작동했다. 이는 여성 개인 차원에서 이루어진 것이 아니라 가문의 차원에서 이루어졌고, 그 결과 국가로부터 포상을 받았다. 열녀 담론은 국가 차원에서 여성의 섹슈얼리티를 통제한 것이다.[79]

만약 이자스민이 재혼을 했다면, 그것도 필리핀 남자와 재혼을 하고 자녀를 출산했다면 상황은 완전히 달라졌을 것이다. 국회의원이 되기는커녕 한국 국적을 따기 위해 결혼을 이용한 파렴치범으로 몰렸을 것이다. 결혼이 개인의 행복을 위한 선택이라는 시민사회의 언어로 아무리 자신의 재혼을 정당화해도 한국 관객에게 받아들여지지 않았을 것이다. 만약 이자스민의 새 남편이 이자스민과 국제결혼을 통해 한국 국적을 취득하고, 더 나아가 둘 사이에 출생한 자녀가 한국 국적을 얻게 되었다면 한국 관객은 분노했을 것이다. 이주여성에게는 결혼이 결코 개인 선택의 문제가 아닌 것이다.

결국 이자스민이 사민사회에 성공적으로 편입될 수 있었던 것은 에스닉 섹슈얼리티라는 사회적 형식에 따라 국민 재생산 임무를 충실히 수행했기 때문이다. 사실 국민을 재생산하는 데 헌신하라는 이러한 요구는 줄곧 한국 여성에게 행해졌던 것이다. 유교가 지배했던 가부장적 한국사회에서 여성의 존재 이유는 무엇보다도 제사를 지낼 아들을 재생산하는 것에 있었다.

사람 된 도리에 대체로 혼례를 중요하게 여기는 것은 선조를 이어줄 자식을 낳고, 제사를 함께할 수 있기 때문이다.[80]

여성이 결혼하는 이유는 남편 집안의 대를 잇기 위한 것이다. 그것이 효의 핵심이다. "대체로 효는 모든 행동의 근원일 뿐만 아니라 여덕 중에서 가장 중요한 항목이다."[81] 문제는 효가 곧 충으로 나아간다는 것이다. "임금과 어버이가 비록 같지 않다고 말하지만 충과 효는 본래 하나이지 서로 대립하는 뜻이 없다. 옛말에도 '온 나라의 백성들이 왕의 신하 아닌 사람이 없다'고 했다. 이럴진대 여자는 충성이나 의리와 관련이 없다고 어찌 말할 수 있겠는가?"[82]

이렇듯 효와 충이 하나인 이유는 제도 차원에서 가족과 국가를 하나로 묶는 종법제도 때문이다.

남자 그리고 연장자 순으로 정해지는 가족 내부의 서열은 종법에 의해 선험적으로 주어진다. 종법은 가족뿐 아니라 국법과 일체를 이루게 되는데, 천자天子에서 서인庶人에 이르기까지 하나의 거대한 나무의 형상을 이룬다. 천자는 천하의 대종大宗이 되는데, 그 천자는 천자의 적장자로 계승된다. 천자는 또 종자宗子라는 칭호를 갖게 되며, 그의 시조이기도 한 전체 주족周族의 시조를 제사지낼 수 있는 권한이 부여된다. 천자의 동생들은 제후諸侯로 봉해지는데, 천자인 대종에 대해 소종小宗이 된다. 천자가 적장자로 계승되는 방식과 같이 제후의 자리는 제후의 적장자에게 계승된다. 제후는 다시 그의 시조를 제사지내는 대종이 되고, 그의 다른 동생은 분봉되어 경대부卿大夫가 되는데, 그들은 제후에 대한 소종이 된다. 천자와 제후가 각각의 적장자로 계승되는 방식으로 경대부의 자리는 경대부의 적장자가 계승한다. 경대부는 그의 시조를 모시는 대종이 되고 경대부의 다른 동생은 사士가 되어 경대부에 대한 소종이 된다. 사의 장자는 사가 되지만 나머지 다른 자식들은 서인이 된다. 이렇게 국가는 하나의 대종족 체계로 구성된 부권적 대가족을 이루게 되는데, 이것이 바로

가족을 본위로 구성된 종법적 지배체제이다.[83]

종법제도를 통해 온 천하는 하나의 가족이 된다. 사해일가四海一家 또는 천하일가天下一家라는 개념이 이를 잘 표현한다. 이자스민의 사례는 한국의 민족주의가 이러한 종법제도에 의해 재생산되고 있다는 점을 폭로한다. 이자스민이 재혼을 하지 않는 이유가 개인의 선택과 효의 차원을 넘어 충의 차원으로까지 확장되는 것은 바로 이러한 종법제도 때문이다. 현재 법제도로서 종법제도는 사라졌을지 모르지만 한국인의 일상생활에서는 여전히 상식으로 굳건히 살아남아 있다.《여사서》로 대표되는 전통 문화구조가 여성의 섹슈얼리티를 남성 가부장의 혈족 재생산을 위해 사용하는 것을 문화적 차원에서 정당화해주고 있기 때문이다.

충신은 두 나라를 섬기지 않으며 열녀는 두 남편을 두지 않는다. 그러므로 여자가 한 번 혼인을 했으면 종신토록 옮겨갈 수 없는 것이다. 남자는 다시 혼인할 수 있으나 여자는 두 번 시집갈 수 없다. 이런 이유로 힘들고 어려운 고비를 넘기며 고통스럽게 절개를 지키는 것을 '정貞'이라 하고, 애통해하고 슬퍼하며 삶을 버리는 것을 '열烈'이라 한다.[84]

종법제도에서 여성은 남편의 종宗을 재생산할 뿐 스스로

독립적인 종을 형성하지 못한다. 이렇게 여성은 종법제도에서 배제되지만 재생산을 통해 효와 충을 실천하는 존재다. 이자스민은 바로 효에서 충으로 나아간 여성이다. 국민국가는 이자스민에게 보상을 줌으로써 작게는 이주여성 전체 크게는 한국 여성 모두에게 자신의 섹슈얼리티를 국민 재생산에 쓰라고 부추기고 강요한 셈이다. 결국 이자스민은 한국의 민족주의가 열녀의 희생을 토대로 해서 완결성을 보장받는 '남성 혈족적 민족주의'라는 점을 명확히 드러내준다.

한국의 민족주의는 국민에게 현세의 삶에 만족하지 말고 남성 혈족의 불멸성을 추구하는 것이 좋은 삶이라고 가르친다. 종법제도가 법제도에 의해 보장되지 않음에도 여전히 힘을 발휘하는 이유는 한국 민족주의의 이러한 종교적 차원을 이해해야 파악될 수 있다. 이러한 종교적 차원은 유교의 자연철학에 기반을 두고 있다. 인간의 질서는 자연의 질서에 기반을 두며, 사실상 자연의 질서를 연장한 것이다. 《여사서》 서문을 쓴 영조의 말을 들어보자.

건곤乾坤의 덕과 음양의 도는 실로 크다고 할 수 있다. 대개 건乾을 아버지라 하고 곤坤을 어머니라 하는데, 그 이유는 하늘과 인간의 이치가 하나이기 때문이다. 이것은 음양이 조화함으로써 만물이 만들어지고, 부부가 화목하여야 가정의 법도가 이루어진다는 것이다. 그러므로 나라가 다스려지느냐

아니냐의 문제는 바로 가정이 정돈되었는가 아닌가와 관련된다.[85]

인간의 질서는 부부에서 출발하며, 부부는 자녀 재생산을 목적으로 하는데, 이는 마치 하늘과 땅이 서로 감응하여 만물을 생성시키는 것과 마찬가지다. 그런 점에서 남녀관계는 부부관계이며, 부부관계는 종법제도 안에서 남성 혈족을 재생산하는 관계이며, 이는 건곤과 음양의 조화를 통해 '생생生生'하는 자연관계의 일부이다. 《주역》은 천지의 위대한 덕을 생명을 낳는 것이라 규정하고 낳고 낳는 것을 역의 원리라고 규정한다.[86] 천지, 즉 자연은 한순간도 쉬지 않고 계속해서 생명을 생성시킨다. 천지의 감응으로 생긴 인간도 역시 부부관계를 통해 자녀를 계속 출생해야 한다. 하지만 종법제도 안에서 낳아야 한다. 그렇지 않으면 인간의 질서가 어지러워진다. 중국 고대 문헌에는 무질서한 상태를 다음과 같이 묘사한다.

천지가 열리고 사람들이 그곳에 살게 되었다. 그때에는 그 어미를 알지만 그 아비를 알 수 없었다. …… 그래서 친척 형제 부부 남녀의 구별은 물론 윗사람과 아랫사람, 어른과 아이를 구별할 도리가 없었다. 옛날에는 군신·상하의 구별도 없었고, 부부가 일정한 형식도 없었다. 짐승처럼 엉켜 살면

서 힘으로 서로를 정복했다.[87]

부부가 자녀를 출산하여 기르는 것은 자연의 생생 원리에 따라 남성 혈족을 재생산하는 것이다. 개체는 사라지지만 종을 보존하기 위해 끊임없이 생명을 내는 것이 자연의 원리이다. 마찬가지로 개인의 생명은 사라지지만 남성 혈족의 보존을 위해 끊임없이 자녀를 출산하는 것이 인간의 원리이다. 남성은 하늘이고 여성은 땅이기 때문에 분명한 상하 질서가 있다. 이러한 질서 구분에서 모든 인간의 질서가 파생되었다. 자녀는 순서대로 태어나므로, 거기에도 형제의 질서가 있다. 이러한 질서를 계속 확장시키면 결국 나라의 질서로까지 나아간다. 이러한 질서의 정점에는 가부장이 있다. 순자의 말이다.

군주는 나라의 지존이고 아버지는 가정의 지존이다. 지존자가 하나일 때 나라와 가정의 질서가 유지되지만 지존자가 둘일 때는 혼란이 생긴다. 예로부터 두 지존자가 서로 다툼에도 불구하고 나라의 가정이 오래도옥 유지된 적은 없었다.[88]

결국 아버지에게 효도하는 것은 군주에게 충성하는 것과 하나다. 집안이 가부장에 의해 질서가 잘 잡히면 나라도 군주에 의해 질서가 잘 잡힌다. 효가 곧 충이다. 이자스민의 사례는 한국사회에서 여성이 친밀성 영역에서 효를 실천하는 것이 곧 국민국가에 대한 충의 실천으로 연결된다는 점을 분명히 보여준다. 효는 가부장의 혈족을 재생산하는 것이며, 이는 곧 국민국가의 성원을 재생산하는 것과 같다. 이자스민은 혼인을 통해 법적으로 한국의 국민이 되었지만, 가부장의 혈족을 재생산하는 효를 실천해야만 비로소 시민사회에 진정한 국민으로 편입될 수 있다. 대한민국 자체가 하나의 거대한 남성 혈족 사회이기 때문이다. 한국의 혈족적 민족주의는 이자스민이 이 낡아빠진 대본을 활용해서 효라는 기존의 덕성을 실천하라고 요구한다. 이 과정에서 이자스민이 온갖 우발적인 수난을 겪겠지만 결국 국민국가의 품안에서 평안을 찾을 것이라 강조한다. 결국 멜로드라마 장르를 통해 이주여성을 통합하려고 하는 것이다.

여자 말뚝이, 어떻게 할 것인가

나는 꼼수다

보수는 자신의 신체를 보호하느라 발달한 원시 감정인 혐오감을, 상대에 대한 윤리적 단죄의 근거로 삼아버린다. 한마디로 쫄았다고 할 수 있다. 그런 방식으론 우릴 잡을 수 없다. 우린 여태 그들이 상대해왔던 사람들과 종자가 다르다. 잡놈들이다. 우리가 스스로 어디까지 각오가 되어 있는지 짐작도 못할 것이다. 그 모든 시도가 우릴 더욱 강하게 만들 뿐이다.[1]

한국의 정치권력, 사법권력, 언론권력, 경제권력, 종교권력을 해학적으로 풍자하며 기세를 올리던 〈나는 꼼수다-가카 헌정 방송〉(이하 나꼼수)이 한때의 유행으로 끝났다. 팟캐스트[2]라는 새로운 텔레커뮤니케이션 미디어를 빌려 네 '잡놈'

이 골방에서 시시덕거리던 이야기가 수많은 청취자들의 열렬한 호응에 힘입어 막강한 영향력을 발휘했지만, 지금은 나꼼수가 언제 존재하기나 했냐는 듯 대중의 관심에서 완전히 멀어졌다. 여기에는 많은 원인과 계기가 있을 터이지만, 이 글은 2012년 2월에 벌어졌던 소위 '나꼼수 비키니 사건'[3]에 주목해보고자 한다.

핵심적인 연구 질문은 다음과 같다. 어떻게 나꼼수가 대중의 광범한 지지를 얻다가 급속하게 힘을 잃게 되었는가? 원래 출발부터 이명박 대통령 재임 기간 동안만 하기로 계획된 한시적인 방송이었기 때문에 종영 후 유행하던 다른 방송과 마찬가지로 자연스럽게 대중의 관심에서 사라진 것으로 볼 수도 있을 것이다. 또한 비록 나꼼수는 사라졌지만 〈저공비행〉, 〈나는 꼽살이다〉, 〈이슈 털어주는 남자〉, 〈애국전선〉 등 나꼼수를 이어받은 수많은 팟캐스트를 남겨놓았으니 흔적도 없이 사라진 것은 아니라고 항변할 수도 있을 것이다. 하지만 이 글은 나꼼수 비키니 사건을 둘러싸고 벌어진 일련의 사회적 공연을 통해 나꼼수의 영향력이 쇠퇴했다는 관점에서 접근할 것이다.

현재 나꼼수에 대한 학문적 연구는 어느 정도 진행되었다. 우선 나꼼수 청취가 이용자들의 정치 의식 및 정치 참여에 미치는 영향을 실증적으로 탐구하는 연구가 눈에 띈다.[4] 이러한 실증적 연구는 행위에 대한 전통적인 인과 모델 안에서 연구를 진행하고 있기 때문에 나꼼수의 공연적 속성에는 거의 주의를 기울이지 않는다. 사회적 행위가 '외부의 자극'(인因)에 대한 '주체의 반응'(과果), 또는 독립 변수와 종속 변수 간의 관계로 축소되기 때문이다.

이와 달리 나꼼수의 공연적 속성에 주목하는 연구도 있는데, 팟캐스트라는 뉴미디어의 '독특한 특징'이 기존의 부르주아 공론장과 다른 형태의 새로운 공론장을 창출하는 데 기여하고 있는지 탐구한다. 공감각을 활용하는 나꼼수는 근대의 시각적 저널리즘 한계를 넘어서는 포스트저널리즘 현상이다.[5] 나꼼수는 현대판 마당극이자 거침없는 퍼포먼스와 롤플레잉이며, 이러한 양식적 독특성 때문에 기존 미디어가 행할 수 없는 일종의 난장wild publics의 매개체 역할을 수행한다.[6] 나꼼수가 국가권력에 대한 대항권력으로 자리 잡은 데에는 스토리텔링 형식이 주효했지만, 팟캐스트가 기술-법적 규제의 시차 안에 존재할 뿐만 아니라 글로벌 스케일 덕분에 국가권력의 통제에서 벗어날 수 있었다는 점이 주된 원인이다. 동시에 시공간에 구애 없이 MP3 파일을 다운로드할 수 있는 스마트폰의 대중화가 중요한 변수이다.[7] 풍자와 해학을 가미한 나꼼수의 커뮤니케이션 방식이 대중의 호응을 이끌어냈으며, 이는 동학농민혁명에서 전해지는 참요讖謠나 가사에까지 그 뿌리를 두고 있다. 그럼에도 주된 강조점은 역시 올드 미디어와 뉴미디어의 성공적인 조합에 놓여 있다.[8] 앞의 연구와 달리 이 연구들은 나꼼수를 일종의 사회적 공연으로 보고자 하지만, 이를 팟캐스트라는 새로운 텔레커뮤니케이션 미디어의 특성으로 돌리는 경향이 있다.

나꼼수에 대한 연구와 달리 나꼼수 비키니 사건에 대한 학문적 연구는 당시 뜨거웠던 저널리즘의 관심에 비하면 매우 적다.[9] 이에 맞서 이 글은 나꼼수 비키니 사건을 탈현대사회의 사회적 공연의 한 '분석적 예시analytic illustration'로서 탐구한다. 나꼼수 비키니 사건을 고른 이유는 두 가지다. 첫째, 사회적 공연의 여섯 가지 구성 요소들이 매우 복합적으로 얽혀 있는 사건임에도 공연의 시작과 끝이 비교적 짧은 시간 안에 완료되었다는 점에서 '분석 단위'의 이점이 있다. 사회적 실재가 여섯 가지 공연 요소들의 융합/탈융합 과정을 거치면서 일련의 장르로 구성되는 모습을 몇 개의 막으로 보여주기에 제격인 셈이다. 둘째, 나꼼수 비키니 사건은 공연 과정 중에 우발적으로 한국사회에 새로운 여성 캐릭터의 등장을 알렸다는 점에서 의미론적으로 완전히 새로운 사례다. 관능을 희화화戲畫化하는 동시에 풍자의 도구로 사용하는 전대미문의 여자 말뚝이의 출현! 이를 둘러싸고 벌어진 사회적 공연은 한국인들이 활발하게 사용하는 코드, 서사, 수사, 장르와 같은 문화구조의 모습을 폭발적으로 드러내준다. 문화구조는 행위를 유형화하는 힘을 지닌다는 점에서, 이를 탐구하게 되면 한국사회의 미래의 모습을 가늠하는 데 도움을 준다.

"양반의 새끼는 개새끼도
욕 안 할랍니다"

공연을 하려면 우선 대본이 있어야 한다. 대본은 성과 속의 추상적 이항 코드를 생생하게 살아 숨 쉬는 인물들의 서사적 드라마로 전환시킨다. 나꼼수는 행위자에 대해 〈표 1〉과 같이 성속의 이항 코드를 활용하는데, 그 특징은 속의 성격을 먼저 규정하고 이에 대한 기호학적 대립을 통해 성의 성격을 정한다는 점에 있다.[10]

먼저 속된 행위자는 꼼수를 쓰는 자이다. 꼼수란 무엇인가? 표준국어대사전에 따르면 꼼수란 '쩨쩨한 수단이나 방법'이다. 포털사이트 다음에 있는 사전에는 이를 다음과 같이 보충 설명해놓았다. 꼼수에서 "'수'는 한자어 '수數'가 아니라 '어떤 일을 해결하거나 처리하는 방법이나 도리'를 가리키는 순우리말이다. '꼼수'는 '수' 가운데에서도 수준이 낮고 치졸

〈표 1〉 나꼼수 행위자의 이항 코드

성	속
잡수를 쓰는	꼼수를 쓰는
본능에 충실한	탐욕스러운
질박한	정교한
쫄지 않는	겁박하는
짐짓 유쾌한	짐짓 엄숙한

한 수를 이르는 말로, 흔히 소인배나 사기꾼이 사용하는 비겁하고 사기성이 농후한 일 처리 방법을 말한다".

이러한 꼼수에 대한 기호학적 대립으로 설정된 것이 '잡놈스러운'이다. 표준국어대사전은 잡놈을 '행실이 나쁜 남자를 욕하여 이르는 말'이자 '잡스럽고 자질구레한 것을 이르는 말'로 정의한다. 따라서 꼼수에 빗대어 이를 '잡수'라 부를 수 있을 것이다. 꼼수를 쓰는 속성이나 잡수를 쓰는 속성 둘 다 시민사회에 어울리는 행위자의 덕성이라 부르기 어렵다. 둘 다 쩨쩨하거나 자질구레한 것에 몰두하기 때문에, 공적인 덕성이라 부르기 어렵기 때문이다. 그럼에도 둘이 대립되는 것은, 꼼수를 쓰는 것은 자신의 사적 욕망 충족을 극대화하기 위한 것이고, 잡수를 쓰는 것은 꼼수를 피우는 행위에 대해 잡스럽고 자질구레한 것까지 아주 '디테일하게' 파헤치기 위해서다.

다음으로 속된 행위자는 자신의 온갖 사적 욕망을 충족시키기 위해 공공성을 훼손하는 자이며, 이에 대립하는 성스러운 행위자는 자신의 사적 욕망을 누구나 갖게 되는 자연스러운 본능적인 일로 간주하고 사적으로 해결한다. 둘 다 사적 욕망을 긍정하지만, 속된 행위자는 이를 충족시키기 위해 공공성을 훼손한다는 점에서 차이가 난다. 속된 행위자는 또한 자신의 탐욕스러움을 감추기 위해 이를 매우 정교하게 포장하는 반면, 성스러운 행위자는 자신의 사적 욕망을 질박質朴하게 거침없이 풀어놓는다. 더 나아가 속된 행위자는 자신이 공공성을 훼손하고 있다는 것을 숨기기 위해 온갖 국가기구를 동원하여 개인을 겁박하는 자이고, 이에 대립하는 성스러운 행위자는 쫄지 않는 자이다. 쫄지 않는다는 것은 무엇인가?

과거의 군사정권은 조직폭력단이었어.(웃음) 힘으로 눌렀지. 그런데 이명박은 금융사기단이다.(웃음) 돈으로 누른다. 밥줄 끊고 소송해서 생활을 망가트려. 밥줄로부터 자유로운 사람은 없다. 힘으로 때리면 약한 놈은 피해야 해. 그건 부끄러운 게 아니야. 피하고 뒤에서 씨바거리면 돼.(웃음) 그런데 밥줄 때문에 입을 다물면 스스로 자괴감 들어. 우울해져. 자존이 낮아져. 위축돼. 외면하고 싶어. 그러니까 지금 이 시대가 필요한 건, 위로야. 쫄지 마. 떠들어도 돼, 씨바.[11]

서사 형식	영웅	영웅의 담론적 속성	반영웅	반영웅의 담론적 속성
풍자적 희극	나꼼수	잡놈스러운, 본능에 충실한, 질박한, 쫄지 않는, 짐짓 유쾌한	가카, 가카 측근, 한상대 검찰총장, 조현오 경찰총장, 방상훈 조선일보 사장, 조용기 여의도 순복음교회 목사	꼼수를 쓰는, 탐욕스러운, 정교한, 겁박하는, 짐짓 엄숙한

속된 행위자는 고결한 자아를 가진 자처럼 짐짓 엄숙한 척하며, 이에 대립하는 성스러운 행위자는 겁박에 겁도 나고 비장한 마음이 드는 것이 사실이지만 짐짓 유쾌한 척 어릿광대 노릇한다.

이러한 이항 코드를 가지고 나꼼수는 〈표 2〉에서 보듯 풍자적 희극 서사 대본을 만들어낸다. 가카, 가카 측근, 한상대 검찰총장, 조현오 경찰총장, 방상훈 조선일보 사장, 조용기 여의도 순복음교회 목사 등 반영웅은 꼼수를 쓰고, 사적 욕망을 위해 탐욕스럽게 공공성을 훼손하며, 이를 정교하게 포장하고, 진실을 밝히려는 시민을 겁박하고, 짐짓 엄숙한 척한다. 이들은 항상 국가와 민족, 사회질서와 정의, 언론의 자유, 영혼의 구원 등 '거대 서사'를 앞세우지만, 사실은 자신의 세속적인 사적 욕망을 위해 꼼수를 쓰는 자들이다. 반면 이에 기호학적으로 대립하는 영웅인 나꼼수는 잡수를 쓰고, 본능에 충실하고, 이를 질박하게 표현하며, 겁박에 쫄지 않고, 짐짓 유쾌한 척한다. 영웅은 결코 거대한 이야기를 하지 않으며, 항상 잡스러운 사적인 이야기로 시시덕거린다.

희극은 한국 전통에 따라 말하면 해학諧謔이라 할 수 있다. 해학은 주체가 현실과 이상 사이에서 발생하는 모순을 느낄 때 발생하는데, "'주정적이고 관조적인 웃음'의 분위기 속에서 나타나는 골계이며, 대상을 미워하지도 않고 반항의 뜻이 없는 '긍정적이고 애정에 싸인 웃음'"[12]이다. 그 이유는 이상과 너무나 동떨어진 반영웅을 조롱하면서도, 영웅 자신도 역시 이상과 일치하는 인물이 아니라는 것을 자각하고 있기 때문이다. 반영웅을 조롱하면서도 그 안에서 자신의 모습을 보기 때문에 연민과 동정이 발생하는 것이다. "해학은 자신의 약점을 발견하여 자기를 웃는 것이므로 언제나 부정된 자기가 있는 것이고 또 하나의 자기(선험적 자아)가 자기를 웃는 웃음으로서 이것은 곧 자기부정인 동시에 그것을 통해 새로운 차원의 긍정을 초래한다."[13] 이런 점에서 희극은 결국 반영웅마저도 끌어안는 사회 통합 장르이다. 나꼼수는 가카를 비웃지만, 그 안에서 대통령으로 포장된 한 졸부의 돈, 권력, 성욕의 욕망체계를 발견하고 실소한다. 그 안에서 자신을 발견하기에 비판하면서도 너무나 공감이 가기 때문이다.

하지만 나꼼수의 서사 장르는 희극만으로 구성되지 않는다. 오히려 풍자와 뒤엉켜 있다. "풍자에 있어서의 웃음은 웃음 그 자체가 목적이 아니라 부정적인 대상을 공격하고 이면을 폭로해서 모순이 교정·개혁되기를 바라는 '주지적이고 비판적인 웃음'"[14]이다. 이를 위해 진실을 폭로하고, 지배 가치를 폄하하며, 사실을 과장하고 재창조하며, 심지어 왜곡하기도 한다. 풍자 역시 현실과 이상의 괴리에서 웃음이 유발되는 것이지만, 현실이 이상을 심각하게 위협한다는 점에서 해학과 다르다. 때문에 영웅은 반영웅에게서 발견되는 부정적 속성과 단절하려 든다. "풍자에서는 부정된 대상 속에 자기는 존재하지 않는데, 풍자가 공격·조소·비하시킬 수 있는 것은 자기가 부정하고 있는 대상과 자기를 절연시켜놓은 탓"[15]이다.

나꼼수는 가카가 사적 욕망을 위해 공공성을 극도로 훼손할 때는 그 부정성을 질타한다. 물론 이 질타는 공공성을 회복하기 위함이다. 이 과정에서 가카를 미칠 듯 화나게 하고 청중을 포복절도하게 만든다. 하지만 풍자는 부정적인 대상인 구체적인 개인에 그치지 않고 '지배체제 전체'를 겨냥할 때 진정한 풍자가 된다. 나꼼수는 가카를 비판하지만, 사실상 그것이 신자유주의라 불리든 보수체제라 불리든 수단과 목적을 가리지 않고 물질적으로 성장하려는 '천박한 욕망체계 전체'를 비판하는 것이다. 가카는 그 정점에 서 있을 뿐이다.

코드와 서사가 한 사회에 장기적으로 존재하면서 누구에게나 가용한 문화구조라 한다면, 수사 역시 그러하다. 나꼼수의 인물들이 사용하는 수사는 주로 음어, 욕설, 동물 비유, 반어법 등 한마디로 말해 '잡놈 스타일'이다. 음어는 '씨바' '졸라' '좆까!' '조또' '꼴리는 대로' 등이 대표적인 경우인데, 이를 통해 정치가 일상의 속된 일로 낮아진다. "정치도 밥 먹고 똥 누고 남녀상열지사에 열광하는 일상의 한 행위다. '나는 꼼수다'는 화려한 언사와 구상 뒤에 숨겨진 권력자들의 유치한 욕망체계를 깨놓고 야유하는 맛이 있다."[16] 가카는 '쥐'로 비유된다. 차범근 부자가 나오는 한 광고의 CM송을 본뜬 "쥐 때문이야, 쥐 때문이야, 모든 건 쥐 때문이야"가 대표적인 경우이다. 반어법은 "가카는 절대 그럴 분이 아니다"는 말로 이루어지기도 하고, 로고송을 통해 나타나기도 한다. 〈오, 머니 Oh, Money〉라는 다음의 노래는 원래 〈어머니〉라는 제목의 노래로 정직하게 살라는 어머니의 뜻과 달리 가카는 돈에 집착하고 산다는 내용이다.

> 꼼 on! 모든 일은 공정하-게 Business 꼼꼼하게 학연 지연 끈끈하-게
> 반대에는 꿋꿋하-게 꼼수 따-윈 없다 의심하-지 마라
> 꼼수 따윈 없다 의심하-지 마라 나는 꼼수다

이러한 서사 형식으로 구성된 대본은 매번 팟캐스트를 통해 새로운 에피소드로 공연된다. 나꼼수는 2011년 7월 7일

9회를 기점으로 아이튠즈 집계 한국 전체 1위에 올랐고, 8월 8일 미국 팟캐스트 뉴스 정치 부문 프로그램에서 1위를 차지했으며, 8월 22일과 27일에 올라온 '호외' 편과 16회는 미국 아이튠즈 팟캐스트 인기 에피소드 순위에서 1위를 차지하는 기염을 토했다.[17] 어떻게 이런 일이 가능했을까? 사회적 공연의 관점에서 보면 그건 무엇보다도 한국인의 심층적인 문화구조인 배경상징과 잘 들어맞도록 대본을 구성하여 '문화적 확장'을 이루었기 때문이다. 이러한 배경상징은 탈춤, 판소리, 그리고 더 최근에는 마당극이라 불리는 전통적인 민속극에서 광범하게 발견된다.

민속극은 한마디로 말해 겉으로는 삼강오륜을 내세우지만 실상은 사적인 욕망 충족에 목을 매는 양반들을 해학적으로 풍자하는 게 주된 목적이다. 개에게도 오륜이 있다며 조선 성리학의 도덕 근간을 풍자하는 〈강령탈춤〉의 한 구절을 보자.

들어봐라. 지주불폐知主不吠(주인을 알아보고 짖지 않음)허니 군신유의君臣有義요, 모색상사毛色相似(털색이 서로 비슷함)허니 부자유친父子有親이요, 일폐중폐一吠衆吠(한 마리가 짖으면 여러 마리가 따라서 짖음)허니 붕우유신朋友有信이요, 잉후원부孕後遠夫(새끼를 배면 수컷을 멀리함)허니 부부유별夫婦有別이요, 소부적대小不敵大(작은 개는 큰 개에 적이 안 됨)허니 장유유서長幼有序라. 이만하

　　　　4장. 젠더주의 | 여자 말뚝이, 어떻게 할 것인가

면 가인들 오류이 상당치 않느냐?

지배층의 도덕이 개의 규범으로 내려앉는 순간, 대의명분을 내세워 짐짓 엄숙한 체하는 양반이 사실은 탐욕에 휩싸여 있는 존재라는 것이 폭로된다. 이러한 폭로를 위해 활용되는 문화구조는 나꼼수 행위자의 이항 코드와 다를 바 없다. 양반 지배체제가 붕괴되고 있는 조선 후기에 오면, 양반은 이를 감추기 위해 꼼수를 부리고, 탐욕스럽게 사적 이익을 추구하며, 이를 삼강오륜이란 말로 정교하게 포장하고, 힘으로 겁박하고, 또 체면을 내세우며 짐짓 엄숙한 체한다. 양반이 비판받는 이유는 역설적이게도 양반계층이 자신들에게 요구한 생활 태도, 규범, 도덕적 가치 기준 때문이다. "이는 여타 계층에 대한 우월성을 내세우며 그렇게 해서 유교 사회에서 양반의 권위를 유지하려 한 것이지만 그것이 자연과 본능에 따르지 못하기 때문에 갈등을 빚어내고 그 갈등은 양반의 모습을 우스꽝스러운 것으로 만든다."[18]

민속극은 또한 수사에서도 나꼼수가 활발하게 활용하는 막말을 자유자재로 사용한다. "양반 공격에 사용한 언어의 특징은 함축이나 상징, 은유 등 고차적高次的인 방법이 아니라 직설적이며 적나라한 언어, 즉 상말을 주로 구사한다는 것이다. 본래 상말은 몸에서 튀어나온 대로의 소박한 말이다. 배 속으로부터, 창자 속으로부터 뱉어 버려진 말이다. 상말은 몸의 느낌의 정직한 표현이다. 따라서 상말은 고운 말보다 힘이 있고 권위가 있다. 상말은 억울하게 당한 자의 솔직한 감정의 표현이면서 동시에 억압자에 대한 저항과 반항의 표현이기도 하다. 억압자가 강요하는 허위 윤리에 대한 반윤리의 주장이기에 양반에 대한 공격으로 가장 적절한 것이라 하겠다."[19]

양반을 비웃고 풍자하는 말뚝이형 인물이 활용하는 상말 중의 대표가 좆자리, 좆대갱이, 좆반 등 음사淫辭, 즉 "남녀의 성기를 인용하거나 또는 성과 관계된 말"[20]이다. 사실 한국 전통에서 성을 주제 삼아 지배층을 비판하는 것은 낯선 것이 아니다. 조선 후기의 문학작품들은 하나같이 성을 소재로 하여 양반 지배층을 조롱하고 풍자한다. 왜 그럴까? 유교에서 성性은 천륜을 이어주는 성스러운 행위이다. 사회학적으로 말하면, 성은 불멸하는 현조懸祖에게 제사를 지낼 수 있는 자식을 낳는 재생산 활동이다. 음어는 섹슈얼리티를 재생산에 종속시키는 것에 대한 가장 극렬한 비판이다. 그런 점에서 남성 혈족을 잇기 위한 가부장주의적 성적 활동 전체를 비판하는 내용을 담고 있다.

말뚝이는 후루 개자식, 개아들놈, 옛끼놈, 타마개(똥개) 자슥들 등 욕을 맘 놓고 해댄다. 하지만 단순히 욕을 하는 데 머무는 것이 아니라, 말장난식 스타일을 사용해서 양반을 욕보인다. "양반을 말로써 욕보이면서 실제적인 상하 관계를 말장난으로 뒤엎는 이야기는 말뚝이의 말싸움 솜씨와 관련을 맺을 수 있을 터이다. '양반 욕보인 이야기'에서는 상사람으로 설정된 인물이 양반보고 욕했다고 처벌받고는 처벌한 양반이 '너 이놈! 이담에도 양반보구 욕할래' 하니까 '양반의 새끼는 개새끼도 욕 안 할랍니다'라는 등의 말장난식 욕설로 상황을 뒤집는 이야기가 그런 것이다."[21]

또한 상대방을 비하하기 위해 도야지 새끼, 실배암 새끼 등 다양한 동물 비유를 활용한다.[22] "양반의 '양' 자가 개가죽에 비유되고 '반' 자는 개다리소반에 비유된다. 소반이라면 물건을 가리키기는 해도 그 가치 면에서 볼 때 중립적이나 개다리소반은 소반 치고는 볼품없는 소반이다."[23]

한마디로 말해, 나꼼수가 단기간에 그렇게 많은 청중을 끌어모을 수 있었던 것은, 한국의 역사를 통해 유구하게 전해져 내려오는 말뚝이 문화구조(코드, 서사, 수사)를 활용해 대본을 구성했기 때문이다.

나꼼수는 현실 질서 밖으로
밀려난 루저다

나꼼수에는 새로운 용어('그레이트 빅엿' '누나전문기자' '깔대기' '디테일' 등)에 의미를 부여하는 '이름 붙이기의 정치학politics of naming'을 통해 사건이나 인물에 의미의 혁신을 부여한다. 여기에다 전체를 해설하고 이끌어가는 해설자 역할을 하는 김어준 딴지일보 '총수', 온갖 비속어와 음어를 남발하며 성대모사로 반영웅을 조롱하는 어릿광대 역할을 자처하는 김용민 '교수', 자본권력, 육체권력, 언론권력 등 성역을 탐정가적으로 탐구하여 사건의 세밀한 이야기를 전달해주는 진지한 '정통' 시사주간지 《시사IN》 주진우 '기자', 그리고 정치계에서 벌어지는 일을 자신의 무용담인 양 떠벌리면서 시도 때도 없이 자기 자랑을 일삼는 깔때기를 들이대는 '21세기 융합 지도자' 정봉주 전 의원이 나온다. 나홀로 총수, 어릿광대 교수, 정통 시사주간지 기자, 21세기 융합 지도자가 한자리에 모였다는 그 '위대한 사실' 하나만으로도 이미 웃음이 슬슬 터져나온다. 거기에 똥침, 성대모사, 과잉 진지, 깔때기가 난무하기 시작하면 배꼽을 잡지 않을 도리가 없다.

이 인물들은, 도대체, 누구인가? 그들은 한마디로 말해 현실의 질서 밖으로 밀려난 '루저들'이다. '씨바' 김어준은 IMF 여파로 일거리를 잃고 헤매다 우연히 인터넷신문 딴지일보를 창간했다가 소위 대박이 난 경우다. 한마디로 주류 사회가 회피하는 '욕'과 '똥'으로 지하세계에서 일가를 이루었다. 김어준 팬카페에 실린 인터뷰를 보면 김어준이 딴지일보를 만든 이유가 이를 설명한다.

한국 농담을 능가하며 B급 오락영화 수준을 지향하는 초절정 하이코메디 씨니컬 패러디 싸이버 루머 저널이며 인류의 원초적 본능인 먹고 싸는 문제에 대한 철학적 고찰과 우끼고 자빠진 각종 비리에 처절한 똥침을 날리는 것.

'위대한 십쇄 목사 아들 돼지' 김용민은 김장환 목사가 사장으로 있는 극동방송에서 근무하던 중 여의도 순복음교회 조용기 목사를 비판하는 글을 개인 홈페이지에 올렸다가 쫓겨난 인물이다. 이후 CTS기독교TV에 입사해 근무하던 중 비리를 고발하는 노조 활동을 하다가 구조조정 형식으로 '짤렸다'. 먹고살 길이 막막하던 차에 우연히 SBS 라디오에 출현했다가 MC 및 시사평론가로 활동하게 되었는데, 이명박 정권에 밉보이는 방송을 했다가 또 해고되었다. 그러다가 우여곡절 끝에 나꼼수에 참여하게 되었다.[24]

'정통 시사주간지 《시사IN》 기자' 주진우는 기자 세계의 꽃인 '일간지 기자'가 아니다. 기자 세계에서 주간지 기자를 기자로 취급하지 않는다는 것, 기껏해야 B급 기자로 폄하한다는 것은 이미 다 알려진 사실이다. 하물며 《시사저널》에서 '떨려나서' 만들어진 《시사IN》 기자야 두말하면 무엇하랴. 그럼에도 주진우는 계속해서 '정통'을 내세운다. 왜? 그건 이 시대 주류 언론의 기자가 정통이 아니기 때문이다. 주진우는 잡놈들 세계에서 보기 드문 진지한 인물이다. 그것도 너무. 그 과잉 진지함은 사실 17세 소년의 치기다.

강자에게는 당당함으로, 약자에게는 겸손함으로 세상에 보탬이 되겠다. 이상과 정의 그리고 진실을 위해서는 그 어떤 타협도 하지 않겠다.[25]

정봉주는 또 어떤가? 21세기 융합 지도자를 자처하지만 실상 17대 때 '탄돌이'로 국회의원이 되었다가, BBK 저격수 활동으로 18대에 낙선한 고작 1선의 전 의원이다. 경박하기 그지없고 입만 열면 깔때기다. 코미디계로 나가면 적격일 텐

데, 요상하게도 정치권 언저리를 기웃거리며 미래 권력을 꿈꾼다. 정치인답게 시련을 이겨내고 결국 승리하는 로맨스 서사를 구사한다.

> 고통과 시련에 굴복하지 말고 달려라! 우리들 인생은 온갖 고통의 순간을 뚫고 지나가는 자전거와 같다. 자전거는 멈추면 넘어진다. 넘어지는 순간 그것은 고통이다. 고통에 패배하는 것이다. 시련에 굴복하는 것이다. 달려라! 넘어지지 않게![26]

이들은 초반부에는 잡담을 일삼다가, 그날 주요 주제가 되는 초대 손님을 불러 활극을 펼친다. 이들은 결국 사적 이득을 위해 공공성을 철저히 유린하는 가카와 공생자들의 꼼수를 까발린다. 가카의 극강 꼼수는 이미 BBK를 통해 잘 알려진 터. 세 명의 졸개를 거느리고 단골 보신탕집에 출현하는 가카는 고작 2인분만 시킨다. 그것도 16명이 앉는 홀에 혼자 들어가 먹고, 나머지를 3인분으로 나누어 홀 밖의 졸개들에게 던져 나눠준다. 치사의 극치인 인물이다.

검찰총장 한상대는 '에리카 킴 누나 문제'를 말끔히 정리한 인물로 가카와 같은 고려대 출신이다. 하지만 노무현 정부에서도 정말 잘나갔던 인물로 검찰 조직을 위해 주인을 마음대로 바꾸는, 즉 불사이군^{不事二君}의 윤리를 어기는 간신배다.

조선일보 사장 방상훈은 성 상납을 강요받았다는 고 장자연의 일기에도 불구하고 조선일보 사장실에서 단 35분만 조사를 받고 무혐의 처분을 받은 밤의 황제다. 이는 물론 당시 경기경찰청장이던 조현오 경찰총장이 알아서 기었기 때문이다.

여의도 순복음교회 조용기 목사는 세 아들을 두고 있는데 네 부자의 병역 기간은 모두 합해봐야 고작 7개월이다. 조용기 목사는 파리의 나비부인을 정부로 두고 돌봐주었는데 자신의 육^寸의 아내에 빗대어 '영^靈의 아내'라며 꼼수를 부린다.[27]

이렇듯 가카와 공생자들은 절대 악인이라기보다는 사적 이득에 눈이 시뻘건 해학적 악인으로 그려진다. 그런 점에서 나꼼수에 나오는 인물들과 그들이 비판하는 가카는 모두 일상의 범인보다 아래에 있는 또 다른 잡놈이다. 다만 그 스타일이 '꼼수'를 쓴다는 점에서 다르다. 잡수는 현실 권력이 없어 온갖 막말과 음사로 풍자를 해댄다. 반면 꼼수는 현실 권력이 있으므로 온갖 실정법을 동원해 합법적으로 겁박한다. 해학적 악인들이 '뒷구녕'으로는 온갖 꼼수를 피우면서도 입만 열면 '법치'를 외치는 이유다. 이들은 군부독재 시기의 지배자처럼 타도해야 할 절대 악인이라기보다는, 조롱하고 다시 품어야 할 시답잖은 놈들이다.

이러한 인물들은 사실 민속극에 광범하게 나타난다. 영웅은 말뚝이, 막둑이, 쇠뚝이, 홍동지, 최발이, 노장, 방자 등

인데, 이들 모두 어릿광대 역할을 맡고 있다. 말뚝이는 양반과 같은 권력층을 비하할 뿐만 아니라 스스로 광대가 됨으로써 자신도 비하시킨다. 그들의 속성은 "방자함, 주정, 탐식, 외설·색욕, 더러움, 욕설 등으로 쉽게 가려질 수 있다".[28] 자신들을 권력층에 대항하는 선한 영웅으로 이상화하지 않는 것이다. 왜 그런가? "민중 이데올로기의 말뚝이를 어릿광대 말뚝이로 만드는 까닭은 이데올로기의 경직성과 일면성 및 그 독선의 유형을 극복시키기 위한 것이다. 권력이나 지식의 대변자를 놀이에 대입시켜서 그들을 웃음의 대상으로 만듦으로써 현실을 극복해나갔던 민속극의 〈말뚝이〉상의 상투적 수법이 그들이 어릿광대임을 증명하고 있다. 권력층과 신성계층을 그렇게 놀리고 골리는 말뚝이가 스스로 민중적 영웅으로 격상하는 것은 민속 가면극의 원리에 어긋난다. 그는 스스로 웃음의 대상으로 내려와 앉아야 하는 것이다."[29]

반면 영웅이 맞서 싸우는 반영웅은 절대 악인이라기보다는 해학적 악인이다. 《배비장전》의 배비장, 《심청전》의 뺑덕어미, 《흥부전》의 놀부, 《옹고집전》의 옹고집과 같은 해학적 악인이 대표적이다. "서구 서사문학의 대표격이라 할 셰익스피어의 작품이 선인과 악인의 극명한 성격 대비를 통해 선인의 고결성을 부각시키고 유혹자로서 악인의 해악성과 위험성이 강조된다면, 해학적 악인이 등장하는 고소설에선 소유욕, 성욕, 식욕 등 인간의 원초적 욕망이 사회적으로 어떻게 수렴되어야 할지가 성찰된다."[30]

　비교문화적으로 단순화해 말하자면, 절대 악을 상정하고 이와 투쟁하는 기독교 문명[31]과 달리 한국사회에 테러가 잘 일어나지 않는 것은 바로 이러한 문화구조를 활용한 덕분이다. 한국인은 광주 학살의 주범 전두환조차도 거리를 활보하도록 놔둔다. 오히려 희화화시키고 품는다. 에라, 29만 원짜리야! 사정이 그러하니 '가카 정도'야 품고도 남는다. 또한 민속극에는 해설자도 자주 등장하는데, "해설자는 극을 요약 설명하고 시간과 공간의 경과를 알려주며 극 내용에 대한 주석을 하며 관객의 참여를 유도하기도 한다."[32] 김어준이 하는 역할이 바로 이것이다.

여성, 적극적인 관객으로 나서다

배우가 아무리 뛰어난 대본을 바탕으로 공연을 한다 해도 관객이 없으면 소용이 없다. 물론 관객 없이 리허설을 하는 경우도 있지만, 이 역시 추후 관객 앞에서 공연을 하기 위해 준비하는 것이다. 배우는 공연을 통해 대본을 특정 의미를 지닌 텍스트로 전화시키지만, 관객이 꼭 배우가 원하는 방식대로 그 의미를 소비하는 것은 아니다. 그럼에도 관객이 관람 중인 공연의 배경상징과 대본에 대한 사전 이해가 없다면 공연은 실행되기 어렵다. 대개 관객은 공연을 보러 갈 때 이미 특정 장르를 예상한다. 그러면서 공연의 의미를 자신의 화용론적 노력에 따라 다양하게 해독한다. 이때 활용되는 문화자원은 공적으로 가용한 상징체계, 즉 배경표상 체계이다. 문화적 확장과 심리적 동일시가 가능한 근본적인 이유는 바로 관객이 배경표상의 체계를 활용할 수 있는 문화적 화용 능력이 있기 때문이다.

복합적인 탈현대사회에서는 관객이 동질적이지 않고 분화되어 있다. 따라서 관객들은 자신들이 원하는 공연을 골라서 볼 수 있다. 나꼼수 역시 팟캐스트에 올라가 있기 때문에 스마트폰이 있다면, 그리고 관객이 원하기만 한다면 언제 어디서든 청취할 수 있다. 반대로 원하지 않는다면, 안 들으면 그만이다. 이것이 브로드캐스팅^{broadcasting}과 근본적으로 다른 점이다. 공중파 방송에서 나오는 9시 뉴스는 시청하고 싶지 않아도 일방적으로 전송된다. 하지만 팟캐스트는 관객이 원해야만 내려받아 들을 수 있다. 관객의 능동적 역할이 큰 것이다. 나꼼수는 매회당 평균 200만 명에서 600만 명에 달하는 관객이 청취하는 것으로 보고되었다.[33] 반복적으로 듣는 관객을 제외한다 하더라도 브로드캐스팅에 맞먹거나 이를 능가하는 어마어마한 관객 흡인력을 지니고 있는 것이다.

콘텐츠를 다운받는 능동적 행위를 고려할 때 나꼼수를 청취한 관객들은 나꼼수의 서사 장르와 수사 스타일은 물론 배우의 성격까지 어느 정도 공유하고 있는 사람들이라고 할 수 있다. 풍자적 희극 장르와 잡놈 스타일을 공유하고 수용할 수 있는 사람인 셈이다. 이들 중에서 초창기부터 나꼼수를 즐겨 들은 관객들은 누구인가? 그들은 놀랍게도 삼국 카페[34]로 대표되는 여성 카페 회원들이다. 화장~발의 '^^ ㅣ 발명박

꺼져새꺄'라는 회원이 비키니 사건 이전에 올린 글을 보자.

제 닉넴 너무 경박한가요?ㅋㅋㅋ 치명적인 매력! 블랙홀 같
은 매력의 소유자, 봉도사님!! 웃을 일 없는 요즘 당신 같은
정치인이 있다는 사실에 위로받고 그 경박한 웃음에 저도
덩달아 웃습니다! 나꼼수 멤버들 너무너무 수고 많구요. 누
가 뭐라든 당신들은 우리의 영웅, 시사 아이돌!ㅋ 사랑합니
다♥ 봉도사님~ 같은 취준생으로서 내년 봄에 대박나요 우
리!! 그리고 마지막…… 아들 빨리 키워서 저 며느리로 받아
주세요!!ㅎㅎㅎ

보통 여성들은 음사, 막말, 욕설을 섞어서 직설적인 어법
을 구사할 경우 이를 회피할 것으로 기대되지만, 나꼼수 청
취 여성들의 경우는 다르다. 'ㅅㅅㅣ발' 정도는 희극 장르에 불
가피하게 요구되는 수사 장치라는 것을 잘 알고 있기 때문이
다. 음사, 막말, 욕설이라도 상당히 희화적으로 순치되어 있다
는 점도 큰 몫을 한다. '조까' '씨발' '조또' 정도는 이미 여성
카페 회원들이 충분히 즐길 수 있는 수사 용법이다. '취준생'
임을 밝힌 것에서 보듯 이들 역시 나꼼수 인물들과 마찬가지
로 주류 사회에서 밀려나 있는 또 다른 루저이기 때문이다.
　나꼼수가 활용하는 욕은 대개가 '애칭과 유희의 익살욕'
으로서 '저주와 악담의 쌍욕', '비아냥거림과 조소의 방귀욕'

그리고 '꾸지람과 차별의 채찍욕'과 같은 여타의 욕과는 그 성격이 다르다. "욕이라기보다는 일상의 규범적인 언어에서 오는 지루함을 새롭게 바꾸는 일종의 언어적 창조 활동이며, 유희 활동이라 할 수 있다."[35]

또 다른 한편으로는 이 모든 욕이 남성의 성기와 관련된 다는 점이다. 만약 이 욕이 여성의 성기와 관련된 것이었다 면 상황은 크게 달라졌을지도 모른다. 가부장제 사회에서 특권을 누리는 남성 성기는 조롱과 풍자의 대상이 될 수 있지 만, 차별받고 억압받는 여성의 성기를 그렇게 할 수는 없는 노릇이다. 만약 그렇게 한다면 자신의 쾌락을 위해 약자를 착취하는 '양아치'로 전락할 것이다.

그럼에도 여성들이 나꼼수에 열광하는 데에는 더 근본적 인 차원이 있다. 그것은 여성이 드디어 적극적인 관객으로 출현했다는 것이다. 민속극을 빌려 말하면, 여성 관객이 말 뚝이에게 환호하게 된 것과 같다. 왜? 그것은 말뚝이가 음의 질서를 대변하기 때문이다. "민속 가면극의 말뚝이를 위시한 취발이, 초랭이 등 민중상은 우주론적으로 혼돈을 대변하고 웃기는 존재였음으로 해서 마침내 질서에 도전하고 웃는 주 체가 된다. 연원적으로 어릿광대 말뚝이상像은 빛과 진지함과 남권男權과 질서와 엄숙함과 짝을 이루는 보완 상관관계, 혹은 대극對極의 어둠과 가벼움과 여성적인 것과 즐거움과 맞대고 있는 것이다."[36]

페미니스트 진영의 연구는 이를 분명히 인식하고 말한다. "찌질이 캐릭터에 부착된 남근, 허풍을 떠는 남근은 '남근성'을 상당히 탈각한 기호이다. 그리하여 이 찌질이가 사용하는 남근이라는 기호는 여성의 성적 자율성을 억압하는 효력이, 자신의 쾌락을 위해 여성을 사물화시킴으로써 여성을 지배하는 효력이 떨어진다. 여성들이, 이 마초의 언어가 횡행하는 난장에 뛰어들어 그것을 정치의 공간으로 활용할 수 있었던 이유가 여기에 있다. 이 점을 여성들은 빠른 속도로 또 직관적으로 간파했고, 거기에서 정치의 공간을 발견하여 자신을 열정적으로 투여했다."[37]

이는 물론 1990년대 후반부터 여성 전용 온라인 커뮤니티를 만들면서 여성 스스로 정치적 주체로 성장해갔던 경험이 큰 역할을 했다.[38] 또한 온라인 커뮤니티를 넘어 2008년 촛불집회에 유모차부대로 참여하면서 희극 공연의 관객을 넘어 배우로도 공연을 해봤던 경험[39]도 힘을 보탰다.

팟캐스트는 감성 공론장이다

새로운 상징적 생산수단인 팟캐스트가 없었다면 나꼼수는 존재할 수 없었을 것이다. 아무리 골방에서 떠들어도 이를 불특정 공중에게 전달할 방법은 없었을 것이기 때문이다. 팟캐스트는 한정된 관객 앞에서 공연되던 마당극을 불특정 다수 공중을 상대로 펼치는 사회적 공연으로 뒤바꾸어놓는다. 상징적 생산수단에 대한 통제는 공연할 수 있는 무대를 공중의 상상 속에 만드는 것이다. 다시 말해 텔레비전, 영화, 신문, 라디오, 인터넷과 같은 전달 매체를 이용할 수 있는 방법을 만들어내는 것이다. 팟캐스트를 통해 방송하려는 사람은 누구나 파일럿 작품을 만들어 애플사에 보내면 심각한 저작권 침해가 없는 한 대중에게 공개한다. "업로드 즉시 누리꾼들 사이에서는 트위터나 페이스북 같은 소셜 네트워크 서비스를 통해 급속히 알려진다. 그리고 '늦게 받으면 내려받기 속도가 저감된다'며 다운로드 경쟁이 벌어진다."[40]

이것이 가능한 이유는 우선 RSS라는 새로운 기술 덕분이다.[41] 하지만 이런 기술적 특성보다 더 중요한 것은 SNS를 통해 나꼼수가 전파되는 과정이 텔레커뮤니케이션의 차연 논리를 따라 이루어진다는 것이다. "데이터 그림자는 한 사람 또는 여러 사람이 동시에 이에 접근하여 이를 변화시키고, 뭔가를 보태며, 또 그것을 보다 큰 새로운 컨텍스트로 통합시킬 수 있다. 그리고 이 과정은 최종적인 목적지가 없다. 따라서 말 그대로 정보와 커뮤니케이션의 흐름만 있게 된다. 이 흐름에서 어디를 끊어 특정의 텍스트를 만든다 해도, 그 의미는 뒤에 나오는 컨텍스트를 통해서만 가늠되기 때문에 텍스트와 컨텍스트의 구분은 자의적인 것이 된다. 텍스트와 컨텍스트의 관계는 차연적 관계로 된다."[42]

나꼼수라는 텍스트는 팟캐스트에 올려진 후, SNS를 통한 확산 과정에서 그 의미가 사후적으로 구성된다. 어차피 신문과 공중파 방송 같은 제도 공론장은 나꼼수가 다루는 주제에 대해 전혀 언급을 하지 않기 때문에 SNS를 통해 확산을 도모할 수밖에 없다. 나꼼수라는 텍스트는 저자(김어준, 정봉주, 주진우, 김용민)의 의도에 의해 그 의미가 결정되지 않는다. 다시 말해 저자는 나꼼수라는 텍스트의 의미의 소비를 전혀 제어할 수 없다. 새롭게 리트윗이 될 때마다 그 의미가 계속 미끄러지기 때문에, 그 의미가 안정적이지 않다. 단순한 리트윗으로 끝난다면 별 문제가 아닐 수도 있지만, 남의 글을 편집해서 리트윗을 하기 때문에 매번 의미가 흔들리고 확정된 의미가 뒤로 지연되는 것이다. 사실상 트위터에서는 원문을 찾는 것이 더 어렵다. 원문이 유령처럼 떠돌지만, 홀로 떠도는 것이 아니라 수도 없이 많은 다른 글들과 융합된 형태로 떠돌기 때문이다. 때문에 존재와 비존재의 강고한 이분법이 해체된다. 또한 인터넷 커뮤니티에서 나름의 방식으로 나꼼수 텍스트의 의미를 소비하게 된다. 댓글을 달고 놀이를 하는 과정에서 성과 속의 이항체계 아래에서 표상될 수 없었던 것까지 차연적으로 표상되게 된다.

이는 전통적인 부르주아 공론장과 결정적인 차이를 낳는다. 부르주아 공론장은 공적 영역(정치와 경제)과 사적 영역(가족, 친구, 레저 활동) 간의 날카로운 대립을 전제한다. 더 나아가 공적 영역이 지성을 갖춘 시민들이 자유롭고 열린 의사소통을 통해 공공선을 구성하는 장이라고 이상화한다. 미디어, 학교, 사회과학과 같은 시민사회의 제도들이 그 공공선을 구성하는 장이다. 공중이 지성적인 결정을 내리는 데 필수적인 지식을 제시할 것이기 때문이다. "자신의 감정, 이해, 편견을 억누르고 이성적으로 의사소통할 수 있는 '훈육된 자아', 독단적인 확실성 대신에 부드러운 설득이 지배하는 '시민 담론', 그리고 가치에서 해방된 사실만을 통계적 구간의 확실성으로 표현하는 '공적 영역'은 자유민주주의를 떠받치는 핵심적인 요소들"[43]이다.

　이러한 부르주아 공론장에서는 희극은 모르되 풍자적 희극을 내보내기 어렵다. 이는 장르의 성격 때문이라기보다는 인물들과 그들이 사용하는 수사에는 부르주아 공론장이 감내할 수 없을 정도로 정서와 가치 평가가 난무하기 때문이다. 하지만 팟캐스트와 인터넷 커뮤니티는 다르다. 팟캐스트는 브로드캐스팅이 아니기 때문에, 끼리끼리 모여 마음 놓고 온갖 서사와 수사를 활용하여 시시덕거릴 수 있다. 이를 공유한 관객은 들으면 되고, 그렇지 않은 관객은 듣지 않으면 그만이다. 삼국 카페처럼 등업이 까다로운 인터넷 커뮤니티는 특정의 코드, 서사, 수사 등 공적으로 가용한 문화구조를 광범하게 공유하는 회원들만의 닫힌 공동체이다.[44] 특히 기존의 부르주아 공론장에서는 표현될 수 없었던 것을 마음대로 떠들어낼 수 있는, 김예란의 표현을 빌리면 '감성 공론장'이다. "감성 공론장의 핵심적 특징은 암묵적이고 미세하지만 광범하고 근면한, 감정과 경험의 소통 과정에서 구성된다는 점에 있다. …… 감정과 느낌의 공유, 언어적 표출, 대화와 사회적 행위의 발현이 진행되는, 사적인 동시에 공공적인 관계, 과정, 활동이 감성 공론장이다."[45]

　나꼼수를 듣는 것은 매 순간 나꼼수가 공연되는 것과 같다. 하지만 듣는 사람들은 각자 다른 시공간에 있다. 자신이 처한 특정한 시공간이 가하는 미장센이 중요한 이유다. 미장센이 모이면 다음 공연의 향방에 상당한 영향력을 미친다. 특정한 시공간이 가하는 정서적이고 도덕적인 요구가 있기 때문이다. 이렇듯 사회적 공연에서는 연극적 공연과 달리 미장센이 공연 중에 새롭게 출현하는 속성을 지닌다. 대본을 특정의 시공간에서 새로운 막으로 재구성하라는 미학적 요구가 사회적 공연 중에 강력하게 발생하기 때문이다. 미장센의 출현이 지닌 이러한 우발적 속성은 미학적 요구에 맞게 사회적 공연의 장르를 변형시키는 것으로 나타난다. 비키니 사건이 일어나기 전까지만 하더라도 나꼼수의 미장센은 희극적 장르로서 비교적 안정된 모습을 보이고 있었다. 관객의 주의를 계속해서 붙잡아두기 위한 급진전과 반전이 수사 장치로 활용되고 있는 정도였다.

어떤 공연이 생산되고, 배포되고, 해석되는 과정에는 반드시 사회적 권력이 작동한다. 사회적 권력은 특정 공연은 합법화시키고 다른 공연은 불법화시키는 '생산적 권력'을 가지고 있을 뿐만 아니라, 그 공연이 어떤 형태로 배포될 것인지도 결정할 수 있는 '배포적 권력'도 지니고 있다. 민주주의 사회라 해도 이는 변함이 없다. 다만 전체주의 사회와 달리 사회적 권력을 상쇄시킬 수 있는 다양한 시민사회의 힘이 있다는 점에서 다를 뿐이다. 또한 특정 공연이 관객에게 배포되었을 때 그 의미를 둘러싸고 '해석적 권력'이 작동한다. 수

많은 전문가 집단이 이 역할을 담당하는 것이 보통이다.

이명박 정권은 2008년 촛불집회를 겪은 후 기존의 부르주아 공론장 제도를 장악하는 데 온 힘을 기울였다. 공중파 방송의 낙하산 사장 임명이나 미디어법을 통한 친정권적인 종합편성채널 양산이 대표적인 경우다. 이렇게 되자 특정 문화 산물의 생산 여부를 틀어쥐게 되었다. 이 덕분에 이명박 정권을 비판하는 뉴스, 시사 프로그램은 상당한 힘을 상실했다. 생산적 권력의 힘이 너무나 커서 대본이 생산조차 안 되니 공연도 안 되고, 그 의미가 공중에게 전파될 수도 없었다.

하지만 새로운 공론장 제도인 SNS를 장악하는 데에는 실패했다. 새로운 상징적 생산수단인 SNS는 기존 방식대로 '사전 통제'하기가 어렵기 때문이다. 우선 애플사의 법인이 미국에 있어 생산적 권력이 작동하기에는 구조적으로 한계가 있다. 해외에 서버를 둔 성인 사이트에 접속하는 것을 막기 위해 국가가 IP를 차단할 수는 있다. 하지만 팟캐스트의 경우 IP 전체를 차단할 경우 팟캐스트를 국내에서 아예 사용하지 못하게 되므로 그렇게 할 수도 없다.[46]

또한 일단 특정 콘텐츠가 SNS를 통해 유포되기 시작하면 사회적 권력이 이를 통제하기 어렵다. 더욱 심각한 것은 콘텐츠의 의미가 어떻게 흘러갈지는 사회적 권력이 예단할 수 없다는 점이다. 나꼼수가 올린 공연 텍스트의 의미를 둘러싸고 많은 해석적 권력이 쟁투를 벌이게 된 이유다. 의미가 사전에 결정되지 않는다는 점 때문에 해석적 권력을 휘두르고 싶어 하는 사회적 권력의 욕망이 두드러지게 나타난다. 수많은 팔로워를 가진 파워 트위터리안들이 멘토를 자처하며 출현한 이유다.

"가슴이 터지도록 나와라, 정봉주"

정봉주는 BBK 사건 관련 허위 사실 유포 혐의 등으로 징역 1년형이 확정되어 2011년 12월 26일 서울구치소에 수감되었다. 이후부터 나꼼수는 '봉주 특집'으로 전환하여 2012년 1월 1일 '봉주 1회'를 올렸다. 여기에서 정봉주를 면회하면서 나눴던 이야기를 '감옥으로부터의 사발'이라는 편지 형식으로 재구성해 다음과 같이 소개했다.

사랑하는 국민 여러분 입감하자마자 날씨가 따뜻해지고 있습니다. 천기도 저를 중심으로 돌아가고 있습니다. 이거 웨더 깔때기입니다. 하루에 편지 400통씩 옵니다. 이거 읽으며 울고 웃다가 하루가 다 갑니다. 사진을 동봉하는 분들도 있습니다. 그런데 얼굴 부분만 보내시네요? 정보량이 절대 부족합니다. 아, 남자분들에게 하는 이야기는 아닙니다. 태어나서 한 번도 흥분되지 않은 적이 없었다고 말씀드렸죠. 여기 오면 좀 가라앉을 줄 알았는데 그게 아니더군요. 하루하루가 즐겁고 행복합니다. 여러분도 그렇게 2012년 맞이하세요. Don't worry be 봉주.

'감옥으로부터의 사발'은 신영복이 1968년 통일혁명당 사건으로 구속되어 1988년 특별 가석방될 때까지의 옥중 서간을 책으로 묶은 《감옥으로부터의 사색》을 흉내 낸 것이다. 1988년 민주화의 바람 속에 출간된 《감옥으로부터의 사색》은 간첩단 조작 사건으로 생사의 기로에 선 비극적인 극한 상황을 신영복이 사색을 통해 극복해나가는 로맨스 서사이다. 반영웅인 군부독재의 폭압에 대항해, 영웅으로서 신영복은 진지하고 엄숙한 스타일을 취한다. 그는 사색을 통해 극한의 실존적 조건에서 인간의 존엄성을 지키기 위해 진지하고 엄숙한 투쟁을 시도한다. 여기서 관객들은 순결한 영혼의 '진정성'에 감동을 느끼고 고개를 숙인다. 강력한 '심리적 동일시'가 형성되기 때문이다.

사실 이러한 로맨스 장르는 이전에도 존재했다. 1984년에 처음 출간되어 광범한 독자를 확보한 《김대중 옥중서신》이 바로 그것이다. 이 둘은 사형을 선고받는 극한의 실존적 위기에 처했음에도 자신의 성스러운 자아를 결코 포기하지 않고 투쟁함으로써 한 사적 개인을 넘어선 보편적 인간의 위대한 드라마를 보여준다. 관객들은 이러한 불굴의 영웅 앞에 경외감을 느끼지 않을 도리가 없다.

관객들이 이러한 장르에 깊이 감동한다는 것은 1979년 첫 출간된 이후 꾸준히 사랑받다 마침내 교과서에까지 실린 정약용의《유배지에서 보낸 편지》만 봐도 잘 알 수 있다. 문고판으로까지 보급된 김구의《백범일지》도 이를 드러내는 비슷한 증거다. 이 글들은 모두 가족이나 친지에게 보낸 사적 편지의 형식을 띠고 있지만, 조금만 자세히 읽어보면 불특정 다수의 독자를 대상으로 해서 저자가 매우 치밀하게 갈고 다듬은 글이라는 것을 가늠할 수 있다.

지금 당장의 현실적 패배가 고통스럽지만 결국 후세에 가면 불멸의 정신으로 되살아나리라는 강력한 희망을 담고 있다. 절대적으로 고립된 저자의 현 상황을 뚫고 관객에게 도달해서야만 완성되는 로맨스 서사인 것이다. 독자는 저자가 극한에서도 인위적인 냉철한 글쓰기를 했다는 사실에 다소 거리감이 느껴지면서도, 그렇게라도 되살아나려는 정신의 진정성에 감동하게 된다.

나꼼수는 이렇듯 광범하게 공유된 배경표상에 정봉주의 수감 생활을 연결시켜 문화적 확장을 이루고자 했다. 하지만 로맨스 서사를 유쾌하게 비틀어 희극 서사로 바꾸어놓는다. 몰성적이고^{asexual} 성스러운 자아를 가진 기존의 영웅들과 달리 끓어 넘치는 성욕을 주체 못하는 잡놈으로 인물을 바꿔치는 것이 핵심이다. 정봉주는 거짓에 맞서 진실을 밝히려다 수감되었다는 점에서 불의한 세상과 맞선 기존의 영웅적 인물들과 크게 다르지 않다고 할 수 있다.

하지만 '봉주 1회'는 정봉주를 말뚝이와 같은 어릿광대로 끌어내렸다. 정봉주는 선하고 정의로운 사회가 무엇인지 진지하고 엄숙하게 고민하고 사색하는 인물로 그려지지 않았고, 오히려 엄중한 현실 속에서 자위에나 신경 쓰는 잡놈으로 묘사되었다. 이렇게 정봉주를 희화화시키면 시킬수록 그러한 잡놈을 정권에 위협이 된다는 이유로 수감시킨 사법부, 더 나아가 MB 정권도 희화화시킬 수 있다는 점을 노린 것이다. 이를 본 관객은 인물과의 정서적 동일시 대신 낄낄대며 웃게 된다. 물론 이러한 대본은 '탐욕스러운' 대 '본능에 충실한'이라는 나꼼수 행위자의 이항 코드에서 끌어온 것이다. 정봉주를 본능에 충실한 행위자로 희화화하면 할수록 가카의 탐욕스러운 욕망 충족 행위가 해학적으로 풍자되는 것이다.

정봉주가 구속되고 2주 후인 2012년 1월 6일 '나와라 정봉주 운동본부'가 출범했는데, 공지영과 김용민이 주축이었다. 1월 11일에 '봉주 2회'가 업로드되었고 '나와라 정봉주' 홈페이지가 개설되었다. '봉주 2회'에서도 '감옥으로부터의 사발'을 방송했지만 성적으로 희화화하는 내용은 없었다. 다만 1월 13일 정봉주를 면회 갔던 주진우가 접견민원서신에

"면회 희망 여배우 명단 작성하라! 욕정 해결 방안 발표하라! 국정 운영 5대 계획 선포하라!"는 트윗을 올렸다. 표현의 자유를 억압하고 거짓이 진실을 압살하는 엄중한 현실에서 '봉도사'가 감옥에서 꿈꾸는 것은 민주주의를 위한 투쟁이라는 거창한 것이 아니다. 오히려 감방에서조차도 성욕을 주체 못해 끙끙댄다. 이 또한 스스로를 잡놈으로 끌어내림으로써 허위 성도덕에 물든 전체 사회를 조롱하고 풍자하는, 기존의 익숙한 풍자적 희극 장르를 다시 사용한 것일 뿐이었다.

1월 16일, 나와라 정봉주 사이트는 정봉주의 석방을 원하는 1인 시위 '인증샷'을 올리는 게시판을 열었다. 이때까지 이 사이트는 나꼼수와 달리 기존의 사회운동에서 익숙한 1인 시위 형식을 사용했지만, 진지하고 엄숙하다기보다는 유쾌 발랄한 희극 형태를 띠었다. 희극 장르를 공유한 관객들도 이에 호응하여 1인 시위 사진들을 올렸다.

그런데 1월 20일 논란의 시발점이 된 닉네임 '푸른귀'가 '나와라 정봉주 국민운동본부' 홈페이지의 '1인 시위 인증샷' 게시판에 가슴이 깊게 파인 수영복을 입고 가슴 윗부분에 "가슴이 터지도록 나와라 정봉주"라는 문구가 적힌 사진을 올렸다. "타고 난 신체적 특성 탓에 다소 선정적으로 보일 수도 있는 점 미리 양해 부탁드립니다. (애들은 가라)"는 친절한 말을 덧붙이는 것도 잊지 않았다.

왜 푸른귀는 자신의 가슴에 메시지를 적고 그 사진을 올렸을까? 앞에서 보았듯이 삼국 카페에서는 이미 많은 여성들이 여성의 성징을 하나의 '텍스트'로 활용하는 놀이를 해왔다. 공연기획자 겸 공연자인 나꼼수 멤버들과 관객인 청취자들은 애초에 극의 장르를 공유하고 있었다. 그렇기 때문에 마당극의 특징 중 하나인 공연자와 관객의 벽이 붕괴되었고 극에서 관객들의 활약이 두드러지게 나타난다. 이런 현상은 전혀 특별하거나 예상치 못한 것이 아니라 오히려 자연스러운 것이다.

다음 날 21일에는 18일에 녹음된 '봉주 3회'가 올라왔고, '감옥으로부터의 사발'과 함께 처음으로 정봉주의 동정을 보도하는 '봉주뉘우스'가 등장했다. 이는 '조국과 민족의 무궁한 영광을 위하여' 고군분투하는 민족의 영웅인 박정희의 동정을 진지하고 엄숙하게 보도한 '대한뉘우스'를 희화화한 것이다. 김용민 앵커의 희화화된 목소리를 통해 전해진 봉주뉘우스는 다음과 같이 웃기려고 한다.

정봉주 전 의원께서는 독수공방을 이기지 못하시고 부끄럽게도 성욕 감퇴제를 복용하고 계십니다. 그러니 마음 놓고 수영복 사진을 보내시기 바랍니다.

이후 이러한 희극 장르를 공유한 많은 관객들이 1인 시위 인증샷 게시판에 많은 사진을 올렸는데, 그중 24일 닉네임

'람보'는 브래지어를 착용한 사진에 "수감번호 271, 나와라 정봉주!!"를 삽입해 게시했다.

정의를 찾아볼 수 없는 이 시국에... 답답함에...잠시 쓰던 논문을 멈추고 봉도사님의 사면화 촉구를 위해 올려봅니다. 앗!!! 회개합니다...좌X주제에 서당개 경력3년차와 풍월을 읊어야 하는데, 대학원에서 논문까지 쓰니 죄송합니다...다음생애에는 서당개로 태어나 3년차에 풍월을 읊고, 이 한 몸 바쳐 가카의 보신탕이 되렵니다...그럼 본론으로 들어가겠습니다..시각적으로 여성의 가슴을 더욱 아름답고 볼륨있게 하는 브래지어는 착용하는 여성과 바라보는(^;) 남성 모두에게 널리 이롭게합니다. 편파적인 시각으로 일정현상만을 야기하는 쪼쭝똥! 과 방송3사의 왜곡된 보도는 남녀를 불문하고 모두에게 널리 해롭게합니다...하지만...여성의 몸 겨드랑이 부분에는 림프선이 있습니다. 브레지어는 그곳에 압력을 가하게 되고, 그 압력으로 림프선은 좁아지거나 기형이 생기게 되는 불편한 진실...그렇습니다... 정권 1년두 남지않은 가카께 기소충성하시는 검찰과 대법원선고에 각골난망하며, 이 땅의 모든 정의와 양심이 사라지게 되는 불편한 진실... 법보다 앞서는게 상식이고, 그것이 국민정서를 고려해야 하지만.. 오직 가카정서만을 고려하는 검찰과 대법원... 그대들은 가카 브래지어의 와이어와 같은 존재입니다. 가카께는 와이어날개를 달아드렸지만... 국민에게는 이 나라에 대한 답답함과 탄식만을 안겨주셨습니다. 답답합니다..답답합니다... 브래지어를 풀어주세요... 후크만 열면 됩니다.. 답답합니다..답답합니다... 봉도사를 풀어주세요... 홍성교도소 문만 열면 됩니다...나와라!!! 정봉주~!!좌X 주제에 가슴까지 풍만하여 죄송합니다..좌X 신분에 맞는 가슴 대축소수술을 해야겠지만, 일개 대학원생이기에 먹고죽을 돈도 없습니다. "달려라 정봉주"처럼 달리기로 좌X에 맞는 평면가슴을 만들겠습니다. 이상입니다.[47]

람보는 여느 대학원 여학생과 달리 여성의 성징을 활용해 해학적 풍자 스타일로 글을 올렸다. 검찰과 대법원은 여성의 가슴을 옥죄는 브래지어 와이어와 같은 희극적인 성적인 존재로 풍자되고, 정봉주, 진실, 국민은 여성의 가슴으로 성性화된다. 이러한 해학적 풍자 스타일에 '불법미인'과 같은 여성들은 적극적으로 호응한다. 인터넷 커뮤니티를 새로운 감성 공론장이라 한다면, 이 안에서 이미 성을 가지고 노는 '잡년의 덕성'을 커뮤니티 성원과의 익명적 상호작용을 통해 키워왔기 때문이다.[48] 이들은 나꼼수가 지닌 희극 장르의 성격을 잘 이해했기 때문에 진지하거나 엄숙하지 않게 행동했다. 오히려 스스로 성적 대상이 되기를 자처했다. 희극 장르에 따라 '잡놈'과 '잡년'이 뒤섞여 가볍고 유쾌하게 노는 모습을 보여줌으로써, 별것 아닌 잡놈에게 심각한 위협을 느껴 그를 가둔 가카가 얼마나 우스꽝스러운 존재인지 조롱하고 풍자하고자 했다.

이는 해학과 풍자를 넘나드는 복합적인 것이다. "해학은 웃음을 통해 타자적인 것을 포용하고 삶의 대립적인 요소를 통합하고자 하는 미의식의 원리를 바탕으로 한다. …… 현상의 본질을 날카롭게 파악하고 이를 웃음과 익살을 통해 표현한다는 점에서 해학과 풍자가 유사하지만 구별되는 점이 있다. 즉 해학이 대상에 대한 애타적인 면을 가지고 있다면, 풍자는 대상을 경멸적으로 본다는 점이다. 대상에 대하여 비꼬는 익살스러움을 유발하는 것이 '풍자'라면, 대상에 대하여 긍정적인 익살스러움을 유발하면서 웃음 짓게 만드는 것이 '해학'이라고 할 수 있다."[49]

만약 가카를 타도할 절대 악인으로 상정했다면, 이러한 수사 장치를 사용하지 않았을 것이다. 하지만 이때만 하더라도 스스로 성적 대상으로 공적 영역에 출현하여 가카를 해학적으로 풍자하는 여성 캐릭터가 무엇을 의미하는지 누구도 찬찬히 살펴보지 않았다.

성의 대상화는 성의 착취다

인물의 성격에 대한 정확한 이해 없이 주진우는 평소 하던 스타일대로 "가슴 응원 대박이다. 코피를 조심하라"고 적은 '접견 민원인 서신'을 27일 자신의 트위터에 공개했다. 그러자 공전의 히트를 기록하는 듯했던 풍자적 희극은 '정봉주와 미래 권력들'(이하 미권스) 회원이자 삼국 카페 중 하나인 '쌍화차 코코아'의 회원인 '똥을품은배'가 "우리는 진보의 치어리더가 아니다"라는 글을 올림으로써 장르의 위기에 처하기 시작한다. 똥을품은배는 부르주아 공/사의 전통적인 구분에 따라 정치와 남성은 공적인 것으로 가정과 여성은 사적인 것으로 환원하는 것에 반발한다. 여성들이 공적 영역에 있다가도 다시 사적 영역으로 돌아가는, 공적 영역에 머무른다 하더라도 남성을 응원하는 '치어리더'로 남아 있는 것을 비판한다.

가슴에 립스틱으로 메시지 쓰고 그라비아 아이돌 각도로 사진 찍는게 아니라 시위대를 위한 먹을거리, 입을거리 준비하고 댓글북 만들고 떡이라도 조공하고 초청강연 듣고 드레스코드를 맞춘 플래시몹을 하고 광고시안을 만들어 투표하고 시위를 생활로, 퍼레이드처럼 즐기는게 여'성'을 긍정적으로 이용하는 우리 시위방식이었지. 속옷 입고 젖가슴 위에 립스틱으로 애교스러운 글을 써서 '여성, 새로운 표현의 자유' 소리 듣고 싶은 생각 따위 전혀 없다 진보의 꽃이 되어 재잘거리며 신선한 활력소가 되어주는 여동생 역할은 공짜 나레이터 모델같은 저 짓보다 더더욱 싫다.

똥을품은배의 글의 핵심은 여성적인 돌봄의 가치로 공적 영역을 재구성하려는 것이다. 하지만 그 의도가 어떠하든 이는 진지한 자세를 취함으로써 풍자적 희극 장르를 흐리는 결과를 가져왔다. 희극적인 닉네임의 똥을품은배가 진지한 주장을 하니 어리둥절할 따름이었다. 코미디를 보면서 낄낄대고 있는데, 여기에다 엄중한 '현실 원리'를 들이대며 비판한 꼴이 되었기 때문이다.

더 나아가 이러한 원래의 의도는 대중적 영향력을 지니고 있는 작가 공지영의 리트윗에 의해 심대한 타격을 입기 시작한다. 1월 28일 '나와라 정봉주 국민운동본부' 공동간사를 맡고 있는 공지영 작가가 "나꼼수의 비키니 가슴 시위 사건 매우 불쾌하며, 당연히 사과를 기다립니다"라는 글을 올렸다.

같은 학교 여학생을 윤간이나 성추행하는 자들이 술에 취했다든지, 여자의 노출이 심했다든가, 심지어 여자의 평소 행실이 그렇고 그랬다든가 하는 이유로 집행유예로 석방되는 나라에서, 전 국민 중 남자의 70퍼센트가 성매매 경험이 있는 (여타 OECD국가의 2-3배) 나라에서 여자의 몸에 대한 시각은 당연히 정치적이다. 첫 번째 비키니 인증샷은 발상적으로 신선해질 수 있던 사안이었으나 결론적으로 논란거리가 됐다. 자세히 살펴본 결과 남자들도 몸을 드러낸 인증샷을 보낸 것들이 있었으나 특별한 성징이 노출되도록 하는 것은 거의 보이지 않았다. 그것을 보수언론들이 받고 또 장난스레 나꼼수멤버가 대박이라고 하면서 파장이 커져나간 것으로 보인다. 심지어 가슴 인증샷을 옹호하는 마초들의 불쾌한 성희롱적 멘션들과 스스로 살신성인적 희생이라고 하는 여성들의 멘션까지 나오게 된 것은 경악할 만하다. …… 나의 입장은 수꼴들이 그리고 마초들이 그렇게 좋아하는 그 방식으로 여성의 성징을 드러내는 석방운동을 개인적으로는 아직도 반대하며 그것에 대해 대수롭지 않게 여기는 나꼼수팀과는 분명히 의견을 달리한다. 그러나 그 모든 것에도 불구하

4장. 젠더주의 | 여자 말뚝이, 어떻게 할 것인가

고 나꼼수에 대한 나의 지지는 변함이 없다.

공지영은 풍자적 희극 서사를 비극 서사로 전환시킨다. 반영웅은 이명박, 수꼴 조중동, 마초이다. 하지만 여기에 나꼼수가 덧붙여지고 더 나아가 나꼼수에 홀려 경악할 만한 짓을 저지른 인증샷 여성들도 포함된다. 반영웅의 담론적 속성은 성폭행/성추행/성매매를 하거나 동조한다. 영웅은 여성 일반이고, 강력한 반영웅 세력에 의해 성폭행/성추행/성매매를 당하는 성격을 지니고 있다.

공지영이 이렇게 비극 서사로 전환시킨 것은 당시의 미장센이 가하는 미학적 요구 때문이었다. 가장 대표적인 것이 고려대 성추행 사건이다. 초기에 가해 학생들을 징계하지 않은 고려대, 여학생이 피해자임에도 조사 과정에서 굴욕감과 수치심을 느끼게 한 사법부, 피해 여학생을 정신이상자로 몰아가는 가해자의 부모 등 일련의 사건 진행은 공지영의 서사를 틀 지우는 강력한 미장센이었다.

하지만 공지영은 이러한 역사적 맥락과 미장센 때문에 역설적으로 성이 해학의 소재가 될 수 있다는 것을 전혀 이해하지 못했다. "해학이 '과장'과 '왜곡'과 '뒤집기'를 상용하는 것은 그 배후에 인간을 억누르는 질곡이 있고 슬픔이 있기 때문이다. 해학은 말하자면 기존의 질서를 일탈시키고 의미를 반전시키며 슬픔을 웃음으로 껴안음으로써 해방감을 가져다준다."[50]

　나꼼수가 여성의 성을 해학적으로 사용할 수 있는 것은, 바로 여성의 성을 억누르는 엄연한 질곡이 역사적·현실적으로 존재하기 때문이다. 공지영처럼 비극적인《도가니》를 써서 공분을 불러일으킬 수도 있겠지만, 나꼼수처럼 해학의 소재로 사용해 기존의 성 질서를 일탈시키고 해방감을 가져다줄 수도 있는 것이다. 장르가 가진 효과 차이의 문제이지, 마초 대 성평등주의자의 실제적 대립 문제가 아닌 것이다.

　그럼에도 비극 서사의 동원 능력은 파죽지세였는데, 놀랍게도 진보를 자처하는 남성 관객이 먼저 적극적으로 호응했다. 진중권은 28일 "비키니 사진을 올린 것은 한 개인의 자유에 속하는 행위라고 보지만 그 사건을 소비하는 마초적 방식은 경계해야 한다"며 비극 서사에 적극 동조했다. 이는 남성이 여성의 성을 돈으로 사서 노는 남성의 성 놀이 문화가 널리 퍼져 있는 상황에서 그 소비문화를 비판한 것이다.

　같은 날 영화감독 이송희일은 "슬럿워크 slut walk 처럼 여성이 자신의 성을 주체적으로 드러낼 때는 불편해하지만, 비키니 시위처럼 여성의 성이 객체화된 대상으로 전락할 때는 표현의 자유 운운하며 환호하는 그 극명한 모순. 그 모순을 감지하지 못하는 분들은 스스로를 마초라고 생각하면 됩니다"라고 트위터에 글을 남겼다.

　이틀 뒤인 30일 진중권은 더 나아가서 "대한민국 남성

중에서 마초 기질에서 자유로운 사람들 많지 않습니다. 저를 포함하여 남성들은 나꼼수에 대한 비난보다는 자기 내면에 들어와 있는 우익 마초 근성을 반성하고, 나꼼수 멤버들과 더불어 여성들에게 함께 사과를 하는 마음을 가졌으면 합니다"라며 진정성을 핵으로 하는 자기고백 서사를 구사했다. 그는 이어서 "'여전히 나꼼수를 지지한다'는 공작가의 말에 유의하세요. 여성들은 사과 한마디에 다시 나꼼수를 사랑해 줄 준비를 갖추고 있다. 위기의 기회. 이번 일을 나꼼수가 한층 더 멋있는 모습으로 거듭나는 기회로 만드세요"라는 충고도 덧붙였다.

당시 성공회대 겸임교수로 있었던 탁현민도 주진우와 김용민은 자신들의 발언에 대해 사과든 변명이든 해명이든 해야 할 것이라 하면서 다음과 같은 트윗을 남겼다. "불쾌한 여성들은 비키니 시위 자체보다 비키니 시위를 성희롱하는 일군의 찌질이들과 그에 덧붙여 농담했던 주진우, 김용민 때문일 것이고 미권스 카페에서나 이런저런 데서 비키니 시위로 성희롱을 하는 자들은 알바거나 마초거나 환자들이겠죠. 전자는 논란이 당혹스럽고 후자는 논란이 즐거울 테죠."

자기 잘못을 고백하라는 이러한 주장은, '짐짓 마초'인 듯 희극적으로 행동했던 나꼼수 멤버들에게 '진짜 마초'인 자신의 '실체'를 대중 앞에 드러내어 용서받으라고 강요한다. 이를 통해 다 같이 하나의 진보 진영이 되자는 '진심 어린 스

<표 3> 공지영 담론의 서사구조

서사 형식	영웅	영웅의 담론적 속성	반영웅	반영웅의 담론적 속성
비극	여성	성폭행/ 성추행/ 성매매에 피해를 당하는	이명박, 수꼴 조중동, 마초, 나꼼수, 인증샷 여성들	성폭행/ 성추행/ 성매매를 가하거나 동조하는

타일'의 충고였다. 그렇다면 자기 진정성을 요구하는 이러한 '자기고백 서사'는 어디에서 유래하는 것일까? 그것은 근대성, 특히 계몽주의 서사와 낭만주의 서사의 독특한 조합과 맞닿아 있다.[51]

계몽주의는 전통에서 단절되는 것을 요구한다. 이에 따르면 모든 악의 근원은 미신적인 과거 습속과 온전히 단절하지 못한 데 있다. 낭만주의는 개인은 진정성의 이상에 따라 내면의 목소리에 귀를 기울일 때에만 자신만의 독특한 정체성을 구성한다고 주장한다. 외부의 허위적 전통과 단절하라는 계몽주의의 요구와 이를 위해서는 먼저 내면을 성찰하라는 낭만주의의 요구는 이렇듯 자기고백 서사로 뭉치는 것이다. 내면으로 침잠해 들어가 자아를 성찰하고, 이 고루한 세계가 사실은 과거의 습속을 버리지 못한 나의 잘못에서 나온 것이라고 자각해야 한다. 대오각성大悟覺醒! 이를 바탕으로 낡아빠진 세계와 근본적으로 단절해야 한다. 자기비판을 통한 과거와의 단절과 이후의 갱생의 삶, 이것이 자기고백 서사가 노리는 바다. 사실 이는 절대자 앞에 자기고백을 해서 새로운 존재로 거듭나 구원받는 기독교 서사의 근대적 버전으로 전혀 새로운 것이 아니다.

이러한 서사는 절대자를 상정하지 않는 한국의 문화 전통에서 '직접적으로' 발견하기는 어렵다. 이것이 언제부터 한국인에게 가용한 공적인 상징체계가 되었는지 확실하지는 않지만, 어쨌든 한국의 근현대사에서 광범하게 활용된 것은 사실이다. 정체성의 근원이었던 세계가 위기에 처하면서 새로운 정체성을 수립해야 할 역사적 계기가 근현대사에 너무 많았기 때문이리라. 해방기 친일 혐의를 받는 문필가의 자기비판 소설[52]에서부터, 박정희 시기 해묵은 낡은 과거를 버리고 새마을운동 지도자로 거듭나는 새마을운동 수기[53]를 거쳐, 1980년대 학생운동권의 품성론과 그 연장선상에 있는 전향선언문[54] 그리고 더 근래의 운동권의 자기비판서[55]에 이르기까지 가히 보편적으로 활용되는 문화구조라 할 만하다. 때문에 소위 진보적인 남성 지식인들이 이러한 문화구조를 활용하여 나꼼수를 압박한 것은 전혀 놀라운 일이 아니다. 하지만 자기고백 서사가 배경표상 체계로 존재하지 않았던 한국사회에서 이런 고백이 관객의 호응을 받기는 매우 어렵다. 대개의 자기고백 서사는 변절이나 자기변명 또는 자화자찬으로 간주된 경우가 많았다. 이렇듯 대본이 '문화적 확장'을 이루지 못하다보니 배우의 진정성마저 의심받게 된 탓이다.

여성단체도 이런 흐름에 동참한다. 한국여성단체연합은 "정 전 의원 석방에는 동의하나 '비키니 시위'와 같은 이러한 사안에 여성이 성적으로 동원되는 방식, 반인권적 시각으로 콘텐츠가 소비되고 유통되는 방식에 대해선 반대한다"고 트윗을 남겼다. 이날 이화여대 커뮤니티에는 〈주진우 기자님께 보내는 메일〉이라는 제목으로 나꼼수의 마초성을 비난하는 글이 올라왔다. 31일에는 전통적인 부르주아 공론장인 중앙일보, 조선일보가 나꼼수 '비키니 사건'에 대해 사과하라는 칼럼을 게재했다.

이렇게 자기비판의 요구가 비등하는 2월 1일 '봉주 4회'가 올라왔다. 하지만 기대와 달리 사과는커녕 비키니 사건에 대한 언급조차 없었다. 그러자 여성운동단체들이 개입하기 시작한다. 2월 1일 한국여성단체협의회는 비키니 시위 논란에 대해 깊은 유감을 표명했다.

이들 중 한 멤버는 "정 전 의원이 독수공방을 이기지 못하고 부끄럽게도 성욕 감퇴제를 복용하고 있다. 마음 놓고 수영복 사진을 보내길 바란다"고 했고 또 다른 멤버는 "가슴 응원 사진 대박이다. 코피를 조심하라"는 메시지가 적힌 정봉주 전 의원 접견 민원인 서식을 트위터에 올렸는데 이것은 이미 표현의 자유와 단순한 유머 코드를 넘어선 명백한 성희롱적 발언이다. 비록 이번 시위의 참가자들이 자의로 수영복 사진을 올린 것이므로 문제될 것이 없다고 할 수는 있겠지만 여성성女性性의 상징인 특정 부위를 아무 관련성이 없는 구명 시위의 수단으로 사용함으로써 대다수 일반 여성들이 성적 수치심을 느끼게 된다는 사실을 간과해서는 안 된다.

이외에도 이와 유사한 많은 주장들이 개진되었다. 한겨레에 실린 붕가붕가레코드 고건혁 대표의 〈남성, 혹은 2등 여성〉 그리고 중앙일보에 실린 명지대 방목기초교육학과 이영아 교수의 〈나꼼수와 젠더정치〉 등이 대표적인 예다. 이들은 나꼼수 행위자의 이항 코드를 활용하는 대신, 나름의 이항 코드를 제출한다. 성스러운 행위자는 주체로서 가치 차원에서 평가되고, 몰성적인 전인격적인 존재이다. 반면 속된 행위자는 대상으로서 수단 차원에서 다뤄지고, 성적인 부분적인 존재이다.

성적 표현의 자유가 온전하게 성립하려면 전제조건이 있다. 그 혜택을 여성과 남성이 차별 없이 고루 받을 수 있어야 한다는 것이다. 그러기 위해서는 여성들이 성적인 농담을 할 때 자신을 성적인 물건 취급하는 음담패설을 일삼는 남성 직장상사들을 연상하는 경우가 없어야 한다. 더 나아가 여성이 인간으로서 갖는 가치를 성적인 매력으로 귀결하는 사고방식이 사라져야 하고 여성이 자기 신체에 대한 결정권을 보장받아야 할 것이다. 그래서 결국에는 여성과 남성이 사회적·경제적·정치적으로 동등한 주체가 되어야 한다.[56]

"여자 편으로서 제일 먼저 말씀해야 하고, 항의해야 할 것은 남학생(일반 남자들까지도)들은 여자나 여학생을 희롱거리로 아는 심정을 버리라는 것입니다…… 토론회나 강연회에 가 보십시오. 인물과 자태로 여자는 강연도 하기 전에 환영을 받을 수 있습니다. 여자 운동가고, 여자 음악가고, 무어고 남학생들이 평가하는 데는 반드시 얼굴값, 맵시값이 제일 많이 처지는 것입니다."(〈여자를 희롱거리로 아는 심정〉, 《신여성》 1924.7) …… 내외법이 폐지된 뒤로 한국 여성들은 남성들과 마찬가지로 정치적 참여가 필요한 순간이면 어김없이 거리로 나왔다. 21세기에는 '촛불소녀'나 '유모차부대'처럼 거리 정치에서 오히려 여성들이 앞장서기도 했다. 그럼에도 남성 중심적 사회는 여전히 여성들의 '정치적 주체로서의 역할이나 가치'를 제대로 인정해주지 않는다. 여성들의 정치 참여를 단지 남성들의 정치에 대한 보조나 장식 정도로 취급한다. 이러한 편협한 사고가 소위 '진보적'인 남성들에게까지 많이 내면화돼 있기 때문에 이번 사태를 '꼴페미(강경 페미니스트)들의 히스테리'나 '오크녀의 열폭(못생긴 여자의 열등감 폭발)'으로 취급하는 남성도 꽤 있다. 서두의 인용문은 이처

〈표 4〉 여성단체 행위자의 이항 코드

성	속
주체의	대상의
가치의	수단의
몰성적인	성적인
전인격적인	부분적인

럼 여성들이 '남성과 동등한 사람'이 아닌 '남성들의 성적 대상'으로 여겨지고 희롱당해왔던 역사 속 어느 여성의 항변이다. 여성들의 메시지, 재능, 행위는 그들의 외모나 섹슈얼리티 뒤로 감춰져버린다. 근 백 년 전과 지금이 뭐가 다른가.[57]

이러한 이항 코드는 사실 공/사의 엄격한 구분에 기초하고 있는 근대 주체철학의 핵심이다. 한마디로 말해 성스러운 행위자는 공적 영역에 주체로, 가치로, 몰성적으로, 전인격적으로 출현하는 자이다. 반면 속된 행위자는 대상으로, 수단으로, 성적으로, 부분적으로 출현하는 자이다. 역사적으로 성스러운 행위자는 공적 영역의 남성이었고, 속된 행위자는 사적 영역의 여성이었다. 여성단체는 여성도 사적 영역에서 벗어나와 공적 영역으로 넘어가길 원했다. 그렇게 되기 위해서는 여성 자신이 대상이 아니며, 수단도 아니고, 성적이지도 않고, 부분적이도 않다는 것을 증명해야만 했다.

이들의 주장은 한결같이 지금까지는 나꼼수가 잘했지만,

서사 형식	영웅	영웅의 담론적 속성	반영웅	반영웅의 담론적 속성
로망스	몰성적인 여성, 몰성적인 남성	공적 영역에 성적으로 현상하지 않는	가카, 수꼴 조중동, 마초, 나꼼수, 인증샷 여성들	공적 영역에 성적으로 현상하는

이번 건은 잘못되었으니 사과를 하라는 것이었다. 여성을 성적으로 대상화하고 비하했다는 점을 인정하고 사과만 하면 다시 전폭적인 지지가 뒤따를 것이라는 주장을 펼치는 것이다. 장르상으로 볼 때, 이러한 주장은 로망스이다. 여성단체 행위자의 이항 코드를 활용해 이제 반영웅은 공적 영역에 성적으로 현상하는 자로 규정되고, 이에 대한 기호학적 대립으로 반영웅은 공적 영역에 성적으로 현상하지 않는 자로 규정된다. 반영웅은 기존의 가카, 수꼴 조중동, 마초에 덧붙여 나꼼수와 더 나아가 그에 호응한 인증샷 여성들이다. 반면 영웅은 몰성적인 여성과 남성, 즉 남성과 여성을 가리지 않고 모두 주체로, 가치로, 몰성적으로, 전인격적으로 현상하는 사람들이다. 이 영웅들은 반영웅의 온갖 도전에 직면할 것이지만, 결국에는 승리하고 말 것이다.

사실 이러한 여성단체 서사는 한국의 전통적인 배경상징에서 직접 유래하는 대본은 아니다. 예컨대 가장 체계적인 배경상징으로 존재해온 유교 전통에서 여성은 삼종지도三從之^道로 대표되는 남녀차별 윤리에 따라 오로지 딸, 아내, 어머니로서 사적 영역에만 출현하는 존재로 규정된다. 여성이 공적 영역에 남성과 마찬가지로 몰성적인 존재로 출현할 수 있다는 생각은 이데올로기 수준에서 서구에서 수입된 페미니스트 대본이다. 그럼에도 이 대본은 여성이 공적 영역에 성적인 존재로 출현하는 것을 망국亡國의 원인으로 규탄하는 동아시아의 전통적인 배경상징과 잘 들어맞는다.[58] 이에 덧붙여 여성이 남성에 의해 성폭행, 성추행, 성매매를 당해온 역사적 맥락도 여성을 공적 영역에 성적 존재로 출현하는 것을 부정적으로 보게 만든다.

이러한 역사가 아직도 지속되는 엄혹한 현실에서 성의 '대상화'는 곧 '성의 착취'로 간주될 수밖에 없다. 사정이 이러하니, 여성단체 담론이 활용하는 수사는 엄중할 수밖에 없다. 극단적인 폐쇄적 공간에서 극단적인 남성 지배자가 극단적인 여성 피해자를 성적으로 착취하는 '도가니'와 같은 곳이 바로 한국이다. 이런 공간에서는 성적인 해학이 작동할 여지가 전혀 없다. 잡놈스러운 성적 수사는 결코 용인될 수 없다. '신선한 유머 코드'가 한국여성단체협의회로 대표되는 여성단체가 상상할 수 있는 최대치의 성적 수사이다.

아울러 나꼼수가 초심을 잃지 말고 앞으로도 특유의 신선한 유머 코드를 살린 정치풍자를 통해 건전한 정치문화 조성에 일조해줄 것을 희망하는 바이다.

여성단체가 사용하는 코드를 보면 한국 여성운동의 주류가 여전히 자유주의 페미니즘이라는 것이 분명히 드러난다. 자유주의 페미니즘은 여성이 남성과 '동일'하다고 주장한다. 남성과 마찬가지로 공적 영역에 시민으로 나갈 수 있는 법적·정치적 권리를 여성이 획득하기만 한다면 여성도 남성과 동등해질 수 있다. 섹슈얼리티라고 다를 것 없다. 여성의 섹슈얼리티를 남성의 그것과 동등하게 대우하는 법적·정치적 권리를 부여하면 성 평등도 이룰 수 있다. 지금처럼 성 불평등이 있는 상황에서는 여성이 공적 영역에 성적인 존재로 출현하도록 해서는 안 된다.

이러한 자유주의 페미니즘의 '몰성적 수사asexual rhetoric'는 소위 진보 진영에도 광범위하게 공유되고 있는 듯하다. 핵심은 여성은 '공적 영역'에 성적인 대상으로 현상하면 안 된다는 것이다. 그러하기에 여기에서 성性과 성聖은 철저히 분리된다. '성性적인 창녀 마리아'와 '성聖적인 처녀 마리아'를 분리하는 전략! 공적 영역에는 몰성적인 전문 여성만 인간 존재로 출현할 수 있다. 성적인 직업여성은 결코 공적 영역에 나타나면 안 된다. 이 낡은 도덕 전략은 한국사회에서 너무나 막강해서 진보 진영마저도 이에 대항하기 어렵다. 진보 진영이 나꼼수 비키니 사건을 거의 언급하지 못한 이유가 여기에 있다. 진보 진영마저도 배경표상으로 면면히 흐르고 있는 말뚝이 문화구조를 활용할 여유와 역량은 물론 이에 대한 이해가 절대적으로 부족한 것이다.

여자 말뚝이가 나타났다

그렇다면 이러한 로맨스 서사가 승리하여 해피엔드로 끝났을까? 그렇지 않다. 페미니스트의 로맨스 서사를 비웃는 아이러니 서사들이 우발적으로 등장했기 때문이다. 정봉주의 팬카페 회원이자 프로 사진작가인 최영민은 직접 찍은 자신의 누드 사진 두 장을 올렸다. 이러한 시위는 남성의 몸도 성적으로 대상화될 수 있고, 성적으로 대상화된 몸도 공적 영역에 현상할 수 있다는 주장을 담고 있다. 그런 점에서 페미니스트 담론은 물론 근대성 담론 전체에 대한 도전을 담고 있다. 이에 대한 호응으로 '나와라 정봉주' 사이트에 한 남성이 나꼼수의 사과를 요구하며 여성 속옷을 입은 사진을 게시했다. 여성성의 대표적인 '몸 숙어'[59] 품목인 브래지어를 착용하고 공적 영역에 출현한 남성의 몸, 성과 속의 이항 대립

규범을 혼란시키기 위한 전략! 주장은 상반되지만, 자신의 벗은 몸의 일부분을 공적 영역에 성적 대상으로 현상시켰다는 점에서는 동일하다.

이렇게 로망스 서사가 도전받고 있는 사이에, 비키니 수영복 사진을 게재했던 불법미인이 2월 3일 '나와라 정봉주 국민운동본부 카페'에 다음과 같은 글을 남겼다.

나꼼수 듣고 비키니 시위한 거 아니다! 나꼼수가 사과하는 건 나의 뜨거운 가슴으로부터의 진실된 외침을 모욕하는 것! 주진우가 사과하면 나를 그 정도 유치한 농담도 소화 못하는 유딩으로 치부하는 것. 김용민이 사과하면 나를 자신의 피교사범으로 폄하하는 것. 김어준이 사과하면…그럴 리 없으니 실패! 끗. 사과 따위 필요 없다. 누나 그런 사람 아니다. 자꾸 진보의 치어리더니 뭐니 함부로 나불거리다 걸리면 고소고발 들어간다. 나꼼수는 그딴 소리 귀담아 들을 사람들도 아니지만, 사과 따위 하면 내 자유의지에 대한 모욕으로 알고 함께 고소 고발한다. 가카께 헌정하는 방송 만드느라 바쁜 사람들 괜히 시끄럽게 만들지 말라. 나꼼수는 가던 길이나 부지런히 가면 된다.

불법미인은 로망스 서사에 의해 풍자적 희극 장르의 성격을 상실해가고 있던 나꼼수를 되살리려고 시도한다. 핵심은

'쿨한 스타일'이다. 나꼼수가 아무리 잡놈스럽게 음어와 욕설을 퍼부어도 "이 누나는 쿨하게 다 받아준다". 어떻게 이런 쿨한 스타일이 가능할 수 있었을까? 그건 불법미인이 풍자적 희극 장르의 속성을 완벽하게 이해하고 있었기 때문이다. 단순히 유쾌하게 웃자고 또는 성적으로 낄낄거리자고 한 것이 아니라, 가카를 풍자하기 위해 희극적 수사 장치를 사용한 것이라는 것을 완벽히 이해하고 이를 무대에 올린 것이다.

드디어, 성적 대상으로 공적 영역에 현상한 여성 캐릭터가 그 정체를 만천하에 드러내는 순간이었다.

여자 말뚝이! 관능을 희화화하는 동시에 풍자의 도구로 사용하는 여성 캐릭터! 성과 속의 이분법적 분류체계에 의해 온전히 포획당하지 않는 미학적 타자!

한국의 전통적인 문화구조에 이런 여성 인물형이 존재하는가? 소무, 당녀^{唐女}, 미얄, 제대각시 등 아무리 찾아봐도 그나마 비슷하다고 할 수 있는 인물은 야류·오광대에 나타나는 '할미' 정도다. 하지만 그마저도 결국 영감에게 맞아죽지 않던가![60]

이렇듯 한국의 전통적인 문화구조에 전례가 없는 여자 말뚝이가 구체적인 모습으로 출현하는 이 역사적 순간을 축하라도 하듯이, MBC 중견 기자인 전문직 여성이, 그것도 '가슴이 터지도록' 젊은 여성이 아닌 '가슴이 쪼그라들도록' 나이 든 여성이 공적 영역에 성적 존재로 현상했다. 한국사회에 그렇게나 강고하게 지속되던 '몰성적인 전문직 여성'과 '성적인 직업여성'의 이항 대립[61]이 근본적으로 도전받는 순간이었다.

이러한 '풍자적 희극 장르 구하기'에 힘을 받아서인지, 2월 4일 한 토크쇼에서 김어준은 사과 대신 성의 대상화 문제를 정면으로 들고나왔다.

(시위 여성의) 생물학적 완성도에 대한 감탄, 성적 대상화는 자연스러운 일이다. 우리가 그분의 생물학적 완성도에 감탄한 것도 사실이고 신선한 시위 방법에도 감탄한 게 사실이다. 생물학적 완성도에 감탄하면 안 되는가? 여성들이 그런 약자의 의식으로 비키니를 성적 담론으로만 머물게 하는 건 60년대 사고에서 한 발짝도 나아가지 못하는 것이다. 성적 대상화와 시위에 대한 참신함, 동지의식은 동시에 가능하다.

대상화objectification가 곧 사물화reification이고 사물화가 바로 착취와 지배라는 지배적인 입장에 반기를 든 것이다. 이는 사실 인간은 다른 인간을 대상이 아닌 주체로 대해야 한다는 근대 서구의 주체철학을 겨냥한 것이다. 주체철학은 다른 인간을 대상화하게 되면 결국 그를 사물로 전락시켜 착취하고 지배하게 된다고 말한다. 헤겔의 주체철학에서 본격적으로 등장한 이 입장은 비판이론을 따르는 진보 진영은 물론 이를 반대하는 보수 진영에도 광범하게 수용된다. 대상화와 사물화와 착취/지배가 분석적으로 구분이 안 된다. 특히 성에 관한 한 한 치의 동요도 없다. 김어준은 바로 이러한 통념에 감히 맞선 것이다.

그러자 로맨스의 반격이 시작되었다. 예의 전가의 보도인 도덕성이 주 무기로 활용된다. 주류 신문에서 발견되는 이 담론은 나꼼수는 이미 영향력이 큰 매체이니, 공적 매체로서 책임을 다하라는 것이다. 또 다른 공격 방식은 나꼼수가 구제 불능의 반영웅이라고 비난하는 것이다. 영화감독 이송희일은 "이제는 우생학으로 진화하고 계신가 보죠? 이쯤 되면 더 보고 자시고 할 것도 없네요. 강용석은 좋겠어요. 길 건너에 든든한 마초 동지가 계셔서"라고 트위터에서 비꼬았다. 이제 나꼼수는 성 평등 의식이 1960년대에 머문, 시대에 뒤떨어진 마초에 불과하다는 비판이 봇물을 이루게 된다. 더이상 개선의 여지가 없다는 것이다. 풍자는 영웅이 부정적인 반영웅과 충분히 단절되지 않을 때, 부메랑이 되어 돌아올 수 있는 위험한 장르이다. 반영웅인 마초와 나꼼수가 도대체 무엇이 다른가? 정도의 차이일 뿐 영웅이나 반영웅이나 둘 다 부정적인 속성을 지닌 존재로 간주되는 순간, 아이러니 서사가 힘을 얻는다.

그러자 2월 6일 마침내 강력한 후원자이면서 60만 여성 회원을 거느린 삼국 카페가 나꼼수 지지 철회 공동성명을 발표한다.

사건의 이름은 본질을 규정하는 핵심이나 다름없다. 이 사건의 본질은 '비키니'를 통한 시위 형식이나 표현의 자유에 관한 것이 아니다. 우리는 문제의 본질을 '가슴 사진 대박, 코피 조심'이라는 말에서 드러난 여성관의 한계라고 판단하는바, 이 사건이 '비키니 시위 사건'이 아닌 '코피 사건'으로 불리길 진중히 요구한다. …… 주진우 기자의 '가슴 응원 사진 대박! 코피를 조심하라'는 접견민원서신 사진 공개는 시위의 본 메시지가 아닌 가슴을 집중 부각하며 주객을 전도시켰다. '코피' 발언은 그들이 남성 위주의 사회적 시선으로 여성을 바라보며, 여성을 성적 즐거움을 가져다주는 한낱 눈요깃거리로 삼고 남성의 정치적 활동의 진작을 위한 대상 정도로 전락시킨 것이다.

핵심은 간단하다. 나꼼수가 공적 영역에 나온 여성의 성을 남성의 쾌락 도구로 삼거나 남성의 정치적 활동의 사기 진작책 정도로 간주한다는 것이다. 또한 자기비판과 사과를 안 하는 것을 보니 구제 불능이어서 지지를 철회한다는 것이다. 페미니스트 담론과 자기비판 담론을 결합해 나꼼수를 비판하는 것이다. 더 나아가 공적 매체로서 책임을 다하지 않는다고 비판한다.

그동안 나꼼수는 기존 정치의 후진성과 구태의연한 행태를 여과 없이 비판함으로써 큰 반향을 일으키고 인기를 끌면서 이제 영향력을 가진 하나의 매체로 자리 잡았다. 따라서 그에 걸맞는 도덕적·사회적 책임도 따른다는 것을 인식해야 하며, 더욱이 누구나 쉽게 접근할 수 있고 엄청난 파급력을 가진 인터넷 방송이라는 점에서 더욱더 신중을 기해야 한다.

대안적인 감성 공론장으로 칭송받던 삼국 카페가 부르주아 공론장의 언어에 철저히 침윤된 것이다. 그러다보니 비판의 변도 궁색하다. 코피 터진다는 말을 사용했기 때문이란다. 하지만 코피 터진다는 수사는 남자들만의 전유어인가? 삼국 카페 안에 들어가 보면 이미 남성의 성을 여성의 성적 쾌락 대상으로 표현하는 온갖 수사들이 난무한다. 예컨대 엉덩이를 간신히 가린 박태환의 수영복 사진을 보고 너무 좋아 코피뿐만 아니라 광대가 터진다고 표현한 것을 보자.[62]

A: 남자들 청순글래머 좋아하는거 이해되네요.ㅋ태화니보니. 얼굴은 해맑 몸매는 코피터지고 광대터질것같기
B: 등 말고… 좀 밑에…

C: 하악~~~

D: 카톡프로필하면 야할까요?

┗ㅋㅋ 님맴내맴

┗전 며칠전부터 했긔 ㅜㅜㅋㅋㅋ

E: 태환아 수영복이 너무 올라갔다...

F: 누가 저렇게 수영복을 잘 만든거긔?!

G: 나쁜 마음 들게 하네요 하얁 덮치고 싶다 더러운 누나라서 미안하다 으허허허

삼국 카페 안에는 이미 '욕망하는 남성 주체'와 '욕망당하는 여성 대상'의 낡은 이분법이 뒤집힌 지 오래다. '욕망하는 여성 주체'와 '욕망당하는 남성 대상'이 더 지배적이다. 여성도 남성을 성적으로 대상화해 쾌락적으로 소비한다. 그럼 평소에 그렇게 남성의 성정을 보고 코피 터진다는 희극 수사를 유쾌하게 구사하던 삼국 카페 회원들이 갑자기 왜 돌변한 것일까? 그건 비극과 로맨스가 희극을 협공하자, 관객으로서 장르의 혼란이 왔기 때문이다. 장르의 혼란은 곧 인물의 혼란을 동반한다. 희극 장르에서는 자신들의 영웅인 나꼼수 멤버들이 비극 장르나 희극 장르에서는 반영웅으로 돌변하는 것이다. 정치를 하는 '배운 우리 여성'을 감히 성적 대상으로 보다니, 공분하게 된다.

이러한 공분은 진보와 보수 할 것 없이 거의 모든 이가 나

꼼수에 사과를 요구하는 미장센에 의해 더욱 증폭되었다. 이제 이러한 공분을 공적으로 표출하지 않으면, 자신도 나꼼수와 같이 상징적으로 오염된 존재로 낙인찍힐 수 있다. 그래서 부랴부랴 성명서를 '엄중한 스타일'로 발표한다. 하지만 이들을 진짜 곤혹스럽게 만든 인물은 불법미인이다. 우발적으로 새로 출현한 여자 말뚝이를 도저히 감당할 수 없다. 역사적으로 존재하는 여자 말뚝이 전형이 없으니, 불법미인을 어떻게 전형화해야 할지 혼란이 온 것이다. 삼국 카페가 서둘러 성명을 발표한 것은 이러한 혼란을 불식시키고자 한 조급증의 발로이다.

2월 7일 드디어 정봉주는 삼국 카페의 나꼼수 지지 철회 기사를 본 뒤 미권스 회원에게 자필 편지를 보내 사과했다. "진보 가치를 지향하면서도 양성 평등적 교육을 제대로 받지 못했을 뿐 아니라 성적 약자의 위치에 있는 여성 문제에 대해서도 다른 어떠한 진보적 가치보다 진지하게 고민해본 적이 거의 없다"며 고해성사를 했다. 덧붙여 "이런 부족하고 저열한 수준에 머물러 있음을 반성하면서 사과한다. 고치도록 노력하겠다"고 공식 사과했다. 그러면서도 그는 진보의 분열에 대해 걱정했다.

사실 정봉주는 사과할 만하다. 왜? 그는 현실 정치인이기 때문이다. 그의 캐릭터는 애초부터 포레스트 검프처럼 앞만 보고 달리고 또 달리는 희극적 로맨스의 영웅 아니던가? 따라서 정봉주 개인으로 봐서는 사과를 잘한 것이다.

그럼에도 정봉주가 사과하는 순간 나꼼수는 풍자의 힘을 잃게 된다. 해학은 있으나, 더 이상 세상을 교정하거나 선하게 되돌린다는 풍자의 성격은 상실한다. 변혁적이지 못하고 오히려 사회 통합적이 된다. 삼국 카페를 비롯한 관객이 어릿광대에게 진지한 사과를 요구하고, 또 사과를 받아냄으로써 그를 일상의 질서 안으로 끌어들인 탓이다. 그가 가진 힘은 사실 일상의 질서에서 벗어나 있는 인물이었기 때문인데도 말이다. "가장 중요한 어릿광대의 표지는 그가 바보스럽고 어리석음으로써, 혹은 그렇게 위장함으로써 일상에서 벗어나 있는 이단이라는 사실이다. 그는 일상의 질서에서 벗어나 있다."[63]

희극 장르에 대한 이해 없이 마당극을 본 진지해도 너무 진지한 관객이 공연 중인 말뚝이를 끌어내려 음사, 욕설, 막말한 것을 사과하라고 한 꼴. 씁쓸한 희극! 스스로의 성찰이 아닌 외부의 압박을 받아 한 자기고백이 관객에게서 정서적 동일시를 불러일으킬 정도로 충분히 공감을 불러일으킬 리 만무하다. 자기의 내면을 강제로 까발리라는 폭력적 요구에 굴복해서 분장을 지우고 '쌩얼'로 나선 어릿광대의 초췌한 모습은 씁쓸한 웃음을 자아낼 뿐이다. 관객을 웃겨야 하는데, 애처로움을 자아내니, 이게 어인 일인가.

그 이후 나꼼수의 위력은 급속도로 약화되었다. 여기에는

'내용'상 여러 이유가 있을 것이다. FTA를 보면서도 노무현의 것과 이명박의 것을 지나치게 다른 것으로 평가하는 당파성, 모든 것을 누군가의 숨은 기획으로 몰고 가는 음모론, 과도한 감정에 호소하는 반지성주의, 사회구조의 힘을 무시하고 자신들이 모두 만들어냈다고 과장하는 소영웅주의, 풍자의 효과를 갉아먹는 지나친 막말 등 관객을 등 돌리게 한 많은 내용이 있을 것이다. 그럼에도 사회적 공연의 관점에서 볼 때 나꼼수가 풍자적 희극이라는 서사 장르에서 이탈한 점이 가장 큰 이유라 할 수 있다. 장르는 청중에게 특정한 방향으로 서사가 진행될 것이라는 기대를 갖게 함으로써 미래를 선취하는 능력이 있다. 그런 점에서 장르는 미래를 구조화하는 문화구조이다. 서로 다른 장르를 갖고 나와 사건을 정의하려 드는 것은 미래를 자신이 원하는 방향으로 구성하려는 권력투쟁의 성격을 지닌다.

해석적 권력을 휘두르기 원하는 온갖 전문가들이 해석투쟁을 하는 동안 장르의 혼란이 왔고, 관객이 분절되었다. 이후 김용민이 민주당 국회의원으로 출마한 사건은 혼란을 더욱 부추겼다. 음지에서 활동하면서 공중의 주의를 끌기 위해 지나치게 생경한 막말을 쏟아낸 것이 뒤늦게 김용민의 발목을 잡았다. 나꼼수의 인물 자체가 음의 질서 인물인 잡놈인데, 여기에서 양의 질서인 정치인으로 전환하려다 결국 실패한 이 사건은, 잡놈은 음지에서 잡놈으로 남아 있어야 파괴력이 있다는 점을 웅변으로 보여준다. 어찌 보면 김용민, 정봉주, 주진우 그리고 풍자적 희극 장르에 대해 가장 잘 아는 것처럼 보였던 김어준마저도 장르 혼란을 겪은 듯하다. 하지만 누굴 탓하랴. 배우들과 연출자마저도 관중에 의해 영향을 받는 것은 당연한 일 아닌가.

어쨌든 이렇듯 장르에 혼란이 오자 융합되었던 텍스트, 배우, 관객이 급속하게 탈융합되기 시작한다. 그 틈새로 실정법의 힘을 업은 사회적 권력이 활동할 수 있는 공간이 점차 열린다. 배우와 기획자에게 실정법 위반을 빌미 삼아 고소, 고발을 남발한다. 사회적 공연이 아예 일어날 수 없도록 상징적 생산수단에 대한 통제를 강화한다. 국정원과 사이버사령부 등 국가기관이 SNS를 감찰하는 일이 일상화된다. 그러자 자유롭게 사이트에 글을 올리던 사람들이 스스로 검열하기 시작한다. 올렸던 글도 지우고, 문제가 될 소지가 있는 글은 아예 올리지도 않는다. 언제 사회적 공연이 있었냐는 듯 법치의 이름으로 엄중한 실재가 일상을 지배한다.

섹슈얼리티는 가족 안에
있어야 한다

나꼼수 비키니 사건이 한참이나 지난 현재까지도 한국사회
는 여자 말뚝이의 역사적 출현을 조망할 문화구조를 온전히
갖추고 있지 못하다. 섹슈얼리티를 가부장의 혈족을 재생산
하는 것으로 환원하는 문화구조가 여전히 지배적이기 때문
이다. 이는 하늘과 땅의 조화를 통해 생명이 태어난다는 동
양의 자연철학에 뿌리를 두고 있다. 여기에서 여성이 자신의
섹슈얼리티를 남성 가부장의 혈족을 재생산하는 것 이외에
사용한다는 것은 자연에 반하는 일이다. 여성의 섹슈얼리티
는 가부장적 질서 안에서 남성 가부장의 혈족을 재생산하는
일, 즉 효를 실천하는 젠더 역할로 축소된다. 한국사회가 젠
더를 남녀 간의 해부학적 차이나 이에 기반을 둔 성 역할 정
도로 간주하고 있는 셈이다.

여성의 삶은 자신이 태어난 지향가족[64]에서 시작해 새로 구성한 자신의 생식가족[65] 안에서 끝난다. 여성은 삼종지도를 따라 가부장의 지도를 받으며 평생 살아야 한다. 효가 중시되는 결혼생활에서 부부 간의 사랑과 친밀성은 중요하지 않다. 사랑 없이도 아이를 낳고 살아가다보면 정이 쌓이고 친밀성 없이도 평생 살고 나면 잠시도 떨어질 수 없는 인생의 동반자가 된다. 남편의 무관심과 혼외 부정 등으로 여성은 온갖 시련을 겪지만 결국 평생 살아보니 그 누구와도 대체될 수 없는 동반자를 마주한다. 동반자적 사랑이 되는 것이다. 이러한 상황에서 여성이 섹슈얼리티를 가족 밖에서 정치적 행위로 실천하는 것은 꿈에도 생각할 수 없다.

섹슈얼리티를 재생산과 떼어낸 근대의 낭만적 사랑 문화구조라고 크게 다를 바 없다. 섹슈얼리티를 재생산과 분리시켜 남녀 간의 성애의 기술로 만든 낭만적 사랑 문화구조가 한국사회에 본격적으로 자리를 잡은 것은 1960년대와 1970년대 시행된 가족계획사업 때이다. 과잉 인구가 국가 발전에 폐해가 된다는 국가 성장주의의 관점에서 인구 조절을 위한 피임이 광범하게 도입되었다. 피임이 성적 쾌락을 줄일 수 있다는 우려를 덜기 위해 부부 간의 성적 쾌락을 높일 수 있는 다양한 성애 기술이 도입되었다. 이때 성애 기술은 부부 간의 사랑과 친밀성을 증대시킨다는 낭만적 사랑의 언어로 정당화되었다.[66]

낭만적 사랑은 연애 초기의 열정적 사랑을 고리로 해서 남녀가 이성애적 생식가족을 구성해 평생 둘만의 성적 애착 관계를 유지해야 한다고 가르치는 문화구조다. 이 문화구조는 가족에서 벗어나와 독자적으로 사랑하는 사람을 찾아 연애한다는 점에서 근대적이지만, 결국 젠더화된 노동 분업에 기반을 둔 가부장적 핵가족을 구성해 가족 재생산 젠더 역할로 고정된다는 점에서 전통적이다. 낭만적 사랑 문화구조 자체가 근대와 전통의 기괴한 결합인 셈이다.

초기의 낭만적 사랑은 사실 소비시장의 사랑이다. 합리적 소비자라면 소비시장에 나가 되도록 최대한 많은 상품을 탐색하고 그중에서 자신의 구매 능력에 맞는 가장 좋은 상품을 구매해야 한다. 이와 마찬가지로 낭만적 사랑은 가족 밖으로 나가 최대한 다양한 사람을 만난 뒤 자신과 맞는 짝을 찾아야 한다. 하지만 낭만적 사랑은 "첫눈에 반한다"는 비합리적 언어를 써서 이런 탐색 과정을 축소시켜버린다. 낭만적 사랑의 문화구조는 남녀 간의 사랑이 비합리적인 열정적 사랑에 의해 지배된다며 이를 정당화한다.

열정적 사랑은 틀에 박힌 일상생활과는 구별될 뿐만 아니라 실제로 그것과 갈등하기도 하는 어떤 급박함으로 특징지워진다. 타자와의 감정적 연루가 너무나 강렬히 스며들어서 그 사람 또는 그 두 사람으로 하여금 자기의 통상적 책무를 무시하게 만드는 것이다. 열정적 사랑은 가히 종교적이라고 할 만큼 진지한 열의를 불러일으키는 매혹의 속성을 가지고 있다. 세상의 모든 것들이 갑자기 새로워지고, 그리고 아마 거의 동시에 자기의 이익이나 관심사는 포착할 수 없게 된다.[67]

열정적 사랑은 사랑하는 두 사람이 일종의 역치 단계에 들어서는 것이다. 기존 사회구조가 모두 뒤집히고 해체되는 반구조 상황에서 평등해진 두 사람이 둘만의 질서를 만들기 위해 온갖 집합의례를 행하게 된다. 이는 기존 사회질서에 반하게 된다. 사랑에 빠진 두 사람이 일상생활에서 부과된 자신들의 책임을 방기하고 둘만의 세계를 구축하러 떠나기 때문이다. 이러한 열정적 사랑은 어느 때 어느 곳이나 존재하는 초역사적·초공간적 사랑 형식이다. 문제는 낭만적 사랑의 문화구조가 이러한 열정적 사랑이 가부장적 핵가족 제도로 자리 잡고 그 후로 평생 동안 둘만이 배타적인 성적 애착관계를 유지해야 한다고 가르친다는 점이다.

가부장적 핵가족은 초기 산업화 시대 남녀 성별 노동에 기반을 둔 남녀 불평등 제도이다. 여성을 위한 노동시장이 아직 충분히 발달하지 않은 초기 산업화 시대에는 여성이 아버지 가부장이 지배하는 가족을 벗어나는 길은 남편 가부장을 만나 새로운 가족을 구성하는 길밖에 없었다. 여성에게 교육은 사실상 집 밖에서 새로운 가부장을 만날 기회를 가져다주는 것이다. 젠더 평등이란 대의를 통해 여성을 교육시켰지만, 교육받은 후 여성이 진출할 수 있는 노동시장이 한정된 상황에서는 결혼 이외에 다른 대안이 없었던 것이다. 일제강점기 수많은 신여성이 좌절한 이유이기도 하다. 그렇다면 어떤 가부장을 만나느냐가 여성의 삶에서는 절대적으로 중요하다.

여성에게는 자신의 섹슈얼리티를 활용해 자신의 삶을 평생 책임질 남성을 찾는 일이 필생의 과업이다. 그러니 섹슈얼리티를 자신 마음대로 사용할 수 없다. 자신이 원하는 남성을 유혹해 열정적 사랑의 상태로 끌고 들어가도록 자신의 섹슈얼리티를 사용해야 한다. 남성이 최대한 자신을 욕망하도록 자신의 섹슈얼리티를 활용한다. 그러면 남성들이 달려든다. 하지만 옥석을 가려야 한다. 누가 나를 평생 책임져줄 남자인가? 결혼하기 전까지는 절대로 자신의 섹슈얼리티를 싼값에 넘겨주면 안 된다. 기든스는 이 점을 잘 짚어낸다.

"나의 섹슈얼리티는 나에게 내 인생의 미래에 향방을 결정하도록 해줄 것인가? 그것이 나에게 성적 권력을 줄까? 첫 성 경험은 수많은 사람들에게, 미래의 낭만적 시나리오가 성취될 수 있을지 아닌지를 알아보는 하나의 테스트"[68]다.

초기 산업화 시대 영국에서 《파멜라》와 같은 낭만적 소설이 그렇게나 인기를 끈 이유가 여기에 있다. 가사노동자인 어린 소녀 파멜라는 주인 남성 미스터 B의 성적 유혹에 노출

4장. 젠더주의 | 여자 말뚝이, 어떻게 할 것인가

된다. 하지만 파멜라는 자신의 섹슈얼리티를 쉽게 넘겨주지 않는다. 결혼 전까지 처녀는 정조를 지켜야 한다는 전통사회의 덕성을 줄기차게 고수한다. 온당한 절차를 거쳐 결혼한 후에야 섹슈얼리티를 넘겨줄 수 있다며 미스터 B의 성적 유혹을 물리친다. 결국 미스터 B는 파멜라의 전통적 덕성에 감명을 받아 정식으로 청혼하고 결혼한다. 여기에서 보듯이 사실상 여성에게 섹슈얼리티는 그 누구에게도 넘겨줄 수 없는 사적 자산inalienable private property이다. 파멜라가 근대 소설인 이유가 여기에 있다. 파멜라는 미스터 B의 계책에 따라 자신을 납치해서 감금한 죽스 부인에게 따진다.

"제가 어쩌다가 나리의 소유물이 되었죠? 그분이 제게 대해 어떤 권리를 가지고 있나요? 도둑이 도둑질한 물건이 자기 것이라고 주장하는 그런 권리 말고는요?"[69]

여성 스스로 자신의 섹슈얼리티를 누구에게도 넘겨줄 수 없는 사적 자산으로 간주한다는 점에서 근대 소유권 개념을 실현하고 있는 셈이다.[70] 전통적인 신분사회에서 하녀는 주인의 소유물일 뿐 스스로 자신의 섹슈얼리티에 대한 독립적인 소유권자가 될 수 없다. 그런 점에서 파멜라의 거부 행위는 전통적인 신분사회에 대한 저항으로 읽힐 수 있다. 극한의 젠더 불평등 상황에서 어린 하녀가 주인 남성에게 취할 수 있는 최선의 전략은 자신의 섹슈얼리티를 최고의 사적 자산으로 내세우는 것이다. 하지만 남성이 가진 재력과 신분을 얻기 위한 전략적 자산으로 이를 사용해서는 안 된다. 오히려 사회가 부과하는 온갖 장벽을 뛰어넘어 자신을 사랑하라고 요구할 따름이다.

파멜라는 자신의 섹슈얼리티를 향유하려면 자신을 진심으로 사랑하라고 요구한다. 자신을 내면의 진정성을 가진 독립적인 인간으로 인정하라는 것이다.

"나리가 제안하시려는 것이 무엇이든 간에 저에 대한 나리의 의도가 무엇이든 간에, 천한 노예로서가 아니라 비록 미천하지만 자유로운 한 인간으로서 제가 동의할 수 있게 해주세요."[71]

파멜라는 부모에게 보내는 편지를 통해 자신의 내면의 진정성을 그려낸다. 파멜라가 부모에게 보낸 편지를 훔쳐 읽은 주인 미스터 B는 그 안에서 파멜라의 내면의 진정성을 발견하고는 다음과 같이 선언한다.

"날 의심하지 말아라, 파멜라. 이 순간부터 난 더 이상 널 내 하녀로 생각지 않겠다."[72]

미스터 B는 하녀인 파멜라에게 진지한 대화를 하자고 요청한다. 이러한 요청은 성적 요구와는 결이 다르다. 내면을 가진 두 인간이 서로 진정성을 소통하자는 것이다. 그 소통은 상대방에게 자신이 지닌 이상적 배우자상을 투사하고 그 투사된 이상적 모습과 정서적으로 하나가 되는 것이다. 그러니 둘 사이에는 이상적 자아상을 통해 서로를 변화시키기 위한 온갖 이야기로 가득 차게 된다.

이러한 숭고한 이야기에는 성적 실천이 끼어들 틈이 별로 없다. 구조적으로는 무엇보다도 불평등한 젠더관계가 여성과 남성의 성적 실천을 방해하기 때문이다. 여성이 성적 존재로서 자신을 강조하게 되면 자신의 섹슈얼리티를 전략적 자산으로 활용하는 것으로 비칠 수 있다. 미스터 B는 파멜라에게 진심을 털어놓으면서 말한다.

"네 여성적 매력을 무기로 날 이용하지는 말아다오."[73]

마찬가지로 남성이 여성을 성적 존재로 대우하게 되면 자신이 지닌 재력과 사회적 지위를 활용해 여성의 섹슈얼리티를 구매하는 것처럼 여겨질 수 있다. 파멜라는 결혼으로 자신의 신분을 상승시켜준 미스터 B에게 다음과 같이 말한다.

"제겐 나리의 뜻 외에는 아무런 뜻도 없다는 걸 점차 더 많이 나리께 보여드리고 싶어요."[74]

따라서 둘은 최대한 성적 실천을 뒤로 미루고 영혼과 영혼이 만나는 순수한 사랑을 해야 한다.

하지만 결혼을 하면 상황이 달라진다. 합법적인 결혼 제도 안에서 부부 사이의 성적 실천은 친밀성이라는 이름으로 광범하게 실행되어야 한다. 핵심은 섹슈얼리티를 재생산에서 떼어내어 쾌락과 연결시키는 것이다. 1971년 대한가족계획협회가 성교육 교재로 펴낸《사랑의 성교육》에 들어간 내용은 이를 잘 보여준다.

여자의 극치감은 인간의 생식에 반드시 필요한 것은 아니라 하더라도 현대의 결혼생활에서는 지대한 중요성을 가진다. 성생활에서 여자 측의 태도는 가정이나 가족을 구성하는 데 중요한 영향을 미친다. 왜냐하면 성행위를 서로 즐기는 것은 서로의 사랑을 표현하는 데 절대적이고 또 필요한 방법이며 그러기 위해서는 반드시 서로가 극치감을 즐길 수 있어야 하기 때문이다.[75]

섹슈얼리티를 가부장의 혈족의 재생산과 연결시킨다면 기껏해야 아이를 한둘밖에 안 낳는 상황에서 부부 사이의 성적 실천은 줄어들 수밖에 없다. 과장해서 말한다면, 두 명의 자녀를 낳도록 한다면 임신할 수 있도록 두 번만 제대로 성관계를 하면 된다. 그렇게 되면 동물의 암수 교미와 별반 다를 것이 없게 된다. 하지만 섹슈얼리티를 재생산에서 분리시켜 쾌락과 연결시킨다면 다양한 성적 실천이 가능해진다.

그럼에도 여성은 집 안에 붙들려 출산, 육아, 돌봄을 전담하느라 성적 실천에서 갈수록 멀어져간다. 반면 남편은 집과 일터를 오가면서 수많은 이성을 접할 기회가 있다. 가부장적 핵가족은 성적 실천에서도 젠더 불평등한 기회구조인 셈이다. 이제 아내는 남편이 다른 여자를 찾아 떠나가지 못하도록 집 안에 붙잡아놓아야 한다. 이때부터 남편 길들이기가 시작된다. 무기는 로맨스 서사다. 로맨스 서사는 두 남녀가 미래의 장기적인 공동의 목표를 설정하고 이 목표를 성취하기 위해 온갖 유혹과 시련을 이겨내는 성공 이야기이다. 이때 아이가 장기적인 공동 목표로 설정된다. 상승적인 계급 재생산이 관건이 된다. 부부 중심의 결혼생활이 급속도로 아이 중심으로 재편된다.

결국 전통적인 동반자적 사랑이나 근대적인 낭만적 사랑 모두 섹슈얼리티를 가족 안에 가두어놓는다는 점에서 별 차이가 없다. 재생산이든 쾌락이든 모두 합법적인 이성애적 가족 제도 안에서만 이루어져 있다. 그것이 '정상가족'이다. 그런데 이 정상가족이 젠더 불평등에 기반을 두고 있다. 무임금 재생산노동 전담자인 아내와 임금 생산노동 전담자인 남편이 자신의 빈자리를 메우기 위해 결합해 평생 동안 둘만의 성적 애착관계를 유지해야만 한다. 이는 계급적으로 중산층 이상이 되어야 가능하다. 남편의 생산노동이 온 집안을 경제적으로 부양할 수 있을 정도가 되어야 한다. 그래야 전업주부 여성의 '스위트 홈' 구축 작업이 가능하다.

하지만 현실은 그렇지 못하다. 경제적으로 무능한 남편 때문에 여성은 노동시장에 끌려나갈 수밖에 없다. 현실적으로 여성에게 허락된 노동시장은 사실상 집에서 하던 돌봄노동을 반복하는 것뿐이다. 밥하고, 빨래하고, 청소하고, 서빙하고, 간호하고, 위안하는 것 등등. 남을 돌보는 것은 귀중한 덕성이지만 노동시장에 나오면 단가가 낮은 싸구려 노동에 불과하다. 여성은 집 안팎을 가로지르며 돌봄노동을 할 수밖에 없다. 혹실드가 맞벌이 여성이 이중의 짐에 시달린다고 비꼰 이유다.[76] 여성은 두 가지 일을 다 하느라 어느 하나도 제대로 하지 못한다는 죄책감에 시달리고 그러다보니 도와주지 않는 남편과 갈등 상태에 빠지고 결국 부부 사이의 성적 친밀성이 멀어지게 된다.

이렇듯 가부장적 핵가족 규범과 맞벌이 현실의 모순은 여성을 고통에 빠트린다. 섹시한 아내이면서 생계 분담자이자 돌봄노동 전담자를 어떻게 동시에 할 수 있나? 도대체 무엇 때문에 이런 삶을 살아야 하는가? 여성에게 노동시장이 어느 정도 열린 후기 산업사회에서 여성의 이러한 물음은 더욱 치열해진다. 이제 이성애적 결혼 제도가 그다지 매력적인 삶의 행로로 보이지 않는다. 여성들은 갈수록 결혼이 삶의 경력에서 꼭 수행해야 할 필수 과정으로 보지 않게 된다. 당연히 출산과 육아가 삶의 의무가 아니게 된다. 상황이 이러하니 이제 가족 안에만 갇혀 있던 섹슈얼리티가 해방될 구조적 조건이 만들어지고 있다.

이때 여성은 섹슈얼리티의 주체를 선언하고 나선다. 여성도 남성과 마찬가지로 평등한 성적 주체가 되어야 한다는 '권리의 언어'를 사용한다. 여성은 남성의 성적 욕망의 '대상'이 되어서는 안 된다. 그건 여성을 소외시키고 착취하는 것이다. 이때 여자 말뚝이가 공적 영역에 출현해 자신의 몸을 성적으로 대상화해서 희화화하고 풍자의 도구로 사용한다. 나꼼수 비키니 사건의 공연적 속성에 주목한 페미니스트 김수진조차도 곤혹감을 토로한다. "왜 정치적 시위를 하기 위해 하필이면 성적으로 대상화된 여성의 몸을 재현하는 '위험한' 길을 택하는가? 이런 시위 방식은 정치적으로 올바른 것인가?"[77]

인종, 젠더, 에스니시티, 몸 등 사회적 범주에 따른 차별을 막겠다는 정치적 올바름의 언어는 역설적으로 사회를 도덕적으로 얼어붙게 만들 수 있다. 사회적으로 불이익을 받거나 차별받는 집단들을 배제하고, 주변화하고, 모욕하는 표현이나 행위를 금지하여 그들에 대한 편견을 막으려는 의도는 물론 좋은 것이다. 하지만 지나칠 경우 정치적으로 올바르지 않다고 간주되는 존재는 공적 영역에서 표상될 길이 막힌다. 미국에서 정치적 올바름이 표현의 자유를 억압한다고 비판받은 이유를 기억할 필요가 있다.[78] 소수자가 정치적으로 올바르지 않다는 이유로 공적 영역에 표현되지 못하고 기껏해야 사적 영역에서 숨죽여 지내게 될 수도 있다. 그런데 결코 정치적으로 올바르다고 할 수 없는 여자 말뚝이가 갑자기 공적 영역에 출현해 이런 강고한 틀을 부숴버렸다.

에로티시즘과 성^性은 하나다

이제 어떻게 해야 하는가? 우선 가부장적 핵가족 제도가 더 이상 제대로 작동할 수 없도록 만든 사회구조적 차원의 변동을 살펴봐야 한다. 무엇보다도 1997년 외환위기 이후 노동의 유연화 정책 시행으로 전통적인 남성 생계부양자 모델이 붕괴된 것이 결정타다. 그 이후부터 고용안정성을 유지할 수 있는 노동시장은 극소수로 변했고 대다수 노동시장은 다양한 형태의 비정규직 노동으로 채워졌다. 더 이상 생계부양자 노릇을 할 수 없게 된 남성을 대신해 수많은 여성들이 노동시장에 진출했다. 그중 다수가 비정규직 노동이었다. 노동시장에서 밀려난 사람들은 자영업에 뛰어들었는데, 과당 경쟁으로 이 역시 불안하기는 마찬가지였다.

사회구조적으로는 남성 생계부양자 모델이 더 이상 작동

할 수 없는 상황에서 낭만적 사랑 문화구조를 따라 살아가면 남녀 모두 고통에 빠질 뿐이다. 이제 성별화된 노동 분업을 통해 남녀가 평생 반려자로 살아가는 것은 의미를 상실했다. 여성은 자신을 경제적으로 온전히 책임져주지 못하면서 평생 자기만 바라보며 돌봄노동과 생산노동 모두를 하라는 남성의 요구에 따를 이유가 없다. 남성 역시 자신을 정서적으로 온전히 돌봐주지 못하면서 평생 자기만 바라보며 생산노동과 돌봄노동 모두를 하라는 여성의 요구를 따를 이유가 없다. 둘 다 사적 영역과 공적 영역을 넘나들며 돌봄노동과 생산노동 모두를 해야 한다. 서로를 평생 묶어줄 도덕적 연결고리가 끊긴 것이다.

섹슈얼리티를 가족 안에 묶어둔 것은 로맨스 서사를 따라 가족이 성장하기 위한 것이다. 이를 위해서는 무엇보다도 남성이 생산노동에 힘써야 한다. 남성 노동자를 노동시장에서 유용한 노동력으로 만들고 유지시키는 것이 중요하다. 여성의 돌봄노동은 이러한 점에서 남성 노동자의 유용한 노동력을 재생산시키는 역할을 수행했다. 하지만 아무리 유용한들 제대로 된 노동시장에 진입하지 못하는 노동력들이 온 사회에 넘쳐나기에 이는 쓸모없게 되었다. 성장은커녕 하루하루 생존에 급급한 실정이다.

그렇다면 자녀 재생산을 목적으로 하는 성기 중심의 이성애는 위기에 처할 수밖에 없다. 재생산의 의무에서 풀려난 섹슈얼리티는 이제 쾌락과 짝을 맺는다. 낭만적 사랑에서는 이상화된 상대방과 영혼의 만남을 강조하기 때문에 노골적인 섹슈얼리티가 전면에 나설 수 없었다.[79] 영혼의 만남이란 서로의 부족한 부분을 채워주어 온전한 하나가 되는 것이다. 남성은 정서적 충일감이, 여성은 경제적 안정이 필요하기 때문에 낭만적 사랑에서는 영혼의 만남이 가능할 수 있었다. 이 영혼의 만남은 자녀 재생산의 장기 기획으로 실현된다. 하지만 이제는 이러한 기획이 현실적으로 불가능하거나 최소한 힘들어졌다.

노동시장이 단기 계약의 간헐적 연속으로 이어져 있는 것과 마찬가지로, 사랑도 역시 일생에 걸쳐 이루어지는 낭만적 서사로 이루어진다기보다는 여러 사람들과 짧게 지속되는 반복적인 정사의 연쇄로 이루어진다.[80] 재생산과 상관없이 섹슈얼리티를 사용할 수 있는 길이 열렸기 때문에 벌어진 일이다. 기든스는 이러한 변화를 잘 집어내서 이성애적 성기와 상관없는 조형적 섹슈얼리티plastic sexuality가 새로운 세를 얻어가고 있다고 주장한다.[81] 인간의 섹슈얼리티는 동물에 비해 그 목적과 대상이 '너무 일반적으로' 결정되어 있다. 동물의 경우 재생산을 목적으로 하기 때문에 성기 대 성기의 결합이 중요하다. 하지만 인간에게는 그러한 특정의 필연적 양식이 존재하지 않는다. 그래서 인간의 성적 행위는 그 목적과 대상이 다종다양하게 나타나는 것이다. 섹슈얼리티 자체가 애매성으로 가득 찬 인간 실존의 모습을 보여준다.

산업화 시대 이래 한국인은 모든 에너지를 성장을 위해 쏟아부었다. 남편은 생산노동에 힘쓰고 아내는 재생산노동에 힘쓰느라 사물이 되었다. 인간으로서 죽음을 맞이하여 사물이 된다. 이 죽음은 공적 영역과 사적 영역 할 것 없이 모든 곳을 오염시킨다. 세상이 온통 유용성에 눈이 시뻘게진 '상놈'들뿐이다. 이 오염된 세상에서 성적 활동은 금지되어야 한다. 만약 성적 활동에 힘쓰다가는 사물에서 인간으로 되살아날 위험이 있기 때문이다. 하지만 오염된 상태로 무한정 있을 수는 없다. 세상이 온통 사물이 되어버려 생명이 끊길 위험이 생긴다. 반드시 이를 정화시킬 의례가 필요한데, 역설적이게도 사물을 에로티시즘으로 되살리는 성행위를 통해 이루어진다.[82]

하지만 이는 인간의 성을 동물 수준으로 떨어트리는 것이다. 동물들은 평상시에는 생존을 위한 공리주의적 활동에 힘쓰다가 사물로 전락한다. 하지만 발정기가 되면 공리주의적 활동을 멈추고 성적 활동에 힘쓴다. 하지만 성적 활동을 무한정 할 수는 없다. 성적 활동은 막대한 에너지 소비를 동반하기에 이에 힘쓰다가는 목숨을 잃을 수도 있다. 실상 동물의 세계에서는 대개 교미의 순간이 짧다. 교미의 순간은 개체의 자족성이 붕괴되는 엄청난 에너지 낭비의 순간이며, 이 순간이 길어지면 다른 동물에게 잡혀 먹힐 위험이 뒤따른다.

주변의 포식자들이 우글거리기 때문이다. 온몸을 성적 에너지에 쏟다가는 생존이 위험해질 수도 있다. 따라서 동물들은 성적 에너지를 성기에만 집중시킨다. 종의 재생산을 위해 순식간에 성기와 성기를 결합시킨다. 되도록 교미를 짧게 하고 다시 먹고사는 일에 힘쓴다.

산업화 시대에는 이를 본받아 모든 인간들을 공리주의적 활동에만 힘쓰게 만들고 특정 시기에만 성적 활동을 하도록 강제했다. 그러다보니 섹슈얼리티를 성기에만 집중시키고, 나머지는 노동으로 채운다. 성기 중심의 이성애가 지배적으로 된다. 섹슈얼리티를 가족 안에 가두어둔 이유가 여기에 있다. 하지만 이제 성장이 되지 않는 마당에 성기 중심의 재생산 활동으로 섹슈얼리티를 가둘 필요가 사라진다. 성장만 추구하지 않는다면, 섹슈얼리티는 기존 남성 성기 중심의 젠더 분할을 해체시킬 수 있다. 재생산이라는 본질을 상실한 섹슈얼리티는 다양한 성적 실천을 가능하게 한다.

바로 이 시점에서 여자 말뚝이가 한국사회에 출현했다! 우리는 여자 말뚝이의 출현이 한국사회로 하여금 섹슈얼리티를 재생산과 쾌락을 넘어 에로티시즘과 연결시키라고 요청하는 것으로 받아들여야 한다. 에로티시즘이란 무엇인가? 바타유[83]에 따르면, 에로티시즘은 재생산의 한 형식이긴 하지만 아이에 대한 욕망이라는 자연적 목적과 다른 것을 추구한다. 그것은 바로 고립된 자아의 죽음이다. 인간은 불연속적 고립 속에서 살아가는 존재다. 존재들 사이에 뛰어넘을 수 없는 심연이 가로놓여 있다. 노동으로 점철된 속된 세계에서는 이러한 고립이 더욱 심화된다. 에로티시즘이란 바로 존재와 존재 사이에 가로놓인 이 단절을 가로질러 연속되고자 하는 것이다. 하지만 존재와 존재 사이를 가로지르기 위해서는 기존의 불연속적인 개별적 존재, 즉 사물화된 존재가 죽지 않고서는 불가능하다. 그런 의미에서 죽음은 개별적인 불연속적 존재를 이어주기 위한 전제조건이다.

에로티시즘이란 죽음의 지점까지 삶을 극한으로 끌어올리는 것이다. 노동이 만든 사물화된 세계는 현세의 공리주의적인 속된 질서이다. 현세적 목적을 달성하게 만드는 인지적 효율성은 뛰어난 세상이지만, 삶에 생기를 불어넣는 정서적·도덕적 에너지는 떨어져 있다. 에로티시즘은 바로 속된 세계에서 성스러운 세계로 나아가기 위한 활동이다. 그러려면 속된 사물인 내가 죽어야 한다. 하지만 완전히 죽을 수는 없다. 어쨌든 공리주의적 활동을 해야 생존할 수 있기 때문이다. 따라서 에로티시즘은 죽음 그 자체가 아니라 죽음이 상기시키는 연속성을 추구한다.

문제는 에로티시즘이 폭력의 영역이자 위반의 영역이라는 것이다. 인간의 경우, 존재가 연속되는 그 순간의 체험 속에 자족적 존재인 에고가 해체당한다. 그렇게 되면 제자리에 있어야 할 존재가 제자리를 벗어난다. 이는 사회를 해체시키는 위험한 것이기 때문에 모든 사회는 에로티시즘을 통제하려고 한다. 하지만 사람들에게서 존재가 연속되었던 체험에 대한 기억마저 빼앗을 수는 없다. 잃어버린 연속성에 대한 향수야말로 에로티시즘의 핵심이라 할 수 있다. 에로티시즘에 빠지는 순간 인간들은 존재의 연속성을 체험한다. 일상의 삶에서 합리적 자아로 나뉘어 있던 자아들이 하나의 융합된 세계로 소멸되는 체험을 한다. 이는 신성의 체험이기도 하지만 무서운 체험이기도 하다. 왜 그런가? 그것은 엄청난 에너지의 소모를 요구하기 때문이다. 에로티시즘과 성聖이 애초에 하나인 이유가 여기에 있다.[84]

여자 말뚝이가 공적 영역에 출현한 것에 한국인들이 놀란 이유는 여자가 스스로 자신의 몸을 성적으로 대상화해서 희화와 풍자로 사용했다는 점 때문만은 아니다. 오히려 에로티시즘과 성이 하나라는 인간 실존의 진실과 마주쳤기 때문이다. 여자 말뚝이가 섹슈얼리티를 탈본질화시켜 실존적 상황으로 만들어버렸다. 섹슈얼리티가 더 이상 생산과 재생산, 더 나아가 쾌락으로 환원되지 않게 된 것이다. 이런 상황에서 에로티시즘은 더 이상 남성 성기로 상징되는 권력, 즉 팔루스를 중심으로 구성되지 않는다. 팔루스는 남성이 지배하는 상징적 질서에서 다른 모든 기표들에 의미를 부여하는 주인 기표이다. 이전에는 에로티시즘이 팔루스를 중심으로 구성되어 남성 혈족의 재생산 또는 남성 쾌락의 극대화를 위한 성기 중심의 이성애적 섹슈얼리티로 축소되었다. 하지만 이제 여성의 섹슈얼리티가 팔루스의 요구에 맞춰 남성 혈족의 재생산이나 남성 성기의 쾌락을 위한 활동으로 구성될 필요가 없어진다.

여자 말뚝이는 팔루스와 상관없이 존재의 연속성을 체험하고자 하는 열망이 사회 전 영역에 팽배해 있다는 사실을 폭로한다. 무한 성장을 추구하면서 공리주의적 질서를 무한정 밖으로 확장하다보니 외부가 없어졌다. 안과 밖의 경계가 붕괴되었다. 공리주의적 질서가 내파^{implosion}된 것이다. 이제 성기 중심의 이성애적 섹슈얼리티로 축소되어왔던 에로티시즘이 팔루스로부터 풀려난다. 유용한 사물의 세계로 분절되었던 공리주의적 질서가 에로티시즘에 의해 자의적인 것으로 변화해간다. 이는 인간의 실존적 상황을 극대화한다. 인간 실존의 독특한 성질은 인간의 본질이 내적이든 외적이든 모든 힘으로부터 완전히 결정되어 있는 상태가 아니라는 것을 말한다. 이런 애매한 실존적 상황에서는 아무것도 사전에 완전히 결정되지 않기 때문에 의미화 실천이 극대화될 수 있다. 여자 말뚝이가 관능을 희화화하고 풍자의 도구로 사용할 수 있는 이유가 여기에 있다.

여자 말뚝이의 출현은 한국사회로 하여금 공리주의적 질서에 갇혀 노동만 하며 사는 삶이 더 이상 가능하지 않다는 점을 일깨워준다. 공리주의적 질서가 만들어놓은 공적 영역과 사적 영역, 성과 속의 완고한 내부 경계가 무너져 내렸다. 그러자 그동안 성기에만 집중되었던 에로티시즘이 풀려나오기 시작했다. 이제 모든 것이 에로틱하게 되었다. 이는 역설적으로 그 무엇도 에로틱하지 않게 되었다는 것을 의미하기도 한다.

지금까지 여성의 섹슈얼리티는 남성 성기의 요구에 맞춰 에로틱하게 만들어야 했다. 남성과 존재가 연속되려면 남성 성기와 여성 성기가 결합되어야 했다. 이는 가부장적 가족 제도 안에서만 가능한 일이었다. 하지만 가부장적 가족 제도와 공적 영역을 강고하게 나누었던 경계가 무너져 내린 지금 성기 중심의 관계 맺음은 별 의미가 없게 되었다. 지금까지는 남성 성기와 짝을 이루는 여성 성기가 남성 성기 못지않게 엄청난 사회적 의미를 지닌 기표였다면 이제는 그렇지 않다. 여성 성기도 몸의 다른 부분들과 마찬가지로 그저 하나의 기표일 뿐이다. 특권을 잃은 이 기표는 역설적으로 다른 그 무엇과 결합할 수 있는 자유를 얻는다. 이제 남성 성기와는 상관없이 여성은 자신의 모든 것을 에로틱하게 만들 수 있다. 다시 말해 존재 전체를 다른 존재와 연속시키도록 자신을 에로틱하게 만들 수 있다.

페미니스트 철학자 윤지영은 이를 코넥슈얼리티^{connexuality}라는 개념으로 잘 짚어 말한다. 코넥슈얼리티란 에로티시즘이 성기에 한정되어 있지 않고 온몸으로 분산되어 있어서 몸들이 서로 다차원적으로 연결되고 소통하고 있는 상태를 말한다. 에로티시즘이 성기 중심의 이성애적 섹슈얼리티로 한정되었던 시대에는 "성적인 것의 재현 논리가 분할의 논리 속에 갇혀 능동성과 수동성, 삽입하는 자와 삽입당하는 자, 정복과 수탈이란 이중 분할선의 기입 지대가 되었다면, 이제 코넥슈얼리티에서는 유희라는 미학적, 실존적 실험성을 통해 이질적 감각들의 추동 지점들을 생산해나갈 것이다. 이는 바로 다양한 존재 방식의 가능성들이 실험되는 정치적 무대이기도 한 것이다."[85] 여자 말뚝이는 이런 유희적 실험을 감행하는 선구자다. 팔루스를 중심으로 조직되었던 에로티시즘을 풀어헤쳐 새로운 형태로 구성하려고 시도하고 있다.

타자의 관점에서 자신을 대상화해서 바라볼 수 있으려면 타자가 활용하는 어휘를 이해해야 한다. 예를 들어 병원에 가서 의사를 만나 진단을 받을 때 그것이 무슨 말인지 알아들으려면 의사가 쓰는 어휘를 이해해야 한다. 그래야 자신의 증상이 어떻게 해서 나타났고 이를 치료하기 위해서는 무엇을 해야 하는지 알 수 있다. 만약 의사가 쓰는 어휘를 못 알아듣는다면 둘 사이에는 공동의 실재가 구성될 수 없다. 그런 점에서 의사가 쓰는 어휘는 환자에게도 가용한 공적 자산이다. 이 공적 자산을 둘 다 이해하고 활용할 때에만 의미 있는 공동의 실재가 구성될 수 있다. 그래야 이러한 공동의 실재를 기반으로 해서 집합행위가 이루어질 수 있다.

만약 아플 때 의사 대신 종교인을 찾아간다면 증상의 원인과 처방을 종교 어휘로 설명해줄 것이다. 탐욕으로 살아온 지난 세월이 영혼을 잠식하여 결국 병을 얻었다고 말할지 모른다. 이 모든 고통이 구원을 얻기 위한 시련이라고 덧붙일 수도 있다. 이때 영혼과 구원이라는 종교 어휘를 알아들어야 종교인이 내린 증상의 원인과 처방을 가지고 삶을 살아갈 수 있다. 종교 어휘도 공동의 실재를 구성하게 해주는 공적 자산인 셈이다.

그렇다면 의사와 종교인 사이에는 공동의 실재가 구성될 수 있을까? 의사는 종교인의 어휘가 미신이나 전통 습속에 빠져 있다고 비판할지도 모른다. 종교인은 거꾸로 의사가 한낱 인간이 만든 과학 지식을 절대적인 진리라 믿고 함부로 이를 휘두른다고 비난할지도 모른다. 둘 다 자신의 어휘가 절대적으로 옳은 것이라고 주장하면 둘 사이에는 공동의 실재가 구성되기 어렵다. 충돌을 피하기 위해 서로 분리되어 살아가거나 만남을 최소화할 수 있을 것이다. 그래서 어떤 사람은 경제 어휘로 살아간다. 또 다른 사람은 정치 어휘로 살아간다. 누군가는 가족 어휘로, 또 다른 누군가는 종교 어휘로 또 다른 사람은 습속 어휘로 살아간다. 어떤 사람은 사법 어휘로, 또 다른 누군가는 미학 어휘로 살아간다. 각자 자신이 속한 영역이 요구하는 어휘를 별 의심하지 않고 활용하며 일상을 살아간다.

그럼에도 자신만의 세계에서 벗어나와 모두 광장에 모여

야 할 때가 있다. 이때 자신이 속한 일상의 영역에서 각자 이해관계를 추구하며 살아가던 사람들이 더 넓은 연대의 장으로 뛰쳐나온다. 모두의 삶에 근본적인 위기를 야기하는 사건이 벌어질 때 그렇다. 자신이 지금까지 살아온 일상생활에서 통용되는 어휘만으로는 이 위기를 이해할 수도, 설명할 수도, 극복할 수도 없다. 그래서 남이 사용하는 어휘를 들어보려 하고, 이해해보려 하고, 실행해보려 한다. 하지만 평생 자신만의 어휘로만 살아왔기 때문에 쉽지 않다. 격렬하게 이 어휘 저 어휘를 들어보고, 이해하고, 실행해보려고 시도하는 수밖에 없다. 남들이 사용하는 어휘를 통해 자신의 삶을 되짚어보면 좁은 자아가 확장된다.

한국사회의 경제 성장을 설명할 때 흔히들 압축적 성장이란 용어를 사용한다. 하지만 압축적 성장을 한 건 경제만이 아니다. 어휘도 압축적 성장을 했다. 전통 어휘는 물론 서구에서 들어온 어휘까지 한국인에게 가용한 어휘는 켜켜이 쌓여 있다. 문제는 이러한 어휘를 활용할 문화적 역량을 한국인이 가지고 있냐 하는 것이다. 네 가지 사회적 공연에 대한 탐구를 통해 우리는 한국인이 자신들에게 가용한 어휘를 활용하는 문화적 역량이 매우 뛰어나다는 점을 확인할 수 있다. 문제적 상황에 처하면 그것을 해소해줄 수 있는 어휘들을 꺼내어 능수능란하게 사용한다.

장르의 관점에서 볼 때 한국인들은 비극 서사에서 로망

스 서사로 그리고 더 나아가 희극 서사를 통해 사회적 실재를 구성하는 능력을 키워왔다. 한 치 앞도 안 보이는 극악한 세상에서 살아갈 때에는 이에 맞서 비극 서사를 만들어 싸웠다. 물리적으로는 패배할지 모르지만 정신은 결코 꺾이지 않는다. 어느 정도 힘을 키웠을 때에는 로망스 서사를 구성해 악한 세상을 교정한다. 악한 세상이 어느 정도 교정되었을 때에는 희극 서사를 구성해 사회 통합을 추구한다.

이렇듯 다양한 장르를 구성하는 능력이 있지만, 각 장르를 구성하는 모든 어휘를 의심의 여지없는 절대적 가치로 여긴다. 민주주의, 성장주의, 민족주의, 젠더주의가 모두 '국민적 어휘'에 의해 정당화되기 때문이다. 사회적인 것이 곧 국민적인 것이라는 국민국가적 상상력은 근대 한국인을 철저히 지배해왔다. 한국인은 국민국가라는 범주 없이 살아가는 것을 상상조차 할 수 없다. 한국인에게 국민국가는 자신을 지배하는 절대주권을 지닌 유일신과 같다. 이를 정당화하기 위해 전통사회의 어휘를 가져다 쓰는 데 주저함이 없다. 이 유일신의 품안에서 민주주의, 성장주의, 민족주의, 젠더주의를 상상해왔다. 그러다보니 국민국가를 뛰어넘는 더 보편적인 연대를 만들어나갈 문화적 역량이 키워지지 못했다.

이는 어찌 보면 당연한 일이다. 사회적인 것이 근대에 출현한 사회적 범주이고, 이는 결국 국민국가 안에서 현실화되었기 때문이다. 그렇다면 근대에 출현한 사회적인 것이란 무엇인가? 사회적 상호작용의 관점에서 볼 때 사회적인 것은 짐멜이 말한 '사회적 어울림sociability'이란 개념을 통해 파악할 수 있다. "사회적 어울림은 게임이다. 이 게임에서 사람들은 모든 사람을 마치 동등한 것처럼 대하는 동시에 그들 각자를 특별한 존재로 존중한다."[1]

전근대의 신분사회에서는 낮은 신분의 사람은 사회적 어울림 안으로 들어올 수 없고, 설사 들어온다 해도 온당한 게임의 플레이어로 인정되지 않는다. 하지만 근대사회의 사회적인 것 안에는 계급, 젠더, 나이, 지역, 교육, 직업, 지위, 종교, 몸, 섹슈얼리티 등 온갖 사회적 범주와 상관없이 누구나 들어와 플레이어가 될 수 있다. 근대사회라 해도 사실 온갖 사회적 범주를 통해 사람들을 분류하고 식별하고 차별한다. 그런 점에서 여전히 동등하지 않다. 그런데도 사회적 어울림은 모든 참여자를 게임의 플레이어로 인정한다.

제도적으로 볼 때 사회적인 것은 각 민족이 자신만의 독자적인 '국민국가'를 건설함으로써 완성된다. 국민국가가 마련한 시민권의 발달 덕분에 사회적인 것이 출현할 수 있게 된다. 법적으로 모든 국민은 동등한 의무와 권리를 지닌다. 하지만 이러한 형식적 법 규정만으로 모든 사람이 사회적인 것에 참여할 수 있는 플레이어가 될 수 있는 것은 아니다. 사회적인 것에 참여하는 사람들이 실제로는 동등하지 않음에도 마치 동등한 것처럼 행위할 수 있는 문화적 역량이 절대적으로 필요하다. 근대사회에서마저도 사람들은 사회구조적으로 동등하지 않기 때문에 역설적으로 자신을 다른 사람과 동등한 존재로 연출해서 게임을 할 수 있는 문화적 역량이 더욱 필요한 것이다. 자신이 들어간 사회적 어울림 안에 통용되는 게임의 규칙을 배우고 익혀 이를 실제 게임에서 능수능란하게 활용할 수 있어야 한다.

게임의 규칙을 모르는 사람을 플레이어로 받아들이는 사회는 없을 것이다. 또한 자신만의 고유한 게임을 펼칠 능력을 가지지 못한 사람을 진정으로 존중하는 사람도 없을 것이다. 그런 점에서 한국인은 마치 자신이 상대방과 동등한 사회적 자아를 가지면서도 자신만의 독자적인 개인적 자아를 가진 존재로 자신을 연출할 수 있는 문화적 역량을 계속해서 키워왔다. 그 덕분에 소수자들이 점차 사회적인 것에 참여하는 플레이어가 될 수 있었다.

문제는 이러한 문화적 역량이 모두 근대 국민국가가 만들어놓은 국민적 어휘를 통해 육성되었다는 점이다. 국민국가는 전통사회의 신분제와 특수주의에 대항해 민주주의와 보편주의를 합리적 질서로 내세운다. 이를 실현하기 위해 국민국가 영토 안에 있는 모든 사람을 원자적 개인으로 만들어 이들에게 동등한 권리와 의무를 부여한다. 그런 점에서 전통사회의 특수성을 파괴해 보편성을 구축하려는 근대성의 기획 자체가 국민국가 프레임 안에서 만들어진 것이다.

한국인은 근대의 역사를 통해 이러한 국민국가의 근대성 기획에 따라 삶을 살아왔다. 그러다보니 국민적 어휘를 한 치의 의심도 없이 절대적인 것으로 받아들여 사용한다. 그래서 일상을 살아가다가 위기에 처하면 모두가 국민적 어휘에 절대적으로 기댄다. 물론 공동의 근본적 위기를 해결해줄 공동의 어휘가 필요한 것은 맞다. 하지만 그것을 아무런 의심 없이 사용할 때 세계는 좁아진다. 그럼에도 네 가지 사회적 공연을 통해 밝혀진 것처럼 한국인이 점차 이러한 좁은 세계에서 벗어날 조짐을 보인다는 점은 희망적이다. 모든 것을 일시적으로 미결정된 상태이자 무한 가능성의 세계로 몰아넣는 사회적 공연을 함께 체험하면서 자신들이 절대적으로 믿어왔던 국민적 어휘들에 대해 아이러니한 태도를 취하게 되었기 때문이다. 사회적 공연을 통해 한국인이 아이러니스트로 변해가고 있다.

아이러니스트란 무엇인가? 포스트모던 실용주의 철학자 로티[2]는 아이러니스트를 다음과 같이 설명한다. 우선 자신이 현재 사용하는 어휘가 최종적인 것이라고 생각하면 안 된다. 다른 사람들이 사용하는 어휘를 참조해서 자신의 최종적 어휘를 만들었기 때문이다. 뿌리를 따지고 들면 그 어떤 어휘도 최종적이지 않다. 자신이 사용하는 최종적 어휘에 대해 근본적이고도 지속적인 의심을 해야 할 이유가 여기에 있다. 따라서 아이러니스트는 자신이 활용하는 어휘로 아무리

논변을 만들어내도 이와 같은 의심을 해소할 수 없다는 점을 깨닫고 있다. 그 결과 자신이 사용하는 어휘가 다른 사람들이 사용하는 어휘보다 실재에 더 가깝다고 생각하지 않는다.

여러 번의 사회적 공연을 치르면서 한국인은 점차 국민국가를 뛰어넘는 더 일반화된 타자의 관점에서 자신을 대상화할 수 있는 문화적 역량을 키워나가고 있다. 국민적 어휘를 아이러니한 태도로 바라보는 것이 그 첫 번째 징조다. 자기 밖의 거대한 힘, 즉 최종적 어휘에 기대어 자신의 삶을 살아가는 노예에서 벗어날 기미가 미약하나마 보인다. 이것이 더욱 확장되면 스스로 국민적 어휘를 넘어서는 더 보편적인 새로운 어휘를 창출하고자 시도하는 미학자로 거듭날지도 모른다. 이제 막 걸음마를 뗀 수준이기는 하다. 더군다나 아이러니스트의 수가 너무 적다. 희망은 항상 소수에게서 오는 것인가? 그렇다. 하지만 너무 일찍 절망하지는 말자. 만약 다수에게서 희망이 온다면 이미 그것은 희망이 아니라 현실일 것이다. 그렇다면 더 이상 희망할 일이 없어진다. 자, 이제 소수일망정 아이러니스트들이 기획하고 현실화시킬 수많은 사회적 공연을 희망을 가지고 맞이하자.

보론: 사회적 공연론

이 책은 최근 사회학 이론에서 발전되어 나온 사회적 공연론을 통해 한국사회를 탐구한다. 사회적 공연론의 뿌리는 고전 사회학의 아버지 중의 한 명인 뒤르케임으로 거슬러 올라간다. 뒤르케임은《종교생활의 원초적 형태》에서 오스트레일리아의 '소위' 원시부족이 행하는 집합의례를 분석했다.[1] 사람들은 평소에는 속된 세계에서 공리주의적 활동을 하며 살아가다가, 공중의 주의를 집중시키는 문제적 상황(위기나 영광)이 발생할 경우 같이 모여 집합의례를 행함으로써 이 상황을 해소한다. 집합의례를 통해 집단은 자신이 처한 문제적 상황을 정의하고 해명한다. 그 뒤 다시 생명력을 얻은 공리주의적 질서로 돌아간다. 뒤르케임은 현대에 와도 집합의례가 행하는 역할이 결코 줄어든다고는 생각하지 않았지만, 복합적인 현대사회에서 집합의례가 어떤 형태로 나타날 것인지에 대해서는 구체적으로 보여주지 않았다.

뒤르케임을 이어받은 빅터 터너[2]는 사회를 하나의 사물이라기보다는 '구조'와 '코뮤니타스'(반反구조)의 연속적인 국면을 지닌 변증법적 과정으로 보았다. 당대에는 사회를 유기체로 보는 기능주의의 생물학적 메타포가 지배적이었다. 이에 맞서 터너는 사회관계의 역동적 성격에 더 주목한다. 터너는 중앙아프리카 은뎀부 부족의 사회생활에서 가장 눈을 잡아끄는 속성이 갈등으로 향한 경향이라는 점을 발견했다. 갈등은 긴장이 분출하는 공적인 에피소드에서 그 모습을 드러내는데, 터너는 이를 '사회적 드라마'라고 부른다. 모든 사회적 드라마가 분명한 해소에 이르는 것은 아니며, 따라서 터너는 드라마의 과정적 형식을 강조한다. 위반, 위기, 교정, 재통합/분리가 네 단계의 과정적 형식이다. 연구 초창기에 터너는 이를 보편적인 현상이라고 생각하지 않았지만, 이후 연구를 진행해가면서 규모와 복잡성의 정도와 상관없이 모든 사회에 나타나는 현상이라 보게 되었다.

이와 유사하게 기능주의사회학은 복잡한 현대사회에서마저도 위기의 시기에 가치가 일반화된다고 주장한 바 있다. 일상의 삶에서 수단-목적 합리성의 정치학에 빠져 살던 사람들이 위기 시에는 가치 합리성의 정치학으로 상승한다는 것이다. 그렇게 되면 사람들은 인지적 차원에서 가치 평가적 차원으로 넘어가고, 특수적·구체적·특이적인 것에 대한 관심에서 추상적·일반적·보편적인 것에 대한 관심으로 넘어간다. 갈등 해결에 대한 심리적 긴장과 적응 압박 때문에 가치의 일반화가 일어난다는 것이다.[3] 일상의 정치는 대개 목표, 권력, 이해관계 등 상대적으로 세속적인 수준에서 이루어진다. 규범은 이보다 일반성의 수준이 더 높은데, 여기에서는 인습, 관습, 법이 정치 과정과 투쟁을 조절한다. 가장 높은 수준에는 가치가 있는데, 가치는 한 사회를 그 사회이게끔 만드는 결코 도달할 수 없는 이상으로서 정치적 권위를 조절하는 코드와 특수한 이해관계를 해소시키는 규범 모두를 안내한다.[4]

사회적 공연론은 이런 흐름을 이어받아 제프리 알렉산더가 발전시킨 것이다. 알렉산더는 가치의 일반화는 갈등 해결에 대한 심리적 긴장과 적응 압박 때문에 일어난다기보다는 근본적 의미가 문제가 되는 역치 단계이기 때문에 발생하는 것이라 주장한다. 이러한 주장은 알렉산더가 터너의 이론을 받아들였기 때문에 가능하게 된 것이다. 알렉산더는 복합적인 현대 또는 탈현대사회에서는 의례보다 공연을 행한다는 것을 분명히 밝혔다.[5] 그는 사회적 드라마 개념이 사회과학에 도입된 지 30여 년 이상이 되었음에도, 몇몇 경우를 제외하고는 왜 굳건한 사회과학 이론으로 자리 잡지 못했는가 묻는다. 그것은 우선 탈/현대의 삶을 도구적 이성을 중심으로 설명하는 합리적 선택이론과 비판이론이 지배적인 자리를 차지했기 때문이다. 하지만 근본적으로 더 중요한 것은 사회적 드라마를 구성하는 요소들의 자율성을 흐리게 만드는 식으로 사회적 공연을 단순화하고 도덕화했기 때문이다. 모든 사회가 네 단계의 사회적 드라마를 보편적으로 가지고 있다고 사회적 드라마를 단순화·자연화하는 한편, 참가자들이 모두 신념, 가치, 규범, 의미를 공유한 사람들의 공동체(코뮤니타스)에서만 사회적 드라마가 발생할 수 있다고 규범화한 것이다.

알렉산더는 사회적 드라마가 이렇듯 자연스럽게 네 단계를 거치면서 동일한 공동체 성원들 사이에서만 진행된다고 보는 기계론적이고 목적론적인 관점 대신, 사회적 공연을 구성하는 여섯 가지 요소들의 지난한 재융합 과정을 통해 진행되는 역동적인 관점을 제시했다. 분석적 차원에서 사회적 공연은 배경상징, 전경대본foreground script, 배우, 관객, 상징적 생산수단, 미장센, 사회적 권력으로 구성된다.

모든 공연에는 잘 짜여 있든 그렇지 않든, 사전에 만들어져 있는 공연 중에 형성되든, 대본이 있다. 대본은 무無에서 만들어지는 것이 아니라, 배후에 있는 문화구조를 배경으로 해서 만들어진다. 하지만 배후에 있는 문화구조, 즉 배경표상이 곧 대본인 것은 아니다. 대본은 실질적인 목적을 추구하기 위해 특정한 문화적 의미를 기획하려는 화용론적 노력에 의해 만들어진 전경표상이다. 대본은 문화구조를 재해석해 자체적으로 또 다른 작은 문화구조, 즉 성과 속의 이항 코드를 만든다. 여기에서 그치면 대본은 밋밋한 인지적 분류체계로 끝난다. 성과 속의 갈등이 시간의 흐름에 따라 어떻게 진행되는지 보여주는 서사를 가지고 있어야만 대본은 살아 숨쉰다. 하지만 아무리 배경표상과 전경표상이 뛰어나더라도, 공연되어 극적인 효과를 지니지 않으면 아무런 의미가 없다. 문화화용론이 단순한 텍스트 분석과 구별되는 결정적인 지점이 바로 여기다.

배경표상과 대본은 뼈와 살을 가진 배우에 의해 실행된다. 배우들은 자신들의 공연이 단순한 연기가 아니라 진정한 자아의 표출이라고 관객에게 보여주고자 한다. 그래서 관객이 자신과 정서적 동일시를 하도록 북돋운다. 하지만 배우와 관객이 정서적으로 동일시되는 것으로 끝나면 안 된다. 반드시 그러한 정서적·심리적 동일시가 도덕적 평가, 즉 가치 평가적 차원으로 전환되어야 한다. 정서는 곧 증발할 수 있기 때문에 가치 평가적 상징, 즉 성과 속의 가치 차원의 배경표상과 연결되어야만 한다. 성과 속의 갈등이 시간에 따라 진행되는 과정은 공연 배우들의 쟁투의 과정인데, 이러한 쟁투를 특정 방향으로 이끌어가는 것이 플롯이다. 배우의 행위의 동기와 유형은 통제되지는 않을지라도 연출가에 의해 상당한 영향을 받는다. 사회적 공연에서 이들은 조직자이자 사상

가이고 집합행동의 지도자다.

배우가 텍스트를 공연하는 것은 관객에게 그 의미를 전시하기 위한 것이다. 그렇다고 관객이 수동적으로 그 의미를 주는 대로 해독하는 것은 아니다. 관객도 배우와 마찬가지로 배경표상과 전경표상을 집합표상으로 가지고 있고, 그것을 이용해서 공연의 의미를 자신의 화용론적 노력에 따라 다양하게 해독한다. 관객이 배우의 공연에 집중하기 위해서는 대본과 배우가 관객에게로 '문화적 확장'을 이루어야 하고, 동시에 관객들이 무대에서 본 배우들에게 투사하는 '심리적 동일시' 과정이 수반되어야 한다. 문화적 확장과 심리적 동일시가 실제로 일어나는 정도는 경험적으로 많은 변이가 있기 때문에 경험적으로 각 사례를 탐구해야만 한다.

배우들이 관객 앞에서 대본을 공연하기 위해서는 상징적 공연을 가능하게 만들어주는 일상의 물질적 재료가 있어야 한다. 가용한 상징적 생산수단을 통해 이것을 아이콘적인 표상으로 만들어, 그 아이콘을 극화하여 행위자들의 비가시적인 동기를 생생하게 보여줄 수 있어야 한다. 드라마적 공연은 무대, 무대 설치 그리고 연극 공연에 기초가 되는 소도구들과 같은 수단을 제어할 필요가 있다. 사회적 공연의 경우에서 그러한 수단에 대한 통제는 공연할 수 있는 무대를 공중의 상상 속에 만드는 것이며, 그래서 결국에는 텔레비전, 영화, 신문, 라디오, 인터넷, 팟캐스트와 같은 전달 매체를 이용할 수 있는 방법을 만들어내는 것이다.

텍스트, 상징적 생산수단, 관객을 갖춘 배우는 이를 실제로 무대에 올려야 한다. 공연되기 위해서 텍스트는 반드시 시간적으로 시퀀스를 이루어야 하고 공간적으로 동선이 만들어져야 한다. 미장센은 특히 우발성과 관련되는데, 특정의 시공간에 출현하는 특정의 미학적 요구에 맞춰 행위자들은 극적인 사회 행위에 진입하기 때문이다. 사회적 권력(한 사회의 정치적·경제적·지위적 위계와 엘리트들 사이의 관계)은 공연 과정에 심대한 영향을 미친다. 모든 텍스트가 현재의 권력자의 눈에는 동일하게 합법적이지 않기 때문에, 모든 공연이, 그리고 특정 공연의 모든 부분들이 진행되도록 허용되는 것은 아니다. 공연의 생산, 배포, 해석에 모두 사회적 권력이 작동하여 공연의 외적 경계를 수립한다.

고프먼[6]을 따라 알렉산더는 공연의 요소들이 잘 융합을 이루어야만 공연이 성공할 수 있다고 주장한다. 집합적 조직이 더 단순하고 그 사회적·문화적 부분들이 덜 분절되어 있을수록, 이러한 사회적 공연의 구성 요소들은 '융합되어' 있다. 이 때문에 사회적 공연은 뒤르케임적 의미의 (집합표상을 공유하도록 만들고 사회를 통합시키는) 의례가 되기 쉽다. 반면 집합성이 더욱 복잡하고, 분절되고, 분화될수록, 사회적 공연의 구성 요소들은 '탈융합되어de-fused' 있다. 현대사회가 바로 이러한 상황에 처해 있다. 따라서 사회적 공연이 바로 성공적인 의례로 나아간다고 전제해서는 안 된다. 사회적 공연이 성공하는 경우는, 그 구성 요소들이 성공적으로 '재융합될re-fused' 때뿐이다.

〈그림 1〉은 사회적 공연의 성공과 실패를 일목요연하게 도표로 설명한 것이다. 그림 왼쪽에서부터 보면, 먼저 배경표상으로부터 대본을 구성해야 하며, 이 대본은 특정의 의미를 지닌 텍스트가 되어야 한다. 배우는 이 의미를 특정의 미장센을 통해 공연으로 전화시켜야 한다. 여기에는 생산적 권력이 개입해 공연의 생산 그 자체를 통제하려고 한다. 일단 생산된 공연은 특정의 상징적 생산수단을 통해 관객에게 전시되어야 하는데, 여기에도 배포적 권력이 작동한다. 관객은 공연된 텍스트의 의미를 배경표상과 연관지어 해석해야 하는데, 여기에도 해석적 권력이 작동한다. 그럼에도 관객이 대본과 배우를 통해 배경표상을 끌어낼 수 있게끔 문화적으로 확장되고, 동시에 배우와 심리적 동일시를 하게 되면 공연은 성공적일 수 있다. 공연이 실패하는 경우는, 아래 검게 칠해진 부분으로 공연의 요소들이 잘 융합되지 않을 때이다. 이때는 배우와 관객이 양극화되어 문화적 확장이 일어나지 않으며, 관객은 배우와 동일시하기보다는 왜 어떠한 상황이 발생했는지 영문을 몰라 얼떨떨한 상태로 있게 된다.

이러한 분석적 구별에 덧붙여, 알렉산더는 사회적 공연에 대해 역사적 접근을 취한다. 알렉산더는 현대사회로 올수

〈그림 1〉 사회적 공연의 성공과 실패

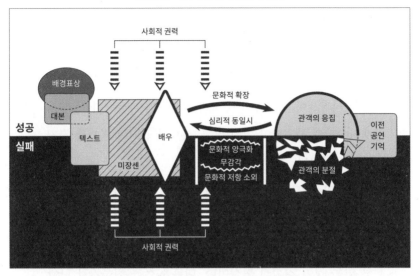

출처: Jeffrey C. Alexander, "Cultural Pragmatics: Social Performance Between Ritual and Strategy", Ibid, p.77.

록 공동체 성원 전체가 참여해서 문화구조를 실행하는 '의례ritual' 대신에 다양한 행위자와 수용자로 이루어진 '공연performance'이 지배적인 양식이 되고 있음을 주목한다. 단순한 사회에서는 사회적 공연이 뒤르케임이 말하는 통합적인 반복적 의례에 가까운데, 그 이유는 공연의 여섯 가지 요소들이 잘 융합되어 있기 때문이다. 분석적 차원에서 아직 공연의 요소들이 분명히 분화되어 있지 않을 뿐만 아니라, 역사적 차원에서도 아직 자율적인 단위 요소로 성장하지 못했기 때문이다. 단 하나의 배경상징이 지배하고, 여기에서 나오는 대본은 배경상징의 핵심과 바로 맞닿아 있다. 대본을 실행하는 배우들은 성과 속의 실존적인 대립을 구현하는 배역의 인물들로 전화되며, 이것을 보는 관객은 강한 정서적 또는 충당적 동일시emotional or cathetic identification를 성취한다. 시간과 공간의 미장센이 한곳에서 동시에 일어나기 때문이다. 상징적 생산수단도 분절되어 있지 않고, 사회적 권력이 의례를 금지하지도 않는다.

하지만 현대 또는 탈현대와 같은 좀 더 복합적인 사회에서는 공연의 여섯 가지 요소가 분석적으로 확연히 분화되어 있을 뿐만 아니라, 구체적 차원에서도 분리되어 자율성을 갖고 있는 것이 경험적 현실이다. 대본을 쓰는 전문가가 나왔는가 하면, 전문적인 배우와 감독도 출현했다. 미장센을 만드는 방법도 고도로 분화되었고, 상징적 생산수단도 전자 미디어의 발달로 근본 속성이 바뀌었다. 관객은 내부적으로 분화되어 있고, 사회적 권력도 생산적 권력, 배포적 권력, 해석적 권력으로 분화되었다. 이렇게 공연 요소들이 분화되어 있을 뿐만 아니라 탈융합되어 있기 때문에, 사회적 공연의 성공은 성취하기 상당히 어려운 과업이 된다. 터너가 보듯 자동적으로 진행되는 것이 아니다.

이러한 공적 무대에서 펼쳐지는 사회적 공연은 평상시 공연의 요소들이 탈융합된 상태에 있기 때문에 공연이 성공하기 어렵다. 그렇다면 사회적 공연을 구성하는 요소들이 어떻게 재융합될 때 성공하는지 묻지 않을 수 없다. 우선 사회적 공연을 구성하는 요소들이 공연의 진행 과정을 통해서 어떻게 재융합되는지 상세히 살펴볼 필요가 있다. 하지만 '연극적 공연theatrical performance'과 '사회적 공연social performance'의 유비類比를 곧이곧대로 받아들여서는 안 된다. 대개 연극적 공연은 사전에 대본이 있고, 배우와 관객이 분명히 구별되어 있으며, 항상 특정의 미장센 속에서 진행되고, 그래서 결과는 대개 동일하다. 이와 달리 사회적 공연에는 대본이 사전에 구성되어 있는 경우도 있지만 공연 과정 중에 출현할 수도 있고 미장센의 변화에 따라 갑자기 수정될 수도 있으며, 배우와 관객이 고정되어 있지 않고 서로 역할을 바꿀 수도 있다. 그런 점에서 사회적 공연은 공연과 대항 공연의 연쇄로 이루어져 있다고 볼 수 있다.

사회적 공연론은 사회학 내에서 이루어진 문화적 전환의 구체적 산물이다. 사회학에는 두 가지 문화적 전환이 있다. 문화의 자율성을 이론적 차원과 경험적 차원 모두에서 확보하는 것이 핵심이다. 첫 번째는 사회적 행위를 유의미한 텍스트로 보는 '텍스트적 전환'으로 문화의 분석적 자율성을 수립한다. 분석적 자율성은, 문화가 자체 내부에 요소들 그리고 그 요소들의 관계 유형을 포함하고 있을 뿐만 아니라 나름대로 작용의 법칙을 가지고 있다는 것을 말한다. 문화는 그 자체로 독자적인 구조를 가지고 있어서, 사회의 다른 부분들과 독립해서 작용할 수 있다. 다시 말해 문화구조는 단순히 사회의 다른 부분들에 의해 결정되는 수동적인 것이 아니다. 따라서 제1차적인 문화적 전환의 핵심은 비상징적 구조를 괄호 치고 문화구조를 해석학적으로 구성하는 것이다.[7]

두 번째는 텍스트가 행위로 어떻게 전화되어 나타나는가를 탐구하는 '공연적 전환'이다. 분석적 자율성을 지닌 문화구조가 존재한다고 해서 이것이 바로 행위로 나타나는 것은 아니다. 문화화용론은 문화의 구체적 자율성을 더 발전시킨 것이다. 분석적 자율성은 추상화한 것이기 때문에, 역사적 사건들 속에서 구체적 자율성을 지니고 있다는 것을 보여주는 것이 필요하다. 역사적 사건들은 조건, 행위자, 우연적 사건들, 행위의 전장을 기본적인 구성 요소로 하고 있는바, 연구자는 이러한 역사적 사건들 속에서 문화구조가 구조화하는 과정으로 어떻게 작동하는지 보여줘야만 한다. 텍스트가 실제로 행위자의 행위로 공연되지 않으면, 구체적인 사회적 행위를 문화로 설명할 길이 사라지게 된다. 그렇게 되면 텍스트 분석에 만족하게 되어, 인문학자와 사회학자가 다를 바가 없게 된다.[8]

사회적 공연론은 문화사회학적으로 큰 의미를 지닌다. 문화사회학은 사회적 행위를 물질적 차원뿐만 아니라 상징적 차원으로도 접근하기를 원한다. 이를 위해 사회적 행위를 사회적 공연으로 보자고 제안한다. 사회적 공연은 분석적으로 여섯 가지 구성 요소로 이루어져 있으며 사회적 행위의 물질적 차원과 상징적 차원 모두를 포괄해 이를 다차원적으로 설명한다. 사회적 행위에 대한 기존 입장을 분석적으로 단순화해보면 다음과 같을 것이다. 새로운 테크놀로지의 결정적 힘을 강조하는 물질론자들은 '상징적 생산수단'에 독립 변수의 지위를 부여한다. 행위의 상황적·우발적 속성을 강조하는 실존주의자들은 '미장센'을 분석의 초점에 둔다. 권력의 지배와 통치를 강조하는 니체-푸코주의자들은 '사회적 권력'의 구성적 능력을 특화한다. 전통문화의 구속적 능력을 강조하는 구조주의자들은 '집합표상의 체계'에 집중한다. 문제적 상황을 해소하기 위한 개인의 노력을 강조하는 실용주의자들은 '배우'에 주목한다. 독자의 자율적인 해석 능력을 강조하는 수용론자들은 '관객'을 중심으로 논의한다. 사회적 공연론은 이 모든 논의를 포괄하는 다차원적 행위이론으로서 의미를 지닌다.

그렇다고 해서 사회적 공연론이 사회적 행위를 여섯 가지 공연 요소들로 분해해서 도식화하는 정태적인 행위이론이라고 오해해서는 안 된다. 사회적 행위가 여섯 가지 공연 요소들의 역동적인 관계 맺음을 통해 시간적으로 구성된다는 점을 보여주기 때문이다. 설사 사회적 공연의 여섯 가지 요소가 온전히 갖추어져 있다고 해도 자동적으로 사회적 공연이 실행되는 것은 아니며, 실행된다 하더라도 공연의 성공이 바로 보장되는 것은 더더욱 아니다. 사회적 공연은 집합표상의 체계를 단순히 반복하는 기계적 과정도 아니고, 사회적 권력이 일방적으로 주조하는 형식적인 의례도 아니다. 그렇다고 배우가 전례가 없는 빈 공간에서 자유롭게 펼치는 임기응변도 아니다. 사회적 공연은 성공과 실패가 미리 결정되지 않은 열린 과정이다. 따라서 다양한 사례에 대한 풍부한 경험적 연구를 요청한다. 사회학은 이렇듯 '이론이 안내하는 경험적 연구'의 축적을 통해 앞으로 나아간다.

1장. 민주주의 | 한국은 어떤 민주주의 나라인가

1   김동노, 〈개인주의, 공동체주의, 그리고 한국사회의 공공성〉,《사회이론》45, 2014, 77~110쪽.

2   정명중, 〈괴물의 탄생: 신자유주의, 유연성 그리고 '지존파至尊派'〉,《열린정신 인문학연구》17(2), 2016, 117~148쪽.

3   Jeffrey C. Alexander, *The Civil Sphere*, Oxford University Press, 2006, p.4.

4   Ibid, p.4.

5   Ibid, pp.53-67.

6   Ibid, pp.69-192.

7   Clifford Geertz, *The Interpretation of Cultures*, Basic Books, 1973, pp.412-453.

8   https://www.youtube.com/watch?v=IJ40dXuVbPs

9   Jeffrey C. Alexander, *The Civil Sphere*, p.57.

10 자서전을 사회적 공연을 위한 대본으로 접근한 글로는 다음을 볼 것. 왕혜숙, 〈사회적 공연으로서의 자서전 읽기: 정주영 자서전에 나타난 기업인 정체성과 인정투쟁을 중심으로〉,《한국사회학》50(5), 2016, 41-78.

11 최종렬, 〈사회적 공연으로서의 2008 촛불집회〉,《한국학논집》42, 2011.

12 《예기》, 〈예운〉, 大道之行也, 天下爲公. 選賢與能, 講信修睦. 故人不獨親其親, 不獨子其子. 使老有所終, 壯有所用, 幼有所長, 矜寡孤獨廢疾者, 皆有所養, 男有分, 女有歸. 貨惡其棄於地也, 不必藏於己, 力惡其不出於身也, 不必爲己. 是故, 謀閉而不興, 盜竊亂賊而不作. 故外戶而不閉, 是謂大同. 번역은 다음 글을 따름. 권정안·복대형,《예기禮記》대동사회大同社會에 대한 고찰〉,《한문고전연구》36, 361쪽, 2018.

13 《예기》, 〈예운〉, 今大道既隱, 天下爲家, 各親其親, 各子其子, 貨力爲己. 大人世及 以爲禮, 城郭溝池以爲固, 禮義以爲紀, 以正君臣, 以篤父子, 以睦兄弟, 以和夫婦, 以設制度, 以立田里, 以賢勇知, 以功爲己. 故, 謀用是作, 而兵由此起. 禹·湯·文·武·成王·周公, 由此其選也, 此六君子者, 未有不謹於禮者也. 以著其義, 以考其信, 著有過, 刑仁講讓, 示民有常. 如有不由此者, 在勢者去, 衆以爲殃. 是謂小康. 번역은 다음 글을 따름. 같은 책, 362~363쪽.

14 김정현, 〈동아시아 공公 개념의 전통과 근대 공동체의식〉,《민주사회와 정책연구》13, 2008, 50쪽.

15 같은 책, 63쪽.

16 서강식, 〈일제강점기하의 보통학교 수신서 변천 연구: 덕목 변천을 중심으로〉, 《초등 도덕교육》 48, 2015.

17 김종태, 〈박정희 정부 시기 선진국 담론의 부상과 발전주의적 국가 정체성의 형성: '대 통령 연설문'과 '조선일보'를 중심으로〉, 《한국사회학》 47(1), 2013, 78쪽.

18 박정희, 《우리 민족의 나갈 길》 개정5판, 동아출판사, 1962, 29쪽; 강정인, 〈박정희 대 통령의 민족주의 담론: 민족과 국가의 강고한 결합에 기초한 반공 근대화 민족주의 담 론〉, 《사회과학연구》 20(2), 2012, 45쪽에서 다시 따옴.

19 김주, 〈어제를 반성하고 복된 내일을 설계하자: 전남 나주군, 77년 전국 새마을 지도자 대회 성공 사례〉, 《새마을》 1월, 1978.

20 리차드 셰크너, 《민족연극학: 연극과 인류학 사이》, 김익두 옮김, 한국문화사, 2004, 33 쪽.

21 강희대, 《신뢰의 리더십 박근혜: 소통의 시대 첫 여성 대통령》, 형설아이, 2013.

22 박근혜, 《절망은 나를 단련시키고 희망은 나를 움직인다: 박근혜 자서전》, 위즈덤하우 스, 2007, 139쪽.

23 같은 책, 209쪽.

24 같은 책, 9쪽.

25 Jacques Derrida, *Of Grammatology*, Johns Hopkins University Press, 1974(한국 어판: 《그라마톨로지》, 김성도 옮김, 민음사, 2010).

26 Jeffrey C. Alexander, *The Performance of Politics: Obama's Victory and the Dem-ocratic Struggle for Power*, Oxford University Press, 2010, p.16.

27 https://www.youtube.com/watch?v=5Gc1vGbZI7Q.

28 https://www.youtube.com/watch?v=TITLv8r55QY.

29 https://www.youtube.com/watch?v=og4rvzD-vVI.

30 박근혜, 《절망은 나를 단련시키고 희망은 나를 움직인다: 박근혜 자서전》, 148쪽.

31 같은 책, 146~149쪽.

32 Mark Granovetter, "Economic Action and Social Structure: The Problem of Em-beddedness", *American Journal of Sociology* 91(3), 1985, pp.491~493.

33 오종록, 〈조선시대의 왕〉, 《역사비평》 54, 2001, 285쪽.

34 박병호, 〈조선시대의 왕과 법〉, 《애산학보》 2, 1982, 53~54쪽.

35 홍순민, 〈조선시대 궁녀의 위상〉, 《역사비평》 68, 2004, 242쪽.

36 https://www.youtube.com/watch?v=Yr4nkF0PafQ.

37 https://www.youtube.com/watch?v=R64fu9Kh7B0.

38 https://www.youtube.com/watch?v=qloGbXooAYk.

39 서현진, 〈국회 갈등과 신뢰도에 관한 연구〉, 《분쟁해결연구》 14(2), 2016; 유성진 〈국 회의 사회 통합 기능과 국민의 신뢰: 국회에 대한 기대와 현실의 괴리〉, 《의정연구》 27, 2009; 이곤수·정한울, 〈국회 신뢰의 영향 요인 분석: 국민 인식 조사를 중심으로〉, 《한국행정논집》 25(2), 2013.

40 최근 한 실증적 연구에서도 일본과 중국에 비교해서 제도에 대한 불신이 한국이 상당

히 높은 것으로 나온다. 서운석, 〈한·중·일 3국의 사람과 제도에 대한 신뢰 인식〉,《중
국지역연구》 3(2), 2016.

41 Jeffrey C. Alexander, *The Civil Sphere*, p.152.

42 박영신, 〈우리나라의 '(유사)가족주의'로부터 구원해주시기 위하여〉,《새가정》 65,
2018, 10쪽.

43 정수복,《한국인의 문화적 문법: 당연의 세계 낯설게 보기》, 생각의나무, 2012, 123쪽.

44 김정현, 〈동아시아 공公 개념의 전통과 근대 공동체의식〉, 앞의 책, 49쪽.

45 정수복,《한국인의 문화적 문법: 당연의 세계 낯설게 보기》, 124쪽.

46 https://www.youtube.com/watch?v=H7RLbxzTSKk.

47 박현모, 〈정조 시대의 공론 연구: 대간의 활동과 유생들의 집단상소를 중심으로〉,《한
국정치연구》 11(2), 2002, 109쪽.

48 같은 책, 109쪽.

49 설석규, 〈조선시대 유생의 공론형성과 상소경위〉,《조선사연구》 4, 1995, 16쪽.

50 최종렬, 〈사회적 공연으로서의 2008 촛불집회〉, 앞의 책.

51 "齊景公問政於孔子. 孔子對曰, 君君, 臣臣, 父父, 子子. 公曰. 善哉 信如君不君 臣不臣
父不父 子不子 雖有栗 吳得而食諸.", 〈顏淵〉,《論語》 한글 번역은 다음을 참조. 김용옥,
《논어한글역주 III》, 통나무, 2008, 326쪽.

52 "齊宣王問曰, 湯放桀, 武王伐紂, 有諸? 孟子對曰, 於傳有之. 曰, 臣弑其君可乎. 曰, 賊
仁者謂之賊, 賊義者謂之殘, 殘賊之人謂之一夫. 聞誅一夫紂矣, 未聞弑君也.", 〈梁惠王〉,
《孟子》. 한글 번역은 다음을 참조. 범선균 편역,《맹자》, 혜원출판사, 1989, 76쪽.

53 이황직,《군자들의 행진: 유교인의 건국운동과 민주화운동》, 아카넷, 2017, 27쪽.

2장. 성장주의 | 왜 보수, 진보 할 것 없이 성장을 갈망하는가

1 김경미, 〈인터넷이 집합행동 참여에 미치는 영향〉,《한국사회학》 40(1), 2005; 김경미,
〈온라인에서의 집합행동에 관한 '합의 동원'〉,《경제와 사회》 71, 2006; 김원, 〈사회운
동의 새로운 구성 방식에 대한 연구〉,《담론 201》 8(2), 2005; 김홍열, 〈2002년 촛불시
위 분석: 신사회운동론의 관점에서〉, 성공회대학교 사회학과 석사학위 논문, 2003; 송
경재, 〈네트워크 시대의 인터넷 정치 참여〉,《담론 201》 8(3), 2005.

2 Hans Joas, *The Creativity of Action*, University of Chicago Press, 1996.

3 Victor Turner, *The Ritual Process: Structure and Anti-Structure*, Aldine Publish-
ing Company, 1969.

4 당대비평 기획위원회,《그대는 왜 촛불을 끄셨나요: 폭력과 추방의 시대, 촛불의 민주
주의를 다시 묻는다》, 산책자, 2009.

5 고종원·이한우·최규민,《촛불에 길을 잃다: 쇠고기 수입 협상에서 정권 퇴진 운동까
지》, 나남, 2009.

6 김영옥, 〈여성주의 관점에서 본 촛불집회와 여성의 정치적 주체성〉,《아시아여성연구》

48(2), 2009; 김형주, 〈광주 촛불집회의 참여 주체와 주체성 변화〉, 《진보평론》 43, 2010; 송경재, 〈네트워크 시대의 시민운동 연구: 2008 촛불집회를 중심으로〉, 《현대정치연구》 2(1), 2009; 오현철, 〈촛불집회와 집합 지성: 토의민주주의적 해석〉, 《민주주의와 인권》 10(1), 2010; 이재신·이민영, 〈촛불집회를 통해 나타난 새로운 시민문화와 생활세계의 복원〉, 연세대학교 사회과학연구소, 《사회과학논집》 41(2), 2010; 이정기·정대철, 〈광우병 촛불집회에 나타난 '미디어 2.0' 현상에 관한 연구〉, 《정치커뮤니케이션 연구》 16, 2010; 이해진, 〈촛불집회 10대 참여자들의 참여 경험과 주체 형성〉, 《경제와사회》 80, 2008; 홍성태, 〈촛불집회와 민주주의〉, 《경제와사회》 80, 2008.

7 이에 대해서는 다음을 볼 것. 최종렬, 〈서론: 뒤르케임주의 문화사회학〉, 최종렬 엮고 옮김, 《뒤르케임주의 문화사회학: 이론과 방법론》, 이학사, 2007, 15~74쪽.

8 촛불집회를 퍼포먼스 이론으로 접근한 기존 논문이 있다. 박희봉·이기중·김명준, 〈퍼포먼스 이론에서 바라본 2008년 촛불집회의 과정과 파급 효과〉, 한국행정학회 공동학술대회, 2009; 한우리·허철, 〈보여주기의 문화정치학: 촛불집회, 퍼포먼스, 수행적 정체성〉, 《평화연구》 18(2), 고려대학교 평화연구소, 2010. 앞의 논문은 네트워크 사회의 도래와 새로운 대중의 의사 표현 관점에서 촛불집회를 바라보고 있고, 뒤의 논문은 버틀러의 수행성 개념에 주로 기대어 촛불집회 참가자들의 퍼포먼스가 지닌 젠더 권력 관계를 분석하고 있다. 행정학과 언론학에 기반을 둔 두 논문은 뒤르케임주의 문화사회학의 이론과 방법론에 터하고 있는 이 논문과 구별된다. 인류학 분야의 연구도 있다. 조일동, 〈사회극으로서의 촛불: 경계의 역동성〉, 한국문화인류학회, 《한국문화인류학》 42(1), 2009. 이 논문은 빅터 터너의 사회 드라마 이론에 기대고 있을 뿐, 그 이후 발전된 사회적 공연이론을 포괄하고 있지 못하다. 종교사회학 분야 연구도 있다. 이철, 〈현대사회에서의 시민종교의 역할에 관한 종교사회학적 연구: 2008년 미국산 쇠고기 수입 반대 촛불집회를 중심으로〉, 한국기독교학회, 《한국기독교신학논총》 64, 2009. 이 연구는 로버트 벨라의 시민종교론에 주로 기대고 있고, 근래 이루어진 사회학의 문화적 전환과 공연적 전환을 전혀 논문 속에 흡수하고 있지 못하다.

9 Anne Kane, "Cultural Analysis in Historical Sociology: The Analytic and Concrete Forms of the Autonomy of Culture", *Sociological Theory* 9(1), 1991, p.55.

10 Benedict Anderson, *Imagined Communities*, Verso, 1991(한국어판: 《상상된 공동체》, 서지원 옮김, 길, 2018; Hannah Arendt, *The Human Condition*, The University of Chicago Press, 1958(한국어판: 《인간의 조건》, 이진우 옮김, 한길사, 2017).

11 Erving Goffman, *The Presentation of the Self in Everyday Life*, Doubleday, 1959(한국어판: 《자아 연출의 사회학》, 진수미 옮김, 현암사, 2016).

12 Alfred Schutz, *On Phenomenology and Social Relations*, George Walsh and Frederick Lehnert trans, The University of Chicago Press, 1970.

13 자료의 코딩 과정에 대해서는 내가 지도한 다음의 논문을 볼 것. 강민구, 〈2008년 촛불집회와 가치의 일반화: 신문 공론장과 사이버 공론장의 담론 분석을 중심으로〉, 계명대학교 석사학위 논문, 2009.

14 최종렬, 《사회학의 문화적 전환: 과학에서 미학으로, 되살아난 고전사회학》, 살림,

2009, 259쪽.

15 같은 책, 262쪽.

16 같은 책, 17~18쪽.

17 Hannah Arendt, *The Human Condition*.

18 Ralph Schroder, *Max Weber and the Sociology of Culture*, Sage, 1992; Max Weber, "The Social Psychology of the World Religions", H. Gerth and C. Wright Mills eds., *From Max Weber: Essays in Sociology*, Routledge & Kegan Paul, 1958, pp.267-301.

19 Marshall Sahlins, *Stone Age Economics*, Aldine, 1972.

20 Erving Goffman, *The Presentation of the Self in Everyday Life*, pp.92-93.

21 임경석, 〈이명박 정부의 747 공약과 그 결과〉, 《역사와 현실》 86, 2012, 5쪽.

22 제17대 대통령직인수위원회, 《성공 그리고 나눔: 이명박 정부의 국정철학과 핵심 정책 과제》, 2008, 36쪽.

23 같은 자료, 37쪽.

24 http://www.fnnews.com/news/200803031736545527?t=y.

25 제17대 대통령직인수위원회, 《성공 그리고 나눔: 이명박 정부의 국정철학과 핵심 정책 과제》, 37쪽.

26 김재관, 〈정책 기조로서의 실용주의: 이명박 정부의 실용주의를 중심으로〉, 《한국공공 관리학보》 22, 2008, 23쪽.

27 John Dewey, *Theory of Valuation*, The University of Chicago Press, 1939, p.44.

28 아고라페인들 엮음, 《대한민국 상식사전 아고라》, 여우와두루미, 2008, 31쪽.

29 강지웅, 〈촛불 켜는 블로그, 옮겨 붙이는 포털: 블로고스피어와 포털의 상호작용〉, 한국정치사회학회, 《촛불집회와 한국사회: 과제와 전망》, 한국정치사회학회 특별 심포지엄, 2008; 이영민, 〈인터넷 커뮤니티와 사회운동의 새로운 패러다임: 멀티플 멤버십, 자기 동원, 집단적 프레이밍〉, 같은 책; 이창호·배애진, 〈뉴미디어를 활용한 다양한 사회운동 방식에 대한 고찰: 2008년 촛불집회를 중심으로〉, 《한국언론정보학보》 44, 2008.

30 최종렬, 《사회학의 문화적 전환: 과학에서 미학으로, 되살아난 고전사회학》, 303쪽.

31 같은 책, 304쪽.

32 같은 책, 306쪽.

33 같은 책, 363쪽.

34 최종렬, 〈사회학, 서사를 어떻게 할 것인가?〉, 《사회이론》 41, 2012.

35 Paul Ricoeur, *Time and Narrative* Vol. 1, University of Chicago Press, 1984, p. xi(한국어판: 《시간과 이야기 1》, 김한식·이경래 옮김, 문학과지성사, 1999).

36 경향닷컴 촛불팀, 《촛불 그 65일의 기록》, 경향신문사, 2008, 31쪽.

37 한겨레 TV 아카이브, 2008년 촛불 5월 2일.

38 김영옥, 〈여성의 입장에서 본 사회 변화〉, 한국정치사회학회, 《촛불집회와 한국사회: 과제와 전망》, 한국정치사회학회 특별 심포지엄, 2008, 21쪽.

39 같은 책, 21쪽.

40 한겨레 TV 아카이브, 2008년 촛불 5월 2일.

41 http://kongbaguni.tistory.com/entry/AntiMadCow2MB.

42 이창호·배애진, 〈뉴미디어를 활용한 다양한 사회운동 방식에 대한 고찰: 2008년 촛불 집회를 중심으로〉, 앞의 책.

43 최종렬, 《사회학의 문화적 전환: 과학에서 미학으로, 되살아난 고전사회학》, 360~361쪽.

44 같은 책, 358~359쪽. "데리다가 만들어낸 차연이란 용어는 '다르다differ'는 동사와 '연기하다defer'는 동사를 결합한 신조어로, 언어의 본성은 공간적으로 다르면서 시간적으로 지연되는 이중의 성격에 있다는 말이다(Derrida, *Margins of Philosophy*, The University of Chicago Press, 1982, pp.1-27). 예를 들어 …+y+z+a+…라는 기표들의 환유적 연쇄가 있다고 하자. 여기에서 부분들인 y, z, a는 사전에 하나의 축을 따라 구성되어 있는 총체화된 체계의 일부가 아니다. 오히려 각자 그 자체의 독특성을 지니고 있는 개별자이다. 하지만 각 개별자의 의미는 스스로에 의해 정의될 수 없다. 혼자만 있으면 I=I라는 동음 반복밖에 되지 않기 때문이다. 위의 간단한 도식에서 볼 때, y라는 기표보다 …라는 흔적이 먼저 가용한 문화 자원으로 떠돌고 있다. 현재 y라는 기표가 존재한다고 하자. 현재 시점에서 y는 그 자체만으로는 "y는 y이다"라는 동음 반복 이외에는 의미 작용할 수 없다. 오로지 그 이전에 있던 흔적(…)과 결합해서만 특정의 의미를 산출할 수 있다. 여기서 흔적은 완전히 사라진 것이 아니라 출몰하고 있으면서 언제든지 y와 일시적으로 인접하여 의미 작용할 준비가 되어 있다. 하지만 곧 새로운 기표인 z가 첨가되면 기존의 의미는 흔들린다. 이렇듯 환유적 연쇄에서는 의미가 이미 앞으로 침입할 기표에 의해 상대화되기 때문에 계속해서 의미의 확정이 지연된다. 그것들의 의미는 환유적 연쇄를 끊어 체계를 만든 후에야 사후적으로 구성될 수 있지만, 언제 다시 또 다른 댓글이 덧붙여질지 모르기 때문에 그 의미는 고정되지 않는다."

45 같은 책, 359쪽.

46 http://www.ecumenian.com/news/articleView.html?idxno=4818.

47 http://www.ecumenian.com/news/articleView.html?idxno=4818.

48 Marshall Sahlins, *Stone Age Economics*, Aldine; 최종렬, 〈신뢰와 호혜성의 통합의 관점에서 바라본 사회자본: 사회자본 개념의 이념형적 구성〉, 《한국사회학》 38(6), 2004, 108쪽.

49 병적 흥분 지역에 대한 더 자세한 내용에 대해서는 다음을 볼 것. 랜달 콜린스, 〈테러리스트 공격 발발 시의 연대의례와 보안의례〉, 최종렬 엮고 옮김, 《뒤르케임주의 문화사회학》, 이학사, 2007, 357~423쪽.

50 Randall Collins, *Interactional Ritual Chains*, Princeton University Press, 2004.

51 Erving Goffman, *Frame Analysis: An Essay on the Organization of Experience*, Harper and Row, 1974, p.21.

52 최종렬 엮고 옮김, 《뒤르케임주의 문화사회학》, 43쪽.

53 Clifford Geertz, *The Interpretation of Cultures*.

54 이남주, 〈21년 만의 만남, 6월항쟁과 촛불항쟁〉, 참여연대·참여사회연구소 기획, 《어둠은 빛을 이길 수 없습니다: 2008 촛불의 기록》, 한겨레출판, 2008, 113쪽.

55 로날드 제이콥스, 〈시민사회와 위기: 문화, 담론 그리고 로드니 킹 구타〉, 최종렬 엮고 옮김, 《뒤르케임주의 문화사회학: 이론과 방법론》, 127~174쪽.

56 이병렬은 민주노총 공공운수연맹 공공노조 조합원으로서 2008년 5월 25일 "미국산 쇠고기 수입 반대, 이명박 퇴진"을 요구하며 전주 코아백화점 앞에서 분신했다. 그 후 치료를 받다가 6월 9일 세상을 떠났다.

57 경향닷컴 촛불팀, 《촛불 그 65일의 기록》, 180쪽.

58 이창언, 〈분신자살焚身自殺의 구조와 메커니즘 연구: 학생운동을 중심으로〉, 《기억과 전망》 21, 2009, 154쪽.

59 Victor Turner, *The Ritual Process: Structure and Anti-Structure*.

60 조르주 바타유, 《저주의 몫》, 조한경 옮김, 문학동네, 2004.

61 최종렬, 《사회학의 문화적 전환: 과학에서 미학으로, 되살아난 고전사회학》, 198쪽.

62 노동-필연성labor-necessity, 작업-유용성work-utility, 행위-탁월성action-excellence에 관한 구분은 아리스토텔레스를 재해석한 아렌트Arendt, *The Human Condition*에게서 빌려왔다. 노동, 작업, 행위 모두 인간 실존의 가장 일반적인 조건인 출생 및 사멸과 밀접하게 연관되어 있다. 노동은 개인뿐만 아니라 인간 종의 재생산을 위해 필요하다. 노동을 통해 인간은 생존과 생식이라는 필연성의 문제를 해결한다. 작업은 유한한 인간의 시간을 넘어 지속될 수 있는 인공의 세계를 만드는 데 필수적이다. 작업을 통해 인간은 시공간을 거슬러 존재하는 유용성의 세계를 만든다. 행위는 인간 삶을 동물의 삶처럼 동일하게 반복되지 않도록 만드는 데 필요하다. 다른 인간 앞에 인간으로 현상하는 체험을 통해 인간은 탁월성의 세계에 들어간다.

63 Jean Baudrillard, *The Mirror of Production*, Telos Press, 1975.

3장. 민족주의 | 이주여성은 어떻게 한국사회에 편입되는가

1   국제결혼을 통해 한국사회로 이주하는 사람들에 대한 한국 정부의 공식 명칭은 결혼이민자이다. 이민자라는 용어는 영어 immigration을 번역한 것인데, 한 나라에서 다른 나라로 영구 이주하여 정착하던 과거의 경험을 특화한 용어이다. 최근의 이주는 국경을 넘나드는 초국적 성격을 띠고 있기 때문에 유입과 영구 정착만을 지칭하는 이민이란 용어는 적합하지 않다. 따라서 이 글에서는 정부의 공식 용어를 사용해야 할 경우를 빼고는 결혼이주자라 부를 것이다. 이 용어는 남녀 모두를 지칭할 수 있지만 실질적으로는 여성이 대다수를 차지하는 현실을 감안하여, 여성임을 명기해야 할 필요가 있을 경우에는 국제결혼 이주여성이나 이주여성으로 칭할 것이다.

2   에스니시티ethnicity의 어원은 그리스어 ethnos/ethnikos이다. 애초에는 그리스인이 아닌 2등급의 사람을 지칭했고, 최근에는 우리 땅에 들어와 있는 비非시민을 말하는

데 사용되고 있다. 에스니시티란 한마디로 말해 근대 국민국가 체제 아래에서 국민적 연대를 구축하는 데 방해가 되는 사람들의 부족적·원초적·야만적·후진적 특성을 지칭한다. 이러한 특성이 생물학적이라고 여겨지면 인종이고, 문화적이라고 여겨지면 에스니시티다. 더 자세한 의미에서 대해서는 다음을 볼 것. 최종렬, 《지구화의 이방인들: 섹슈얼리티, 노동, 탈영토화》, 마음의거울, 2013, 62~63쪽.

3   사회학의 시각에서 볼 때 섹슈얼리티sexulaities는 하나의 고정되고, 자연적이며, 보편적인 실체가 아니다. 성적 의미, 성적 정체성, 성적 범주는 사람들 사이에서 상호 주관적으로 협상되어 만들어지는 복합적인 사회적·역사적 구성물이다. 유교문화에 익숙한 한국에서는 섹슈얼리티가 남성 가부장의 대를 잇는 재생산 행위로 간주되어왔다. 따라서 섹슈얼리티는 합법적인 가족 제도 안에서 가부장을 이을 남아를 출산하는 효의 문제로 여겨졌다. 최근에는 이러한 의미가 많이 약화되었는데, 특히 저출산 등으로 국민 재생산의 위기가 왔기 때문이다. 젊은 세대들은 섹슈얼리티를 곧 재생산으로 보는 전통적인 효의 관점에서 벗어나 다양한 성적 의미, 정체성, 범주를 실천하고 있는데, 국민국가의 눈에는 국민재생산을 위협하는 것으로 보일 뿐이다. 국민국가가 섹슈얼리티를 다시 재생산 실천으로 되돌리려 애를 쓰고 있지만, 현실은 녹록지 않다.

4   최종렬, 《지구화의 이방인들: 섹슈얼리티, 노동, 탈영토화》, 61쪽.

5   여기에서 형식의 의미는 짐멜에게서 빌려온 것이다. 짐멜은 '형식'을 '내용'과의 관계를 통해 설명한다. 내용이 상호작용하는 당사자들의 '이해관계'라면 형식은 상호작용을 통해 당사자들의 이해관계가 '실현'된 것을 말한다. 자신들의 이해관계를 가진 사람들이 서로 어울리게 되면 특정한 상호작용의 형식이 만들어지게 되고, 이 안에서 사람들의 이해관계가 실현된다. 이런 점에서 사회적 형식은 상호작용 당사자들의 이해관계를 충족시켜주는 도구다. 마치 노동하면서 자신들의 욕망을 실현하기 위해 도구를 생산하듯이, 다른 사람들과 어울리면서 서로의 이해관계를 실현하기 위해 교환, 협력, 노동 분업 등 여러 상호작용 형식을 창출한다. 따라서 내용은 특정 형식 안에서 그 문제가 해소된 문제적 상황이라 볼 수 있다. 특정의 문제적 상황(내용)에 처했을 때, 이를 해결해주는 것이 상호작용의 형식이다. 이에 대해서는 다음을 볼 것. Georg Simmel, "The Problem of Sociology", Donald N. Levine ed., *On Individuality and Social Forms*, The University of Chicago, 1971, pp.23-35; Georg Simmel, *The Philosophy of Money*, Routledge and Kegan Paul, 1990(한국어판: 《돈의 철학》, 김덕영 옮김, 길, 2013).

6   최종렬, 《지구화의 이방인들: 섹슈얼리티, 노동, 탈영토화》, 69쪽.

7   고상두, 〈이주자 사회 통합 모델의 비교 분석: 네덜란드, 독일, 한국의 사례〉, 《한국정치학회보》 46(2), 2012; 김선영, 〈한국과 독일의 다문화 비교: 다문화 정책 환경과 정책 특징을 중심으로〉, 《한국정책연구》 9(1), 2009; 이상윤, 〈한국 이민·다문화 정책 추진체계 현황 및 개선 방안: 사회 통합 측면의 탐색적 연구〉, 《사회과학연구》 25(3), 2014; 조용만·박성범, 〈국제결혼 이민자의 조기 사회 통합 증진 방안 연구: 한국과 독일의 정책 및 사례를 중심으로〉, 《국제정치논총》 53(3), 2013.

8   문유경·전기택, 《남녀 결혼이민자 사회 통합 지표 개발 연구》, 한국여성정책연구원,

2011; 설동훈, 《국내거주 영주권자 실태조사 및 사회 통합도 측정》, 2010; 법무부 출입국·외국인정책본부, 《2012년도 출입국·외국인정책 통계연보》, 2013; 설동훈·김명아, 《한국의 이민자 사회 통합 지표 및 지수 개발에 관한 연구》, 법무부, 2008; 이성순, 〈이주민 사회 통합 정책에 관한 연구: 에이거A.Ager와 스트랭A.Strang의 사회 통합 분석틀 적용〉, 《사회과학연구》 24(3), 2013.

9 홍달아기·채옥희·한은진·송복희, 〈결혼이주여성의 한국 가정생활 문화 적응 단계별 특성: 필리핀 결혼이주여성을 중심으로〉, 《한국가족자원경영학회지》 16(4), 2012.

10 김정선, 〈필리핀 결혼이주여성의 변화하는 'home'의 의미와 시민으로 주체되기〉, 《여성학논집》 29(2), 2012.

11 세계종교도 초월적인 이상적 가치를 지니고 있을 뿐만 아니라 이를 통해 사회적 삶을 조절하려고 한다. 하지만 이러한 가치를 상징체계가 아닌 스스로에 의해 정의되는 비기호학적 '실체substance'로 본다. 이 실체는 결코 변하지 않으면서 변화하는 사회 세계를 성찰하게 해주는 절대적 가치의 역할을 한다. 모든 세계종교가 신도들에게 초월적 가치를 의심하지 말고 절대적으로 믿으라고 주장하는 이유다. 아무리 성찰적인 사람도 이러한 절대적인 가치 앞에만 서면 비판적 사고가 중지된다. 하지만 현대 시민사회의 초월적인 이상적 가치는 실체가 아니라 상징체계이다. 상징은 자기 이외의 다른 것을 지칭하는 것으로서 다른 상징과의 관계 속에서 의미가 만들어진다. 이러한 의미화 과정은 결코 멈출 수 없기에 변하지 않는 최종적인 의미가 만들어질 수 없다. 시민 영역의 상징체계가 사회적 삶과의 길항관계 속에서 계속해서 재구성될 수밖에 없는 이유다.

12 Jeffrey C. Alexander, *The Civil Sphere*, p.3.

13 Ibid, pp.425-457.

14 벤 싱어, 《멜로드라마와 모더니티》, 이위정 옮김, 문학동네, 2009, 43쪽.

15 Peter Brooks, *Melodramatic Imagination: Balzac, Henry James, Melodrama, and the Mode of Excess*, Yale University Press, 1976, pp.14-20; 벤 싱어, 《멜로드라마와 모더니티》, 110~111쪽.

16 벤 싱어, 《멜로드라마와 모더니티》, 69쪽.

17 같은 책, 87쪽.

18 Thomas Schatz, *Hollywood Genres: Formulas, Filmmaking, and the Studio System*, McGraw-Hill, 1981.

19 박유희, 〈총론〉, 대중서사장르연구회 지음, 《대중 서사 장르의 모든 것 1 멜로드라마》, 이론과실천, 2007, 17쪽.

20 박유희, 〈멜로드라마의 신기원으로서의 〈자유부인〉〉, 같은 책, 228쪽.

21 황정산, 〈산업화 시대 도시 남녀의 새로운 사랑: 소설 및 영화 '별들의 고향'을 중심으로〉, 같은 책, 288쪽.

22 박유희, 〈총론〉, 같은 책, 13쪽.

23 Nancy Abelmann, *The Melodrama of Mobility: Woman, Talk, and Class in Contemporary South Korea*, University of Hawaii Press, 2003(한국어판: 《사회 이동과

계급, 그 멜로드라마》, 강신표·박찬희 옮김, 일조각, 2014).

24 Daniel Dayan and Elihu Katz, "Articulating Consensus: The Ritual and Rheto-
ric of Media Events", Jeffrey C. Alexander ed., *Durkheimian Sociology: Cultural
Studies*, Cambridge University Press, 1988, pp.161-186.

25 Ronald N. Jacobs, "Narrative, Civil Society and Public Culture", Molly Andrews,
Shelley Day Sclater, Corinne Aquire, and Amal Treacher eds., *The Uses of Nar-
rative: Explorations in Sociology, Psychology, and Cultural Studies*, Transaction
Publishers, 2004, p.20.

26 〈러브 인 아시아〉 홈페이지 http://www.kbs.co.kr/1tv/sisa/loveasia/

27 이종수, 〈한국 휴먼 다큐멘터리의 시대성과 사회성: 다큐멘터리 내용, 형식의 변화와
맥락과의 연관성을 중심으로〉,《언론과 사회》10(2), 2002.

28 같은 책, 40쪽.

29 이경숙, 〈혼종적 리얼리티 프로그램에 포섭된 '이산인'의 정체성: 〈러브 人 아시아〉의
텍스트 분석〉,《한국방송학보》20(3), 2006.

30 같은 책, 259~260쪽.

31 오창우·이현주, 〈TV가 재현하는 다문화 현실에 대한 결혼이주여성의 재귀적 해독〉,
《언론과학연구》11(3), 2011.

32 강미연·장인자, 〈필리핀 결혼 이주여성의 '엄마 되기': 경험을 중심으로 본 정체성의
문화정치〉,《현대사회와 문화》28, 2009, 93쪽.

33 《여사서》는 청나라 사람 왕상이 후한 때 반소가 지은《여계女誡》, 당나라 때 송약소가
지은《여논어女論語》, 명나라 때 인효문황후가 지은《내훈內訓》, 청나라 때 왕절부가 지
은《여범첩록女範捷錄》을 한데 묶어 한 권의 책으로 만든 것이다. 각 책의 저자는 여성
이지만, 전체적인 주를 달아 해석한 것은 남성인 왕상이다. 우리나라에는 조선 영조 때
왕명에 의해 여성이 쉽게 이해할 수 있도록 언문으로 번역되어 세간에 널리 전파되었
다. 이후 한국 여성의 도덕적 삶을 안내하는 지침서가 되었다. 이숙인 역주,《여사서》,
여이연, 2003, 349~352쪽.

34 같은 책, 173쪽.

35 같은 책, 218~220쪽.

36 같은 책, 83쪽.

37 정수복,《한국인의 문화적 문법: 당연의 세계 낯설게 보기》, 230쪽

38 박수인, 〈플라톤의《국가》에서 에로스와 정의로움의 관계〉,《한국정치학회보》49(5),
2015, 13쪽.

39 같은 책, 13~14쪽에서 다시 따옴.

40 이인직, 〈Troilus and Cressida에 있어서의 궁정적 사랑의 풍자〉,《영미어문학》42,
1992, 48쪽.

41 같은 책, 48쪽.

42 유희수, 〈12세기 궁정식 사랑의 메타포와 사회 현실: 크레티앵 드 트루아의《죄인공시
마차를 탄 기사 란슬롯》을 중심으로〉,《한국서양중세사학회 연구 발표회》51, 2001,

32쪽.

43 새뮤얼 리처드슨,《파멜라 1》, 장은명 옮김, 문학과지성사, 2008, 249쪽.

44 새뮤얼 리처드슨,《파멜라 2》, 509쪽.

45 Ann Swidler, *Talk of Love: How Culture Matters*, The University of Chicago Press, 2001, pp.112-114.

46 에바 일루즈,《낭만적 유토피아 소비하기: 사랑과 자본주의의 문화적 모순》, 박형신·권오헌 옮김, 이학사, 2014, 19쪽.

47 앤소니 기든스,《현대사회의 성 사랑 에로티시즘: 친밀성의 구조 변동》, 배은경·황정미 옮김, 새물결, 1996, 76쪽.

48 김유미,〈관객의 입장에서 본 신파극 혹은 멜로드라마의 생명력:〈장한몽〉과〈사랑에 속고 돈에 울고〉〉, 대중서사장르연구회 지음,《대중 서사 장르의 모든 것 1 멜로드라마》, 181쪽.

49 안병규,〈TV 다큐멘터리 장르 차이가 빚어내는 '이주여성'의 현실 재현 비교: 시사 다큐멘터리〈PD수첩〉과 휴먼 다큐멘터리 KBS〈인간극장〉을 중심으로〉,《언론학연구》13(2), 2009, 128쪽.

50 황경아·홍지아,〈TV 매체에 재현된 한국사회의 모성 실천: 리얼 다큐멘터리〈수퍼맘 다이어리〉의 슈퍼맘 노릇하기를 중심으로〉,《미디어, 젠더&문화》19, 2011, 220쪽.

51 연구공간 수유+너머 근대매체연구팀,《신여성: 매체로 본 근대 여성 풍속사》, 한겨레출판, 2007, 301쪽.

52 송연옥,〈조선 '신여성'의 내셔널리즘과 젠더〉, 문옥표 외 지음,《신여성: 한국과 일본의 근대 여성상》, 청년사, 2003, 96쪽.

53 황경아·홍지아,〈TV 매체에 재현된 한국사회의 모성 실천: 리얼 다큐멘터리〈수퍼맘 다이어리〉의 슈퍼맘 노릇하기를 중심으로〉, 앞의 책, 220쪽.

54 경향닷컴,〈필리핀 엄친딸 자스민, '승근이 엄마'로 살아가는 근황?〉, 2010, http://news.khan.co.kr/kh_news/khan_art_view.html?artid=201007181431261&code=960801(검색일: 2014. 8. 30)

55 서울신문, 2010. 8. 11.

56 벤 싱어,《멜로드라마와 모더니티》, 336쪽.

57 이경택,〈이자스민 '층층시하 시집살이·남편 사망…주저앉았으면 완득이 엄마 없었겠죠?〉, 2011, http://www.munhwa.com/news/view.html?no=2011120701033543011001(검색일: 2014. 8. 30)

58 《레이디경향》, 2012년 1월호.

59 같은 글.

60 이숙인 역주,《여사서》, 106쪽.

61 정지영,〈조선 후기 과부의 또 다른 선택〉,《역사와 문화》5, 2002.

62 문은영·최동주,〈필리핀의 여성 복지 정책과 여성의 규정성〉,《아시아여성연구》42, 2003, 276쪽.

63 박희,〈필리핀의 가족주의와 '사회적 자본'의 문제〉,《아시아연구》5(1), 2002, 134쪽.

주   **453**

64 Jean Treloggen Peterson, "Generalized Extended Family Exchange: A Case from the Philippines", *Journal of Marriage and the Family* 55, 1993, pp.570~584.

65 당시에는 당명 개정 전이라 한나라당이라 불렸지만, 곧 당명을 변경했다. 이 글에서는 편의상 새누리당이라 부른다.

66 최문선, 〈한나라 '완득이 엄마' 비례대표 후보 추진〉, 2012, http://news.naver.com/main/read.nhn?mode=LSD&mid=sec&sid1=100&oid=038&aid=0002225455(검색일: 2014. 8. 30)

67 김정숙, 〈한문소설의 사랑, 남성적 환상의 다양한 변주〉, 대중서사장르연구회 지음, 《대중 서사 장르의 모든 것 1 멜로드라마》, 140~144쪽.

68 강명관, 《열녀의 탄생: 가부장제와 조선 여성의 잔혹한 역사》, 돌베개, 2009, 17쪽.

69 벤 싱어, 《멜로드라마와 모더니티》, 18쪽.

70 새누리당, 〈조윤선 중앙선거대책위원회 대변인 현안 관련 브리핑2〉, 2012, http://news.naver.com/main/read.nhn?mode=LSD&mid=sec&sid1=123&oid=156&aid=0000011330(검색일: 2014. 8. 30)

71 이호은, 〈박근혜 대표 피습 이후 이미지 변화 연구〉, 《주관성 연구》 12, 2006.

72 전지니, 〈1930년대 가족 멜로드라마 연구〉, 《한국근대문학연구》 26, 2012.

73 이도형, 〈이자스민 '일본군 위안부 소송 국가 지원' 개정안 발의〉, 2012, http://www.edaily.co.kr/news/NewsRead.edy?SCD=JF21&newsid=02820806599627976&DCD=A00602&OutLnkChk=Y(검색일: 2014. 8. 30)

74 YTN 라디오, 〈'모국 도와주세요…국내 1호 다문화 의원 이자스민의 필리핀 구하기'-새누리당 이자스민 의원〉, 2013, http://radio.ytn.co.kr/program/?f=2&id=27235&s_mcd=0214&s_hcd=01(검색일: 2014. 8. 30)

75 최종렬, 《지구화의 이방인들: 섹슈얼리티, 노동, 탈영토화》, 181~182쪽.

76 〈[팩트 체크] 이자스민 법안? '한국판 이민법' 이상한 논란〉, JTBC, 2014, http://news.jtbc.joins.com/article/article.aspx?news_id=NB10672479(검색일: 2015. 3. 30)

77 〈[취재 파일] 이자스민 의원이 왜?…한국판 이민법 논란〉, SBS, 2014, http://news.sbs.co.kr/news/endPage.do?news_id=N1002721035(검색일: 2015. 3. 30)

78 2014년 12월 22일부터 2015년 1월 5일까지 게재된 의견 개수이다. 입법예고시스템(http://pal.assembly.go.kr/)에 게재된 다른 법안들의 네티즌 의견은 없거나 1~2개에 불과하다. 크게 논란이 되는 법안을 제외하면 거의 댓글이 달리지 않는다.

79 김경미, 〈조선 후기 성 담론과 한문소설에 재현된 섹슈얼리티〉, 《한국한문학연구》 42, 2008, 135쪽.

80 이숙인 역주, 《여사서》, 176쪽.

81 같은 책, 231쪽.

82 같은 책, 266쪽.

83 이숙인, 《동아시아 고대의 여성 사상: 여성주의로 본 유교》, 여이연, 2005, 47쪽.

84 이숙인 역주, 《여사서》, 246쪽.

85 같은 책, 13쪽.

86 天地之大德曰生. 生生之謂易. 이숙인, 《동아시아 고대의 여성 사상: 여성주의로 본 유교》, 478쪽에서 다시 따옴.

87 같은 책, 242쪽에서 다시 따옴.

88 같은 책, 255쪽에서 다시 따옴.

4장. 젠더주의 | 여자 말뚝이, 어떻게 할 것인가

1 김어준, 〈우린 종자가 달라…MB 정권이 접해보지 못한 잡놈이다〉, 2011, http://www.hani.co.kr/arti/culture/culture_general/506411.html.

2 팟캐스트podcast는 애플의 MP3 플레이어인 '아이팟iPod'과 방송하다는 뜻의 'broad-casting'을 합성한 용어이다. 원래는 사람들이 웹을 통해 전달된 MP3 파일을 애플의 아이팟을 통해 듣기 시작하면서 활성화되었다. 방송을 원하는 사람들은 누구나 MP3 파일을 만들어 애플의 팟캐스트에 등록할 수 있으며, 애플의 아이튠즈iTunes를 사용하는 사람이라면 언제라도 이를 내려받아 들을 수 있다. 이에 대해서는 다음을 볼 것. 권규상, 〈정보사회의 권력관계와 대항권력의 형성: '나는 꼼수다'를 사례로〉, 《정보와사회》 23, 2012.

3 나꼼수 비키니 사건은 '나꼼수 비키니-코피 사건'과 같은 섹슈얼리티를 특화하는 용어나 '나꼼수-비키니 시위 사건'과 같은 정치적 실천을 강조하는 용어로 불렸다. 이 논문은 이러한 용어가 복합적인 전체 사건을 드러내는 데 일정 정도 한계가 있다고 보고 '나꼼수 비키니 사건'이라는 더 포괄적인 이름으로 부를 것이다.

4 곽정원·정성은, 〈정치 팟캐스트의 제삼자 지각 영향 요인에 관한 연구: 팟캐스트 〈나는 꼼수다〉의 영향력 지각을 중심으로〉, 《한국언론학보》 57(1), 2013; 송경재, 〈소셜미디어 시대의 선거의 변화: 인터넷 팟캐스트 '나는 꼼수다'의 대학생 정치 참여 효과를 중심으로〉, 《시민사회와 NGO》 10(1), 2012; 송인덕, 〈〈나는 꼼수다〉 이용이 대학생들의 정치 지식, 정치 효능감, 정치 참여에 미치는 영향: TV, 신문, 인터넷 이용 효과와의 상대적 비교〉, 《정치커뮤니케이션 연구》 27, 2012; 이동희·황성욱, 〈정치 팟캐스트 콘텐츠 〈나는 꼼수다〉의 이용 동기와 온·오프라인 정치 참여: 서울 지역 2040 세대 이용자 서베이를 중심으로〉, 《미디어, 젠더 & 문화》 26, 2013; 이정기·금현수, 〈정치 팟캐스트 이용이 온·오프라인 정치 참여에 미치는 영향에 관한 연구〉, 《한국언론학보》 56(5), 2012; 이창호·류성진, 〈〈나는 꼼수다〉 이용이 고등학생 및 대학생들의 정치 사회화에 미치는 영향: 정치 관심도, 정치 효능감, 정치 지식 그리고 정치 참여를 중심으로〉, 《언론과학연구》 13(3), 2013; 차은호·진영재, 〈소셜미디어와 정치적 집단행동 발생에 대한 소고: '나꼼수 현상' 분석을 중심으로〉, 《한국정당학회보》 11(2), 2012.

5 박영흠·김균, 〈포스트저널리즘 시대의 이해를 위한 탐색적 연구: 〈나는 꼼수다〉의 사례를 중심으로〉, 《언론과학연구》 12(3), 2012.

6 이기형·이영주·황경아·천혜영·권숙영, 〈'나꼼수 현상'이 그려내는 문화정치의 명

암: 권력-대항적인 정치 시사 콘텐츠의 함의를 맥락화하기〉,《한국언론정보학보》 58, 2012.

7 권규상,〈정보사회의 권력관계와 대항권력의 형성: '나는 꼼수다'를 사례로〉, 앞의 책.

8 원숙경·윤영태,〈대항 공론장의 변화에 관한 연구: 〈나는 꼼수다〉를 중심으로〉,《사이버커뮤니케이션학보》 29(3), 2012.

9 페미니즘 진영의 다음의 두 연구가 거의 유일한 학문적 연구라 할 만하다. 김수진·엄혜진·윤보라·김원정,〈농담과 비키니, 나꼼수 사건을 바라보는 조금 다른 시선〉,《페미니즘연구》 129(1), 2012; 김수진,〈아이디 주체(ID Subject)와 여성의 정치적 주체화: '나꼼수-비키니 시위' 사건을 중심으로〉, 앞의 책, 2013. 김수진·엄혜진·윤보라·김원정(2012)은 인터넷에 난무한 마초 대 (꼴)페미니스트의 이항 대립이 지닌 경직성을 비판하고 대신 성적 농담의 수사학적 규칙을 탐구한다. 이에 따르면 나꼼수는 B급 마초의 기호를 사용하는 현상-가상 놀이터이며, 이를 공유하고 있던 여성 전용 온라인 커뮤니티에서 활동하던 일부 여성들이 이에 화답하여 즐거운 성적 놀이를 했다. 하지만 비키니 사건이 터지자 수신자의 폭이 넓어지게 되고, 그 과정에서 코드를 공유하기는커녕 기존의 페미니스트 코드를 지닌 여성들이 대거 논의에 뛰어들면서 비키니 사건을 가해자 마초 대 피해자 여성으로 돌려놓게 되었다. 이러한 접근은 마초의 언어, 이를 흉내 내는 찌질이 캐릭터, 격하된 지배층의 남근 같은 놀이의 기호를 사용하는 놀이판 등 다양한 사회적 공연의 용어들을 사용하고 있다. 이후 김수진(2013)은 더 본격적으로 사회적 공연 차원으로 이동한다. 우선 한국사회에서 여성이 어떻게 정치적 공간에 들어서는가 묻고, 팟캐스트라는 뉴미디어의 출현이 여성의 정치적 주체화를 어떻게 가능하게 하는지 비키니 사건을 통해 탐색한다. 구체적으로 코드, 배우, 관객, 해석의 분열(해석적 권력투쟁), 수사, 대본, 무대 등 사회적 공연의 주요 구성 요소들을 동원해 비키니 사건을 사회적 공연으로 재구성한다. 특히 ID 주체라는 개념을 통해 정치 무대에 새로 등장한 여성 배우의 성격을 표출성, 수행성, 육화된 미디어-몸으로 정의한다. 이러한 시도에도 불구하고 김수진은 최근 사회학 이론이 성취한 공연적 전환을 활용하지 않는다. 대신 사회학 이론 밖의 다양한 논의를 빌려 자신의 논의를 펼치고 있다.

10 이러한 이항 코드는 나꼼수 방송, 나꼼수 관련 책자 및 신문 기사를 통해 해석학적으로 재구성된 것이다. 이항 코드의 해석학적 재구성에 대한 더 자세한 설명은 최종렬(〈사이버 공론장에서의 포스트모던 집합의례: 문갑식 기자의 블로그 사건 담론 경합을 중심으로〉,《문화와사회》 3, 2007, 16~18쪽; 〈사회적 공연으로서의 2008 촛불집회〉, 앞의 책, 238~240쪽)을 볼 것.

11 김어준,《닥치고 정치: 김어준의 명랑시민 정치교본》, 푸른숲, 2011, 306쪽.

12 유병관,〈풍자의 개념에 대한 몇 가지 문제〉,《반교어문연구》 6, 1995, 348쪽.

13 같은 책, 350쪽.

14 같은 책, 348~349쪽.

15 같은 책, 350쪽.

16 김용민,《나는 꼼수다 뒷담화》, 미래를소유한사람들, 2011, 23쪽.

17 같은 책, 20~21쪽.

18 김기선, 〈탈춤에 나타난 양반 풍자: 비판과 화해의 양면성〉, 《인문과학연구》 11, 1992, 121쪽.

19 김명길, 〈한국 민속극에 나타난 〈말뚝이型〉 인물 연구〉, 《한양어문연구》 6, 1988, 151쪽.

20 같은 책, 152쪽.

21 서종문, 〈말뚝이형 인물의 형성〉, 《국어교육연구》 37, 2005, 10~11쪽.

22 김명길, 〈한국 민속극에 나타난 〈말뚝이型〉 인물 연구〉, 앞의 책, 152~153쪽.

23 김기선, 〈탈춤에 나타난 양반 풍자: 비판과 화해의 양면성〉, 앞의 책, 114쪽.

24 김용민, 《나는 꼼수다 뒷담화》, 121~147쪽.

25 주진우, 《주기자: 주진우의 정통시사활극》, 푸른숲, 2012, 345쪽.

26 정봉주, 《달려라 정봉주》, 왕의서재, 2012, 311~312쪽.

27 김어준·정봉주·주진우·김용민, 《나는 꼼수다: 세계 유일 가카 헌정 시사 소설집 Episode 1》, 시사IN북, 2012.

28 이상일, 〈〈말뚝이〉상의 어릿광대론과 코스몰로지〉, 《외국문학》 6, 1985, 252~253쪽.

29 같은 책, 237~238쪽.

30 이정원, 〈해학적 악인 캐릭터 디자인을 위한 서사적 접근〉, 《고소설연구》 23, 2007, 156쪽.

31 Jeffrey C. Alexander, "From the Depth of Despair: Performance, Counterperformance, and 'September 11'", Jeffrey C. Alexander, Bernhard Giesen and Jason L. Mast eds, *Social Performance: Symbolic Action, Cultural Pragmatics, and Ritual*, Cambridge University Press, 2006, pp.91-114.

32 김방옥, 〈마당극 연구〉, 《한국연극학》 7, 1995, 274쪽.

33 이기형·이영주·황경아·천혜영·권숙영, 〈'나꼼수 현상'이 그려내는 문화정치의 명암: 권력-대항적인 정치 시사 콘텐츠의 함의를 맥락화하기〉, 앞의 책, 76쪽.

34 삼국 카페는 포털사이트 다음 카페 안의 세 개의 여성 전용 온라인 외모 관리 커뮤니티인 소울드레서(패션 카페), 화장~발(화장 카페), 쌍화차코코아(성형 카페)를 말하는데, 카페의 명목적 목적과 달리 적극적인 정치 활동을 연합해서 전개하면서 대중적으로 알려지게 되었다. 다음을 볼 것. 윤보라, 〈온라인 외모 관리 커뮤니티와 20-30대 여성들의 정치 주체화: '2008 촛불' 맥락을 중심으로〉, 서울대학교 석사학위 논문, 2011.

35 강기수·이점식, 〈욕의 교육 인간학적 기능〉, 《석당논총》 50, 2011, 551쪽.

36 이상일, 〈〈말뚝이〉상의 어릿광대론과 코스몰로지〉, 앞의 책, 245쪽.

37 김수진·엄혜진·윤보라·김원정, 〈농담과 비키니, 나꼼수 사건을 바라보는 조금 다른 시선〉, 앞의 책, 231~232쪽.

38 윤보라, 〈온라인 외모 관리 커뮤니티와 20-30대 여성들의 정치 주체화: '2008 촛불' 맥락을 중심으로〉, 서울대학교 석사학위 논문; 윤보라, 〈온라인 페미니즘〉, 《여/성이론》 30, 2015.

39 김영옥, 〈여성주의 관점에서 본 촛불집회와 여성의 정치적 주체성〉, 앞의 책.

40 김용민, 《나는 꼼수다 뒷담화》, 76~77쪽.

41 "RSS는 Really Simple Syndication 혹은 Rich Site Summary의 약자로서 특정 사이트의 새로운 정보를 자동적으로 업데이트해서 받아보기를 원하는 사용자가 해당 사이트를 RSS로 등록할 경우 일일이 방문하지 않아도 한꺼번에 업데이트된 내용을 자동으로 받아볼 수 있도록 한 기술을 일컫는다. 이 기술은 운영자 입장에서도 새로운 정보를 사용자에게 일일이 발송하거나 정보 제공을 위해 사이트를 갱신하지 않아도 된다는 점에서 비용을 절약할 수 있다는 장점이 있다"(권규상, 〈정보사회의 권력관계와 대항권력의 형성: '나는 꼼수다'를 사례로〉, 앞의 책, 65쪽).

42 최종렬, 《사회학의 문화적 전환: 과학에서 미학으로, 되살아난 고전사회학》, 306~307쪽.

43 최종렬, 〈뒤르케임의 《종교생활의 원초적 형태》에 대한 담론이론적 해석: 신뒤르케임주의 문화사회학을 넘어〉, 《한국사회학》 38(2), 2004, 8쪽.

44 윤보라, 〈온라인 외모 관리 커뮤니티와 20-30대 여성들의 정치 주체화: '2008 촛불' 맥락을 중심으로〉, 서울대학교 석사학위 논문.

45 김예란, 〈감성 공론장: 여성 커뮤니티, 느끼고 말하고 행하다〉, 《언론과 사회》 18(3), 2010, 149쪽.

46 권규상, 〈정보사회의 권력관계와 대항권력의 형성: '나는 꼼수다'를 사례로〉, 앞의 책, 70쪽.

47 인터넷 사이트로 대표되는 사이버 공론장에는 기존 공론장과 달리 정서와 도덕적 평가가 난무하며, 주의를 끌기 위한 생경한 수사가 활발히 사용된다. 또한 오자, 탈자, 속어, 잘못된 띄어쓰기가 다반사로 나온다. 독자가 이를 그대로 느낄 수 있도록 앞으로 인용되는 모든 글들은 수정하지 않고 원문 그대로 올린다.

48 윤보라, 〈온라인 외모 관리 커뮤니티와 20-30대 여성들의 정치 주체화: '2008 촛불' 맥락을 중심으로〉, 서울대학교 석사학위 논문, 63~64쪽. 삼국 카페로 대표되는 여성 전용 온라인 커뮤니티에 대한 연구는 여성이 사적인 모임에서 정치적 주체로 성장해가는 과정에 주목했지만, 윤보라는 남성을 배제한 여성만의 전용 공간이라는 특성상 여성이 성적인 욕망을 마음대로 드러낼 수 있는 성적 놀이터라는 점 역시 간과하지 않는다.

49 이주영, 〈한국적 미의식의 다양성과 유형별 분류에 대한 연구〉, 《미학 예술학 연구》 34, 2011, 414쪽.

50 장희창, 〈한국미의 범주로서의 해학〉, 《민족미학》 5, 2005, 145쪽.

51 Charles Taylor, *Sources of the Self: The Making of Modern Identity*, Harvard University Press, 1989.

52 이병순, 〈해방기 자기비판 소설 연구〉, 《국어국문학》 113, 1995; 전흥남, 〈해방 공간의 자기비판 소설 연구〉, 《한국언어문학》 34, 1995.

53 김주, 〈어제를 반성하고 복된 내일을 설계하자: 전남 나주군, 77년 전국 새마을 지도자 대회 성공 사례〉, 《새마을》 1월, 1978.

54 김영환, 〈전향선언문〉, 1999, http://www.wikitree.co.kr/main/news_view.php?id=68938.

55 조두현, 〈한총련 중앙위원의 자기비판서〉, 《월간 말》 93, 1994.

56 고건혁, 〈남성, 혹은 2등 여성〉, 《한겨레신문》, 2012. 2. 1.

57 이영아, 〈나꼼수와 젠더정치〉, 《중앙일보》, 2012. 2. 2.

58 이숙인, 《동아시아 고대의 여성 사상: 여성주의로 본 유교》, 15~42쪽.

59 "몸 숙어는 관례화된 담화이다. 우리는 몸 숙어는 더 나아가 규범적이라는 사실을 직시해야 한다. 다시 말해, 타자들이 현전할 때 특정의 정보를 전달해야 할 의무와 다른 인상을 전달하지 말아야 할 의무가 존재한다. 이는 마치 타자들이 특정의 방식으로 자신들을 현전시켜야 할 의무가 존재하는 것과 마찬가지이다." Erving Goffman, *Behavior in Public Places: Notes on the Social Organization of Gatherings*, The Free Press, 1963, pp.34-35.

60 심상교, 〈야류·오광대의 관능적 요소에 관한 연구〉, 《한국민속학》 52, 2010.

61 최종렬, 〈사이버 공론장에서의 포스트모던 집합의례: 문갑식 기자의 블로그 사건 담론 경합을 중심으로〉, 앞의 책.

62 삼국 카페는 비공개로 운영되기에 연구의 목적이긴 하나 허락 없이 닉네임과 댓글의 내용을 함께 옮겨놓기는 어렵다. 따라서 닉네임은 빼고 내용만 붙여 넣는다.

63 이상일, 〈〈말뚝이〉상의 어릿광대론과 코스몰로지〉, 앞의 책, 244쪽.

64 지향가족family of orientation은 개인이 태어난 가족으로서, 대개 특정의 가치와 규범을 통해 개인의 삶의 방향을 잡아준다. 모든 개인은 자신의 지향가족을 선택해 태어나지 않는다는 점에서 운명적인 성격을 지닌다.

65 생식가족family of procreation은 개인이 결혼이나 입양을 통해 구성한 가족이다. 지향가족에 비해 생식가족은 개인의 자발적 선택이 강조된다.

66 조은주, 《가족과 통치: 인구는 어떻게 정치의 문제가 되었나》, 창비, 2018.

67 앤소니 기든스, 《현대사회의 성 사랑 에로티시즘: 친밀성의 구조 변동》, 76쪽.

68 같은 책, 94쪽.

69 새뮤얼 리처드슨, 《파멜라 1》, 227쪽.

70 정재식, 〈《파멜라》 혹은 빛의 형식: 순수, 오염 그리고 계몽의 외설적 이면〉, 《18세기 영문학》 10(1), 2013, 81쪽.

71 새뮤얼 리처드슨, 《파멜라 1》, 253쪽.

72 같은 책, 145쪽.

73 같은 책, 146쪽.

74 새뮤얼 리처드슨, 《파멜라 2》, 246쪽.

75 조은주, 《가족과 통치: 인구는 어떻게 정치의 문제가 되었나》, 199쪽에서 다시 따옴.

76 앨리 러셀 혹실드, 《돈 잘 버는 여자 밥 잘하는 여자》, 백영미 옮김, 아침이슬, 2001.

77 김수진, 〈아이디 주체ID Subject와 여성의 정치적 주체화: '나꼼수-비키니 시위' 사건을 중심으로〉, 앞의 책, 7쪽.

78 정치적 올바름에 대해서는 다음의 글을 참조할 것. 강준만, 〈'정치적 올바름'의 소통을 위하여: '자유·위선·계급'의 3대 쟁점을 중심으로〉, 《사회과학연구》 57(2), 2018.

79 앤소니 기든스, 《현대사회의 성 사랑 에로티시즘: 친밀성의 구조 변동》, 85쪽.

80 Eva Illouze, "The Lost Innocence of Love: Romance as a Postmodern Condition", Mike Featherstone ed., *Love and Eroticism*, Sage, 1999, pp.161~186.

81 앤소니 기든스,《현대사회의 성 사랑 에로티시즘: 친밀성의 구조 변동》.

82 Roger Caillois, *Man and the Sacred*, University of Illinois Press, 2001.

83 George Bataille, *Erotism: Death and Sensuality*, City Light Books, 1986(한국어판:《에로티시즘》, 조한경 옮김, 민음사, 2009).

84 Roger Caillois, *Man and the Sacred*.

85 윤지영, 〈새로운 연대의 가능성에 대한 사유 역학 논고: 솔리더리티dolidarity에서 플루이더리티fluidarity로〉,《서강인문논총》 40, 2014, 246쪽.

에필로그

1 Georg Simmel, "Sociability: An Example of Pure, or Formal, Sociology", *The Sociology of Georg Simmel*, The Free Press, 1950, p. 49.

2 Richard Rorty, *Contingency, Irony, and Solidarity*, Cambridge University Press, 1989, p.73.

보론: 사회적 공연론

1 Emile Durkheim, *The Elementary Forms of the Religious Life*, The Free Press, 1965.

2 Victor Turner, *The Ritual Process: Structure and Anti-Structure*; Victor Turner, *Dramas, Fields, and Metaphors: Symbolic Action in Human Society*, Cornell University, 1974; Victor Turner, *From Ritual to Theatre: The Human Seriousness of Play*, PAJ, 1982.

3 Talcott Parsons and Neil Smelser, *Economy and Society*, Free Press, 1956.

4 Jeffrey C. Alexander, *The Meanings of Social Life: A Cultural Sociology*, Oxford University Press, 2003.

5 Jeffrey C. Alexander, "Cultural Pragmatics: Social Performance Between Ritual and Strategy", Ibid.

6 Erving Goffman, *The Presentation of the Self in Everyday Life*.

7 Jeffrey C. Alexander and Philip Smith, "The Discourse of American Civil Society: A New Proposal for Cultural Studies", *Theory and Society* 22, 1993, pp.151-207.

8 Jeffrey C. Alexander, "Cultural Pragmatics: Social Performance Between Ritual and Strategy", Ibid.

도움받은 글

강기수·이점식, 〈욕의 교육 인간학적 기능〉, 《석당논총》 50, 2011.

강명관, 《열녀의 탄생: 가부장제와 조선 여성의 잔혹한 역사》, 돌베개, 2009.

강미연·장인자, 〈필리핀 결혼 이주여성의 '엄마 되기': 경험을 중심으로 본 정체성의 문화 정치〉, 《현대사회와 문화》 28, 2009.

강민구, 〈2008년 촛불집회와 가치의 일반화: 신문 공론장과 사이버 공론장의 담론 분석을 중심으로〉, 계명대학교 석사학위 논문, 2009.

강정인, 〈박정희 대통령의 민족주의 담론: 민족과 국가의 강고한 결합에 기초한 반공 근대화 민족주의 담론〉, 《사회과학연구》 20(2), 2012.

강준만, 〈'정치적 올바름'의 소통을 위하여: '자유·위선·계급'의 3대 쟁점을 중심으로〉, 《사회과학연구》 57(2), 2018.

강지웅, 〈촛불 켜는 블로그, 옮겨 붙이는 포털: 블로고스피어와 포털의 상호작용〉, 한국정치사회학회, 《촛불집회와 한국사회: 과제와 전망》, 한국정치사회학회 특별 심포지엄, 2008.

강희대, 《신뢰의 리더십 박근혜: 소통의 시대 첫 여성 대통령》, 형설아이, 2013.

경향닷컴 촛불팀, 《촛불 그 65일의 기록》, 경향신문사, 2008.

고상두, 〈이주자 사회 통합 모델의 비교 분석: 네덜란드, 독일, 한국의 사례〉, 《한국정치학회보》 46(2), 2012.

고종원·이한우·최규민, 《촛불에 길을 잃다: 쇠고기 수입 협상에서 정권 퇴진 운동까지》, 나남, 2009.

곽정원·정성은, 〈정치 팟캐스트의 제삼자 지각 영향 요인에 관한 연구: 팟캐스트 〈나는 꼼수다〉의 영향력 지각을 중심으로〉, 《한국언론학보》 57(1), 2013.

권규상, 〈정보사회의 권력관계와 대항권력의 형성: '나는 꼼수다'를 사례로〉, 《정보와사회》 23, 2012.

권정안·복대형, 〈《예기(禮記)》 대동사회(大同社會)에 대한 고찰〉, 《한문고전연구》 36, 2018.

앤소니 기든스, 《현대사회의 성 사랑 에로티시즘: 친밀성의 구조 변동》, 배은경·황정미 옮김, 새물결, 1996.

김경미, 〈인터넷이 집합행동 참여에 미치는 영향〉, 《한국사회학》 40(1), 2005.

김경미, 〈온라인에서의 집합행동에 관한 '합의 동원'〉, 《경제와 사회》 71, 2006.

김경미, 〈조선 후기 성 담론과 한문소설에 재현된 섹슈얼리티〉, 《한국한문학연구》 42, 2008.

김기선, 〈탈춤에 나타난 양반 풍자: 비판과 화해의 양면성〉, 《인문과학연구》 11, 1992.

김동노, 〈개인주의, 공동체주의, 그리고 한국사회의 공공성〉, 《사회이론》 45, 77~110쪽, 2014.

김명길, 〈한국 민속극에 나타난 〈말뚝이型〉 인물 연구〉, 《한양어문연구》 6, 1988.

김방옥, 〈마당극 연구〉, 《한국연극학》 7, 1995.

김선영, 〈한국과 독일의 다문화 비교: 다문화 정책 환경과 정책 특징을 중심으로〉, 《한국정책연구》 9(1), 2009.

김수진, 〈아이디 주체(ID Subject)와 여성의 정치적 주체화: '나꼼수-비키니 시위' 사건을 중심으로〉, 《한국여성학》 29(2), 2013.

김수진·엄혜진·윤보라·김원정, 〈농담과 비키니, 나꼼수 사건을 바라보는 조금 다른 시선〉, 《페미니즘연구》 129(1), 2012.

김어준, 《닥치고 정치: 김어준의 명랑시민 정치교본》, 푸른숲, 2011.

김어준, 〈우린 종자가 달라…MB 정권이 접해보지 못한 잡놈이다〉, 2011, http://www.hani.co.kr/arti/culture/culture_general/506411.html.

김어준·정봉주·주진우·김용민, 《나는 꼼수다: 세계 유일 가카 헌정 시사 소설집 Episode 1》, 시사IN북, 2012.

김영옥, 〈여성의 입장에서 본 사회 변화〉, 한국정치사회학회, 《촛불집회와 한국사회: 과제와 전망》, 한국정치사회학회 특별 심포지엄, 2008.

김영옥, 〈여성주의 관점에서 본 촛불집회와 여성의 정치적 주체성〉, 《아시아여성연구》 48(2), 2009.

김영환, 〈전향선언문〉, 1999, http://www.wikitree.co.kr/main/news_view.php?id=68938.

김예란, 〈감성 공론장: 여성 커뮤니티, 느끼고 말하고 행하다〉, 《언론과 사회》 18(3), 2010.

김용민, 《나는 꼼수다 뒷담화》, 미래를소유한사람들, 2011.

김용옥, 《논어한글역주 III》, 통나무, 2008.

김원, 〈사회운동의 새로운 구성 방식에 대한 연구〉, 《담론 201》 8(2), 2005.

김유미, 〈관객의 입장에서 본 신파극 혹은 멜로드라마의 생명력: 〈장한몽〉과 〈사랑에 속고 돈에 울고〉〉, 대중서사장르연구회 지음, 《대중 서사 장르의 모든 것 1 멜로드라마》, 이론과실천, 2007.

김재관, 〈정책 기조로서의 실용주의: 이명박 정부의 실용주의를 중심으로〉, 《한국공공관리학보》 22, 2008.

김정선, 〈필리핀 결혼이주여성의 변화하는 'home'의 의미와 시민으로 주체되기〉, 《여성학논집》 29(2), 2012.

김정숙, 〈한문소설의 사랑, 남성적 환상의 다양한 변주〉, 대중서사장르연구회 지음, 《대중 서사 장르의 모든 것 1 멜로드라마》, 이론과실천, 2007.

김정현, 〈동아시아 공(公) 개념의 전통과 근대 공동체의식〉, 《민주사회와 정책연구》 13, 2008.

김종태, 〈박정희 정부 시기 선진국 담론의 부상과 발전주의적 국가 정체성의 형성: '대통령 연설문'과 '조선일보'를 중심으로〉,《한국사회학》 47(1), 2013.

김주, 〈어제를 반성하고 복된 내일을 설계하자: 전남 나주군, 77년 전국 새마을 지도자 대회 성공 사례〉,《새마을》 1월, 1978.

김형주, 〈광주 촛불집회의 참여 주체와 주체성 변화〉,《진보평론》 43, 2010.

김홍열, 〈2002년 촛불시위 분석: 신사회운동론의 관점에서〉, 성공회대학교 사회학과 석사학위 논문, 2003.

당대비평 기획위원회,《그대는 왜 촛불을 끄셨나요: 폭력과 추방의 시대, 촛불의 민주주의를 다시 묻는다》, 산책자, 2009.

새뮤얼 리처드슨,《파멜라 1·2》, 장은명 옮김, 문학과지성사, 2008.

문유경·전기택,《남녀 결혼이민자 사회 통합 지표 개발 연구》, 한국여성정책연구원, 2011.

문은영·최동주,〈필리핀의 여성 복지 정책과 여성의 규정성〉,《아시아여성연구》 42, 2003.

조르주 바타유,《저주의 몫》, 조한경 옮김, 문학동네, 2004.

박근혜,《절망은 나를 단련시키고 희망은 나를 움직인다: 박근혜 자서전》, 위즈덤하우스, 2007.

박병호, 〈조선시대의 왕과 법〉,《애산학보》 2, 1982.

박수인, 〈플라톤의《국가》에서 에로스와 정의로움의 관계〉,《한국정치학회보》 49(5), 2015.

박영신, 〈우리나라의 '(유사)가족주의'로부터 구원해주시기 위하여〉,《새가정》 65, 2018.

박영흠·김균, 〈포스트저널리즘 시대의 이해를 위한 탐색적 연구: 〈나는 꼼수다〉의 사례를 중심으로〉,《언론과학연구》 12(3), 2012.

박유희, 〈총론〉, 대중서사장르연구회 지음,《대중 서사 장르의 모든 것 1 멜로드라마》, 이론과실천, 2007.

박유희, 〈멜로드라마의 신기원으로서의 〈자유부인〉〉, 대중서사장르연구회 지음,《대중 서사 장르의 모든 것 1 멜로드라마》, 이론과실천, 2007.

박정희,《우리 민족의 나갈 길》 개정5판, 동아출판사, 1962.

박현모, 〈정조 시대의 공론 연구: 대간의 활동과 유생들의 집단상소를 중심으로〉,《한국정치연구》 11(2), 2002.

박희, 〈필리핀의 가족주의와 '사회적 자본'의 문제〉,《아시아연구》 5(1), 2002.

박희봉·이기중·김명준, 〈퍼포먼스 이론에서 바라본 2008년 촛불집회의 과정과 파급 효과〉, 한국행정학회 공동학술대회, 2009.

범선균 편역,《맹자》, 혜원출판사, 1989.

법무부 출입국·외국인정책본부,《2012년도 출입국·외국인정책 통계연보》, 2013.

서강식, 〈일제강점기하의 보통학교 수신서 변천 연구: 덕목 변천을 중심으로〉,《초등도덕교육》 48, 2015.

서운석, 〈한·중·일 3국의 사람과 제도에 대한 신뢰 인식〉,《중국지역연구》 3(2), 2016.

서종문, 〈말뚝이형 인물의 형성〉,《국어교육연구》 37, 2005.

서현진, 〈국회 갈등과 신뢰도에 관한 연구〉,《분쟁해결연구》 14(2), 2016.

설동훈,《국내거주 영주권자 실태조사 및 사회 통합도 측정》, 법무부 출입국·외국인정책본부, 2010.

설동훈·김명아, 《한국의 이민자 사회 통합 지표 및 지수 개발에 관한 연구》, 법무부, 2008.

설석규, 〈조선시대 유생의 공론형성과 상소경위〉, 《조선사연구》 4, 1995.

리차드 셰크너, 《민족연극학: 연극과 인류학 사이》, 김익두 옮김, 한국문화사, 2004.

송경재, 〈네트워크 시대의 인터넷 정치 참여〉, 《담론 201》 8(3), 2005.

송경재, 〈네트워크 시대의 시민운동 연구: 2008 촛불집회를 중심으로〉, 《현대정치연구》 2(1), 2009.

송경재, 〈소셜미디어 시대의 선거의 변화: 인터넷 팟캐스트 '나는 꼼수다'의 대학생 정치 참여 효과를 중심으로〉, 《시민사회와 NGO》 10(1), 2012.

송연옥, 〈조선 '신여성'의 내셔널리즘과 젠더〉, 문옥표 외 지음, 《신여성: 한국과 일본의 근대 여성상》, 청년사, 2003.

송인덕, 〈〈나는 꼼수다〉 이용이 대학생들의 정치 지식, 정치 효능감, 정치 참여에 미치는 영향: TV, 신문, 인터넷 이용 효과와의 상대적 비교〉, 《정치커뮤니케이션 연구》 27, 2012.

심상교, 〈야류·오광대의 관능적 요소에 관한 연구〉, 《한국민속학》 52, 2010.

벤 싱어, 《멜로드라마와 모더니티》, 이위정 옮김, 문학동네, 2009.

아고라페인들 엮음, 《대한민국 상식사전 아고라》, 여우와두루미, 2008.

안병규, 〈TV 다큐멘터리 장르 차이가 빚어내는 '이주여성'의 현실 재현 비교: 시사 다큐멘터리 〈PD수첩〉과 휴먼 다큐멘터리 KBS 〈인간극장〉을 중심으로〉, 《언론학연구》 13(2), 2009.

연구공간 수유+너머 근대매체연구팀, 《신여성: 매체로 본 근대 여성 풍속사》. 한겨레신문사, 2007.

오종록, 〈조선시대의 왕〉, 《역사비평》 54, 2001.

오창우·이현주, 〈TV가 재현하는 다문화 현실에 대한 결혼이주여성의 재귀적 해독〉, 《언론과학연구》 11(3), 2011.

오현철, 〈촛불집회와 집합 지성: 토의민주주의적 해석〉, 《민주주의와 인권》 10(1), 2010.

왕혜숙, 〈사회적 공연으로서의 자서전 읽기: 정주영 자서전에 나타난 기업인 정체성과 인정투쟁을 중심으로〉, 《한국사회학》 50(5), 2016.

원숙경·윤영태, 〈대항공론장의 변화에 관한 연구: 〈나는 꼼수다〉를 중심으로〉, 《사이버커뮤니케이션학보》 29(3), 2012.

유병관, 〈풍자의 개념에 대한 몇 가지 문제〉, 《반교어문연구》 6, 1995.

유성진, 〈국회의 사회 통합 기능과 국민의 신뢰: 국회에 대한 기대와 현실의 괴리〉, 《의정연구》 27, 2009.

유희수, 〈12세기 궁정식 사랑의 메타포와 사회 현실: 크레티앵 드 트루아의 《죄인공시마차를 탄 기사 란슬롯》을 중심으로〉, 《한국서양중세사학회 연구 발표회》 51, 2001.

윤보라, 〈온라인 외모 관리 커뮤니티와 20-30대 여성들의 정치 주체화: '2008 촛불' 맥락을 중심으로〉, 서울대학교 석사학위 논문, 2011.

윤보라, 〈온라인 페미니즘〉, 《여/성이론》 30, 2015.

윤지영, 〈새로운 연대의 가능성에 대한 사유 역학 논고: 솔리더리티dolidarity에서 플루이더리티fluidarity로〉, 《서강인문논총》 40, 2014.

이경숙, 〈혼종적 리얼리티 프로그램에 포섭된 '이산인'의 정체성: 〈러브 人 아시아〉의 텍스트 분석〉, 《한국방송학보》 20(3), 2006.

이곤수·정한울, 〈국회 신뢰의 영향 요인 분석: 국민 인식 조사를 중심으로〉, 《한국행정논집》 25(2), 2013.

이기형·이영주·황경아·천혜영·권숙영, 〈'나꼼수 현상'이 그려내는 문화정치의 명암: 권력-대항적인 정치 시사 콘텐츠의 함의를 맥락화하기〉, 《한국언론정보학보》 58, 2012.

이남주, 〈21년 만의 만남, 6월항쟁과 촛불항쟁〉, 참여연대·참여사회연구소 기획, 《어둠은 빛을 이길 수 없습니다: 2008 촛불의 기록》, 한겨레출판, 2008.

이동희·황성욱, 〈정치 팟캐스트 콘텐츠 〈나는 꼼수다〉의 이용 동기와 온·오프라인 정치 참여: 서울 지역 2040 세대 이용자 서베이를 중심으로〉, 《미디어, 젠더 & 문화》 26, 2013.

이병순, 〈해방기 자기비판 소설 연구〉, 《국어국문학》 113, 1995.

이상윤, 〈한국 이민·다문화 정책 추진체계 현황 및 개선 방안: 사회 통합 측면의 탐색적 연구〉, 《사회과학연구》 25(3), 2014.

이상일, 〈〈말뚝이〉상의 어릿광대론과 코스몰로지〉, 《외국문학》 6, 1985.

이성순, 〈이주민 사회 통합 정책에 관한 연구: 에이거A.Ager와 스트랭A.Strang의 사회 통합 분석틀 적용〉, 《사회과학연구》 24(3), 2013.

이숙인, 《동아시아 고대의 여성 사상: 여성주의로 본 유교》, 여이연, 2005.

이숙인 역주, 《여사서》, 여이연, 2003.

이영민, 〈인터넷 커뮤니티와 사회운동의 새로운 패러다임: 멀티플 멤버십, 자기 동원, 집단적 프레이밍〉, 한국정치사회학회, 《촛불집회와 한국사회: 과제와 전망》, 한국정치사회학회 특별 심포지엄, 2008.

이인직, 〈Troilus and Cressida에 있어서의 궁정적 사랑의 풍자〉, 《영미어문학》 42, 1992.

이재신·이민영, 〈촛불집회를 통해 나타난 새로운 시민문화와 생활세계의 복원〉, 연세대학교 사회과학연구소, 《사회과학논집》 41(2), 2010.

이정기·금현수, 〈정치 팟캐스트 이용이 온·오프라인 정치 참여에 미치는 영향에 관한 연구〉, 《한국언론학보》 56(5), 2012.

이정기·정대철, 〈광우병 촛불집회에 나타난 '미디어 2.0' 현상에 관한 연구〉, 《정치커뮤니케이션 연구》 16, 2010.

이정원, 〈해학적 악인 캐릭터 디자인을 위한 서사적 접근〉, 《고소설연구》 23, 2007.

이종수, 〈한국 휴먼 다큐멘터리의 시대성과 사회성: 다큐멘터리 내용, 형식의 변화와 맥락과의 연관성을 중심으로〉, 《언론과 사회》 10(2), 2002.

이주영, 〈한국적 미의식의 다양성과 유형별 분류에 대한 연구〉, 《미학 예술학 연구》 34, 2011.

이창언, 〈분신자살焚身自殺의 구조와 메커니즘 연구: 학생운동을 중심으로〉, 《기억과 전망》 21, 2009.

이창호·류성진, 〈〈나는 꼼수다〉 이용이 고등학생 및 대학생들의 정치 사회화에 미치는 영향: 정치 관심도, 정치 효능감, 정치 지식 그리고 정치 참여를 중심으로〉, 《언론과학연구》13(3), 2013.

이창호·배애진, 〈뉴미디어를 활용한 다양한 사회운동 방식에 대한 고찰: 2008년 촛불집회
　　를 중심으로〉, 《한국언론정보학보》44, 2008.

이철, 〈현대사회에서의 시민종교의 역할에 관한 종교사회학적 연구: 2008년 미국산 쇠고기
　　수입 반대 촛불집회를 중심으로〉, 한국기독교학회, 《한국기독교신학논총》64, 2009.

이해진, 〈촛불집회 10대 참여자들의 참여 경험과 주체 형성〉, 《경제와사회》80, 2008.

이호은, 〈박근혜 대표 피습 이후 이미지 변화 연구〉, 《주관성 연구》12, 2006.

이황직, 《군자들의 행진: 유교인의 건국운동과 민주화운동》, 아카넷, 2017.

에바 일루즈, 《낭만적 유토피아 소비하기: 사랑과 자본주의의 문화적 모순》, 박형신·권오헌
　　옮김, 이학사, 2014.

임경석, 〈이명박 정부의 747 공약과 그 결과〉, 《역사와 현실》86, 2012.

장희창, 〈한국미의 범주로서의 해학〉, 《민족미학》5, 2005.

전지니, 〈1930년대 가족 멜로드라마 연구〉, 《한국근대문학연구》26, 2012.

전홍남, 〈해방 공간의 자기비판 소설 연구〉, 《한국언어문학》34, 1995.

정명중, 〈괴물의 탄생: 신자유주의, 유연성 그리고 '지존파(至尊派)'〉, 《열린정신 인문학연
　　구》17(2), 2016.

정봉주, 《달려라 정봉주》, 왕의서재, 2012.

정수복, 《한국인의 문화적 문법: 당연의 세계 낯설게 보기》, 생각의나무, 2012.

정재식, 《《파멜라》 혹은 빛의 형식: 순수, 오염 그리고 계몽의 외설적 이면〉, 《18세기영문
　　학》10(1), 2013.

정지영, 〈조선 후기 과부의 또 다른 선택〉, 《역사와 문화》5, 2002.

제17대 대통령직인수위원회, 《성공 그리고 나눔: 이명박 정부의 국정철학과 핵심 정책 과
　　제》, 2008.

로날드 제이쿱스, 〈시민사회와 위기: 문화, 담론 그리고 로드니 킹 구타〉, 최종렬 엮고 옮김,
　　《뒤르케임주의 문화사회학: 이론과 방법론》, 이학사, 2007.

조두현, 〈한총련 중앙위원의 자기비판서〉, 《월간 말》93, 1994.

조용만·박성범, 〈국제결혼 이민자의 조기 사회 통합 증진 방안 연구: 한국과 독일의 정책
　　및 사례를 중심으로〉, 《국제정치논총》53(3), 2013.

조은주, 《가족과 통치: 인구는 어떻게 정치의 문제가 되었나》, 창비, 2018.

조일동, 〈사회극으로서의 촛불: 경계의 역동성〉, 한국문화인류학회, 《한국문화인류학》
　　42(1), 2009.

주진우, 《주기자: 주진우의 정통시사활극》, 푸른숲, 2012.

차은호·진영재, 〈소셜미디어와 정치적 집단행동 발생에 대한 소고: '나꼼수 현상' 분석을
　　중심으로〉, 《한국정당학회보》11(2), 2012.

최종렬, 〈뒤르케임의 〈종교생활의 원초적 형태〉에 대한 담론이론적 해석: 신뒤르케임주의
　　문화사회학을 넘어〉, 《한국사회학》38(2), 2004.

최종렬, 〈텔레커뮤니케이션과 사회적인 것의 미학화〉, 《사회이론》25, 2004.

최종렬, 〈신뢰와 호혜성의 통합의 관점에서 바라본 사회자본: 사회자본 개념의 이념형적 구

성〉,《한국사회학》38(6), 2004.

최종렬, 〈사이버 공론장에서의 포스트모던 집합의례: 문갑식 기자의 블로그 사건 담론 경합을 중심으로〉,《문화와사회》3, 2007.

최종렬, 〈서론: 뒤르케임주의 문화사회학〉, 최종렬 엮고 옮김,《뒤르케임주의 문화사회학: 이론과 방법론》, 이학사, 2007.

최종렬,〈사회학의 문화적 전환: 과학에서 미학으로, 되살아난 고전사회학〉, 살림, 2009.

최종렬, 〈무조건적 소모의 사회 2: 가부장적 핵가족의 내파와 사회의 에로틱화〉,《문화와사회》8, 2010.

최종렬, 〈사회적 공연으로서의 2008 촛불집회〉,《한국학논집》42, 2011.

최종렬, 〈사회학, 서사를 어떻게 할 것인가?〉,《사회이론》41, 2012.

최종렬,《지구화의 이방인들: 섹슈얼리티, 노동, 탈영토화》, 마음의거울, 2013.

최종렬, 〈잡놈의 사회학: 사회적 공연으로서의 나꼼수 비키니 사건〉,《사회이론》47, 2016.

랜달 콜린스, 〈테러리스트 공격 발발 시의 연대의례와 보안의례〉, 최종렬 엮고 옮김,《뒤르케임주의 문화사회학》, 이학사, 2007.

한국문화사회학회,《한국의 문화현실과 대중문화운동: 촛불 문화제를 중심으로》, 전남대 문화연구사업단 '공간+일상', 한국문화사회학회 공동 추계학술대회, 2008.

한국정치사회학회,《촛불집회와 한국사회: 과제와 전망》, 한국정치사회학회 특별 심포지엄, 2008.

한우리·허철, 〈보여주기의 문화정치학: 촛불집회, 퍼포먼스, 수행적 정체성〉,《평화연구》18(2), 고려대학교 평화연구소, 2010.

앨리 러셀 혹실드,《돈 잘 버는 여자 밥 잘하는 여자》, 백영미 옮김, 아침이슬, 2001.

홍달아기·채옥희·한은진·송복희, 〈결혼이주여성의 한국 가정생활 문화 적응 단계별 특성: 필리핀 결혼이주여성을 중심으로〉,《한국가족자원경영학회지》16(4), 2012.

홍성태, 〈촛불집회와 민주주의〉,《경제와사회》80, 2008.

홍순민, 〈조선시대 궁녀의 위상〉,《역사비평》68, 2004.

황경아·홍지아, 〈TV 매체에 재현된 한국사회의 모성 실천: 리얼 다큐멘터리〈수퍼맘 다이어리〉의 슈퍼맘 노릇하기를 중심으로〉,《미디어, 젠더&문화》19, 2011.

황정산, 〈산업화 시대 도시 남녀의 새로운 사랑: 소설 및 영화 '별들의 고향'을 중심으로〉, 대중서사장르연구회 지음,《대중서사장르의 모든 것 1 멜로드라마》, 이론과실천, 2007.

Nancy Abelmann, *The Melodrama of Mobility: Woman, Talk, and Class in Contemporary South Korea*, University of Hawaii Press, 2003.

Jeffrey C. Alexander, *The Meanings of Social Life: A Cultural Sociology*, Oxford University Press, 2003.

Jeffrey C. Alexander, *The Civil Sphere*, Oxford University Press, 2006.

Jeffrey C. Alexander, "Cultural Pragmatics: Social Performance Between Ritual and Strategy", Jeffrey C. Alexander, Bernhard Giesen, Jason L. Mast eds., *Social*

Performance: Symbolic Action, Cultural Pragmatics, and Ritual, Cambridge University Press, 2006.

Jeffrey C. Alexander, "From the Depth of Despair: Performance, Counterperformance, and 'September 11'", Jeffrey C. Alexander, Bernhard Giesen and Jason L. Mast eds, *Social Performance: Symbolic Action, Cultural Pragmatics, and Ritual*, Cambridge University Press, 2006.

Jeffrey C. Alexander, *The Performance of Politics: Obama's Victory and the Democratic Struggle for Power*, Oxford University Press, 2010.

Jeffrey C. Alexander and Philip Smith, "The Discourse of American Civil Society: A New Proposal for Cultural Studies", *Theory and Society* 22, 1993.

Jeffrey C. Alexander, Bernhard Giesen and Jason L. Mast eds, *Social Performance: Symbolic Action, Cultural Pragmatics, and Ritual*, Cambridge University Press, 2006.

Benedict Anderson, *Imagined Communities*, Verso, 1991.

Hannah Arendt, *The Human Condition*, The University of Chicago Press, 1958.

George Bataille, *Erotism: Death and Sensuality*, City Light Books, 1986.

Jean Baudrillard, *The Mirror of Production*, Telos Press, 1975.

Peter Brooks, *Melodramatic Imagination: Balzac, Henry James, Melodrama, and the Mode of Excess*, Yale University Press, 1976.

Roger Caillois, *Man and the Sacred*, University of Illinois Press, 2001.

Randall Collins, *Interactional Ritual Chains*, Princeton University Press, 2004.

Daniel Dayan and Elihu Katz, "Articulating Consensus: The Ritual and Rhetoric of Media Events", Jeffrey C. Alexander ed., *Durkheimian Sociology: Cultural Studies*, Cambridge University Press, 1988.

Jacques Derrida, *Of Grammatology*, Johns Hopkins University Press, 1974.

Jacques Derrida, *Margins of Philosophy*, The University of Chicago Press, 1982.

John Dewey, *Theory of Valuation*, The University of Chicago Press, 1939.

Emile Durkheim, *The Elementary Forms of the Religious Life*, The Free Press, 1965.

Clifford Geertz, *The Interpretation of Cultures*, Basic Books, 1973.

Erving Goffman, *The Presentation of the Self in Everyday Life*, Doubleday, 1959.

Erving Goffman, *Behavior in Public Places: Notes on the Social Organization of Gatherings*, The Free Press, 1963.

Erving Goffman, *Interaction Ritual: Essays on Face-to-Face Behavior*, Pantheon, 1967.

Erving Goffman, *Frame Analysis: An Essay on the Organization of Experience*, Harper and Row, 1974.

Mark Granovetter, "Economic Action and Social Structure: The Problem of Embeddedness", *American Journal of Sociology* 91(3), 1985.

Eva Illouze, "The Lost Innocence of Love: Romance as a Postmodern Condition",

Mike Featherstone ed., *Love and Eroticism*, Sage, 1999.

Ronald N. Jacobs, "Narrative, Civil Society and Public Culture", Molly Andrews, Shelley Day Sclater, Corinne Aquire, and Amal Treacher eds., *The Uses of Narrative: Explorations in Sociology, Psychology, and Cultural Studies*, Transaction Publishers, 2004.

Hans Joas, *The Creativity of Action*, University of Chicago Press, 1996.

Anne Kane, "Cultural Analysis in Historical Sociology: The Analytic and Concrete Forms of the Autonomy of Culture", *Sociological Theory* 9(1), 1991.

Talcott Parsons and Neil Smelser, *Economy and Society*, Free Press, 1956.

Jean Treloggen Peterson, "Generalized Extended Family Exchange: A Case from the Philippines", *Journal of Marriage and the Family* 55, 1993.

Paul Ricoeur, *Time and Narrative* Vol. 1, University of Chicago Press, 1984.

Richard Rorty, *Contingency, Irony, and Solidarity*, Cambridge University Press, 1989.

Marshall Sahlins, *Stone Age Economics*, Aldine, 1972.

Thomas Schatz, *Hollywood Genres: Formulas, Filmmaking, and the Studio System*, McGraw-Hill, 1981.

Ralph Schroder, *Max Weber and the Sociology of Culture*, Sage, 1992.

Alfred Schutz, *On Phenomenology and Social Relations*, George Walsh and Frederick Lehnert trans, The University of Chicago Press, 1970.

Georg Simmel, "Sociability: An Example of Pure, or Formal, Sociology", *The Sociology of Georg Simmel*, The Free Press, 1950

Georg Simmel, "The Problem of Sociology", Donald N. Levine ed., *On Individuality and Social Forms*, The University of Chicago, 1971.

Georg Simmel, *The Philosophy of Money*, Routledge and Kegan Paul, 1990.

Ben Singer, *Melodrama and Modernity: Early Sensational Cinema and Its Context*, Columbia University Press, 2001.

Ann Swidler, *Talk of Love: How Culture Matters*, The University of Chicago Press, 2001.

Charles Taylor, *Sources of the Self: The Making of Modern Identity*, Harvard University Press, 1989.

Victor Turner, *The Ritual Process: Structure and Anti-Structure*, Aldine Publishing Company, 1969.

Victor Turner, *Dramas, Fields, and Metaphors: Symbolic Action in Human Society*, Cornell University, 1974

Victor Turner, *From Ritual to Theatre: The Human Seriousness of Play*, PAJ, 1982.

Max Weber, "The Social Psychology of the World Religions", H. Gerth and C. Wright Mills eds., *From Max Weber: Essays in Sociology*, Routledge & Kegan Paul, 1958.

인터넷 기사

〈이자스민 씨 남편, 딸 구하려다 숨져…애도물결〉, 서울신문, 2010. 08. 11.http://
    nownews.seoul.co.kr/news/newsView.php?id=20100811603015 (검색일: 2019.
    04. 09)

〈[팩트체크] 이자스민 법안? '한국판 이민법' 이상한 논란〉, JTBC, 2014. http://news.jtbc.
    joins.com/article/article.aspx?news_id=NB10672479 (검색일: 2015. 03. 30)

〈[취재파일] 이자스민 의원이 왜?…한국판 이민법 논란〉, SBS, 2014. http://news.sbs.
    co.kr/news/endPage.do?news_id=N1002721035 (검색일: 2015. 3. 30)

〈'모국 도와주세요'…국내 1호 다문화 의원 이자스민의 필리핀 구하기' - 새누리당 이자스
    민 의원〉, YTN라디오, 2013. http://radio.ytn.co.kr/program/?f=2&id=27235&s_
    mcd=0214&s_hcd=01 (검색일: 2014. 8. 30)

〈필리핀 엄친딸 자스민, '승근이 엄마'로 살아가는 근황?〉, 경향닷컴,
    2010. http://news.khan.co.kr/kh_news/khan_art_view.html?ar-
    tid=201007181431261&code=960801 (검색일: 2014. 8. 30)

〈[사설]고작 이 정도 얻으려 추가협상 벌였나〉, 경향신문, 2008. http://news.khan.co.kr/
    kh_news/khan_art_view.html?artid=200806210008395&code=990101 (검색일:
    2019. 04. 09)

김관웅, 〈'아린지'에 학원가 임대료 '들썩'〉, 2008. http://www.fnnews.com/
    news/200803031736545527?t=y (검색일: 2019. 04. 09)

〈[사설]'쇠고기'를 넘어, 民生 회복에 國力 모으자〉, 동아일보, 2008. http://news.donga.
    com/3/all/20080622/8593254/1 (검색일: 2019. 04. 09)

〈'한국 엄마' 이자스민, 영화배우로 다시 일어서기까지〉, 레이디경향, 2012. http://lady.
    khan.co.kr/khlady.html?mode=view&code=4&artid=201112301611271&pt=nv
    (검색일: 2014. 8. 30)

새누리당, 〈조윤선 중앙선거대책위원회 대변인 현안관련 브리핑2〉, 2012. http://news.
    naver.com/main/read.nhn?mode=LSD&mid=sec&sid1=123&oid=156&a
    id=0000011330 (검색일: 2014. 8. 30)

〈이 대통령 인사말〉, 연합뉴스, 2010. 12. 17. http://news.naver.com/main/read.nhn?-
    mode=LSD&mid=sec&sid1=100&oid=001&aid=0004824938 (검색일: 2014. 8.
    30)

이경택, 〈이자스민 '층층시하 시집살이·남편 사망…주저앉았으면 완득이 엄
    마 없었겠죠?'〉, 2011. http://www.munhwa.com/news/view.html?-
    no=2011120701033543011001 (검색일: 2014. 8. 30)

이도형, 〈이자스민 '일본군 위안부 소송 국가 지원' 개정안 발의〉, 2012. http://www.
    edaily.co.kr/news/NewsRead.edy?SCD=JF21&newsid=02820806599627976&D-
    CD=A00602&OutLnkChk=Y (검색일: 2014. 8. 30)

이철우, 〈1천5백개 단체 〈광우병 국민대책회의〉 발족〉, 2008. http://www.ecumenian.

com/news/articleView.html?idxno=4818 (검색일: 2019. 04. 09)

전설, 〈이자스민 씨 남편, 딸 구하려다 숨져…애도 물결〉, 2010. http://news.naver.com/
main/read.nhn?mode=LSD&mid=sec&sid1=106&oid=081&aid=0002106250
(검색일: 2014. 08. 30)

〈[사설] 나라는 언제쯤 정상正常을 되찾나〉, 조선일보, 2008. http://news.chosun.com/
site/data/html_dir/2008/06/22/2008062200749.html (검색일: 2019. 04. 09)

〈[사설] 이제 모두 제자리로 돌아가자〉, 중앙일보, 2008. https://news.joins.com/arti-
cle/3199432 (검색일: 2019. 04. 09)

최문선, 〈한나라 '완득이 엄마' 비례대표 후보 추진〉, 2012. http://news.naver.com/main/
read.nhn?mode=LSD&mid=sec&sid1=100&oid=038&aid=0002225455 (검색일:
2014. 8. 30)

"[사설] 쇠고기 공개토론회, 검토해볼 만하다", 한겨레, 2008. http://www.hani.co.kr/arti/
opinion/editorial/294985.html (검색일: 2019. 04. 09)

Youtube 영상 자료

〈[촛불집회] 중학생의 완전..캐사이다!!꿀잼발언!!한국인96퍼센트는 공감 ㅋㅋ〉https://
www.youtube.com/watch?v=IJ40dXuVbPs (게시일: 2016. 11. 30)

〈10.29 촛불집회 초등학생 연설" https://www.youtube.com/watch?v=5Gc1vGbZI7Q
(게시일: 2016. 10. 29)

〈[민중총궐기] 초등학생 '대통령은 자괴감 들고 괴로우면 그만두세요.'〉 https://www.
youtube.com/watch?v=TITLv8r55QY (게시일: 2016. 11. 14)

〈'우리가 뽑은 대통령은 1+1이 아닙니다!'사이다 같은 시민의 명연설, - 11.19 박근혜 하야
촉구 4차 민중총궐기〉 https://www.youtube.com/watch?v=og4rvzD-vVI (게시
일: 2016. 11. 20)

〈마산 여고생 자유발언 박근혜가 싫은 5가지 이유〉https://www.youtube.com/
watch?v=Yr4nkF0PafQ (게시일: 2016. 11. 11)

〈순실여왕 마당극 / 촛불집회 부산 (서면) Candlelight Vigil〉https://www.youtube.com/
watch?v=R64fu9Kh7B0 (게시일: 2018. 1. 5)

〈'여왕님 만세'.경찰, 자택 앞 '집회 제한' / SBS〉https://www.youtube.com/
watch?v=qloGbXooAYk (게시일: 2017. 3. 16)

〈박근혜 대통령에게 빅엿 날리는 대구 송현 여고생의 일침 발언〉https://www.youtube.
com/watch?v=H7RLbxzTSKk (게시일: 2016. 11. 11)

찾아보기

공연의 사회학

초판 1쇄 펴낸날 2019년 6월 30일

지은이   최종렬
펴낸이   박재영
편집   이정신 임세현
디자인   당나귀점프
제작   제이오

펴낸곳   도서출판 오월의봄
주소   경기도 파주시 회동길 363-15 201호
등록   제406-2010-000111호
전화   070-7704-2131
팩스   0505-300-0518

이메일   maybook05@naver.com
트위터   @oohbom
블로그   blog.naver.com/maybook05
페이스북   facebook.com/maybook05

ISBN   979-11-87373-92-6 93300

이 도서의 국립중앙도서관 출판시도서목록(CIP)은 e-CIP홈페이지(http://nl.go.kr/ecip)와
국가자료공동목록시스템(http://www.nl.go.kr/kolisnet)에서 이용하실 수 있습니다.
(CIP 제어번호 : CIP2019023982)

• 책값은 뒤표지에 있습니다. 잘못된 책은 바꾸어 드립니다.